의미 있는 삶을 위하여

의미 있는 삶을 위하여

— 의식성장을 통한 진정한 삶의 여정 —

알렉스 룽구 지음

수오서재

알렉스 룽구의 의식성장 과정을 먼저 접한

워크숍 참가자 · 유튜브 구독자의 찬사!

항상 불안과 강박증을 가지고 지내왔습니다. 그러면서 '나는 열심히 살고 있어. 열심히 살지 않는 사람들이 한심한 거야'라는 고정관념도 있었습니다. 하지만 그건 저를 포장하기 위함이었다는 사실을 알게 되었습니다. 알렉스 코치의 워크숍 이후 더 이상 나 자신에 대해 자책하지 않습니다. 목표로 향하는 접근법이 달라졌고, 한결 여유 있게 전략적으로 생각할 수 있게 되었습니다.

_ 정*목

알렉스 코치에게 배운 것이 저에게로 끝나는 게 아니라 제 딸에게도 알려줄 수 있다는 점에 감사해요. 아이를 키우다 보니, 내가 모르면 내 아이에게 알려주지도 못한다는 걸 알게 되었어요. 알렉스에게 배운 것들을 더 공부해서 제 딸에게도 잘 알려주고 싶어요. 제가 자라면서 한 번도 들어보지 못했던 말들을요.

_ 박*주

우연히 알렉스 님 영상을 보고 죽기 직전에 일어서는 방법을 알게 되었습니다. 그 뒤로 감정을 관찰하는 방법을 배우고 긍정적으로 변화되어, 습관이 돼버린 무기력과 낮은 자존감으로부터 많이 극복했습니다. 제 인생을 바꿔준 고마운 알렉스 님에게 감사하다고 전하고 싶어요. 선한 영향력, 정말 멋집니다!

_ Zi**u

나이 서른다섯에 '나'를 찾고 싶어서 모든 걸 내려놓고 머리털 빠지게 고민하는 중인데, 알렉스의 영상과 책에 제가 고민하는 문제 대부분이 녹아 있네요. 소름 돋을 정도예요. 십 대, 이십 대분들이 꼭 같이 보고 깨달음을 얻었으면 좋겠어요!

_ 아**미스

코치님 만나서 자기관찰 일기, 명상, 자기계발들을 꾸준히 하게 되었고, '나'라는 사람에 대해 더욱더 잘 알게 되었습니다. 뿐만 아니라 제가 추구할 가치, 포부가 많이 명확해졌고 꿈도 생겼습니다.

_ Jas***a

저는 오십 대입니다. 지금까지 나 자신을 이렇게 모르고 살았구나, 하고 놀랐습니다. 자신감을 얻었고 많은 것들이 명확해졌습니다. 체험에서 나온 가르침, 그 진실함이 전달됩니다.

_ 라이**퍼플

단언컨대, 지금까지 읽었던 자기계발서는 모두 잊으셔도 좋습니다. 나의 가치, 정말로 원하는 것, 강점, 포부가 무엇인지에 대한 자기고찰 없이 '목표를 세워라, 시각화하라, 좋아하는 일을 해라, 성공한 모습을 그려라'는 기존의 자기계발 구호는 허상에 불과하고, 결국 실패의 구조로 빠질 수밖에 없다는 것을 깨닫게 되었습니다. '왜 나는 의지와 열정이 없을까, 왜 나는 남들처럼 뛰어나지 않을까'라는 자책과 자괴감에 힘든 시기를 보냈는데, 알렉스 수업을 듣고 제 자신에 대해 깊이 관찰할 수 있었고, 결국 제 가치와 강점, 포부를 찾을 수 있었습니다. 지금은 단기 목표를 세웠고, 전략을 하나씩 실현해 나가고 있습니다. 인생을 의미 있게 살고 싶으신 분들께 알렉스의 가르침을 추천합니다!

_ 최*윤

제 스스로 만든 감옥에서 벗어날 수 있게 해주었습니다.

_ 너**린

제가 원하는 모든 것들은 제 스스로 머릿속으로 만들어낸 허상이었습니다. 그 허상을 버리니 저는 더 이상 부족한 사람이 아니라 그저 살아 있는 한 사람이 되었습니다.

_ 취****랑

제가 정말 심리적으로 힘든 시기, 알렉스 가르침을 처음 접하고 큰 도움을 받았습니다. 남 눈치 보는 것, 가면증후군, 내 삶의 주체가 되지 못하는 것들을 많이 해결할 수 있었습니다. 지금은 나 자신을 있는 그대로 받아들이고 이해할 수 있게 되었습니다. 진정한 행복은 진정한 '나'와 마주할 때 비로소 발견하게 되는 것 같아요.

_ Slow**fast

알렉스의 가르침은 명쾌합니다! 알렉스를 알게 되고 100일간 관찰일기를 쓰며 나를 만나기 시작했습니다. 그렇게 3년이 지난 지금, 삶이 더 행복해졌습니다! 물론 처음에는 관찰일기가 아니라 자책일기였고 최근까지도 반성일기였지만, 제 스스로 많이 변했다고 느낍니다. 이제 제 두 발로 나아갈 수 있는 힘이 생겼습니다.

_ 시**

정말로 진실되고 정직한 가르침입니다! 삶의 큰 전환점을 얻고 싶다면, 삶의 큰 용기를 얻고 싶다면 알렉스 워크숍이 필수라고 생각합니다. 삶의 방향을 찾지 못해 헤매거나 꾸역꾸역 억지로 살아가는 분들께 추천합니다.

_ 최*근

알렉스의 이야기를 듣고 제가 가야 할 삶의 길에 대해 확고해졌습니다. 노후에 굶어 죽을까 봐, 남보다 뒤처질까 봐, 그런 초조함에 자꾸 근시안적인 결정을 하려 했습니다. 확신을 갖고 자아실현을 하는 데 에너지를 쏟을 수 있도록 집중하겠습니다. 맑은 기운을 주셔서 감사합니다.

_ 스**라

예전에는 "자기를 사랑하면 남도 사랑할 수 있다"라는 말이 머리로는 이해가 갔는데 가슴으로 와 닿지는 않았어요. 워크숍을 통해 저의 안 좋은 점까지 인정하고 받아들이니까 '아, 이게 진짜 사랑하는 거구나. 타인을 사랑하는 것도 이런 것이구나'라고 느낄 수 있었어요. 더 자유롭고 더 자신을 사랑할 수 있게 되었어요.

_ 이*아

저는 항상 공허했어요. 내가 하는 일이 남들에게 도움도 안 되는데 왜 할까 싶고… 하지만 이제 저를 위한 성공을 거둔 뒤 남들을 돌아봐야 한다는 것을 배웠네요. 늦었지만 지금이라도 깨달아서 다행입니다. 감사합니다.

_ D**

알렉스 덕분에 정말 인생이 바뀌었어요. 만날 남 탓만 하던 제가 이젠 제 자신을 책임집니다!

_ 최*영

매일 밤마다 아무것도 하지 않은 것 같은데 벌써 하루가 끝나버렸다는 상실감과 무기력함, 저 자신에 대한 혐오감으로 인한 불안을 느꼈는데 알렉스의 영상을 보고 내일부터는 조금 더 확장된 삶을 살 수 있는 용기를 얻었습니다. 핸드폰으로 도피하는 일을 그만두고 타인의 기대에서 벗어나 오롯이 저 자신만을 위한 삶을 살기 위해 노력하겠습니다. 소중하고 귀한 이야기 감사합니다.

_ 영**

알렉스의 7분짜리 영상이 내 인생의 터닝포인트가 되었다!

_ 쑤**

지금 정주행 중입니다. 요즘 무기력증에 빠져 유튜브만 이리저리 떠돌다 여기까지 왔는데 드디어 긴 터널을 탈출한 듯 빛이 보입니다. 알렉스의 영상을 보게 된 건 정말 행운이에요! 살날이 많이 남은 스무 살에 이런 가르침을 배울 수 있어 정말 행복하고 감사합니다. 요즘 세상이 좋아졌다는 게 이런 거겠죠! 감사합니다!

_ nob***at

와우! 감사해요. 인생을 흔드는 강의! 지금부터라도 색안경을 벗고 이 세상에서 탈출하겠어요. 나만의 인생으로 살 거예요!

_ 전*기

차례

PART 2

구체화 단계 – 의미 있는 삶을 설계하기

PART 3

실행 단계 – 행동으로 실현하기

PART 4

장애물 극복 단계 – 자유로워지기

들어가며

의미 있고 진정한 삶

"말은 항상 우리를 일깨워주지만 우리가 되돌아 세상을 직면할 때는 우리의 기대를 등지고 끝내 우리가 어떤 깨달음 없이 원래 알고 있던 세상과 마주하게 하는 한계가 있다. 이런 이유로 전사는 말보다 행동하려 하며 결국 전사는 세상에 관한 새로운 설명을 얻는다. 말하는 것은 그리 중요하지 않고 새로운 행동이 새로운 성찰을 가져다준다는 새로운 설명 말이다."

카를로스 카스타네다

미국의 한 공사현장 인부들은 매일 12시에 점심식사를 합니다. 그들은 각자 도시락을 꺼내 먹으며 많은 이야기를 나눕니다. 인부 중 한 명인 찰리는 여느 때와 마찬가지로 도시락을 꺼내며 불평합니다.

"또 피넛버터젤리 샌드위치야! 완전 싫어!"

다음 날 찰리는 또다시 동료들과 함께 테이블에 앉아 도시락 뚜껑을 열면서 외칩니다.

"아, 이게 말이 돼? 또 피넛버터젤리 샌드위치야!"

그다음 날 찰리는 많이 기대하며 도시락 뚜껑을 열어보지만 역시나 이렇게 짜증을 냅니다.

"망할, 이게 뭐야! 또, 또, 또 피넛버터젤리 샌드위치야! 이걸 어떻게 먹어?!"

며칠, 몇 주의 점심시간이 그렇게 지나갑니다. 3주 차 점심시간에 찰리는 도시락을 꺼내 다시 불평을 늘어놓습니다.

"에잇, 또 피넛…."

하지만 찰리가 말을 끝맺기도 전에 동료 그레그가 거칠게 끼어들며 말합니다.

"찰리, 그만해! 너는 매일 피넛버터젤리 샌드위치 때문에 불평하고 있어. 아내에게 피넛버터젤리 샌드위치를 그만 싸달라고 하면 되잖아!"

그러자 찰리가 대답합니다.

"그레그, 너 미쳤어? 난 아직 결혼도 하지 않았어. 내 도시락은 내가 싸!"

여기서 찰리의 행동은 우리가 삶을 대하는 태도를 완벽히 비유하고 있다고 생각합니다. 찰리가 근사한 도시락을 기대하는 것처럼 우리도 인생에서 희열이 넘치는 행복한 삶을 기대합니다. 그럼 인생의 뚜껑을 열었을 때 우리는 진정 의미 있고 충만한 삶을 발견하나요?

안타깝게도 우리는 대부분 피넛버터젤리 샌드위치를 발견합니다. 피넛버터젤리 샌드위치가 있어서 비록 굶지는 않지만 이는 우리가 원하는 온전하고 충만한 삶과는 거리가 멉니다. 항상 기대하며 도시락 뚜껑을 여는 우리는 그 안에서 의미, 희열, 충만함, 자유, 진심, 사랑 그리고 더없는 행복을 자주 발견하지 못합니다.

사실 우리 모두는 당당하게 주체적인 삶을 살기를 무엇보다 갈망합니다. 그래서 삶을 '가장 맛있는 도시락'으로 만들겠다는 커다란 희망을 품고 용기를 내 돈·사랑·인정·평화·꿈을 찾으러 이런저런 강의에 다니고, 자기계발서를 읽고, 목표를 세우고, 인생의 멘토를 찾고, 멘토에게 잘 사는 비법도 배웁니다.

그런데 마침내 모든 방법론을 적용해 원하는 목표를 달성해도 여전히 무언가가 부족하게 느껴집니다. 왜 그럴까요? 그러한 방법론은 가끔 피넛버터젤리 샌드위치에 한두 개의 M&M 초콜릿을 뿌려주지만 도무지 알 수 없는 어떤 마법 같은 힘이 우리의 노력을 망가뜨리고 우리를 다시 원래의 자리에 주저앉히기 때문입니다.

알 수 없는 힘 탓에 다시 제자리로 돌아오더라도 우리는 의지를 내 몇 번이고 다시 시도해봅니다. 그러나 아무리 시도하고 달려봐도 진척 없이 그저 쳇바퀴만 돌 뿐입니다. 우리의 계획이 얼마나 굵고 선명하든 우리는 다시 피넛버터젤리 샌드위치를 먹고 맙니다.

"굉장히 많이 노력했는데 왜 아직도 이렇게 공허하게 느껴지지?"

가끔은 자기 자신에게 묻기도 합니다. 내 의지력이 부족해서 그런가? 자존감이 낮아서 그런가? 아직 내게 맞는 길을 찾지 못해서 그런가?

이런 실패 사이클을 계속 도는 이유는 두 가지 때문입니다. 첫째, 문화적 항상성과 고정된 세계관에 따라 우리의 의식적인 시도가 늘 매장당합니다. 둘째, 사회적 기대와 치열한 경쟁 혹은 남의 시선 같은 외적 요인을 극복해도 개인적인 강박, 자기의문, 자기방해 행위, 불안, 부적절한 대응기제, 내적 저항 같은 내면의 실패 패턴에 우리가 훨씬 더 직접적으로 휘둘립니다.

더욱 심각한 문제는 우리가 대부분 그런 사이클에 갇혀 있음을 아예 인지하지 못한다는 점입니다. 설령 자신의 상황을 알아차려도 삶과 자기 자신에 대한 의식이 없기 때문에 거기에서 벗어나기가 매우 어렵습니다.

저도 이 실패 사이클에 매우 지쳐 5년 전 기나긴 여정을 시작했습니다.

'내가 내 삶의 주인이면 좀 더 의식을 높여 외적·내적 실패 사이클에서 벗어나 의미 있고 진정한 내 삶을 살 수 있지 않을까?'

저는 이 질문의 답을 얻겠다고 간절히 마음을 먹었습니다. 가벼운 자기계발을 넘어 철학, 심리학, 의식성장, 존재론, 형이상학, 영성, 역사, 인문학, 과학까지 살펴보고 자유롭고 진정한 삶의 비결이 무엇인지를 넓게 탐구했습니다.

그 과정 중에 외적 지식의 한계를 발견했고 제 경험을 되돌아보는 것에 더욱더 초점을 맞추기 시작했습니다. 명상, 관조, 자기관찰로 현미경 속 벌레를 들여다보듯 제 마음을 구석구석 탐색해 하나하나 해부하기 시작했습니다.

'내가 자꾸 노력하는데 왜 또다시 주저앉을까? 내가 실제로 무엇을 하고 있었는가? 내 감정을 스스로 어떻게 생성하고 있었는가? 어떤 식으로 자기기만에 빠지고 있었는가? 자기방해 행위를 저지르는 진짜 원인은 무엇이었는가? 자아, 삶, 현실 그리고 내 진심은 절대적으로 무엇이었는가?'

자아를 분석하며 가장 먼저 알아차린 것은 피넛버터젤리 샌드위치 도시락을 싸는 범인이 바로 '나'라는 사실이었습니다. 분석하면 할수록 저는 거듭해서 그 샌드위치 도시락을 싸는 저를 현행범으로 붙잡았습니다. 그때 제 두려움과 강박, 고정관념과 피해의식, 중독과 대응기제, 심지어 제 현실관과 인간관계까지 모두 의식이라는 칼로 잘라내 그 안을 면밀히 살펴봤습니다. 그러면서 저는 제 마음과 자아, 에고가 제 삶을 어떻게 지배하고 있는지 하나하나 인식하기 시작했습니다.

저 자신을 극단적으로 분석할 때마다 굉장히 따갑고 아팠지만 제 무의식적 패턴을 직시하고 이해할수록 그 전에 경험하지 못한 자유와 돌파력이 펼쳐졌습니다. 또한 무의식적 패턴을 더 깊이 들여다볼수록 그것을 통합하고 의식적으로 행동하는 능력이 기하급수적으로 향상되었습니다. 드디어 제가 그야말로 실패 사이클에서 벗어나는 방법을 찾아낸 거죠.

저는 그 발견과 깨달음을 더 많은 사람과 나누려고 2016년 의식성장과 자아실현 코칭 서비스를 제공하는 '하이어셀프'를 설립했습니다. 이와 함께 한국어 실력을 더 갈고닦아 'HigherSelfKorea'라는 유튜브 채널에서 의식성장, 존재론, 역량강화, 인생전략 내용을 기반으로 제 깨달음을 나누기 시작했습니다. 미국 버몬트와 텍사

스에 가서 의식성장 강화consciousness facilitation를 전문적으로 배우고 2017년부터 한국에서 워크숍으로 자아실현과 의식성장을 안내해 오고 있습니다. 이 책은 제가 그동안 의식성장 코칭과 워크숍에서의 경험 그리고 자기반성, 관조 등의 개인 경험을 통해 배우고 깨달은 것을 정리해서 나누려는 시도입니다.

지금까지 저는 자기계발 분야에서 직설적이고 말을 거품 없이, '있는 그대로', 가림 없이 한다는 평판을 얻었습니다. 제 생각에 모국어인 독일어가 꽤 직설적인 언어라 제가 한국어로 예쁘게 돌려서 말하는 능력이 좀 부족하지 않나 생각합니다. 그런데 이렇게 직설적으로 말하는 이유는 제가 신념 체계에 따라 설명하기보다 제 경험으로 터득한 인간성과 마음에 대한 깨달음을 명확하고 군더더기 없이 전달하고자 하기 때문입니다.

이 책이 워낙 직설적인 어조로 되어 있어서 책을 읽는 독자 중에 '혹시 번역본이 아닐까?'라는 의구심을 보이는 사람이 있을지도 모르지만, 이것은 전부 제가 직접 한국어로 쓴 책이라는 점을 밝힙니다.

제가 다양한 방법을 직접 적용해보고 제 경험에 의거하긴 했어도 저 또한 '거인의 어깨 위에 올라서 있습니다.' 특히 피터 랄스턴Peter Ralston과 로버트 프리츠Robert Fritz 두 명의 멘토에게 큰 영향을 받았습니다. 저는 사고방식과 철학, 의식성장 강화 능력, 탐험 방법에서 이 두 명에게 크게 빚지고 있습니다.

이 책의 목적과 구조

이 책의 목적을 주인의식을 계발하고 의미 있는, 진정한, 진심 어린, 충만한, 온전한, 강력한 삶을 구축해 주저 없이 그런 삶을 사는 데 두었습니다. 얼핏 이것은 용기 있는 시도처럼 보이겠지만 그만큼 이 책은 한두 가지 방법만을 다루지 않습니다.

'이것만 잘하면 된다', '이 작은 한두 개 마인드셋으로 삶이 바뀐다', '이 세 가지 습관만 키우면…' 같은 제목처럼 아주 많은 자기계발서가 단지 몇 가지 비결과 방법, 도구에 집중합니다. 저는 이런 접근법을 모노메소드monomethod라고 부릅니다. 이것은 하나의 작은 방법으로 큰 변화를 일으키려는 시도를 말합니다. 물론 그 한두 가지 방법 중에는 매우 좋고 효과적인 것도 있겠지만 이는 거시적으로 큰 그림을 이해하지 못한다는 한계가 있습니다. 독일 속담에 이런 말이 있습니다.

"많은 나무로 인해 숲이 보이지 않는다."

작은 한두 가지 방법만 맹목적으로 고집하면 그 작은 방법 안에서 길을 잃고 그 방법들이 가리키는 변화, 성장, 핵심 원칙, 진실, 의식성장, 인간성 같은 큰 그림을 놓치기 십상입니다. 의미 있고 충만하며 진정한 삶을 사는 것이 우리의 목적이라면 한두 가지 방법으로는 그것을 이루기 어렵습니다.

이 책에서 저는 훨씬 더 종합적인 접근법을 추구합니다. 인생에서 어떻게 하면 한두 그루의 멋진 나무를 심을 것인지에 집중하는 것이 아니라 거시적으로 인생이라는 아름다운 숲을 조성하는 데 초점을 두고 있습니다.

특히 여러분이 고립된 방법 사이에서 헤매지 않도록 각자 자기 인생의 퍼즐을 맞추듯 사용할 수 있는 구체적인 방법, 견고한 원칙, 관조와 깨달음 도구 그리고 제가 코칭·워크숍·메일·유튜브 댓글로 직접 관찰한 내용을 모두 합해 온전한 하나의 과정을 만들었습니다.

이 책에서 설명하는 '의미 있는 삶'을 만드는 과정은 네 파트로 나뉘어 멋진 아치 혹은 여정처럼 펼쳐집니다.

'Part1 준비 단계 – 5가지 기본 원칙'에서는 의미 있는 진정한 삶의 여정에 도움을 주는 다섯 가지 기본 원칙을 확인합니다.

'Part2 구체화 단계 – 의미 있는 삶을 설계하기'에서는 의식적인 삶에 필수적인 내적 자유, 주인의식, 자기인식을 늘리고 진심 어린 삶의 기준(가치, 의미, 목표, 전략 등)을 세워봅니다.

의미 있고 진정한 삶 만들기

PART1. 기본 원칙

창조
자아확장
진정성
호기심
주인의식

PART2. 설계

자기인식
자기관찰
직관
자아확장 기준
1 가치관
2 의미
3 목표
4 전략
자아확장 지도

PART3. 행동

실험
행동
학습
조정
돈

PART4. 장애물

1 강박과 이상
2 밑바닥 신념
3 게으름, 미루는 습관
4 자책, 자기비하, 채찍질
5 피해의식
6 즉각적인 보상, 중독, 무기력
7 방법론에 대한 집착
8 허무주의, 회의주의, 공허함, 우울함
9 자신을 제한하는 고정관념
10 우리 사회의 가장 위험한 두 가지 고정관념

'Part3 실행 단계 – 행동으로 실현하기'에서는 실천과 체계적인 행동으로 어떻게 내 삶의 기준을 구체적으로 외부로 실현할 수 있는지 다룹니다.

'Part4 장애물 극복 단계 – 자유로워지기'에서는 이 여정에 맞닥뜨리는 가장 흔한 열 가지 장애물을 짚어보고 그것으로부터 자유로워질 수 있게 도와줍니다. 목적·목표·전략이 명확해도 행동하는 것은 여전히 가장 큰 도전입니다. 다양한 항상성, 두려움, 좌절, 실패 패턴 같은 장애물이 우리의 시도를 망가뜨리기 때문입니다.

이 과정을 다음 비유로 상상하면 이해하기가 더 쉽습니다. 우리가 돛단배를 하나 사서 태평양을 건너 캘리포니아로 항해하려 합니다. 자기계발서는 대부분 어떻게 하면 강한 돛대와 튼튼한 돛을 다룰 수 있는지 명확히 설명해줍니다. 그것은 빠른 여정에 매우 중요한 장치지만 놓치는 부분이 있습니다. 닻anchor이 걸려 있으면 돛대sail mast가 하늘 높이 올라가 있어도 배는 움직이지 않는다는 점입니다. 걸려 있는 닻을 들어 올리는 것은 강한 돛대를 다루는 것만큼이나 중요합니다.

우리는 Part1에서 인생이라는 배를 타기 위해 조종법과 기본 동작을 다룹니다. Part2에서는 강한 돛대를 다루고 Part3에서는 속도와 추진력으로 폭풍 속에서도 난파당하지 않는 방법을 배웁니다. 마지막으로 Part4에서는 자꾸 걸리게 하는 닻(실패 패턴)을 살펴보고 슬슬 올려보겠습니다.

어쩌면 이런 궁금증이 생길지도 모릅니다.

"잠시만요. 먼저 닻을 올려야 출발할 수 있는 거 아닌가요?"

맞습니다. 그런데 우리 자아는 배와 달리 일단 출발해야 어떤 (심리적) 닻이 걸려 있는지 발견할 수 있습니다. 삶을 살아야, 즉 여정에 대한 시야를 익혀야 장애물을 발견하고 그것을 극복할 수 있습니다. 그래서 장애물을 마지막으로 다룹니다.

이 책을 사용하는 법

이 책으로 최대한 많은 것을 얻기 위해서는 이 여정을 출발하기 전 다음 세 가지 가이드라인을 꼭 숙지해야 합니다.

1. 경험적인 접근법

저는 이 책에서 다양한 주장을 하며 많은 방법과 원칙, 연습을 알려드립니다. 단, 여기서 제가 하는 말을 절대적으로 믿지 마십시오. 저는 이 과정에서 진리를 주장하는 게 아니라 단지 의미 있고 강력한 삶을 살아가는 데 따르기 쉽고 효과적인 틀을 제시하는 것뿐입니다. 제가 제시하는 가르침과 깨달음은 절대 완전하거나 절대적으로 맞거나 '믿어야 하는' 것이 아닙니다. 이 책의 내용을 이분법적 사고(맞다 혹은 틀리다)로 바라보지 말고 여러 차원에서 의식성장과 의미 있는 삶을 살기를 도와줄 수 있는 지도, 아이디어, 청사진, 모델, 제시로 접근하세요.

제 모든 주장을 여러분의 비평안에 맡기고 그 효과를 직접적인 적용으로 확인했으면 좋겠습니다. 저는 이 책으로 새로운 신념 체계를 만들지 않고 여러분 스스로 의미 있고 진정한 삶을 살 수 있게 역량강화 기회를 제공할 뿐입니다. 무엇이든 무조건 직접 경험해보고 효과가 좋으면 계속하고 효과가 떨어지면 자신에게 맞게 조정해보세요. 그것도 아니면 아예 버리면 됩니다.

이 책을 읽으면서 어떤 것도 정답인 것처럼 믿고 외울 필요는 없습니다. 저는 다양한 아이디어와 그래프, 비유, 개인적 예시를 사용하는데 그것은 그저 무언가를 이해하기 쉽게 설명하기 위한 모델일 뿐입니다. 어떤 말, 상자, 화살표 모델이 우리의 의도에 부응할 수는 없습니다. 지도는 영토가 아닙니다. 제 목적은 **여러분 스스로 경험하고 깨닫는 데 있습니다.** 내용의 이론적 이해는 이차적입니다. 가장 중요한 것은 독자가 직접 적용하고 경험하는 일입니다.

예를 들어 제가 석류를 연구해 석류의 역사, 품종, 맛, 요리법 등의 설명이 담긴 500쪽짜리 책을 썼다고 해봅시다. 여러분이 이 책을 열심히 연구해도 석류의 맛을 알지는 못할 겁니다. 물론 저는 석류를 먹는 경험을 있는 그대로 전달해주고 싶지만 책이라는 매체의 한계 때문에 그저 말로만 경험을 설명할 뿐입니다. 목적이 석류의 맛을 느끼는 데 있다면 석류를 직접 먹어봐야 합니다. 마찬가지로 목적이 삶을 온전히 사는 것이라면 직접 삶을 살아봐야 합니다.

> "내게는 믿음이 없다. 경험이 있을 뿐이다."
>
> **조지프 캠벨**

2. 자신만의 형태

자기계발 분야에는 주입식 설명이 흔합니다. 보통 '이것이 올바르고 성공적인 삶이다' 같이 어떻게 살아야 하는지 그 방법을 알려줍니다. 저도 종종 요즘 어떤 직업이 핫한지, 어떤 명상법이 좋은지, 어떻게 살아야 하는지 알려달라는 질문을 받습니다.

오해하지 맙시다. 이 책에서 저는 어떻게 살아야 하는지, 무엇이 '정답' 또는 '올바른 방식'인지 절대 알려주지 않습니다.

이 책은 알렉스가 '옳다'고 생각하는 삶이 아니라 **여러분 자신이 직접 의식적으로 선택한 삶을 살 수 있게 하기 위한 책입니다.** 그 목적을 위해 저는 강력한 원칙, 지도, 틀을 제시하지만 그 틀을 어떤 형태와 색으로 채울지는 온전히 여러분에게 달려 있습니다.

그것이 여러분의 진정한 삶입니다. 제 삶이 아닙니다. 그래서 이 책에서는 어떤 직업이 좋은지, 어떤 방향이 적절한지, 어떤 행동이 올바른지 찾지 못할 겁니다.

의미 있고 충만한 삶을 살려면 그런 삶을 어떻게 살아야 하는지와 함께 자신의 진심에 접속해 자기 자신이 어떻게 운영되는지도 배워야 합니다. 또 자신이 삶에 맞추는 만큼 번갈아가며 삶을 자신에게 맞추는 능력도 계발해야 합니다. 여러분은 왜 세상에 태어났을까요? 부모, 친구, 교사, 자기계발 코치가 말하는 삶을 살기 위해서일까요? 아니면 이전까지 단 한 번도 없던 새로운 삶을 살기 위해서일까요?

이 책에서는 독자가 주인공이라 매 챕터의 끝에 **자기관찰 질문과 실천 과제**로 자신의 주인의식을 요구합니다. 저는 지루한 청사진을 드릴 뿐이며 여러분이 직접 관조와 행동으로 이 책에 색깔을 입혀 주어야 합니다. 이 책을 가끔 워크북 정도로 생각해도 좋습니다. 그 과정에서 여러분은 자신의 독특한 방식으로 통찰력을 얻고 진심에 접속해 직접 실천하면서 자기만의 삶을 살아가야 합니다.

제 스승 피터 랄스턴의 비유에 따르면 저는 여러분에게 라디오가 어떻게 작동하는지 알려줍니다. 어떤 버튼을 눌러야 전원이 들어오고, 어디로 돌려야 채널과 음량을 바꿀 수 있는지 등을 말이죠. 이후 여러분이 라디오로 어떤 음악을 들을지는 배운 방법대로 직접 주파수를 조정해서 음악을 찾아내 자유롭게 선택하면 됩니다.

여러분이 삶을 어떤 형태로 살지는 온전히 여러분에게 달려 있습니다. 가장 바람직한 경우는 최대한 진정한 형태로!

3. 큰 그림 파악하기

이 책에서 제시하는 방법 하나하나는 개별적으로는 무의미합니다. 방법 하나하나를 완벽하게 따르는 것은 중요하지 않습니다. 중요한 건 그 방법, 도구, 원칙이 가리키는 맥락과 깨달음을 파악하는 것입니다. 수단이 목적이 되면 절대 안 됩니다. **목적은 언제나 여러분의 의미 있는 삶입니다.** 수단들은 그저 그런 삶을 살게끔 도와줄 뿐이므로 이 책을 읽는 내내 큰 그림을 놓치지 않게 주의하십시오.

네 개 파트가 서로 얽혀 있으므로 이 책의 내용을 온전히 흡수하려면 그것을 '종합적인 하나'로 접근해야 합니다. Part1부터 Part4까지 전체 과정을 직접 한 번 거쳐야 자신이 스스로의 삶을 어떻게 구축할 수 있는지 첫 감이 올 겁니다. 중간에 잠시 혼란스럽고 모순적인 부분과 맞닥뜨릴지도 모릅니다. 그래도 끝까지 읽다 보면 "아하, 이런 의미였구나!" 하고 깨달음이 오면서 모든 긴장이 슬슬 풀릴 것입니다.

자, 이제 노트를 펼치고 자유로워지는 여정을 출발합시다.

2021년 봄,

알렉스 룽구

Part · 1

준비 단계

— 5가지 기본 원칙

충만한 인생을 위한 5가지 기본 원칙

돛단배를 띄워 이제 먼 길을 나서기로 결정했습니다. 물론 되는 대로 배를 조종해 출발할 수도 있겠지만 혹시나 경험이 없어 배가 바로 좌초되어 위험에 빠질 수 있으니 출발 전에 돛단배 클래스를 딱 3일만 들어봅니다. 안전 장비, 조종법, 배의 구조와 항해 기술에 관한 기본 규칙을 배우면 훨씬 안전하고 단단한 여정이 될 것입니다. 몇 년 뒤 경험 많은 선장이 되면 직관적으로 대양을 누빌 수도 있지만 처음에는 기본을 배우고 규칙을 지킴으로써 우리는 다양한 (그리고 불필요한) 함정을 미리 피할 수 있습니다.

사람마다 의미 있고 진정한 인생의 모습이 다르겠지만 그러한 인생을 만들어가는 데 큰 도움을 주는 원칙이 공통으로 존재합니다. 따라서 최대한 부드러운 여정의 출발을 위해 Part1에서 의미 있는 삶을 단순화하는 다섯 가지 기본 원칙부터 다뤄보겠습니다.

일단, 원칙이란 무엇일까요? 흔히 원칙을 절대 법칙, 올바른 방식, 방법론, 윤리 혹은 도덕이라고 생각합니다. 우리는 원칙을 절대적인 것으로 생각하는 경향이 있지만 사실 절대적으로 맞는 원칙이란 없습니다. 다만 목적에 따라 어떤 원칙이 효과를 내는가가 중요할 따름입니다. 그래서 앞으로 여기서는 **원칙을 우리의 목적 추구를 강화하는 룰, 패러다임 또는 맥락**이라 생각하겠습니다.

예를 들어 이 책의 목적이 승마를 가르치는 것이라면 어떤 원칙이 도움이 될까요? 아마 용기, 올바른 자세, 이완, 탄력 같은 원칙을 따르면 승마를 배우는 데 훨씬 성공적일 것입니다. 또는 이 책의 목적이 임용고시를 잘 보게 하는 것이라면 순종과 인내의 원칙이 도움이 될 것입니다. 물론 승마를 배울 때의 용기, 올바른 자세, 이완, 탄력 원칙이 임용고시 공부를 방해하진 않겠지만, 임용고시 패스에 굉장히 효과적인 원칙은 아닙니다.

이 간단한 예시에서 볼 수 있듯 원칙은 절대 법칙이 아닙니다. 목적이 달라지면 그때마다 다른 원칙을 적용해야 합니다. 그리고 목적에 맞는 원칙을 적용해야 원칙의 효과가 나타납니다. 맛있는 국을 끓이기 위해 재료를 선택할 때, 무조건 맛있는 재료가 아니라 어떤 국을 끓이는가에 따라 재료를 결정하는 것처럼 말이죠.

원칙은 '방법'도 아닙니다. 오히려 원칙은 방법을 결정해주는 바탕입니다. 한번은 제가 친구 결혼식에서 신랑 들러리를 서기 위해 필리핀까지 간 적이 있습니다. 보홀 해변에서 결혼식을 하기 전 웨딩 플래너는 다섯 명의 신랑 들러리를 불러 리허설을 했습니다. 무려

30분 동안 반복해서 결혼식의 '완벽한 절차'를 연습했습니다. 어떤 신호에 들어와야 하는지, 어떤 순서와 속도로 걸어야 하는지, 발로 정확히 어디를 밟아야 하는지, 누가 몇 번째 열에 앉아야 하는지, 어디에는 앉으면 안 되는지 등 우리는 계속 방법! 방법! 방법만 외워야 했습니다. 많은 규칙에 지쳐 문득 좌절감이 밀려온 제가 말했습니다.

"웨딩플래너님! 우리가 이걸 다 어떻게 외워요? 도대체 이 모든 절차의 핵심 목적이 뭐예요?"

웨딩플래너는 곧바로 한 문장으로 대답했습니다.

"그냥 신랑이 즐거운 시간을 보내게 해주면 돼요."

아하! 그것이 우리 의도에 상응하는 동시에 모든 '방법'을 결정하는 근본 원칙이었습니다. 아름답고 성공적인 결혼식을 위해 우리는 가능한 한 신랑을 편하고 즐겁게 해주면 되는 것이었어요. 그 정보를 알고 난 뒤 우리는 더 이상 수많은 방법을 아예 듣지도 않았습니다. 왜냐하면 기반이 되는 강한 원칙을 알았기 때문입니다. 결국 그 원칙대로 결혼식을 진행했고 더듬거리느라 발이 걸리는 억지스러움 없이 훨씬 더 아름다운 결혼식이 되었습니다. 웨딩플래너의 대본에 따른 '완벽한' 결혼식은 아니었지만 그보다 훨씬 독특하고 자연스러운 결혼식이었습니다.

상상해보세요. 누가 춤을 더 우아하게 출까요? 스텝을 하나하나 외우는 댄서? 아니면 이완, 중심, 균형, 리듬, 침착함 원칙에 기반을 두고 춤을 추는 댄서? 스텝과 방법도 중요하지만 장기적으로는 원칙을 기반으로 움직이는 마스터가 훨씬 더 자연스럽고 탁월한 결과물을 만들어낼 것입니다.

이 책의 목적은 성공적인 결혼식이나 승마, 춤, 시험 준비가 아니라 **내 삶의 주체성을 되살려 강력하고 진정한 인생을 실현하는 데** 있습니다. 따라서 앞으로 방법이 아닌 우리의 목적 실현에 상응하는 원칙을 안내하고 이 원칙을 어떻게 적용할지 설명하도록 하겠습니다. 우리 인생 여정에 바탕이 되는 원칙은 다음 다섯 가지입니다.

1. (문제해결보다) **창조**
2. (자아수축보다) **자아확장**
3. (자기기만보다) **진정성**
4. ('올바른 길'보다) **호기심**
5. (피해의식보다) **주인의식**

이 다섯 가지 원칙을 하나하나 설명하기에 앞서 주의해야 할 것이 있습니다. 다섯 가지 원칙을 인생의 만병통치약으로 받아들이면 안 됩니다. 앞서 설명한 것처럼 원칙은 결코 올바른 방법, 의무, 도덕 또는 윤리가 아닙니다. 절대(!) 그렇게 받아들이지 마시길 바랍니다. 또 이들 원칙을 무조건 지켜야 한다는 새로운 강박도 만들지 말아 주길 바랍니다. 이들 원칙은 자기계발, 자아실현, 의식성장, 역량강화에 기반해 의미 있는 삶을 살아가는 여정을 많이 단순화할 가능성이 큽니다. 하지만 언제나 중요한 것은 원칙 적용을 결정하는 것이 우리의 의지, 판단력, 선택, 유연성에 있다는 점입니다. 원하지 않을 때 혹은 맞지 않는다고 판단할 때는 언제든 원칙을 적용하지 않거나 더 강력한 원칙으로 바꿔도 됩니다.

어쩌면 다섯 가지 원칙이 조금 추상적으로 들릴지도 모릅니다. 만약 그렇다면 그 이유는 원칙은 머리로만 이해할 수 없기 때문입니다. 원칙은 경험적으로experientially '체현'하고 행동과 다양한 시행착오로 오롯이 내 것으로 만들어야 합니다. 특히 원칙은 형태와 방법에서 독립적이라 예시에 한계가 따릅니다. 예를 들면 주인의식 원칙으로 다양한 가치를 제공하는 창업을 할 수도 있고, 아름다운 나무집을 지을 수도 있고, 한국 통일을 이룰 수도 있습니다. 원칙을 어떤 '형태'를 위해 사용할지는 여러분의 선택에 달려 있습니다. 여기서 저는 여러분에게 행동의 '맥락'을 알려드리지만 그 행동은 스스로 해야 합니다.

자! 바로 시작합시다.

원칙1.
(문제해결보다) 창조

"우리는 문제를 해결하거나, 문제를 걱정하거나, 현상에 반응하거나, 상황에 대응하거나, 무엇을 피하거나, 무엇을 없애거나, 무엇에 대적해 싸우거나, 장애물을 넘거나, 무엇을 이기려고 하지 않는다. 자기 인생을 예술처럼 창조한다는 것은 원하지 않는 인생을 없애는 게 아니라 원하는 인생을 탄생시키는 것이다."

로버트 프리츠, 《Your Life as Art》

그동안 저는 코칭을 하며 다양한 댓글과 메일을 받았습니다. 사람들이 제게 요청하는 부분은 대개 비슷했습니다.

"코치님, 저한테 이런저런 문제가 있는데 어떻게 해결해야 하는지 빨리 알려주세요."

우리는 자신이 뭘 싫어하는지, 인생에서 뭘 없애고 싶은지 너무나 잘 알고 있습니다. 나를 힘들게 하는 그 두세 가지 문제만 없어지면 '행복할 것'이라고 믿습니다. 회사에서는 싫어하는 상사 밑에서 고생하고 사내정치 게임만 일삼는 비겁한 동료들의 시선을 신경 쓰니다. 집에서는 부모에게 잔소리를 듣거나 반려자가 내 기대에 맞춰주지 않습니다. 학교에서는 과제를 같이 하는 친구가 열심히 하지 않아 스트레스를 받습니다. 이처럼 문제 목록은 깁니다. 우리는 그 길고 긴 문제 목록만 해결하면 "내가 원하는 삶을 살 수 있을 거야"라고 확신합니다.

오케이, 그런데 잠시만요.

'원하는 삶을 살 수 있을 거'라고 했는데 구체적으로 어떤 모습의 삶을 말하는 건가요? 진정하고 정직한 삶을 살고 싶다고 했는데 그것은 정확히 무엇인가요?

안타깝게도 대부분의 경우 그것을 잘 모릅니다. 단지 힘든 것을 없애고 싶어 할 뿐 무엇을 위해 살고 싶은지는 모릅니다.

우리는 문제로부터의 자유와 충만한 삶을 서로 혼동하는 경향이 있습니다. **무언가로부터의 자유**freedom from를 원하지만 **무엇을 위한 자유**freedom to인지 생각해본 적이 없습니다.

뭐 어디 아프지만 않으면, 딱히 꿀리지만 않으면, 성공적인 삶이라고 생각합니다. 그럼 확장하고, 헌신하고, 탐구하고, 자연을 경험하고, 유희를 추구하고, 사랑을 나누는 그런 온전한 삶은? 솔직히 돌아보면 그런 삶은 꽤 무섭습니다. 진정한 삶을 살려면 내가 그 삶을 책임지고 주도적으로 뭘 해야 하는데 차라리 숱한 문제에 반응하며 사는 삶이 훨씬 편하지 않을까요?

인생에서 지지만 않으면

스튜어트 에머리Stewart Emery는 《인생을 위한 소유자의 매뉴얼The Owner's Manual for Your Life》에서 이 같은 수동적인 문제해결 패러다임이 어떻게 생기는지 설명합니다. 다음 예는 에머리의 설명을 참고해 만든 이야기입니다.

어느 날 아이가 아빠와 함께 놀이터에 놀러 갑니다. 아이는 신나게 놀면서 아빠에게 자신이 얼마나 높이 뛸 수 있는지 자랑합니다. 아빠는 아이의 점프 실력에 박수를 치면서 네가 얼마나 대단한 아이인지 아느냐며 수백 번 강조합니다. 또 친척들 앞에서 아이의 재능을 칭찬해주고 아이를 그날의 주인공으로 만들어줍니다. 다음 날 아이는 아빠가 퇴근하면 보여줄 깜짝 선물로 '소파에서 점프하기' 공연을 준비합니다. 드디어 아빠가 집에 들어온 순간, 아이는 소파에 올라가 높이 점프! 그런데 그다음 순간이 아이의 인생 전체를 바꿉니다. 회사에서 받은 업무 스트레스로 머리가 아팠던 아빠는 아이에게 소리칩니다.

"뭐 하는 짓이야? 이게 얼마나 비싼 소판데! 진짜 너 때문에 못 살겠다!"

아이는 깊은 혼란에 빠집니다.

'어제는 분명 높이 뛰어서 칭찬을 받았는데 오늘은 왜 정반대 반응이지?'

그날의 충격으로 아이는 다시는 높이 뛰지 않겠다는 선택을 합니다. "나는 조용하고 몸을 잘 쓰지 못하는 사람이다"라고 자처하기 시작합니다. 운동에 흥미를 잃은 아이는 딱 자신이 지어낸 초라한 이미지대로 살며 학교에서 '몸치'라는 별명까지 얻습니다.

우리 역시 에머리의 스토리에 나오는 아이처럼 어릴 때부터 충격적인 상황을 참 많이 겪습니다. 부모, 친척, 선생, 학교 친구는 물론 교육 과정과 사회의 기대에서도 일관성 없는 경우를 수십 수백 번 경험합니다. 더욱이 불안정한 부모에게 장기적으로 충분한 인정과 사랑을 받지 못하거나, 학업에서 치열한 압박을 받거나, 학교에서 따돌림을 당하며 자라는 아이는 현실을 부적절하게 일반화합니다.

"난 인생에서 이길 수 없다."

나아가 자신을 결핍된 자아로 규정합니다. '나는 짐이다', '나는 바보다', '나는 사랑받을 가치가 없다', '나는 무능하다' 등등.

"어차피 난 무가치한 존재니 인생에서 크게 실패하지만 않으면 돼."

이때부터 삶의 목적이 완전히 왜곡됩니다. 자아를 확장하고 충만한 인생을 살기보다 자신을 충분히 보호하면서 사는 것이 가장 중요한 가치가 되어버리는 거죠. 다시 말해 삶이 두려워져 삶에 참여하는 것을 기피하고 삶을 꺼리게 됩니다. 이 경우 직접적인 문제만 해결할 뿐 원하는 인생을 구축하지는 않습니다. 다양한 것으로부터 자유를 지키려 애쓰지만 결국 자신의 충만한 삶을 위한 자유를 포기합니다. 즉, 인생에서 '이기려고' 하지 않습니다.

> "긴장 해결의 결과는 수동적으로 원치 않는 짜증이 나타나는 것을 기다리는 상태다."
>
> **에이브러햄 매슬로**, 《존재의 심리학》

로버트 프리츠* 코치는 이런 현상을 두 가지 삶의 지향점으로 설명합니다.

1. 반응적인 문제해결 지향형

2. 주도적인 창조 지향형

1. 반응적인 문제해결 지향형

문제해결 지향은 앞서 설명했듯 부정적인 것이 나타나면 여기에 반응해 이를 해결하고자 애쓰는 삶을 말합니다. 외부 세상의 노예처럼 계속 상황을 해결하고 또 해결하느라 이리 번쩍 저리 번쩍 뛰어다닙니다.

"내 코가 석자!"

이것은 우리 삶이 스스로가 아니라 외부 상황이나 다른 사람의 지배를 받는 것입니다. 그 외적 문제를 해결하느라 자꾸 애쓰다 보니 우리는 끝없이 고생해야 합니다.

이런 마인드셋에는 선택의 자유가 없습니다. 외적 환경에 반응하는 까닭에 단지 문제해결 방법을 선택하는 자유만 주어질 뿐입니다. 로버트 프리츠는 이 상태를 한 문장으로 완벽하게 설명합니다.

"당신이 당신의 모든 문제를 해결해도 원하는 것은 갖고 있지 않

---

* 로버트 프리츠Robert Fritz는 미국 컨설턴트이자 코치, 작곡가, 영화 제작자, 작가로 활동하고 있습니다. 아내 로절린드 프리츠Rosalind Fritz와 함께 미국 버몬트에서 창조 과정Creative Process, 구조적 컨설팅Structural Consulting에 관한 워크숍과 자격 과정을 진행합니다. 프리츠의 저서로는 《최소 저항의 길The Path of Least Resistance》, 《창조Creating》, 《정체성Identity》 등이 있습니다.

을 것이다."

흔히 불편하거나 위협을 주는 상황만 없애고 "휴~ 또 한 번 넘었다" 하며 안도합니다. 하지만 문제 상황으로부터 잠시 자유를 얻어도 다음 단계로 뭘 해야 할지 몰라 적극적으로 행동하지 못하고 그저 새로운 문제가 발생할 때까지 기다리기만 합니다. 여기에는 신기한 비밀이 있습니다. 바로 한 가지 문제를 해결하면 반드시 새로운 문제가 생겨난다는 것입니다. 심지어 우리는 너무 심심한 나머지 문제를 해결해야 스스로를 가치 있는 인간으로 여길 수 있다고 생각하기 때문에 일부러 새로운 문제를 만들어내 그것을 해결함으로써 자신의 존재를 정당화합니다. 결국 문제 중독자가 됩니다.

'문제해결'이라는 부정적 동기부여로는 의미 있는 인생을 살아가는 추진력이 결단코 생겨날 수 없습니다. 문제해결 지향형에서 행복은 도피로 얻는 단기적인 안도감으로 가치 절하됩니다. 정신적, 육체적으로 '많이 괴롭지만 않으면' 그럭저럭 행복한 삶이라고 착각하지만 문제해결에 지속성이 없어서 자꾸만 좌절합니다.

오가는 인생

조금 더 자세하게 그래프로 설명하겠습니다. 우리는 모두 0에서 시작합니다. 문제가 발생하면 삶은 마이너스로 내려갑니다. 이때 우리는 그 불행 요소를 해결하기 위해 고생합니다. 몸이 아프면 병원에 가고, 마음이 병들면 치유 프로그램에 다녀오고, "나는 할 수 있다!" 같은 긍정 확언을 외치고, 답답한 마음에 술을 마시며 친구에게 위로를 구하고, 여행을 다녀오고, 이직하고, 자극적인 음식을 먹습니다. 운이 좋으면 내 상태를 마이너스에서 0으로 끌어올릴 수 있을지도 모릅니다.

자! 이제 플러스 삶으로 나아가 볼까요? 아뇨. 문제해결 지향적인 삶은 0이 되면 멈춥니다. 더 나아가고 싶지만 방법도 모르고 안도감에 일단 그것으로 만족합니다. 대개 "이제 좀 살 만하다"라고 말하죠. 그러곤 삶이 다시 마이너스로 떨어질 때까지 기다립니다. 이 사이클을 끊임없이 되풀이하는 것입니다.

문제 → 해결 → 문제 → 해결 → ∞

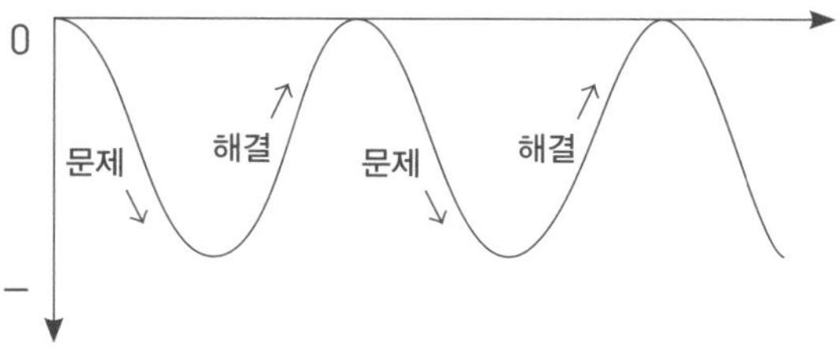

흔히 하는 다이어트를 예로 들어볼까요? 여기서 문제는 비만일 겁니다. 문제해결을 위해 다이어트를 한다고 12개월 무이자 할부로 헬스장 멤버십을 끊었다고 해봅시다. 첫 한 달은 엄청 열심히 헬스장에 가서 운동을 합니다. 진짜로 살이 빠지기 시작합니다. 하지만 몸이 가벼워질수록 헬스의 중요성은 더 이상 보이지 않습니다. 문제가 점점 작아지면서 동기부여도 점차 줄어들기 때문입니다. 어느 날 햄버거 가게 앞을 지나가다가 강한 튀김 냄새의 유혹을 받습니다.

"에이, 한 달 동안 열심히 했으니 그 보상으로 햄버거 세트 한 번 먹자!"

그런데 그 한 번이 한 번으로 그치지 않고 패스트푸드의 맛에 빠져 일주일 동안 자꾸 손이 갑니다. 결국 짧은 시간 안에 다시 살이 쪄 비만 상태로 돌아갑니다. '요요현상'이 일어난 거죠.

문제해결 지향형에서는 연애든 다이어트든 돈벌이든 인간관계든 사회생활이든 모든 것에서 요요현상이 발생합니다. 우리 인생 전반에 걸쳐 나타날 수 있는 요요현상을 몇 개 더 찾아봅시다.

◆ 회사생활이 힘들 경우 보통 이직을 준비합니다. 일단 회사를 그만두면 재정비를 위해 해외여행도 다녀오고, 이제 새롭게 시작할 수 있을 것 같은 느낌이 듭니다.

  "아, 새로운 직장에서 정말 제대로 일할 수 있을 거야!"

  그런데 막상 일을 시작하면 새로운 회사도 똑같이 힘듭니다. 그럼 어찌할까요? 기껏 새 회사에 출근해서 또다시 도피하려고 다음 휴가를 어디로 갈까, 언제 퇴사할까 계획합니다.

◆ 타인과 함께하는 것이 싫고 남의 시선이 두려우면 인간관계를 줄이고 혼자이길 즐기면서 스스로에게 말합니다.

  "나는 내성적인 사람이야. 그래서 혼자 있는 게 편해."

  그러나 그 좋던 혼자만의 시간도 점차 지겨워지고 외로움이 느껴집니다. 다시 누군가가 곁에 있어주길 갈망합니다. 그래서 용기를 내 다시 사람을 만나지만 역시나 사람들의 시선이 두렵고 혼자 있기를 원하게 됩니다. 왔다 갔다 하는 문제해결 패턴입니다.

◆ 우리가 쉽게 빠지는 또 하나의 문제해결 패턴이 있습니다. 우리는 흔히 성공과 돈을 좇으며 이를 가장 효과적인 문제해결 방법으로 생각합니다.

"요즘 힘든데 성공하기만 하면 다 좋아질 거야!"

이처럼 성공하면 모든 문제가 해결될 것이라고 믿습니다. 실제로 이런 태도로 정말 피나게 희생해서 돈을 벌고 성공을 이루기도 합니다. 그런데 소위 말하는 '성공'을 했는데도 좌절하고 다시 넘어집니다. 심지어 의욕이 사라지고 게을러집니다. 그 이유가 뭘까요? 성공하는 순간 더 이상 강박적으로 반응할 것이 없다 보니 자동으로 자기방해 행위를 저지르기 때문입니다. 즉, 자기 자아의 정당화를 위해 새로운 문제를 다시 만들어야 합니다.

저도 이 현상을 직접 경험했습니다. 회사 일이 너무 싫어진 저는 창업을 했습니다. 창업 초기에는 열정적으로 매일 아침 4시 반에 일어나 생산적으로 콘텐츠를 만들었습니다. 하지만 '그날'이 왔습니다. 사업 수익이 회사에 다닐 때 받던 월급을 넘던 날! 그야말로 하룻밤 사이에 모든 동기부여가 사라지고 흐지부지 게을러지기 시작했습니다.

이 메커니즘을 모르면 보통 "왜 갑자기 들끓던 내 열정이 식었지?" 하고 궁금해합니다. 왜냐하면 나를 사로잡던, 해결해야 하는 문제를 해결했기 때문입니다.

2. 주도적인 창조 지향형

이러한 실패 사이클에서 벗어나려면 삶을 어떻게 살아가야 할까요? 우선 심리적으로 문제해결 사이클에 갇혀 있다는 걸 알아차리고 슬슬 **문제해결 지향형에서 창조 지향형**으로 옮겨가야 합니다. 창조 지향은 싫어하는 것을 없애는 게 아니라 주도적으로 원하는 인생을 구축하는 패러다임입니다. 다시 말해 긍정적 동기부여로 원하는 삶을 미리 정해놓고 그것을 온전히 사는 것입니다. 이 경우 삶이 충분히 불편해질 때까지 기다리지 않고 **의미 있는 나만의 삶을 미리 정해 그것에 헌신합니다.** 이는 반응적인 인생이 아니라 주도적으로 의도하는 결과물을 내는 인생입니다. 작고 불쌍한 나 자신을 보호하는 것이 아니라 내 진심을 실현하는 삶입니다. 마이너스와 0을 되풀이하는 삶이 아니라 플러스로 성장하는 삶입니다.

저는 '일시적인' 다이어트에 성공한 사람을 한 번도 못 봤습니다. 다만 제가 본 성공 사례는 건강한 인생을 가치로 삼고 삶을 아예

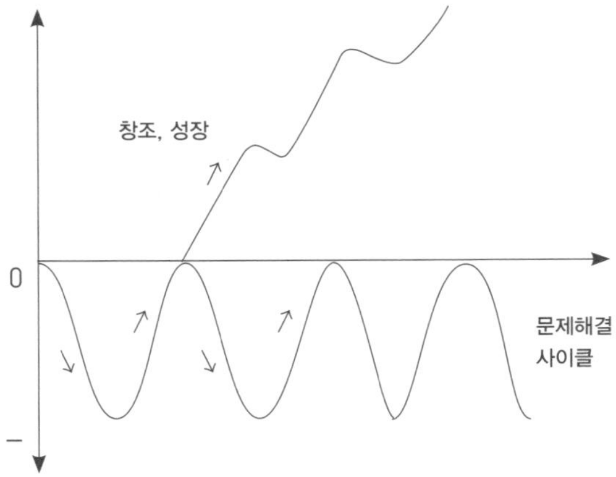

바꾼 사람입니다. 라이프스타일의 중점이 싫어하는 것에서 원하는 것으로 바뀌어야 장기적인 변화가 가능합니다.

주도적인 창조 지향형의 삶은 뚱뚱해서 다이어트를 하는 게 아니라 건강한 라이프스타일로 사는 삶을 선택해 다이어트 효과까지 얻습니다. 오로지 생존하기 위해 혐오스러운 직장에 들어가는 게 아니라 직장을 진심으로 내 목적 실현을 위한 단계로 활용합니다. 내 외로움을 해결하기 위해 사람을 만나는 게 아니라 타인과의 관계가 가장 깊은 내 안정터라서 만납니다. 나 자신의 '무가치함'을 해결하기 위해 창업하는 게 아니라 더 많은 사람에게 내 사랑과 인간성을 표현하기 위해 창업을 합니다. 회사생활이 싫어서 도망치듯 퇴사하고 창업을 하더라도 결국에는 내가 시작한 비즈니스의 비전을 정확히 알아야 합니다. 그저 '회사생활이 싫어서'라는 이유만으로 창업해 수백만 명의 사람에게 가치를 제공해줄 수는 없습니다.

플러스로 가려면 사소한 문제해결 패턴에서 벗어나 나와 타인 그리고 지구를 위해 '어떤 의미'를 실현하고 싶은지 명확히 알아야 합니다. 그래야 부정적이고 원치 않는 것에만 초점을 두지 않고 내게 의미 있는 것에 집중해 성장하고 확장하는 삶이 가능해집니다.

진정한 비전이 무엇인지 모르면 문제해결 패러다임 이외의 다른 삶이 어떤지 상상하기 매우 어려울 것입니다. 창조 지향형 삶이 어떨지 아직 감이 오지 않더라도 걱정하지 마세요. 앞으로 고생스러운 문제해결 지향형에서 창조 지향형으로 이행하는 것을 체계적으로 안내하겠습니다.

안내에 앞서 여러분이 진정 풍부하고 충만하며 사랑이 넘치는 삶을 살고 싶다면 마음 깊은 곳에 다음 문구를 새겨놓아야 합니다.

> "당신의 인생은 해결해야 하는 문제가 아니다. 다만 창조해야 할 대상이다."
>
> **로버트 프리츠**

문제 초월

'이제 창조로 방향을 바꿔야 하지 않을까'라는 생각이 들기 시작할 즈음, 이런 의문이 생겨날 것입니다.

"문제를 해결하지 않으면 다 망하지 않을까요?"

창조 지향형 삶이 인생의 모든 문제를 해결해준다고 오해하지 마세요. 또한 앞으로 문제를 아예 해결하지 말라는 것도 아닙니다. 중요한 것은 인생의 중점을 '어디에 두느냐'입니다. 문제에만 집중해 계속 시계추처럼 왔다 갔다 하며 고생만 하고 살 것인지 아니면 당당하게 내 가치, 목적, 목표, 전략을 기반으로 한 행동에 집중해서 살 것인지 말입니다. 당연히 불이 나면 그 불을 꺼야 합니다. 그렇지만 불을 예방하면서 충분히 의미 있는 현재를 위해 헌신할 수도 있습니다.

우리는 "인생은 원래 고생이다"라는 말을 많이 듣습니다. 그런데 우리가 되돌아봐야 하는 것은 정말로 인생 그 자체가 고생인지 아니면 내가 인생을 그저 고생하며 살고 있는지입니다. 사실 인생이 고생일 필요는 없습니다. 고생으로 살면 고생이 되는 것이고 창조로 살면 창조가 되는 것뿐입니다.

어느 스승의 말씀이 기억납니다.

"문제라고 생각하면 문제가 된다."

모든 문제는 상대적이기 때문에 내가 어떤 상황을 '문제'라고 받아들이는 순간 그 상황은 위험하고 해결해야 하는 것이 됩니다. 창조 지향형 사고방식은 성장과 결과 실현에 주의를 기울이기 때문에 더 이상 내가 문제를 가상으로 만들지 않습니다. 내가 문제를 해결하는 게 아니라 '문제'의 삶을 그야말로 초월하는 것이죠. 내 삶을 책임지고 적극적으로 살기 시작하면 오히려 사소한 문제는 자연스럽게 사라집니다.

여전히 크고 작은 문제가 생기겠지만 대부분의 경우 그저 내 길에서 넘어갈 수 있는 장애물일 뿐입니다. 이것은 '삶의 피해자'로서 문제에만 반응하며 창조를 그저 꿈만 꿀 것인지, 반대로 '삶의 주체자'로서 내 삶을 창조적으로 살아가며 때때로 마주치는 문제를 해결할 것인지의 차이입니다. '문제'로 인식할 것인지 아니면 '성장을 위한 도전'으로 볼 것인지는 여러분의 선택입니다.

이 책에서는 사소한 문제를 어떻게 해결할 수 있는지 알려주지 않습니다. 그렇지만 여러분이 창조력, 실천력, 의미, 주체성, 결단력, 적극성, 의식성장을 추구한다면 이 책은 여러분에게 적합할 것입니다. 고생은 그만하고 자기만의 삶을 창조해봅시다.

자기 관찰 질문

1 나는 '반응적인 문제해결 지향형'과 '주도적인 창조 지향형' 중 주로 어떤 삶을 살고 있는가? 있는 그대로 반성해보세요.

2 문제해결 지향형의 삶을 살고 있다면 내가 주로 또는 되풀이해서 해결하려는 문제는 무엇이 있는가?

3 혹시 이 순간 바로 내려놓을 수 있는 사소한 '문제'가 있는가? 즉, 더 이상 문제로 만들지 않을 수 있는 것이 있는가?

4 문제해결의 삶이 아닌 창조하는 삶을 산다면 무엇을 할 것인가? 머릿속에 떠오르는 대로 적어보세요.

원칙2.
(자아수축보다) 자아확장

"욕심을 부려 더 많이, 더 많이 원한다면 야망이 빈곤하다는 뜻입니다. 대신 '와, 난 가지고 있는 게 너무 많아. 누구를 도와줄 수 있을까? 어떻게 더 많이 기여할 수 있을까?' 하는 질문이야말로 야망이며 영향력입니다. 자신뿐 아니라 다른 사람을 도울 수 있다는 건 얼마나 경이로운 선물인가요?"

버락 오바마, 넬슨 만델라 탄생 100주년 기념일

작가 데이비드 브룩스는《두 번째 산: 삶은 '혼자'가 아닌 '함께'의 이야기다》에서 우리가 인생에서 경험하는 첫 번째 산과 두 번째 산의 명확한 분별을 제시합니다. 비유하자면 우리는 첫 번째 산을 힘들게, 힘들게 올라갑니다. 즉, 에고노믹스(에고 정책)나 경쟁 혹은 욕심으로 커리어를 쌓으며 성공, 명성, 인정, 부, 자기계발 등으로 우위에 서고 스스로를 증명하려 합니다. 이러한 첫 번째 산은 자아결핍 욕구를 채우는 것으로 특징지을 수 있습니다.

그런데 성공하든 못 하든 어느 날 이 개인주의 환상은 확 깨집니

다. 그저 고생일 뿐 첫 번째 산에서 의미는커녕 행복, 내적 자유, 정서적 안정, 위대한 가치, 경외, 풍부함, 깊이, 연결감을 얻지 못한다는 사실을 깨닫게 됩니다. 그 실망으로 다시 골짜기에 떨어집니다. 그러면서 오춘기 혹은 중년기 위기를 거칩니다.

이 골짜기에서 우리는 각자 큰 도전과 마주합니다. 이때 평생 '편하게' 허무주의의 골짜기에 머물지, 아니면 확장해서 두 번째 산을 올라갈지 선택해야 합니다.

두 번째 산에서는 어떤 의미, 목적, 소명vocation, 미션, 대의명분, 헌신, 부름을 선택해야 합니다. 여기에 어떻게 응답할지는 내게 달려 있습니다. 또한 두 번째 산에서는 '내가 어떤 사람이 되고 싶은가'를 더 이상 묻지 않으며 주의를 나보다 더 큰 목적에 두고 '어떤 의미에 헌신할 것인가'가 더 중요해집니다. 브룩스의 말대로 두 번째 산은 소명과 가족을 비롯해 어떤 철학, 신앙 혹은 공동체를 향한 헌신으로 나타납니다. 이는 자기중심적인 삶이 아닌 더 큰 의미에 헌신하는 삶을 말합니다.

첫 번째 산 – (넘쳐나는) 자기계발로 인한 자아수축

인생 초반에 첫 번째 산을 오르고 정복하는 일은 인생 여정에 꼭 필요한 과정입니다. 첫 번째 산에서 우리는 자신을 위해 다양한 지식, 스펙, 기술력, 능력을 키우고 전문성과 커리어를 쌓습니다. 또 단단한 자아를 바탕으로 부모로부터 독립할 뿐 아니라 재정적 독립도 이룹니다. 이때는 자격, 다양한 학습과 일, 사회생활로 인간관계를 형성하고 가족이나 주변 사람과 친구에게 적절한 평판을 얻으면 됩니다. 이러한 성장은 모두 자기계발 영역에 해당합니다. 첫 번째 산을 건강하게 오르며 우리는 겸손도 배웁니다. 나아가 외부 세상과 부딪치면서 나 자신이 누구인지 발견하고 내 강점과 약점, 한계를 적극 확인하기도 합니다.

더 좋은 일을 하기 위해 자기 자신을 계발하는 것에는 아무 문제가 없습니다. 내가 잘 살고 개인 기술력을 길러 결과를 만들어내는 능력이 커질수록 가족과 주변, 공동체, 지구에 도움을 주는 여유와 역량이 생깁니다. 내가 잘 살면 자연스럽게 주변도 잘 살게 해주고 싶어집니다.

문제는 건강한 자기계발이 지나치게 자신의 이미지 강박, 성공을 향한 욕망, 허영심, 욕심, 나르시시즘, 이기심, 권력 추구, 인정 욕구로 강화되어 너무 한쪽으로 치우칠 수 있다는 점입니다. 안타깝게도 현대 개인주의 문화에서는 무엇보다 강한 자기도취를 조장하는 탓에 우리는 더욱더 자신의 욕구, 성공, 문제, 고민, 충동, 외적 이미지에 집착하는 경향이 있습니다. 끊임없이 자기 생각만 붙잡는 것은 **자아수축 지향형**이라 할 수 있습니다.

자아수축 지향형의 삶에서는 세상과 자연스럽게 상호작용하기보다 끊임없이 자기 자신만을 추구하기 때문에 결국 내 의식이 나의 작은 '자아' 안으로 붕괴collapse into the self됩니다. 이때는 내가 사회적으로 성공하든 실패하든 그저 강박적으로 나만이 내 삶의 핵심이 되어버립니다. 모든 것을 나! 나! 나를 위해서 합니다. 하루 종일 모든 주의, 집중, 의식을 자신에게만 몰두합니다. 그러다 보니 나를 위

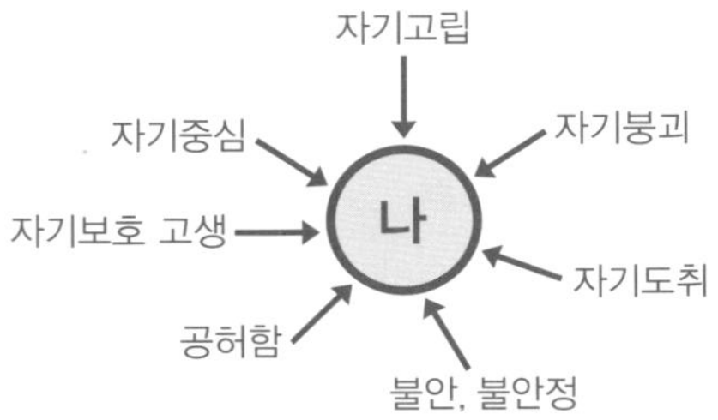

한 부, 인정, 성공, 명성, 편안함, 연민, 자기계발을 추구하며 언제나 '더 나은' 사람이 되어 자기 존재를 정당화해야 한다는 공동 강박에 아무 의문도 없이 따릅니다. 실제로 '나는 더 좋은 사람이 되어야 한다', '나는 나 자신을 고쳐야 한다', '나는 성공해야 한다', '나는 위대한 사람이 되어야 한다', '나는 더 사랑이 넘치는 사람이 되어야 한다', '나는 더 영적인 사람이 되어야 한다' 같은 강박적 선언은 꽤 흔합니다. 심지어 그러한 강박을 '진정한 목표'라고 부르기도 합니다. 아쉽게도 그것은 그저 불안에서 비롯된 강박 패턴일 뿐입니다.

능력 있고 건강한 자아를 키우는 것은 중요한 일입니다. 하지만 오로지 나 자신에게만 몰두하는 것은 내가 스스로 나를 외부 세상과 타인으로부터 단절시켜 고립감, 외로움, 공허함, 불완전함, 허무함만 남게 만들 수 있습니다. 첫 번째 산을 올라간 뒤 꼭대기에서 아무것도 나누지 않으면(슬슬 두 번째 산으로 넘어가지 않으면) 그곳에서 혼자 고립되고 맙니다. 이렇게 자기 정당화가 내 삶의 목적이 되면 공허해지고 평생 삶의 한계에 부딪칠 수밖에 없습니다. 자아수축 상태에서는 충만한 삶, 가치, 목적, 원칙, 타인, 지구를 중요하게 여기지 않습니다. 그런 것은 그저 자신이 인정받고 멋있는 존재가 되기 위한 수단에 불과합니다.

어떤 목적을 향해 나아갈 때 그 일을 자신을 위해서 하나요,
아니면 목적 그 자체를 위해서 하나요?
단지 자신에게만 머물고 있나요,
아니면 외부에서 무언가에 헌신하고 있나요?

두 번째 산 – 자아확장

자기도취와 자아수축의 반대는 **자아확장 지향형**입니다. 이것은 주의, 집중, 의식을 자신이 아니라 '외적인 무언가'에 두고 그것에 맞춰 행동하는 것입니다. 이 경우 '불쌍하고 작은 자신'에게 몰두하는 것보다 자신을 확장합니다. 그 '외적인 무언가'를 실현하려면 나 자신을 늘 계발해야 하지만 자아확장을 하면 나 자신은 더 이상 일차적 목적이 아닙니다.

저는 여러분이 더 성장하기 위해 이 책을 읽고 있을 거라 믿습니다. 그런데 의자에 앉아 자신에게만 집중하면 크게 성장하지 못합니다. 혼자 불안해하며 자신의 이미지만 걱정하면 변화가 일어나지 않습니다. 효과적으로 성장하려면 자신을 벗어나 자신보다 더 크고 위대한 목적에 헌신해야 합니다. 목적을 실현하는 과정에서 꾸준히 외부 세상과 부딪치고 다양한 도전으로 스스로를 확장해야 결국 나 자신이 더 강해지고 내적으로 성장할 수 있습니다.

제가 이 책에서 주장하는 것은 의미 있고 즐거우며 풍부한 인생을 살려면 첫 번째 산을 필요한 만큼 익혀야 한다는 점입니다. 하지만 더 중요한 것은 두 번째 산을 정해놓고 출발해야 한다는 것입니다. 자신의 작은 성취에만 몰두하지 말고 인생의 큰 부분을 **자신 외의 창조물, 프로젝트, 가족, 공동체, 지구, 철학, 예술, 원칙, 마스터 과정, 진리 등에 헌신해야 한다**는 것입니다. 간단히 말해 스스로에게 진정 의미 있는 그 무엇에 대한 헌신.

영국 철학자 버트런드 러셀도 외적 행동external action의 중요성을 강조했습니다. 러셀은 우리의 주의를 자신이 아닌 지구와 공동체, 지식, 사랑하는 사람 같은 외부 대상에 두어야 한다고 말했습니다.

자아수축	자아확장
문제해결	창조
강박	의미
자기중심	목적중심
에고	진정성
이상	진심
무의식, 반응	의식
욕심	진정한 마음
불안	사랑
자아생존	자아실현
자기기만, 혼동	진리, 진실
닫힌 마음	발견, 탐구
부, 명성, 권력	인간성
고생	즐거움
무기력	도전, 용기
남의 기대	양심
피해의식	주체성

그렇게 헌신하는 중에도 여러 가지 좌절이 일어날 수 있지만 그 좌절은 (자신을 위한 고생과) 자기혐오에 빠지는 고통보다 훨씬 낫다고 했습니다.

무술가이자 존재론가인 피터 랄스턴*은 이렇게 말했습니다.

"지금 당신 자신보다 더 위대하고 중요한 것에 당신이 온전히 헌신한다고 생각해보세요. 스스로를 작아지게 만드는 쓸데없는 걱정은 더 이상 문제가 되지 않을 것입니다. 당신은 오직 더 큰 성취감을 향해 나아갈 뿐이며 자신보다 더 포괄적이고 위대한 것에 연결된 당신의 존재를 경험할 겁니다. 이러한 헌신은 당신을 더 유능하고 영향력 있는 존재로 성장하게 해줍니다. 그 헌신이 당신뿐 아니라 타인에게 어떠한 영향을 끼칠지 생각해보세요."

나 자신을 목적에 내던지기

자아확장은 결국 나 자신이 아닌 어떤 사람, 대상, 법, 원칙, 목적에 순종하거나 그것을 수용하는 것입니다. 나보다 더 중요한 것은 무엇이 있을까요? 내가 모든 힘을 밖으로 쏟아 헌신할 수 있는 것은 무엇이 있나요? **아이, 반려자, 가족, 회사, 창업, 인류, 지구, 환경, 국가,**

---

* 피터 랄스턴Peter Ralston은 미국 무술가이자 존재론가, 작가입니다. 그는 70년대부터 '챙신Cheng Hsin'이라는 학교를 설립해 다양한 워크숍으로 무술과 의식성장을 돕고 있습니다. 랄스턴의 유명한 저서로는 《부지不知의 책The Book of Not Knowing》, 《의식 추구Pursuing Consciousness》 그리고 《힘이 들지 않는 파워의 원칙Cheng Hsin: The Principles of Effortless Power》이 있습니다. 저는 한국에서 '의식을 올려 온전한 인간 되기' 워크숍을 랄스턴이 작성한 〈Increasing Consciousness Group〉 스크립트를 기반으로 진행합니다. 이 책에 나오는 랄스턴의 인용문은 대부분 그 워크숍 스크립트에서 차용했습니다.

사회, 어떤 아이디어, 신, 철학, 제작물, 아트 등 자아확장 대상과 형태는 끝이 없습니다. 이제 나 자신만을 위한 불안한 고생을 내려놓고 나를 그 대상에 완전히 내던질 수 있습니다.

나 자신을 두 번째 산에 내던지면 산의 의미가 오히려 나를 끌어올릴 것입니다. 자아확장의 인생을 결정하면 더 이상 내 불안대로 혹은 내 '마음대로' 살지 못합니다. 마음대로 사는 것은 모든 개인적인 강박, 감정, 충동, 본능을 수용해 결핍 욕구만 충족하는 자아수축 지향형의 삶입니다. 비록 자신이 '하고 싶은 대로' 살고는 있지만 아무 의미도 느끼지 못하고 오히려 불행해집니다.

반대로 자아확장은 나와 외부 세상을 서로 연결해주고 그에 따라 진정한 목적이 내 모든 행동을 다스립니다. 무엇이 필요한지 객관적으로 보고 그것에 따라 적절히 행동하는 것입니다. 또 직관적으로 '진심 어린 의미'를 정해놓고 그 의미의 법을 따릅니다.

피터 랄스턴은 아주 이해하기 쉬운 예시를 보여줍니다. 여러분이 인류를 위해 '세상에서 제일 맛있는 라자냐 만들기'를 진정한 목표로 삼는다고 칩시다. 그러면 요리를 자기중심적으로 '마음대로' 할 수 있을까요? 소금 1킬로그램과 구미베어 젤리 그리고 담배를 넣고 3시간을 구우면 맛있는 라자냐가 될까요? 그렇지 않을 겁니다. 자기 마음대로 창조하면, 즉 자신의 자아를 벗어나지 않으면 위대한 결과물을 만들 수 없습니다. 만약 여러분의 진심에 접속해 진실과 마음을 연결한다면 여러분이 세운 목적이 무얼 해야 하는지 알려줄 것입니다. 이를테면 라자냐가 자기를 어떻게 만들어야 하는지 단계마다 알려줄 것입니다. 라자냐는 (내가 선택한) 내 마스터가 됩니다.

탁월한 결과물을 만들어내려면 잠깐이라도 나 자신의 한정된 세계를 초월해 목적에 귀와 눈을 기울여야 합니다(그러기 위해서는 우선 목적이 필요하죠).

우리는 외부 세상에서 살고, 외부 세상에서 일하며, 외부 세상에서 사랑합니다. 물론 나 자신도 적당히 다뤄야 하지만 진정 강력한 인생 비결은 외부 세상과의 지성적인 상호작용에 있습니다. 반면 외부 세상과 진실을 무시하거나 왜곡하고 독선적으로 내 마음대로 무언가를 실현하려 하면 많은 힘을 잃고 맙니다. 세상을 내 불안 필터로 거르지 말고 자아확장 원칙을 통해 세상을 '있는 그대로' 보면서 내 진심 어린 목적에 따라 행동해야 합니다. 이를 위해서는 나 자신과 목적이 서로 융합해야 합니다.

자아확장 예시

좀 더 명확히 하기 위해 몇 가지 자아확장 예시를 보여드리겠습니다.

- 무술 사범이 되고 싶으면 누가 마스터일까요? 무술이 학생의 마스터입니다. 학생은 매일 무술 법[law]과 원칙대로 헌신하면서 훈련하고, 훈련하고 또 훈련해야 합니다. 어떤 훈련을 해야 하는지는 무술 그 자체가 알려줄 것입니다. 학생이 자기가 생각하는 훈련을 하거나 '마음대로' 자기 습관과 충동에만 빠지면(즉 자기 에고로 훈련하면) 사범이 될 수 없습니다.
- 국가와 군대에 헌신하는(의무적인 병역 말고 스스로 선택하는) 군인

이 되는 것은 자아확장일 수 있습니다. 이 경우 불쌍한 나 자신은 사라지고 명예, 의리, 헌신만 남습니다. 군대 규칙을 따르면서 나라와 내 동료를 위해 희생하는 가운데 그 헌신에서 큰 자부심과 의미를 느낄 수 있습니다.

- 테레사 수녀는 전 세계의 가난한 사람들을 돕겠다는 목표 아래 500개의 센터를 열어 목표를 위해 평생을 바쳤습니다. 그것은 자신의 생존 외에 수만 명의 삶을 위해 헌신한 행동입니다. 이것이 명확한 자아확장입니다.
- 저는 "아이를 낳고 나서 어른이 됐다"는 말을 여러 번 들었습니다. 난생처음 내가 아닌 나보다 더 중요한 사람이 생긴 것입니다. 아이의 역량을 강화하거나 건강한 가정을 꾸리는 것도 온전한 자아확장입니다. 중요한 것은 헌신이 그 아이, 그 사람, 그 가족을 위한 것이어야 한다는 점입니다. 교활하게 타인을 조종하거나 인정받기 위해서만 타인의 만족을 추구하면 자아수축입니다(예를 들면 자기 기대를 아이에게 얹기, 자기결핍을 채우기 위해 애인 붙잡기, 칭찬받기 위해 상사를 만족시키기 등).
- 저는 '개인의 의식을 높이고 (인류의) 불필요한 고통 이겨내기'라는 목적에 헌신하고 있습니다. 자꾸 제 에고와 옹졸한 충동에 빠질 때가 많지만 목적에 따를 때마다 저 자신이 사라지고 그야말로 제 목적을 '섬기게' 됩니다. 더구나 그 목적은 제가 매일 어떤 행동을 취해야 하는지 알려줍니다.
- 모든 창조도 자아확장입니다. 예를 들어 그림을 그릴 때는 최종 결과를 대략 구상한 아이디어가 있어야 합니다. 아름다운 창조물

을 만들려면 '마음대로' 그리지 못해요. '아름다운 그림'이라는 목표가 내 행동을 정합니다. 요리, 창업, 이벤트 개최, 온전한 인간관계 등 다른 모든 창조물도 마찬가집니다. 문제해결은 나 자신을 작아지게 하는 자아수축이지만 창조는 나 자신을 더 커지게 하는 자아확장입니다.

- 구체적인 목적, 목표가 아닌 어떤 원칙이나 가치관에 헌신할 수도 있습니다. '주인의식' 원칙대로 살면 잠깐 불편해져도 내 삶을 그 원칙대로 살아갑니다. 명예, 진정성, 의리, 용기, 심지어 자아확장 원칙까지, 내가 그것을 의식적으로 선택할 경우 그것이 내 온전한 삶을 가이드해줍니다.
- 만약 20억 원을 모으겠다는 (자기결핍을 채우는 강박이 아닌) 진정한 목표를 세웠다고 칩시다. 아마 3년 동안 자신을 내려놓고 고객을 위한 가치 제공에 온전히 헌신해야 할 것입니다. 자기 자신에게 몰두하거나 '마음대로' 게으르게 TV만 보면 그 결과를 얻을까요? 아마 아닐 거예요.

> "당신의 경험을 들여다보고 작은 것이라도 당신 자신보다 더 가치 있는 어떤 것에 완전히 헌신한다면 어떨 것 같아요? 당신의 안전지대에서 나와 당신이 아직 성취할 수 없을 것 같은, 당신의 역량을 훨씬 뛰어넘는 그 무언가에 헌신하는 것 말이지요."
>
> **피터 랄스턴**

당신은 어떤 목적, 목표, 원칙, 사람, 대상에 헌신하겠는가?

자아확장 ≠ 자아버림

오랫동안 자아수축만 해왔다면 확장하는 생각에 불안이 밀려들 수도 있습니다.

"아니, 성공하고 돈 벌어야지! 그런 거 다 포기하라는 말이에요?"

자아확장을 한다고 자기 자신을 '버리는' 것은 아닙니다. 자아확장 안에는 현재 자아가 그대로 포함되어 있습니다. 아무것도 포기하고 버리는 게 아닙니다. 자아수축 요소는 자아확장 안에 이미 포함되어 있습니다. 내 진정한 목적과 목표에 헌신하면 나는 저절로 잘 살게 됩니다. 오히려 자아확장 원칙은 장기적으로 생계를 잘 다루는 데 있어 훨씬 강력한 전략입니다. 도전하고 내 진심을 실현할수록 넓고 강력한 자신을 자동으로 육성하기 때문입니다. 내가 인간적으로 성장하면 내 환경도 더욱더 풍부해집니다. 주변을 잘 살게 해주면 그것은 결국 다 나에게 돌아와 자연스럽게 나도 잘 살게 됩니다.

수많은 자기계발서가 첫 번째 산을 어떻게 효과적으로 오를 수 있는지 충분히 설명하고 있습니다. 능력, 기술력, 스펙, 카리스마, 자존감, 언어, 숙련도를 높여 개인적으로 성공하는 방법은 아주 다양합니다. 그러한 방법들은 정말 중요합니다! 개인 기술력, 성공과 성취감이 생기면 자아확장은 오히려 쉬워집니다. 단, 장기적으로 오로지 자기중심적인 적용에만 막혀 있으면 안 됩니다. 앞으로 자기계발을 나쁜 아니라 자아확장 맥락 안에서 할 수도 있습니다. 예를 들어 제가 이 책의 내용을 가능한 한 강력하게 전달하려면 일단 한국어와 글쓰기 기술을 계발해야 합니다. 만약 자기중심적인 자아수축으

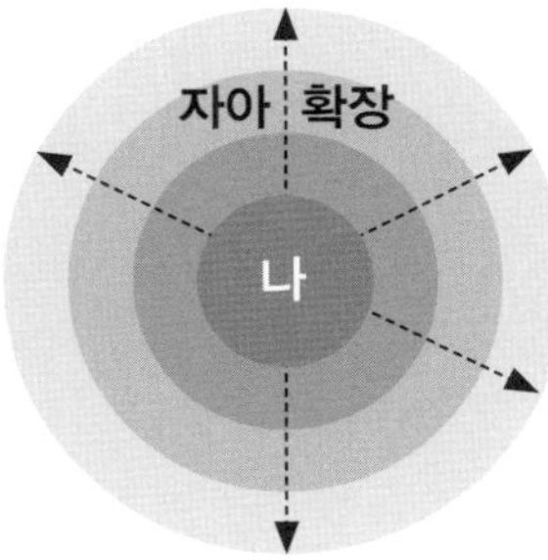

로 그것을 하면 다음과 같이 생각할 것입니다.

"내가 어떻게 글을 쓰면 제일 멋있어 보이고 책이 많이 팔릴까?"

반면 자아확장으로 그것을 하면 달라집니다.

"어떻게 글을 쓰면 가능한 한 많은 사람에게 큰 역량강화가 일어날 수 있을까?"

두 경우 모두 저는 책 쓰는 기술을 배울 겁니다. 그런데 자아수축보다 자아확장 동기로 진행하면 그 파워가 훨씬 강해집니다.

원칙 ≠ 방법

제가 워크숍에서 자아확장 개념을 처음 알려주면 다음 질문을 많이 받습니다.

"코치님, 그럼 헬스장에 가는 것은 자아확장인가요? 자아수축인가요?"

'Part1 충만한 인생을 위한 5가지 기본 원칙' 챕터에서 이미 언급했듯 **자아확장은 방법이 아닌 원칙입니다.** 어떤 원칙대로 헬스장에 가는지 제3자는 알 수 없습니다. 근육을 단련해 자신이 약하다는 열등감을 가리고 자신이 얼마나 멋있는지 사람들에게 증명하는 것이 목적이라면 아마 자아수축 원칙일 것입니다. 반면 건강해지고 더 밝고 활력 있게 주변 사람을 돕는 것이 목적이라면 자아확장에 가깝습니다.

"관찰일기를 쓰는 것은 자아확장인가요? 자아수축인가요?"

관찰일기로 자신이 누구인지에만 집착하고 강박적으로 '완벽한 자신'을 키우는 것이 목적이라면 자아수축이고, 더 큰 의미를 정해 그것을 위해 어떻게 행동할지 관조한다면 자아확장입니다. 행동의 형태가 원칙을 암시하지는 않습니다. 자아수축을 하는지, 자아확장을 하는지, 문제해결을 하는지, 창조하는지는 당신만이 알 수 있습니다. 방법론을 그만 붙잡고 더욱더 강력한 원칙으로 옮겨가기를 추천합니다. 아직도 자아수축인지 자아확장인지 의문이 남는다면 이런 차이로 구분할 수 있습니다.

자아수축은 불안으로 행동하는 것이고,
자아확장은 사랑으로 행동하는 것입니다.

자아확장의 중요성은 아무리 강조해도 지나치지 않습니다. 자기중심으로만(!) 살면 삶이 만족스럽지 못할 가능성이 아주 높습니다. 늘 무언가가 부족할 것입니다. 반대로 자아확장은 현재의 자신보다 더 큰 비전, 위대한 의미, 도전적인 목표, 사랑하는 사람, 효율적인 원칙 등에 헌신하기에 삶의 모든 재미와 희열이 찾아옵니다. 단지 행동할 용기만 있다면 말입니다.

"도대체 무엇에 헌신하라는 거예요?"

아직 많은 혼돈이 남아 있다 해도 걱정하지 마십시오. 이 책은 그야말로 자아확장을 차근차근 계발하도록 돕는 가이드북입니다. 모든 원칙은 머리가 아닌 행동으로 직접 배워야 합니다. 이 챕터에서 자아확장이 정확히 무엇인지 100퍼센트 이해하지 못하더라도 'Part 2 구체화 단계'부터 체계적으로 '자아확장 기준'을 세워 그것에 따라 조금씩 행동해볼 것입니다.

자아확장에 해당하는 모든 일에는 한 가지 공통점이 있습니다. 바로 자아확장이 매우 도전적이라는 것입니다! 우리는 자신이 알고 있는 생존 영역을 떠나 새로운 도전과 경험을 무릅쓰고 그것을 통과해야 합니다. 충만하고 의미 있는 삶을 경험하고 싶다면 조금씩 자신의 안전지대에서 나와 행동해야 합니다.

에리히 프롬은 말했습니다.

"많이 갖고 있는 자가 부자는 아닙니다. 많이 주는 자가 부자입니다. 하나라도 잃어버릴까 안달하는 자는 심리학적으로 말하면 아무리 많이 갖고 있어도 가난한 사람, 가난해진 사람입니다."

자기 관찰 질문

1. 지금 자신보다 더 위대하고 중요한 것에 당신이 온전히 헌신한다고 생각해보세요. 당신의 경험을 들여다보고 작은 것이라도 당신 자신보다 더 가치 있는 어떤 것에 완전히 헌신한다면 어떨 것 같나요?
2. 무엇에 헌신할 것인가?

실천 과제

1. 이번 주에 집을 '대청소'해보세요. 자신의 반항적인 마음을 잠깐 내려놓고 '아름다운 집'이라는 목표를 위해 온전히 헌신해보세요.

원칙3.
(자기기만보다) 진정성

"심리학은 특별히 인간이 표현하고 생각하는 거짓말에 관심이 있다."

P.D. 우스펜스키P.D.Ouspensky, 《인간 진화의 심리학》

진정성이 중요하고 좋다는 것은 우리가 잘 알고 있는 사실입니다. 아마 길거리에서 지나가는 사람들을 멈춰 세우고 '얼마나 정직한지' 설문조사를 하면 10점이나 8점이라고 이야기할 것입니다.

"뭐, 가끔 변명이나 슬쩍 작은 거짓말을 하지만 전체적으로 나는 꽤 솔직한 사람이다."

그런데 우리에게는 정말로 우리가 생각하는 것만큼 진정성이 있을까요?

5년 전 매일 저녁마다 극심한 피로가 저를 엄습했습니다. 하루하루가 너무 힘들어서 불만에 빠져 남 탓, 사회 탓, 내 탓을 하며 계속 자아수축으로 후퇴했습니다. 어느 날 몹시 지친 저는 도대체 왜 그렇게 힘든지 그 이유를 파악하기로 했습니다. 그 결과 두 가지 원인을 찾아냈습니다. 하나는 하루 종일 앞 챕터에서 설명한 문제해결만 하느라 고생했기 때문이고, 다른 하나는 온종일 가짜 이미지를 드러냈기 때문입니다.

학생 시절 저는 아버지 앞에서 쓸모없는 아들처럼 보일까 봐 전전긍긍하던 때가 있었습니다. 저는 아버지에게 항상 자랑스러운 아들이 되고 싶었는데, 그때마다 저에게 찾아온 가장 큰 불안은 시험성적을 잘 못 받는 것이었습니다. 열한 살이던 어느 날 저는 제일 좋아하는 수학 과목에서 C밖에 못 받았습니다. 늘 수학 공부를 잘하라고 말씀하신 아버지 앞에서 엄청난 수치심을 느꼈습니다. 그때 많은 고민을 했습니다. 앞으로 더 열심히 공부해서 다시 A⁺를 받을지, 아니면 아예 반항해서 공부를 포기할지. 선택은 후자. 다음 시험 때 저는 실험 삼아 아예 공부를 안 해봤습니다. 그런데 결과는 똑같은 C였습니다. 그다음 시험도 그랬고 또 그다음 시험도 같은 결과가 나왔습니다. C! 저는 몇 개월 동안 공부하지 않았고 그때 제 인생에 오랫동안 영향을 준 멍청한 방어기제가 만들어졌습니다.

"만약 공부를 많이 하고도 시험을 못 보면 쓸모없는 실패자처럼 보이지만 반대로 공부를 안 하고 시험에 겨우 통과하기만 하면 나는 천재잖아!"

열한 살 알렉스의 논리였습니다.

이후로 모든 일이 흐지부지되었고 제대로 공부하지도 않으면서 그 논리로 제 '쓸모'를 늘 유지했습니다. 동시에 제대로 공부하는 친구를 우습게 보고, 나는 최소한의 노력으로 최대한 성과를 효율적으로 낸다며 큰 우월감에 젖어 스스로를 자랑거리로 여겼습니다. 정말로 20대 후반까지 제 좌우명은 '대충대충'이었습니다. 지금 되돌아보면 얼마나 바보 같은 전략이었는지! 20여 년 동안 저는 '일에 효율적으로 대처하는 최고의 전략가'라는 가면으로 제 가장 큰 수치심을 가리기만 했습니다. '나는 실제로 쓸모없는 아들이 아닐까' 하는 의구심에 따른 수치심 말입니다.

'전략에 강하다'는 가면을 쓰고 저는 벤처캐피털 회사에서 투자 매니저도 하고 대기업에서 전략기획도 맡고 라이프코치까지 했으나, '최고의 전략가'로서 성과는 낼지언정 불안감은 사라지지 않았습니다. '전략가' 이미지는 쓸모없고 무가치한 나를 숨기기 위해 생성한 갑옷이었습니다. 내면으로는 가짜 행세를 하고 있음을 늘 알고 있었기에 열심히 일해도, 일이 잘되어도, 칭찬을 받아도 '진짜 성공'이라고 인정할 수 없었지요. 어떤 일이 잘됐어도 다 운과 속임수처럼 느껴졌습니다. 제 자신이 초라하게 느껴지고 매일 회사 상사, 학교 선생님, 심지어 유튜브 구독자를 속이고 있다는 생각이 들었습니다. 유튜브 구독자에게 받은 진심 어린 감사 메일을 읽는 순간에도 그것을 내적으로 거부했습니다. 언제나 '사람들이 내가 이렇게 쓸모없고 무능한 인간이라는 걸 알기만 하면 난 끝장나!'라는 생각이 머릿속을 맴돌았습니다. 구독자 수가 늘수록 당연히 코치로서의 불안은 더욱 커졌습니다. 진정한 인생을 사는 법을 알려주는 코치가 아니라 비겁한 사기꾼이라고 느꼈습니다.

저처럼 느끼는 경우가 드물지 않을 겁니다. 우리는 혹시나 사회생활을 못할까 봐 스스로 어떤 가면을 만들고 그것을 보호하기 위해 죽도록 남과 자신을 조종하며 자기기만, 이론적인 변명을 하거나 혀와 생각을 비틀면서 자기합리화에 빠집니다. 또 (현실을 알면서도) 억지로 긍정적으로 생각하려 합니다. 가장 심한 거짓은 우리가 스스로를 부인하고 가면을 써서 자신을 자신이 아닌 아예 다른 사람으로 드러내는 것입니다.

제가 진짜 전략가였나요? 아닙니다. 제 '전략가' 이미지는 '쓸모없는 아들'이라는 걸 들킬 것 같은 불안에서 생긴 에고일 뿐입니다. 그게 허풍이더라도 그 이미지를 유지하는 것은 제 풀타임 직업이 되었습니다. 실제로 저는 전략가가 아니었고, 쓸모없지도 않았고, 제 아버지를 실망시킨 것도 아니었습니다. 단지 저만의 망상 속에서 하루하루를 고생으로 살았던 거지요. 그게 안 보인 이유는 제 자신을 단 한 번도 진정성 있게 되돌아보지 않았기 때문입니다.

우리 삶 전체를 왜곡하는 가면은 다양하게 존재합니다. 많은 사람이 가면을 써야 사회적으로 잘 생존할 수 있다고 믿으면서 착한 사람, 웃는 사람, 강한 사람, 평범하지만 특별한 사람, 유능한 사람, 겸손한 사람, 능력 있는 사람, 생산적인 사람, 전략적인 사람, 똑똑한 사람, 완벽한 사람, 예쁜/잘생긴 사람, 영적인 사람, 지혜로운 사람, 영어를 잘하는 사람, 돈 있는 사람, 하자 없는 사람의 이미지를 드러내려 번민하며 수없이 노력합니다. 즉, 그런 특성이 내게 없다고 확신하기 때문에 거짓으로 그런 '척'이라도 해야 한다고 생각합니다.

자기 거짓의 대가

가면의 형태는 아주 다양합니다. 그런데 어떤 형태라도 내 특정 이미지를 유지해야 한다는 강박이 다양한 대가를 요구합니다.

1. 불안과 남의 시선

내가 추측하는 가짜 연기가 들킬까 봐 많이 불안해지고 계속 남의 눈치를 보게 됩니다. 사람들이 내 가짜 모습을 밝힐까 봐 출근하기가 무섭고 학교에 가기가 더욱 어려워집니다.

"사람들이 내 진짜 모습을 알면 큰일이야!"

그동안 가장 많이 들은 두려움의 말은 아마 "남의 시선이 무서워"일 겁니다. 실제로 가장 무서운 것은 '남의 시선'이 아닙니다. 무서운 것은 '내 진짜 모습이 노출될까 봐'입니다. 이것은 단지 내 불안을 남의 시선으로 투사한 것뿐입니다.

2. 예민해짐

더 심각한 것은 한번 가면을 쓰고 살기 시작하면 그 가면을 죽도록 보호해야 한다는 점입니다. 누가 내 가면을 살짝 건드리기만 하면 바로 상처를 받고 분노가 올라옵니다.

성실하게 일하고 항상 우등생을 연기하는 사람이 주말에는 과자를 먹으며 넷플릭스만 본다면 어떨까요? 출근해서 동료들이 "주말 어떻게 보내셨어요?"라고 질문하면 확 짜증이 올라옵니다. 왜냐하면 상대방의 질문이 왠지 내 가면에 의문을 보이는 것처럼 여겨져 순간적으로 자신이 위협을 당하는 듯한 느낌이 들기 때문입니다. 그럴 때 자신을 보호하기 위해 화, 짜증, 혐오, 원망 같은 방어기제를 생성합니다. 어떤 모습을 위협받든 상관없습니다. 착한 모습, 똑똑한 모습, 잘난 모습, 강한 모습 등 내 취약한 가면을 조금만 건드려도 우리는 분노로 스스로를 방어합니다.

'편하게 출근하고 싶은데 어떻게 이처럼 어이없는 질문을 할 수 있어?'라고 남 탓을 하면서 내 불안을 외재화합니다. 사실은 타인이 미운 게 아니라 부인하는 자기 자신이 미운 것입니다. 그렇게 불안하고 예민한 상태로 일상을 살면 굉장히 많은 에너지를 소모합니다. 그 탓에 쉽게 피곤해지고 빨리 지칩니다.

3. 사랑을 거부한다

가장 슬픈 것은 가면을 쓰고 받는 인정과 칭찬, 사랑을 스스로 못 받아들인다는 사실입니다. 살다 보면 내 가짜 모습을 좋아해주는 사람들이 종종 생겨납니다. 회사에서 칭찬을 받거나 내 거짓된 착하고 겸손한 모습을 찬미하는 사람이 생길지도 모릅니다. 그렇지만 내 깊은 내면은 그것이 가짜 모습임을 알고 있기 때문에 스스로 그 인정을 받아들이지 못합니다. 상대방이 내 존재를 존중하는 것이 아니라 내 가면을 존중하기 때문이지요.

정말로 진심 어린 칭찬을 받았던 때를 떠올려보세요. 어떻게 반응했나요? 가면을 쓴 사람은 얼굴이 빨개지고 쑥스러워하며 말합니다.

"아닙니다. 별것 아니에요."

사회에서는 이를 겸손이라 부르겠지만 수치심의 원인을 파보면 실은 내면에 '내게 그런 극찬을 받을 만한 가치가 없다'는 고정관념이 있습니다. 가면을 쓴 사람은 마음속으로 생각합니다.

'그냥 운이 좋았던 것뿐인데. 내가 진짜로 어떤 사람인지 알았다면 그렇게 칭찬해주지 않았을 거야.'

작가 스튜어트 에머리는 말했습니다.

"오늘날에는 우리가 서로 사랑을 주지 않는 것이 문제가 아닙니다. 문제는 우리가 사랑받는 것을 잊어버렸다는 것이죠."

4. 취약해짐

내 존재가 거짓 위에 지어지면 마음이 많이 취약해집니다. 들킬까 봐 새로운 행동을 거침없이 할 용기가 나지 않고, 사람을 당당하게 마주할 수도 없고, 내 가면으로 인해 상처를 잘 받습니다. 가면이 두터울수록 미루는 습관도 강해집니다. 행동하고 싶은데 어쩐지 쓸모없어 보일까 봐, 바보 같을까 봐, 내 완벽한 기대에 부응하지 못할까 봐 아예 행동을 안 하게 됩니다.

5. 자유를 잃음

그 겉치레를 유지하려면 더 많은 거짓을 행해야 하고, 새로운 거짓을 유지하기 위해 더 큰 거짓을 꾸며야 합니다. 끝없는 악순환입니다.

거짓, 자기합리화, 자기기만, 변명, 가면, 강박이라는 쇠사슬로 나 자신을 묶기 때문에 행동 범위에 많은 제한을 받습니다. 우리 의식이 그야말로 허위 안에 갇히고 마는 것입니다.

잠재력 이야기는 많이 들어봤을 거예요. 잠재력 발휘, 잠재력 계발, 잠재력 키우기 같은 용어는 우리에게 희망을 줍니다. 그러나 잠재력은 결국 계발할 수 있는 무언가가 아닙니다. 나를 허위에 묶어 놓는 거짓들을 내려놓으면, 다른 말로 내 의식을 정화하면 잠재력은 이미 그대로 존재하고 있습니다. 나 자신을 자처하는 가면 아래에 접속하기만 하면 됩니다.

6. 진심 덮임

그 잠재력은 바로 우리의 진심true heart입니다. 우리가 다양한 거짓 가면으로 이 진심을 덮는 것입니다. 거짓 가면이 없으면 없을수록 우리는 자유로워지고 이 진심을 그야말로 '해방시킬' 수 있습니다.

당신은 어떠한 '이상적인 나'를 좇고 있나요?
어떤 사람이 되어야 한다고 생각하나요?

통합성

2018년 저는 '행복을 찾아서~ 진짜 자존감, 행복, 성취감이 어디서 나오는가?'라는 제목의 영상을 유튜브에 올렸습니다. 14만 뷰 이상을 달성할 정도로 꽤 인기가 많았습니다. 그 영상에서 저는 이런 말을 했습니다.

"행복하려면 **통합성**integrity이 필요합니다."

통합성이란 무엇일까요? 그것은 심언행의 일치입니다. 통합성 있

게 살기 위해서는 내 깊은 진심(심), 내가 하는 말(언) 그리고 내 행동(행)이 일치해야 합니다. 그래야 내가 진정성 있고 온전한 존재로 살게 됩니다. 만약 내 존재와 일치하지 않는 어떤 행동 혹은 말을 하거나 내 진심과 반대되는 어떤 입장을 대변하면, 이것은 내 전체성을 쪼개고 내 존재의 감각을 부숩니다. 그 전체성 부족과 불완전성으로부터 우리는 고통을 받습니다. 쉽게 말해 내 진심과 반대로 말하거나 행동할 때 또는 말을 해놓고 그것을 행동으로 옮기지 못할 때 내 존재감은 사라집니다.

피터 랄스턴은 통합성에 관해 이렇게 말했습니다.

"통합성은 온전하고 완전하게 되는 것이다. 만약 스스로를 하나의 방식으로만 경험하고 나를 나 자신이 아닌 다른 사람으로 드러내면 통합성이 부족해진다. 이는 내 경험에 균열을 만들고 그 방식만으로 스스로를 경험하게 한다. 즉, 나는 온전하고 완전하지 않게 된다. […] 당신의 말에 힘(영향력)이 없는 인생을 살고 싶다면, 스스로 작고 초라한 인생을 살고 싶다면, 자존감 낮은 인생을 살고 싶다면, 약속을 어겨라. 다른 사람과 한 약속, 특히 나 자신과의 약속을 말이다. 그게 바로 그런 인생으로 사는 방법이다. 당신이 거짓말을 하면 자신이 어떤 마음으로 행동하고 있는지 잘 알고 있어서 괜찮은 척, 아닌 척할 수 없다. 이것은 당신 자신과 타인과의 관계에서 당신의 경험을 결정할 것이다. 스스로에게 약속하고 이를 지키면 자신에 관한 경험은 훨씬 더 강력해질 것이다."

간단히 말해 내 말 혹은 행동이 내면과 일치하지 않거나, 내가 한 약속(말)이 행동과 일치하지 않으면 내 내면이 그야말로 썩어들어 갑니다. 존재감이 없어지고 스스로를 믿지 못하는 존재가 되는 겁니다.

강한 자존감을 원하나요? 그렇다면 자신의 진심을 매장하며 거짓된 이미지를 추구하거나 자기와의 약속을 어기면 안 됩니다. 내가 내 눈 뒤에서 내 허위를 매일 관찰하는데 나 자신의 말과 행동도 못 믿으면 스스로 내 존재를 뭐라고 생각할까요?

저는 몇 개월 동안 사랑을 관조한 뒤 다양한 깨달음을 얻었습니다. 진심으로 '사랑이란 무엇인가?'라는 주제를 다룬 영상을 찍어 유튜브에 올리고 싶었습니다. 그런데 자꾸만 이런 생각이 떠올랐습니다.

"아니, 난 항상 논리적이고 설득력 있는 내용을 올리는데 이렇게 추상적인 내용을 보고 사람들이 '알렉스가 정신을 잃었어. 허풍만 떨고 있네'라고 생각하면 어떡하지? 이 내용은 논리나 설득력과는 거리가 멀어 보일지도 모르는데…."

'쓸모 있는 전략가' 이미지를 잃을까 봐 저는 결국 제 진심을 부인했습니다. 대신 "사람들은 '자기계발을 하는 5가지 방법' 영상을 훨씬 좋아할 거야"라고 결론을 내리고 열정 없이 일반적인 자기계발 영상을 찍었습니다. 그렇게 '쓸모 있는 전략가' 가면을 그대로 유지할 수 있었지만 한편으로 제 자신이 역겹고 미웠습니다.

이 일이 있고 나서 얼마 지나지 않아 저는 기어코 용기를 내 제 가면을 잠깐 내려놓고 '사랑이란 무엇인가?' 영상을 찍었습니다. 쉽지 않았지만 그날 제 존재감은 되살아났고 어마어마한 자유를 느꼈습니다. 그리고 진정하게 찍은 영상이다 보니 인기가 꽤 높았습니다.

여러분의 진심과 약속에 항상 충실하다고 상상해보세요. 자유가 넘치고 '온전한 하나'로 살면 엄청난 힘이 날 것입니다. 하지만 그러기 위해서는 우선 자기 스스로에게 가능한 한 솔직해야 합니다.

진심

여러분이 아무 위험 없이, 남의 눈치 볼 것 없이 무조건 성공적으로 실현할 수 있는 것이 있다면 그게 무엇인가요? 자아수축이 아닌, 문제해결이 아닌, 자신의 불안한 가면을 강화하는 것이 아닌, 진심 어린 창조물을 떠올려보세요. 가능하면 잠깐 시간 내서 한참 그 무언가를 관조해보세요.

이제 다시 현실로 돌아옵시다. 현실로 돌아오자마자 다양한 두려움, 걱정, 자기합리화, 왜 안 되는지 설명하는 말이 그 진심을 다시 매장합니다. 만약 진짜로 용기 내서 행동하더라도 3일 안에 괴로운 마음이 그 시도를 무너뜨립니다. 그만큼 우리는 쇠사슬의 감옥에 갇혀 있습니다.

그 쇠사슬로부터 자유로워지려면 한꺼번에 말고, 조금씩 자신을 진정성 있게 들여다보고 두 가지에 대해 죽도록 솔직해야 합니다.

첫 번째는 가면으로 덮인 진심을 반복해서 마주 보고 또 마주 봐야 합니다. 의미 있고 강력한 삶을 살고 싶다면 장기적으로 스스로에게 더욱 솔직해지고 가면보다 진심대로 살기 시작해야 합니다(Part2에서 다룹니다).

두 번째는 나를 취약하게 만드는 강박적인 가면과 그에 따른 감정을 있는 그대로 관찰하고 제대로 이해해야 합니다('Part4 장애물 극복 단계'에서 많이 다룹니다). 그래야 장기적으로 그 거짓을 조금씩 내려놓고 자유로워질 수 있습니다.

나 자신을 온전한 존재로 받아들이고 '다른 사람이 되어야 한다'는 압박 없이 진심 어린 인생을 구축하면 됩니다. 다른 말로 **진정성 있게 사는 것**입니다. 내가 강박적으로 보호하고 있는 수많은 거짓을 알아차리고 내려놓으면 자연스럽게 불안과 예민한 반응들이 사라지고 나만의 진정한 인생을 직접 실현할 수 있습니다.

대학생 때 저는 새벽까지 끝없는 영감이 떠올라 잠들지 못하곤 했습니다. 매일 밤 존 메이어의 노래 〈Why Georgia〉 중 "Am I living it right? Am I living it ri-i-ight?(내가 맞게 살고 있는가?)"라는 노랫말을 들을 때마다 '내가 내 삶을 진짜 맞게 살고 있는 걸까? 이 멍청한 공부보다 더 위대한 의미를 추구할 수 있지 않을까? 진정한 삶이란 뭘까? 당장 내일 다른 나라로 떠나 아예 다른 삶을 산다면?' 하는 생각이 계속 머릿속을 맴돌았습니다.

처음에는 그냥 불현듯 떠오른 생각이라고 여겼지만 지금은 그 느낌이 무엇인지 잘 알고 있습니다. 그것은 가끔 거의 들리지 않을 정도로 속삭이거나, 우리를 쓰다듬거나, 스쳐가는 바람처럼 나타나거나, 가슴속 뜨거운 영감으로 우리를 잠 못 들게 하거나, 강렬한 분노로 올라오기도 하는 **진심의 부름**입니다. 통합적으로 살라는 간절한 당부입니다.

아닌 척하지 맙시다. 가면, 에고, 이미지에 따른 일상의 불안 때문에 많이 무시하지만 우리 내면을 들여다보고 참으로 진실하다면 우리는 늘 진심을 알 수 있습니다.

정말 존재의 깊은 곳으로부터 올라오는 욕망은 무엇인가?
진심으로 원하는 게 무엇인가?

성공해서 자신이 얼마나 똑똑하고 특별하고 우월한지 자기 자신과 타인에게 증명하고 싶은 마음은 이미 알고 있습니다. 하지만 그 외에는?

그 외에는 진정한 마음이 어떤 쪽으로 끌리는가?
가면을 내려놓고 어떤 의미 있는 삶을 살고 싶은가?
삶이 내게 무엇을 요청하는가? 올바른 것은 무엇인가?

우리는 이러한 질문의 답을 알고 있습니다. 그렇지만 그 진심에 진정성 있게 반복해서 접속하고 마주 보지 않으면 그 답은 그대로 시끄러운 자아생존(문제해결과 자아수축)에 덮이고 맙니다. 진심 역시 자아확장의 시작입니다. 반대로 가면의 강박은 자아수축 그 자체입니다. 강한 가면에 붙잡히면 언제나 작은 자아로 붕괴하고 맙니다.

물론 "그런데 진심도 자기중심적인 것 아니에요?" 같은 이의를 제기할 수 있습니다.

아닙니다. 진심은 '진실한 마음'으로 내 자아(에고, 가면, 이미지)로부터 자유롭습니다. 진심은 **나와 진실을 연결해주는 의식**입니다. 내가 진심으로 진실과 하나가 되어 그 뜻대로 행동하게 됩니다.

> "다양한 종류와 형태의 소명이 있다. 그러나 그 경험의 핵심은 늘 같다. 내면에서 우러나는 꿈과 예감 대신 갑자기 진실의 일부가 나타나 개입함으로써 영혼이 깨어나거나 바뀌거나 증대한다."
>
> **헤르만 헤세**, 《유리알 유희》

진심은 이미 진실이라서 내가 그것을 용기 있게 '보기'만 하면 됩니다. 현실이 내 진심을 늘 알려줄 것입니다. 내가 이미 있는 그대로 존재하므로 진정한 '나'가 되는 것을 연습할 필요는 없습니다. 진정한 내가 무엇을 해야 하는지는 저절로 알려줄 겁니다. 귀를 기울인다면 말이죠.

내 거짓 가면을 더 두껍게 만드는 것은 분명 진실이 아니기 때문에 진정한 목적과 목표, 소명이 될 수 없습니다. 사람들의 목표는 대부분 단지 불안한 가면을 더 강화하기 위한 목표입니다. 이 경우 생존은 잘 다룰지 몰라도 의미 있고 충만한 인생이 되지는 않습니다. 이 책에서 저는 그다음 길을 제시하고 싶습니다. 그것은 가능한 한 진정으로 자신의 진실을 되돌아보고 그것에 맞게 행동하는 것입니다. 우리가 의미 있고 진정한 삶의 여정을 출발하고 싶으면 꼭 우리의 진심과 강박을 서로 분리하는 것을 배워야 합니다.

이 책은 전반적으로 자기 자신에게 극심한 진정성을 요구합니다. 어떻게 하면 또 새로운 가짜 삶을 만들어갈 수 있는지 관조하지 말고 조금씩 진심에 접속해 더욱더 진정한 경험을 해보세요. 내 가치·의미·목표(=진심)를 비롯해 내 자아와 강박, 두려움, 저항(=가면)까지 객관적으로 진정성 있게 바라봐야 합니다.

꾸준히 확인하세요.

나는 지금 스스로를 기만하고 있는가?
혹시 자기합리화를 하고 있는가,
아니면 정말로 진심 어린 의도로 행동하고 있는가?
이 행위는 정말 올바른가,
아니면 내 양심과 맞지 않고 통합성을 깨뜨리는 행위인가?
불안으로 나 자신의 이미지를 정당화하고 있는가,
아니면 진정으로 실행하고 싶은 것인가?

가면 vs. 역할

마지막으로 다음 이의가 충분히 생길 수 있습니다.

"그런데 내 진짜 모습이 부족해서 가면 없이는 도저히 사회생활을 할 수 없습니다."

여기서 '강박적인 가면'과 '적절한 사회 역할'을 서로 혼동하지 않기를 바랍니다.

가면은 자기혐오로 자꾸만 **'다른 사람이 되어야 한다'는 강박**입니다. 나 자신이 늘 부족하게 느껴지고 그래서 자기 존재를 부인하며 쳇바퀴를 돌면서 더 '나은 사람'이 되어야 한다고 생각합니다. 그것은 곧 신경증적 행동, 불안, 잦은 상처, 많은 고통을 불러일으킵니다.

반대로 '사회 역할'은 중립적으로 우리가 사회나 어떤 단체 안에서 조화롭게 협업하는 규칙입니다. 우리는 '한국 사회', '회사 문화'라는 틀에서 다리를 책상 위에 올리지 않으며, 민망한 비밀은 말하지 않습니다. 당연히 다들 사회에서 잘 생존하려면 그 틀과 상황에 따라 적절한 행동을 취해야 합니다. 그러나 그 틀의 규칙을 따른다고 해서 내가 '다른 사람'이 되어야 하는 건 아닙니다. 내가 누구든 출근할 때 흰 셔츠를 입고 구내식당에서 식사하며 사람들과 소통하고 모든 약속을 지키는 것은 가면이 아닙니다. 마찬가지로 아침 9시에 출근해 5시까지 일하겠다고 계약서에 사인을 했으면 내가 맡은 역할을 탁월하게 해내는 것이 맞습니다. 집, 학교, 회사, 교회, 성당, 절, 학원에서 그곳에 상응하게 행동하는 건 나 자신을 속이고 다른 사람이 되려고 하는 시도와는 별개입니다. 회사나 학교 혹은 어떤 단체에서 잘 살려고 다른 자신이 될 필요는 없습니다. 적절하게 그 역할에 맞는 행동을 하기만 하면 됩니다.

위에 설명했듯 진정한 나를 그만 부인하고 가면의 강박을 내려놓아도 사회에서 생존하는 데 문제가 생기지 않습니다. 진정성 있다는 것은 뛰어다니면서 남에게 자기 약점을 강조하는 것이 아닙니다. 만약 가면을 내리고 강박 없이 출근하면 (자기 역할을 꾸준히 맡는 한) 오히려(!) 일을 더 잘하고 사람들과 훨씬 좋은 관계를 맺을 것입니다. 왜냐하면 더 이상 불안하고 예민하지 않으니까요! 그리고 결국 사람들은 (잘 들키는) 허세 모습보다 진정한 얼굴을 훨씬 좋아합니다.

자기 자신에게 진정해지기

제가 소개하는 맥락 안에서 진정성은 윤리나 도덕 문제가 아닙니다. 많은 사람이 진정성이 있으면 좋은 사람, 착한 사람, 올바른 사람이 될 수 있다고 생각하는데 그 고민은 이 책의 영역에서 벗어납니다. 우리에게 진정성은 단지 다양한 거짓과의 얽매임으로부터 의식을 해방하고 진심과 잠재력을 발굴하기 위함입니다. 자기 자신에게 적용하는 진정성은 (더 충만한 인생을 살기 위한) 자유 그 자체입니다. 그것을 깨닫기까지 시간이 조금 걸릴 수도 있지만 결국 자기 자신에게 진정한 삶은 훨씬 가볍습니다.

내가 원하든 원하지 않든 내 존재는 이미 그대로 나입니다. 그것을 바꾸거나 다른 모습을 드러내거나, 특히 나 자신에게 거짓말을 할 필요가 없습니다. 상황에 맞게 내 일만 하면 됩니다. 물론 그 일을 내 진심대로 하면 더 즐겁죠. 행동은 적절하게, 존재는 있는 그대로!

자기 관찰 질문

1 나는 어떻게 나 자신을 속이는가?

2 나는 사람들 앞에서 어떤 가면을 쓰는가? 그 가면 없이 산다면 어떤 두려움이 올라오는가?

3 그 가면을 붙잡는 이유는 무엇인가?

4 반대로 그 가면 때문에 얼마나 힘든가?

5 나의 심·언·행이 일치하는가?

6 심·언·행을 어떻게 일치시킬 수 있을까?

7 나의 진심에 귀를 기울이면 무엇이 들리는가?(일단 첫 시도로)

8 나는 현재 어떤 부름을 거부하고 있는가?

원칙4.
('올바른 길'보다) 호기심

"탐험은 유일한 즐거움이다. 하지만 아쉽게도 오늘날에는 거의 존재하지 않는다."

게랄드 휘터 Gerald Hüther

"정규교육 속에서 호기심이 살아남는다는 것은 일종의 기적이다."

알베르트 아인슈타인

미국 물리학자 닐 디그래스 타이슨Neil deGrasse Tyson의 강의에서 질의응답 시간에 여섯 살짜리 아이가 손을 들고 그에게 물었습니다.

"인생의 의미가 무엇인가요?"

그때 디그래스 타이슨은 이렇게 답했습니다.

"인생의 의미란 '내가 어제까지 몰랐던 것을 오늘 배웠는가'라는 질문에 답하는 것이라고 생각합니다. 무언가를 배운다는 것은 자연이나 우주와 더 가까워지는 일입니다. 다양한 것이 어떻게 돌아가는지 배우면 배울수록 많은 현상에 영향을 미칠 수 있는 힘이 생깁니다. 많은 것을 알수록 사람들을 도와줄 힘이 생기며 삶의 안정감까지 얻을 수 있습니다."

디그래스 타이슨은 여섯 살짜리 청중을 바라보며 이어서 말했습니다.

"집에 가서 부엌의 모든 냄비와 팬을 꺼내 숟가락, 포크, 칼로 쭉 한번 쳐보렴. 엄마는 반대하겠지만 내가 허락해줄게. 여러 가지 주방용품을 서로 부딪히면 전부 다른 소리가 나는 걸 알아차릴 거야. 엄마와 아빠는 당연히 그만하라고 소리치겠지만 호기심을 가지고 관찰해보렴."

훌륭한 스승

훌륭한 스승을 알아보는 법을 알고 있나요?

첫 번째, 훌륭한 스승은 어떤 것도 무조건 믿으라고 하지 않습니다. 심지어 자기 자신도! 좋은 스승은 학생이 직접 깨닫게끔 격려할 뿐입니다.

두 번째, 훌륭한 스승은 이론이 아닌 경험적 이해 차원에서 가르침을 나눕니다. 누구나 지식을 다른 사람에게 전달할 수 있는데 그것을 외워서 전달하느냐, 아니면 완전히 체현해서 가르치느냐에 따라 그 내용과 수준에 엄청난 차이가 납니다.

세 번째, 탁월한 스승은 절대 배움을 멈추지 않습니다. 많은 선생들은 일단 어느 정도 숙련도를 키우면 그 단계에 딱 멈추고 평생 같은 가르침(도그마)을 방어하면서 나눕니다. 반면 진정한 마스터 스승은 자기 분야에서 늘 성장하려 합니다. 그 성장을 위해 스승은 학습 시행착오에 따른 실패를 무릅쓰고 때로는 자기 학생 수준 아래로 떨어질 각오를 합니다. 그러면서도 장기적으로는 자기 자신과 모든 학생을 능가합니다.

왜 레오나르도 다빈치, 알베르트 아인슈타인, 미켈란젤로, 요한 볼프강 폰 괴테, 리처드 파인만은 자기 영역에서 그토록 뛰어났던 것일까요? 우리는 이런 질문에 흔히 "에이, 그 사람들이 그냥 천재였던 거지"라고 말하지만 자세히 보면 우리가 아는 대부분의 '천재'는 넘쳐나는 탐험 욕구를 가진 흔적이 있습니다. 그들은 자신의 분야뿐 아니라 다양한 영역에서 순수한 호기심으로 세상을 탐색함으로써 넓은 시야와 능력을 키웠습니다.

지난 몇 년 동안 다음 미신이 널리 돌았습니다.

'전문가가 되려면 딱 한 가지만 오랫동안 연습해야 한다.'

아마 가장 유명한 법칙은 작가 말콤 글래드웰이 말한 '1만 시간의 법칙'일 것입니다. 그는 한 가지를 1만 시간 동안 신중하게 연습하면 마스터가 될 수 있다고 했습니다. 그런데 이런 사고가 현재 면밀한 조사를 받고 있습니다.

여태까지 많은 사람이, 심지어 글래드웰조차 자기가 한 말을 취소했습니다. 작가 데이비드 엡스타인은《늦깎이 천재들의 비밀》에서 그 상황을 잘 설명했습니다. 체스, 골프, 바둑 같이 영역이 아주 좁은 분야에서는 한 가지 훈련이 도움이 되지만 그 외에는 1만 시간 법칙이 무효합니다. 그보다는 학제 간 학습법이 훨씬 더 효과적이라고 합니다.

예를 들어 제가 마스터 심리상담가가 되려 한다고 칩시다. 프로이트의 이론을 5년 동안 낮밤으로 공부해서 직접 적용할 수도 있지만 상담할 때 늘 어떤 한계에 부딪칠 것입니다. 이제 융, 아들러, 매슬로의 이론을 추가합니다. 그럼 시야가 훨씬 넓어져 제 상담 능력이 꽤 올라갈 것입니다. 하지만 여기서 멈추지 않고 그 외에 심리학 20개 학파를 더 배우고 아예 다른 영역으로 넘어갑니다. 예를 들면 물리치료를 학습하면서 심신이 어떻게 연결되어 있는지 배우고, 존재론과 형이상학 탐구로 인간 정신에 관해 경험적 이해를 얻고, 유치원에서 봉사활동을 하며 내 안의 사랑을 깨우고, 도예를 하면서 미적 감각을 배양하고, 여행과 유학으로 다른 나라 언어와 문화를 발견하며 자국 문화를 훨씬 객관적으로 보는 눈을 계발하고, 바이올린을 배우면서 센스와 균형감을 키웁니다.

결국 누가 더 훌륭한 심리상담가가 될까요? 대학원만 졸업하고 학원을 다닌 상담가? 아니면 하나의 목적을 위해 다양한 영역을 종합적으로 사용할 줄 아는 상담가? 이것이 바로 중급자와 마스터의 차이입니다. 중급자는 하나만 잘 배워 그럭저럭 생존하지만 마스터는 다양하게 배워 그야말로 하늘을 납니다.

'올바른' 졸업장과 자격증을 왕처럼 다루는 오늘날 종합적인 접근법은 이단heresy처럼 들리겠지만, 우리가 꼭 마주 봐야 하는 사실이 있습니다. 인생은 체스나 골프와 많이 다릅니다. 예술, 과학, 인문학, 의학, 법학, 외교, 창업을 비롯해 정치든 증권투자든 어느 한 분야에서 좋은 결과를 내려면 넓게 많은 것을 알수록 좋습니다. 저는 여기서 절대 한 분야에 집중하는 것을 부정하지 않습니다. 다만 북극성처럼 한 분야에 기반을 잡고 그 외의 것을 다양하게 탐구하면 효과가 오히려 더 올라간다는 점을 강조할 뿐입니다.

유효성

안타깝게도 자아수축과 문제해결 패러다임에서는 우리가 스스로에게 탐험을 위한 여유를 잘 허용해주지 않습니다. 내면에서 올라오는 호기심을 따르고 싶어 하지만 그 전에 일단(!) 어느 한 분야에서 자아생존과 안정의 기반을 잘 마련해야 한다고 생각합니다. 그래서 사회가 좋다고 말하는 공부부터 하고, 주변에서 말하는 '올바른' 졸업장이나 자격증을 따고, 안정적인 직장을 구하고, 물질적 소유물과 자산을 쌓고, 내 주변을 더 안전하게 다루기 위해 많은 노력을 합니다. 우선 생존에 성공해 경제적으로든 정신적으로든 안정을 이뤄야 비로소 호기심을 따를 수 있다고 여깁니다.

"일단 부자가 되어야지. 그때는 내가 뭘 원하는지 알아내 꼭 실현하고 말 거야!"

혹시 이 논리는 본말이 전도된 것이 아닐까요? 먼저 부자가 되어야 원하는 것을 할 수 있을까요, 아니면 원하는 것을 다양하게 실현해야 부자가 될까요?

스튜어트 에머리는 말했습니다.

"우리가 어떤 상황에서든 우리 존재의 본질을 쓸모 있는 결과로 실현할 수 있다는 것을 온전히 경험한다면 우리의 삶은 불안정에서 벗어날 것이다."

우리는 '올바른 길'을 따르면서 안정을 얻겠다고 생각하지만 문제는 하나의 졸업장이나 자격증만으로는 그런 안정을 영 느끼지 못해 평생 쳇바퀴를 계속 뛴다는 점입니다. 올바른 길을 따라도 언제 집에 불이 나고, 주식시장이 추락하고, 비겁한 동료가 내 신용을 위태롭게 하고, 회사가 파산할지 몰라 늘 불안 속에 살고 있습니다. 온전한 인간으로 성장하지 않는 한 졸업장, 돈, 이미지, 사회적 지위는 그야말로 흩어지는 먼지와 같습니다. 광적으로 집착해도 그것들이 언젠가 없어지게 마련이라는 것을 우리는 알고 있습니다. 불안정한 것들로부터 안정을 얻을 수는 없습니다.

실제로 우리가 누릴 수 있는 유일한 안정은 **유효성**effectiveness뿐입니다. 언제나 의도하는 결과물을 실현하는 능력 말입니다. 이것은 매 순간 맞닥뜨리는 목적, 목표, 장애물, 문제, 도전에 적절한 행동을 취할 수 있는 능력을 말합니다. 이러한 유효성을 계발하려면 열린 마음과 호기심에 기반한 다양한 경험치가 필요합니다.

진정한 호기심으로 여러 가지 탐험을 하면 지식, 지혜, 능력, 기술

유효성effectiveness 사이클

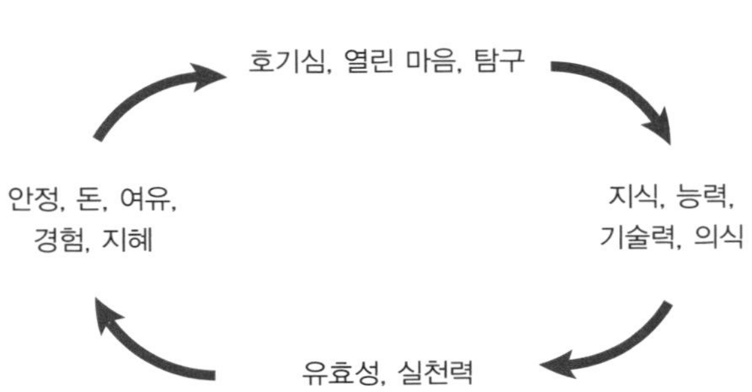

력을 얻고 의식도 올라갑니다. 이런 것들이야말로 삶을 살아가는 데 필요한 진짜 자산입니다. 당연한 말이지만 많은 것을 할 줄 알면 많은 것을 해낼 수 있습니다. 유효성이 강해질수록 안정, 돈, 인정, 지혜, 평판이 생기고 그러한 안정 안에서 더 많은 탐험을 해 전체 선순환을 다시 탈 수 있습니다. 호기심은 잘 사는 사람을 위한 사치가 아니라 잘 살기 위한 비결 중 하나입니다.

이 비결을 잘 따르기 위해서는 원하는 만큼 '올바른 길'을 따르면서 탐험을 절대 그만두지 않는 것입니다. 안정된 삶을 살고 싶다면 그 시작은 안정이 아니라 언제나 호기심과 탐험이어야 합니다.

호기심 많은 실패자

예전에 저는 청소년 모임에 나가 청중과 문답 시간을 함께한 적이 있습니다. 열일곱 살에서 스물세 살까지의 젊은이들에게 역량강화를 주제로 조언을 해주는 시간이었습니다. 그때 고등학교 2학년 학생이 제게 이런 질문을 했습니다.

"코치님의 삶의 비결이자 제일 큰 강점은 뭐라고 생각하세요?"

한 번도 받아보지 않은 질문이라 당시 제게는 그 질문이 매우 신선했습니다. 다른 한편으로 놀랍기도 했는데 그 이유는 제가 한 번도 생각해본 적 없는 질문이었기 때문입니다. 저는 잠시 생각해보고 솔직하게 답했습니다.

"제 가장 큰 삶의 비결이자 강점은 호기심과 민첩성입니다."

앞서 고백했다시피 저는 공부를 열심히 하는 학생이 아니었습니다. 그래도 다행히 '대충대충' 패턴을 공부와 일에만 적용했습니다. 공부는 안 했지만 대신 다양한 기회는 놓치지 않았습니다. 저는 자격증 취득, 교육, 인턴십, 아르바이트, 워크숍, 봉사활동, 경력 쌓기, 어학연수, 비즈니스 등으로 제 인생에서 '결과를 내는 능력'을 강화했습니다.

예를 들면 나열하기 어려울 정도로 엄청나게 많은 운동을 해봤습니다. 학생 때는 쭉 수영선수로 지내면서 마라톤, 축구, 피구, 야구, 핸드볼, 인라인스케이트, 스케이트보드, 힙합댄스를 했습니다. 그 이후에는 롱보드, 태권도, 승마, 크로스핏, 요가, 산악 울트라 마라톤, 오리엔티어링orienteering, 철인삼종경기, 브라질리언 주짓수 등을 해봤습니다. 그냥 '해본' 게 아니라 대부분 운동 대회에 나갈 만한 수준, 또 가끔은 선생이 될 수준에 이를 때까지 신중하게 연습했습니다. 무언가를 증명하거나 자격증을 따기 위해서가 아니라 그저 운동 자체가 흥미로웠고 저는 시야를 넓히기 위해 수많은 탐험을 했습니다. 그 결과 지금은 어떤 운동이든 새로 시작하면 몸이 굉장히 빨리 적응합니다. 경험이 많다 보니 운동 분야에서는 비교적 적은 노력으로 만족할 만한 결과를 내는 능력이 생긴 것입니다.

언어의 경우 저는 자라면서 독일어와 루마니아어 2개 국어를 배웠고 그 외에 프랑스어, 영어, 터키어, 일어, 태국어, 스페인어, 한국어도 시도했습니다. 그중 현지인 수준으로 구사하는 것은 영어와 한국어밖에 없지만 많은 언어 공부로 형태소론에 감이 생겨 새로운 언어를 비교적 빠르게 배웁니다.

저는 중학교 때 처음 시민문화 센터에서 청소년 행사를 진행했고 열아홉 살 때 호기심으로 한국에 와서 서울대학교 어학당 중급을 마쳤습니다. 또 호기심으로 독일 군대에 자원해 9개월 정도 다녀왔고 대학교 때는 6개월씩 네 개의 인턴십과 아르바이트를 했습니다. 마케팅, 재무, 콘텐츠 매니지먼트 그리고 독일 코트라KOTRA 인사부에서 공무원 아르바이트도 했습니다. 이후 1년 동안 벤처캐피털 회사에서 투자매니저로 일했으며 코치가 되기 전에는 푸마의 전략기획팀에 있었습니다.

이 이야기를 하는 이유는 자랑하기 위함이 아닙니다. 현재는 큰 강점으로 보이지만 당시 저는 그것을 절대 강점으로 보지 않았습니다. 20대 초반에 저는 가족과 친구들에게 "이제 슬슬 일관성 있게 자리를 잡아야 하지 않을까?"라는 질문을 여러 번 받았고 그때마다 당황했습니다. 다양한 것을 배우고 있던 저는 사회적 기준에 따르면 대표적인 '실패자'였습니다. 제 친구들은 수학, 물리학, 법학의 길을 당당하게 걷고 있었고 저만 경영과 한국어에 손을 대고 있었습니다. 그때는 제 호기심이 변덕처럼 보이고 오히려 콤플렉스였습니다.

하지만 주변의 조언에 따라 어떻게든 '똑바로' 살아보려 해도 세상을 향한 제 관심과 호기심은 사라지지 않았습니다. 대학교·대학원·회사는 여전히 '어쩔 수 없이' 대충 다녔지만 그 외에 책, 모험, 워크숍, 대회, 언어, 여행, 실험, 수행 등 다양한 것에는 깊이 빠졌습니다.

그러다가 20대 중반에 전환점이 왔습니다. 회사생활을 하면서 야간대학원을 다니며 하나를 알아차렸는데 그것은 제가 하는 회사일, 학교 공부가 굉장히 수월하다는 것이었습니다. 공부도, 회사의 전략 프로젝트도 모든 문제를 그냥 '느낌'대로 탁월하게 해결할 수 있었습니다. 왜냐하면 제가 그동안 쌓아놓은 제 도구 창고가 충분히 컸으니까요. 새로운 것을 배울 때 이해하고 습득하는 속도가 굉장히 빨랐습니다. 또한 저의 호기심은 외적인 경험에만 그치지 않고 내적 탐험으로 이어져 관조 능력이 향상되고 진정한 나를 직접 관찰할 수 있게 도와주었습니다.

그 경험 이후 저는 더 이상 호기심을 숨겨야 하는 약점으로 보지 않았고 항상 드러낼 만한 인생가치로 세워놓았습니다.

호기심과 탐험의 길이 사회적으로는 거리가 멀게 느껴지고 더구나 '올바른 길'처럼 보이지 않을 수 있습니다. 그러나 장기적으로 '올바른 길'을 당당하게 걷기 위해서는 호기심과 탐험을 유지하는 동시에 다양한 것을 학습하는 게 굉장히 중요합니다. 나이가 많아도, 내 위치가 부적절하다는 생각이 들어도, 내 환경에 적합하지 않은 것으로 보여도, 학습하는 것을 멈추지 마세요. 늘 새로운 방법, 도구, 원칙을 발견하기 위한 호기심과 열린 마음을 필수적으로 유지해보세요. 그렇게 삶을 흡수하며 많은 경험을 하고 나면 자기만의 의미를 세워 전문가의 길을 걷는 것이 쉬워집니다. 특히 이것은 고등학생과 대학생에게 하고 싶은 말입니다. 확신도 없는 커리어에 부랴부랴 빠지지 말고 5년 이상 많이 탐험해보세요.

특히 다가올 21세기 중반에는 호기심, 직접 탐험, 민첩성, 유연성의 원칙이 더욱 중요해질 것입니다. 많은 사회학자들은 여기에 동의합니다. 1980년대까지는 주입식 지식 교육이 학생에게 사회생활을 하는 데 충분한 유효성과 이점을 안겨줬습니다. 하지만 신기술이 급 속도로 발전하면서 오늘날의 새로운 도전은 개인의 지식 축적이 아니라 오히려 범람하는 지식 안에서 적절하고 효과적인 지식을 선별하는 능력을 키우는 것입니다. 지금 세대가 계발해야 하는 것은 복잡하고 다양한 지식 정보 환경 안에서 직접 탐구하고 적용하고, 그것을 자기 비평안으로 거르는 능력입니다.

또한 인공지능의 발달로 인간은 한 가지 지식을 습득해 장기간 일하는 것이 어려운 시대를 맞이하고 있습니다. 25살 때 취업해서 환갑 때 퇴직연금 받아 은퇴하는 것은 젊은 사람들에게 머나먼 꿈이 되었습니다. 우리는 세계화, 인공지능, 더욱 벌어지는 사회 격차, 온난화, 생명공학으로 인한 빠른 변화들 속에서 정서적 안정과 침착성을 유지하려면 그때그때 새로운 시스템, 기술, 방법, 도구, 지식, 분야, 직업, 환경, 언어와 상황에 적응해 그것을 유연하게 조종하는 능력을 키워야 합니다. 2020년대 초반 학생에게는 비판적 사고, 빠른 학습력, 민첩성 그리고 의식성장이 가장 필요한 과목일지도 모릅니다. 4차 산업혁명의 도전에 효과적으로 마주하려면 근본적인 호기심, 거시적 관점과 열린 마음이 커다란 도움이 될 것입니다.

저는 그동안 도움이 안 되는 탐험도 참 많이 했습니다. 실제로 사용하지 않는 자격증, 언어, 기술이 많습니다. 스케이트보드는 잘 타지 않고, 주식도 거의 하지 않고, 창업자금 투자 계약서를 쓰지 않고, 코트라에서 배운 텔레마케팅도 하지 않습니다. 아마 여러분도 습득한 기술의 95퍼센트는 사용하지 않을 거예요. 하지만 호기심으로 습득한 다양한 인생 경험을 나중에 사용할지, 사용하지 않을지는 상관없습니다. 많은 경험으로 우리는 항상 준비되어 있을 겁니다. 어떤 기회가 오든 삶의 큰 그림을 그리고 다양한 방법, 능력, 접근법을 늘 도구 창고에 넣으면 됩니다. 그것이 바로 우리가 평생 누릴 수 있는 유일한 '안정'입니다.

탐험의 필수 원칙 – 직접적인 경험

이제 많은 관심과 호기심을 안고 세상으로 나아가기 전에 꼭 안전한 호기심을 허용해주는 원칙을 알려드리겠습니다. 바로 직접적인 경험입니다.

행복하고 '좋은 삶'이 무엇인지 발견하려면 어디서부터 시작해야 할까요? 여전히 종합적인 접근법이 가장 효과적입니다. '만족스러운 삶'을 위해서는 다양한 영역을 확인해야 합니다. 다시 말해 기술, 인간관계, 감정, 돈, 의식, 영성, 커리어 등을 확인해야 합니다. 한 영역만으로는 부족합니다.

많은 단체, 종교, 방법론, 이론, 철학, 전통, 이데올로기, 가르침, 학파가 자신들이 그 질문의 '정답'을 안다고 선언합니다. 그런데 그중 어떤 것이 맞는지 어떻게 알 수 있나요?

저는 가끔 이런 질문을 받습니다.

"코치님, 도대체 무엇을 믿어야 하는지 알려주실 수 있어요?"

그 답은 '아무것도 믿지 마세요'입니다. '믿는다'면 정의상 틀렸다는 말입니다. 만약 직접 경험했다면 '알고' 있을 겁니다.

진실은 생각만으로는 어떤 것이 맞고 효과적인지 알 수 없다는 것입니다. 진짜로 알고 싶으면 모든 원칙, 도구, 이론, 방법론과 답을

직접 경험으로 확인해야 합니다. 이것이 탐험 중에 꼭 지켜야 하는 원칙입니다.

호기심이 많은 사람은 흔히 다음 함정에 빠집니다. 지식욕이 강하다 보니 별생각 없이 다양한 도그마에 빠지는 경향이 있습니다. 이들은 맹목적으로 믿고 따르다가 결국 왜 원하는 효과가 나지 않는지 궁금해합니다.

호기심이 많다는 게 분별력 없이 다 받아들인다는 뜻은 아닙니다! 호기심이 많다는 것은 자기 자신을 위해 스스로 다양한 걸 발견하는 것을 말합니다. 경험이 유일한 스승입니다.

어떤 스승도 내게 무엇이 맞고 효과가 나는지 알려줄 수 없습니다. 그것은 오로지 나만이 발견할 수 있습니다. 스승은 내가 뭘 믿게 할 수 있지만 '믿음'은 진실이 아니기에 유용성이 없습니다. 온전하게 성장하려면 그저 항상 열려 있는 마음으로 모든 것을 실험적으로 대하고 그 누구도 아닌 자기 자신을 위해 확인해야 합니다.

당연히 우리는 바퀴를 새로 발명할 필요가 없습니다. 대단한 인물들이 이미 다양한 지식, 지혜, 방법론으로 우리 삶에 많은 안정을 안겨주었습니다. 그러나 우리는 그 이론을 단지 힌트로 받아들이고 그것을 직접 경험으로 적용해봐야 합니다. 머리로 어떤 이론을 외웠다고 혹은 믿는다고 그것을 이해하고 효과적으로 활용할 수 있는 것은 아닙니다.

만약 '좋은 삶'이 무엇인지 알고 싶다면 그것을 어떤 한 책, 한 단체, 한 학교에서 알려주지는 않을 것입니다. 개개인은 독특한 존재이기에 오직 스스로 그것을 직접 경험하고 깨달을 수밖에 없습니다.

인생을 효과적으로 살려면 하나의 도그마에 집착하기보다 직접적인 경험을 포함해 수많은 시선을 두루 살피고 상황마다 맞는 방법을 선택하는 판단력을 같이 계발해야 합니다.

그러니 이 책의 내용도 절대 믿지 마세요. 이 책은 단지 여러분이 원하는 영역에서 주도적으로 탐험할 수 있도록 청사진만 제공할 뿐입니다. 저도, 다른 어떤 사람도 그 삶이 어떤지는 알려줄 수 없습니다.

심리학자 빅토르 프랑클이 쓴 유명한 《죽음의 수용소에서》에 보면 이런 내용이 나옵니다. 그의 내담자가 그에게 "나는 더 이상 인생에 기대하는 것이 없다"고 말하자 그가 이렇게 대답합니다.

"그런가요? 하지만 인생은 아직 당신에게 기대하는 것이 남았을 겁니다."

이러한 말을 들으면 우리는 그 말에 압도되어 떨기 시작합니다. 우리가 낯선 여정에 들어서야 하는 건 맞습니다. 진심의 부름이 문을 두드리면 우리가 어마어마한 용기로 산을 옮기는 노력을 기울여야 한다고 생각하지만 전혀 그렇지 않습니다. 가볍게 처음의 호기심만 따르고 작은 행동으로 그 길에 첫발을 내디디면 됩니다. 실패하면 그것을 빨리 알아차리고 다시 돌아오고 또다시 순수한 호기심으로 새로운 길을 확인하면 그만입니다. 작은 탐험들은 결국 큰 목표로 이어질 겁니다. '올바른 그 한 길'을 절망적으로 좇기보다 세상을 충분히 탐험할 자유를 누리기만 하면 삶의 의미가 단계마다 자동으로 향상되고, 경험이 많을수록 능력과 그 능력을 적용할 힘이 생깁니다. 우리가 더 이상 호기심을 매장하지 않는 한 말입니다.

자기 관찰 질문

1 나는 어떤 부름을 거절하고 있는가?

2 작게라도 경험하고 싶은 것은 무엇이 있는가? 리스트를 적어보세요.

3 어떤 작은 실험으로 내 영역을 확장할 수 있는가?

원칙5.
(피해의식보다) 주인의식

"세상의 짐을 올바른 곳에 실어봐야 한다. 당신의 어깨 말이다."

조던 피터슨, 《12가지 인생의 법칙》

영화 〈반지의 제왕〉을 보면 주인공 프로도는 반지 때문에 큰 부담을 느낍니다. 프로도는 마법사 간달프를 바라보며 슬프게 말하죠.

"반지를 아예 맡지 않았더라면…."

간달프가 대답합니다.

"모든 사람이 자기가 결정하지 않은 그런 일을 겪게 된다. 그럴 때 우리가 할 수 있는 건 어떻게 행동할지 결정하는 것뿐이지."

《해리 포터와 아즈카반의 죄수》를 읽을 때도 우리는 이와 똑같은 큰 지혜를 발견할 수 있습니다. 아즈카반의 디멘터들이 해리의 영혼을 뺏는 순간 해리는 두려운 디멘터로부터 자신을 구원해줄 사람은 오직 돌아가신 아빠뿐이라고 생각합니다. 헤르미온느의 시간을 거꾸로 돌리는 마법으로 죽어가고 있는 자신을 직면했을 때도 해리는 희망을 가집니다. 해리는 "기다려. 우리 아빠가 오실 거야! 조금만 기다려!"라고 말하지만 아무리 기다려도 아빠는 오지 않습니다. 그 순간 해리는 깨닫습니다. 자신을 구할 자는 오로지 자기 자신밖에 없다는 것을요! 아빠가 아니라 과거로 돌아온 해리가 직접 스스로를 구할 수밖에 없었습니다. 그 사실을 알고 난 해리가 큰 소리로 "익스펙토 페트로눔!" 하고 주문을 외치자 수사슴 모양의 강력한 페트로누스가 생겨나 디멘터들을 쫓아냅니다.

이러한 스토리는 우리에게 늘 같은 메시지를 전달합니다. 인생은 우리 자신에게 달려 있다는 것 말이죠. 이것은 매 순간 정해진 현실 속에서 우리에게 선택권과 동시에 그것을 행사할 책임이 있음을 강조하는 스토리입니다.

우리는 보통 책임을 부담, 짐, '해야 하는' 의무, 도덕이라고 생각합니다. 책임의 문화적, 사회적, 개인적 정의 때문에 우리는 자신의 자유가 제한받는다는 느낌을 갖습니다. 그것은 자유롭고 싶은데 수많은 책임이 내 자유를 한정하는 듯한 느낌입니다.

"세상의 짐을 올바른 곳에 실어봐야 한다. 당신의 어깨 말이다."

조던 피터슨의 말을 얼핏 들으면 오히려 움찔합니다. '아니, 내가 계속 책임을 지니까 지금 이렇게 고생하고 있지'라는 생각이 들 수도 있습니다.

그렇지만 여기서 말하는 책임은 자신의 부족함을 가리기 위해 남을 만족시키는 것, 타인의 기대에 부응하는 것, 자기 자신을 왜곡해 가면을 써서 희생하는 것, 다시 말해 문제해결 혹은 자아수축을 위한 책임이 아닙니다. 대신 그 책임은 **나 자신을 내 삶의 시작점, 근원, 원천, 근본이 되는 지점에 가져다놓는 것**을 말합니다. 근본이 되는 '의식적인 내 선택' 없이는 아무 창조물도, 아무 결과도 생기지 않습니다. 내 삶이므로 내 모든 행동, 의도, 변화 그리고 일어나는 모든 감정과 생각의 책임은 온전히 내게 있습니다. 의미 있고 진정한 삶을 직접 펼치고 싶으면 우선 내가 그 시작점에 있음을 깨달아야 합니다. 그것은 절대 의무가 아니라 자유로운 선택입니다.

혹시 하나 알아차렸나요? 만약 정말로 존경하는 스승이 여러분에게 어떤 일을 시키면 그 일을 주로 어떻게 하나요? 저와 조금 비슷하다면 공들여 빠른 시간 안에 최선의 결과물을 제출할 것입니다. 그럼 반대로 자신이 하고 싶은 일이 있으면 자신과의 약속을 잘 지키나요? 이때는 대부분 피곤해하고 변명을 찾고 작심삼일로 행동을 멈춥니다.

"행동하고 싶은데, 뭔가 잘 안 돼."

책임은 자기 자신을 충분히 존중하고 내가 진정 원하는 외적·내적 결과물을 직접 만들어내는 것을 허용하는 의식입니다. 삶을 다르게 살고 싶다면, 더 충만하고 행복한 경험을 하고 싶다면, 더 진심어린 삶을 살고 싶다면 그것이 내게만 달려 있다는 것을 깨달아야 합니다. 내가 내게 그런 삶을 살게끔 허락해준다면 책임을 진 것입니다.

'책임'은 문화적으로 너무 무겁게 들리므로 앞으로는 주인의식,

주체성, 주도성이라는 말로 자주 대신하겠습니다.

피해의식

우리는 이미 앞에서 우리가 얼마나 외적 상황에 반응하고 우리의 주도성을 내려놓는지 알아보았습니다. 하지만 그것보다 훨씬 더 무서운 대응기제가 있습니다. 바로 피해의식입니다.

문제해결 패러다임이 계속 고생하면서 다양한 불을 끄는 것이라면, 피해의식이라는 대응기제로는 심지어 그것조차 하지 않습니다. 대신 소파에 편히 기댄 채 '왜 내가 원하는 삶을 살지 못하고 있는지'를 두고 남 탓, 상황 탓을 하고 가끔 자신도 탓합니다.

"부모, 가족, 아이들, 회사 문화, 동료, 상사, 상류층, 나라와 사회(헬조선), 문화, 정치인, 안 좋은 경기, 교육제도, 유교, 유전, 낮은 자존감 등 때문에 나는 못 나가고 있어. 만약 그런 요소만 아니라면 나는 진짜 대박 날 텐데. 불쌍한 나!ㅠㅠ"

이러한 논리로 우리는 자신의 부족한 상황을 정당화하려 합니다. 이것은 진실이 아니지만 우리에게 최고의 생존 메커니즘이 됩니다. 다른 말로 표현하면 상처받지 않기 위한 최고의 갑옷, 즉 가면입니다. 내 부족함은 문제해결의 고생이나 직접적인 창조로 극복할 수 있지만 그 극복에 실패하면 내가 더(!) 부족해 보이니까, 차라리 피해자 역할을 하며 내 안전지대에서 손가락질만 하는 것입니다. 힘들게 나 자신을 증명하기보다 수동적인 '무행동'으로 들키지 않고 내 존재감을 유지하려 하는 거죠.

행동 없이 망하면? 편하게 사회 탓을 하면 됩니다. 반면 내 길을 주도적으로 선택했다가 실패하고 망하면? 나 자신의 초라함을 그대로 인정해야 합니다. 그러니 책임을 피하며 타인과 사회에 내 운명을 맡기는 게 훨씬 편하고 쉬운 길입니다.

피해의식 안에는 자주 독선이 숨겨져 있습니다. 나를 자꾸 끌어내리는 사회, 정치인, 주변은 나쁘고 나는 윤리적·도덕적으로 우월한 것으로 느낍니다.

'여전히 나는 잘났고 정말 슬프게도 잘하고 싶었는데 나쁜 주변이 행복하고 대박이 났을 내 삶을 막았지.'

또한 피해의식은 문화적으로도 일종의 품위 있는 대응기제 중 하나가 되어버렸습니다. "사촌이 땅을 사면 배가 아프다"는 속담은 틀릴 때보다 맞는 경우가 더 많습니다. 동료 중의 누군가가 노력해서 진짜로 잘되면 다른 동료들은 시기심이 올라와 그 사람을 다시 자신과 똑같은 '부족한 자리'로 끌어내리려고 합니다. 혹은 동료도 나도 같이 힘들고 도태된 듯하면 같이 앉아 불만과 불평을 쏟아내며 무엇 때문에 우리가 잘나가지 못하는지 징징대는 것으로 위로·격려·인정·공감·연결감을 느낍니다. 누가 그런 편안한 인생을 주도적인 창조로 대체하겠어요?

서양에 "힘들 때 함께 해주는 친구가 진짜 친구다"라는 속담이 있습니다. 그렇지만 가끔 "잘나갈 때도 나를 끌어내리지 않고 함께 해주는 친구가 진짜 친구다"라는 말이 더 잘 맞을 정도로 피해의식은 많은 인기를 누리고 있는 가면입니다. 우리는 피해의식 안에 편하게 있을 수 있지만 그 대가는 내 삶을 외적 상황에 내던지는 것이기 때문에 확장된 의미 있는 삶을 구축하지 못합니다.

피해의식은 참 독특한 대응기제라 'Part4 장애물5. 피해의식'에서 이 현상을 더 깊이 설명하겠습니다.

책임 vs. 탓

누구나 살면서 좋지 않은 일을 겪습니다. 놀림, 따돌림, 폭력, 버림받음, 어려운 가정생활, 차별, 질병 등. 가끔은 세상이 참 불공평한 곳으로 보이죠. 부당한 일을 당할 때 혹은 어떤 문제에 봉착할 때 우리는 '도대체 누구 책임이야?'라는 질문을 많이 합니다. 사실 그 주된 궁금증은 책임보다 '도대체 누구 탓이야?'일 겁니다. 이처럼 우리는 책임과 탓을 비슷한 개념으로 생각하는 경향이 있는데 책임과 탓은 관점이 전혀 다릅니다. 자동차 사고를 예시로 들어보겠습니다.

운전할 때 빨간불 신호등이라 기다리고 있는데 갑자기 뒤따라오던 차가 내 차의 뒤를 박으면 그것은 다른 운전자의 '잘못'이라고 할 수 있습니다. 그런 일이 벌어진 것은 내 '탓'이 아닐 수 있죠. 그러나 사고가 일어나는 순간 내 몸을 책임지는 것, 자동차 사고를 처리하는 것, 가해 차량으로부터 더 이상 피해를 당하지 않기 위한 것, 다른 운전자의 상태를 파악하는 것, 그 사고로 어떤 배움을 얻는 것 등의 책임은 내가 어떻게 행동하느냐에 달려 있습니다.

내 삶의 맥락 안에서 내 삶은 오로지 내 것이므로 그 순간에 어떻게 응할지, 어떻게 행할지는 모두 내 '책임'입니다. 다른 누구 탓일지라도 내 인생이면 선택권은 내게 있습니다. 아무도 이 자유를 뺏어갈 수 없습니다. 외부 세상이 내가 어떻게 생각하고 행동할지 지배할 수는 없습니다. 그것은 영원히 내게 달려 있습니다.

주인의식은 매 순간 나만의 **선택의 자유**를 의미합니다. 우리에게는 순간마다 선택하고 행동할 '권리'가 있습니다. 영어로 설명하면 이해가 더 빠릅니다. 책임responsibility은 의식적으로 응답하는 능력response-ability으로 해석할 수 있습니다. 상황에 알맞게 응답하는 능력 말입니다. 책임을 지면 상황에 응답하는 것이고, 책임을 지지 않으면 상황이 나를 끌어당기게 허용하는 것입니다. 간단히 말하면 순간순간 어떻게 행동할지는 내가 정합니다.

코로나19 사태, 부패한 정치, 자연재해, 산업 쇠퇴, 부모의 압박, 타인의 범죄, 사회의 기대는 모두 우리 개인의 탓이 아닙니다. 하지만 우리가 이 상황에 어떻게 대응할지는 우리에게 달려 있습니다. 자기연민에 빠져 투덜거리면서 살 수도 있고, 모든 변화를 기회로 삼아 아름답게 만들 수도 있습니다. 회사 상황이 나빠지면 자기가 오래전부터 원했던 창업 기회를 마련할 수도 있고, 불경기 중에도 내 가치관에 충실하면서 전문 분야를 살짝 바꿀 수도 있습니다. 주변이 내 진심 어린 계획을 계속 부정하면 피해자 역할을 하기보다 내 계획과 실천을 더 구체화하면 됩니다. 심지어 가족상을 당하는 큰 슬픔을 겪으면서도 남은 가족과 다시 연대감을 높일 기회를 만들 수 있습니다. 외부 세상은 우리 없이도 잘 돌아갑니다. 주어진 상황에서 '우리가 할 수 있는 건 어떻게 행동할지 결정하는 것뿐'입니다.

주인의식 원칙을 처음 배우는 사람은 어느 정도 자아성찰을 한

후 자주 다음과 같이 반응합니다.

“내가 평생 내 선택 없이 남의 삶만 살아왔구나!”

절반은 맞고 절반은 틀렸습니다. 선택을 주변에 기댔다는 것은 맞을 수 있지만 아울러 ‘비선택’한 것도 자신의 선택이라는 것을 잊지 마십시오. 외적 상황이 나를 컨트롤할 때도 그것을 허용하는 것은 내 선택입니다. 타인의 의견에 따르는 것도, 남을 만족시키는 것도, 내 선택입니다. 부모가 내 전공을 대신 선택하도록 허락하는 것, 타인의 의견에 따라 적성에 맞지 않는 직장에 들어가는 것, 피해의식에 빠지는 것도 모두 내 선택입니다. 궁극적으로 우리는 주인의식을 아예 잃어버린 적이 없습니다. ‘평생 내 선택 없이 산 것’이 아닙니다. 그저 내 진심과 일관된 선택을 하지 않았을 뿐이죠. 다행히 그것은 언제든 조정하면 됩니다.

내 삶이 내 선택의 연속이라는 것은 커다란 희소식입니다. ‘선택했다’와 ‘선택하지 않았다’의 차이는 단지 이것입니다. 그 선택을 의식적으로 자신의 진심으로 했느냐, 아니면 무의식적으로 자신의 불안한 마음으로 했느냐입니다.

하나만 주의합시다. 의식적인 선택을 내린다고 해서 절대 외톨이 늑대가 될 필요는 없습니다. 오히려 의식적인 선택을 내리기 전 남의 의견, 타인의 충고, 문화적 규칙을 충분히 참고하고 외부 세상에서 힌트를 얻어도 됩니다. 그렇지만 내가 원하든 원치 않든 최종적인 선택은 늘 내게 달려 있습니다.

유일한 자유

소설《연금술사》의 주인공 산티아고는 먼 나라에 가서 도둑질을 당하고 절망한 상태에서 깨달음을 얻습니다.

"그 순간 그는 깨달았다. 이 세상은 도둑에게 가진 것을 몽땅 털린 불행한 피해자의 눈으로도 볼 수 있지만 보물을 찾아 나선 모험가의 눈으로도 볼 수 있다는 사실을. '나는 보물을 찾아 나선 모험가야.'"

선택 없는 삶, 선택하지 않는 삶은 얼핏 편하고 안전해 보이지만 그 뚜껑을 열어보면 지금의 우리가 그러하듯 끊임없는 불평과 불만으로 가득한 삶이 나타납니다. 더 슬픈 사실은 선택하지 않는 삶을 유지하기 위해 선택한 그 피해자 가면은 끊임없이 고통을 붙잡아야 유지된다는 점입니다. 우리는 피해의식으로 받는 고통을 우리 스스로 생성해 피해자 역할을 강화하는 데 사용하고 있습니다.

앞으로 책임을 부담이 아닌 축복으로 받아들이세요. 프리드리히 니체가 말했듯 "자유는 우리 삶을 책임질 수 있는 의지입니다." 자신의 삶을 의식적으로 꾸려가는 것은 우리가 누리는 유일한 자유입니다. 외적인 상황과 타인, 수많은 현상의 동네북이 되면 그것이 자유인 것 같나요? 편안한 삶인지는 모르겠으나 자유롭지는 않습니다. 자신의 주체성을 되살려야 원하는 삶을 창조하고 더 온전히 세상에 기여할 수 있습니다. 장 폴 사르트르의 말을 인용하자면 이렇습니다.

"인간은 자유로울 운명이다. 한번 세상에 내던져지면 자기 행동을 책임지기 때문이다. 삶에 의미를 두는 것은 당신에게 달려 있다."

내 삶의 중요한 의사결정이 내게 달려 있다는 것은 어느 정도 이해할 것입니다. 그다음으로 내 진심 어린 가치관, 목적, 목표를 직접 설계하고 그것을 실현하는 것도 내 책임입니다. 의식이 높아지면 높아질수록 내가 나 자신을 어떻게 속이는지 보이고 생각, 감정, 강박 패턴을 스스로 어떻게 만들고 있는지도 슬슬 보입니다. 심지어 행복도 외부 세상에 더 이상 의존하지 않고 행복하고 싶으면 주도적으로 행복하면 됩니다. 그야말로 내가 내 전체 현실을 직접 형성하고 있음을 점차 깨닫게 됩니다.

주인의식이 강하면 강할수록 내 현실을 스스로 파악하고 주도할 수 있습니다. 변화를 원할 경우 그 변화의 책임이 늘 내게 있다는 것을 기억하면 됩니다. 그렇다고 다양한 물리적 장애물이 우리의 길을 막지 않는 건 아닙니다. 그런데 그 도전을 지성적으로 넘는 것 역시 우리의 책임입니다.

아름다운 삶을 나한테 허용하는가

다른 원칙과 똑같이 주인의식도 절대적인 법이 아니고 그저 고수할 수 있는 원칙입니다. 더구나 여러분이 책임을 진다고 해서 '더 나은' 사람이 되는 것도 아닙니다. 주도적으로 원하는 결과물을 만들어내려 할 때 주인의식은 우리를 효과적으로 강화해주는 원칙이긴 해도 절대 의무가 아님을 알아야 합니다. 주인의식 원칙을 따르는 것도 우리의 자유 선택에 달려 있습니다. 하고 싶으면 하고 아니면 말고.

그럼에도 불구하고 이 원칙을 제시하는 이유는 우리가 늘 주인의식이라는 시작점에서 아름다운 삶을 설계할 때 훨씬 강력한 경험을 할 확률이 높아지기 때문입니다. 물론 진심 어린 삶을 사는 것은 그 누구도 대신 해주지 않습니다. 외적 요소들은 많은 도움을 줄지 모르나 시작은 늘 우리 자신이어야 합니다. 자신보다 더 커다란 의미를 향해 부름을 받을지라도 그 부름에 따를지는 완전히 우리의 몫입니다.

그런데 여기서 제가 자주 관찰하는 현상이 있습니다. 그것은 선택권이 우리에게 있다는 것을 알면서도 자꾸만 우리 스스로 자신의 판단력을 과소평가한다는 점입니다.

"아니, 내가 뭘 안다고 그걸 선택해?"

흔히 이렇게 생각하면서 그 평가를 또 바깥에서 찾습니다.

앞서 말한 책임의 정의를 기억하세요?

"책임은 자기 자신을 충분히 존중하고 내가 진정 원하는 외적·내적 결과물을 직접 만들어내는 것을 허용하는 의식입니다."

주인의식은 내 진심을 신뢰하는 것에서부터 시작됩니다. 처음에는 그것이 어려울 수도 있습니다. 내 진심을 신뢰하려면 우선 진심이 무엇인지 봐야 하고 그다음에 호기심에 따른 작은 행동으로 명확성을 키워야 합니다. 또 냉철한 실천력으로 진정한 결과를 내고 그 과정에서 자기 자신을 돌아보고 온전히 받아들여야 합니다. 이 책에서 그 전체 과정을 쭉 한번 거쳐보겠습니다. 처음에는 책임이 조금 어렵더라도 다른 모든 원칙과 똑같이 해봐야 늘어납니다.

주인의식은 결국 진정한 자신을 위한 깊은 사랑입니다. 그것은 아무 머뭇거림 없이 내 진정한 삶을 실현할 수 있는 힘입니다. 나 자신을 부정하는 게 아니라 자신을 그만큼 존중하니까 내가 원하는 삶을 내게 허용하는 것입니다. 내가 진정한 나를 그만큼 사랑하면 가능한 한 아름다운 삶을 마련해줍니다. 나를 위해, 내 주변을 위해 그리고 인류를 위해서 말이죠.

이제 Part2로 넘어가기 전에 다음 질문을 가능한 한 솔직하게 관조해보세요.

당신 자신에게 의미 있고 진정한 삶을 허용하는가?

그렇다면…
'변화를 만들 수 있는 건 오직 당신이기에
삶을 바꾸는 것에 온전한 책임을 다합니다.'

자기 관찰 질문

1 나는 누구에게 내 인생의 주도권을 넘기는가?
2 나는 삶의 어떤 부분을 더 책임질 수 있는가?
3 100퍼센트 내 삶을 책임진다면 내 삶과 주변을 어떻게 형성할 것인가?
4 나는 나 자신에게 의미 있고 진정한 삶을 허용하는가?

Part · 2

구체화 단계

—의미 있는 삶을 설계하기

의미 있는 삶을 만드는 법: 자아확장 기준

"아, 내 가슴에는 두 개의 영혼이 살고 있도다."

괴테

만약 괴테가 지금 시대로 돌아온다면 아마 깜짝 놀랄 것입니다. 200년 전 자신이 쓴 작품《파우스트》에서 예측한 시나리오가 그대로 현실이 되었기 때문입니다. 작품 속에서 주인공 파우스트는 두 개의 세상 사이에 갇혀 있습니다. 그는 만족할 수 없고 항상 부족한 것 같은 지상의 지식·기술·진보·성공·과학·쾌락을 추구할 것인지, 아니면 속세를 초월한 모험과 인간성·영성·통찰력·깨달음·진리·신성을 추구할 것인지 그 사이에서 고민합니다. 그러다가 절망에 휩싸여 있는 파우스트 앞에 악마 메피스토펠레스가 나타나 한 가지 내기를 제안합니다. 악마는 자신이 파우스트에게 세상의 모든 기쁨,

쾌락, 행복을 주면 파우스트가 고결한 신성과 인간성 추구를 거부할 것이라고 확신합니다. 파우스트는 그 내기를 받아들입니다.

이 이야기에서 파우스트는 인간의 고결한 본성과 초월 욕구를 상징합니다. 반대로 메피스토펠레스는 쾌락, 사회의 기대, 기술, 진보, 부족한 에고를 상징합니다. 소설은 결국 누가 내기에서 이기는지 알 수 없는 채 모호하게 끝을 맺습니다. 《파우스트》가 탁월한 명작인 이유는 괴테가 우리 모두가 겪고 있는 투쟁을 잘 설명했기 때문입니다. "아, 내 가슴에는 두 개의 영혼이 살고 있도다"라는 유명한 문구처럼 우리 내면은 인간의 탁월성을 추구하며 진리로 나아갈 것인지, 아니면 사회의 외적 기준과 천박한 쾌락을 위해 우리의 영혼을 팔 것인지 갈등하며 끊임없이 싸우고 있습니다.

외적 & 내적 자유

괴테의 고전주의 시대보다 현대사회는 보다 자유롭고 계급도 비교적 사라졌습니다. 이 자유로운 사회는 은연중에 우리에게 "열심히만 하면 모든 것이 될 수 있고, 하고 싶은 것도 다 할 수 있다!"는 메시지를 심어줍니다. 또 타인에게 피해를 주지만 않으면 원하는 방식으로 살 수 있고 원하는 것도 추구할 수 있다고 말합니다. 원하는 공부를 할 수 있다거나 원하는 직장에 들어갈 수 있다는 것도 마찬가지입니다. 그뿐 아니라 지금의 직장이 마음에 들지 않으면 바꾸면 되고, 환경이 불만이면 조금 더 열심히 일해 더 많은 돈을 벌면 된다고 합니다. 우리는 이러한 이야기를 믿고 있습니다. 그래서 열심히 스펙을 쌓고 자기계발을 합니다. 자기계발서도 대부분 이 '자유' 안에서 어떻게 자원을 최대한 효율적으로 사용해 성공할 수 있는지 알려줍니다.

이 같은 '외적 자유'는 인류가 지난 150년간 투쟁으로 얻은 커다란 역사적 성취입니다. 산업혁명과 정보화혁명은 무엇이든 가능해 보이는 세상을 만들었습니다.

하지만 이 변화가 정말 우리가 늘 원했던 자유처럼 느껴지나요? 아쉽게도 외적 자유가 넘쳐나도 우리는 주로 그 자유를 효과적으로 활용하는 데 어려움을 겪습니다. 왜 그럴까요? 외적 자유가 꽤 짧은 시간 안에 주어지는 동안 우리는 그것에 비례해 '내적 자유'를 계발하지 못했기 때문입니다. 내적 자유란 바로 우리의 인간성, 내적 기준과 주도성, 뚜렷한 원칙, 가치, 존엄성과 존재감을 말합니다.

아쉽게도 우리는 대개 그 외적 자유에 압도되어 아무런 줏대도 없이 그 외적 자유 이미지만 좇고 맙니다. 뭘 원하는지 몰라도, 뭘 '원해야 하는지' 알려주는 사회 속에서 우리의 자유 사고와 개인성은 자주 매장당합니다. 극단적으로 표현해 우리는 똑같은 성공, 똑같은 목표, 똑같은 이상, 똑같은 이미지, 똑같은 외모와 패션, 똑같은 트렌드와 쾌감을 추구하는 복제인간이 되어가고 있습니다. 자신만의 가치관, 원칙, 비전은 소수의 교양인과 유명한 몇 사람에게만 있는 것처럼 보입니다. 우리는 그들을 우러러보면서 "평범한 내가 그런 것을 할 수 있다고?" 하며 자신에게 그러한 가능성이 있다는 것을 계속 의심만 합니다.

오늘날 자유를 어떻게 활용하는가

요즘 대학생들에게 "인생에서 원하는 것이 뭐예요?"라고 물어보면 아래 네 가지 대답이 나온다고 합니다.

- 건물주가 되고 싶다.
- 대기업, 공기업에 취업하고 싶다.
- 여행 다니면서 맛있는 거 많이 먹고 싶다.
- 치맥(치킨과 맥주) 먹고 싶다.

첫 번째와 두 번째 대답은 사회가 제시하는 '올바른 길'을 따라가려는 태도이며, 세 번째와 네 번째 대답은 사회로부터의 도피에 가깝습니다. 절반은 순종이고 다른 절반은 반항이지만 둘 다 자신이 선택한 게 아니라 사회와 주변이 내가 그것을 좇게끔 또는 피하게끔 만든 것입니다. 건물을 갖거나 치맥을 즐기는 것은 전혀 나쁜 것이 아닙니다. 하지만 그것이 진정 내 인생을 통틀어 헌신하고 싶은 목적인가요?

'주어진 올바른 길' 또는 '반항의 길' 말고
진짜로 원하는 것이 무엇인가요?
인생을 원하는 대로 구축할 수 있다면
어떤 인생을 설계하고 싶은가요?
치맥 먹고 건물주가 되고 나면(생계를 다 다뤘다면)
어떤 삶을 만들어 나갈 것인가요?
참된 마음으로 인생을 산다면 무엇을 창조할 것인가요?

진정한 삶의 기준이 없으면 이런 질문에 답하기가 꽤 어렵습니다. 평생 바람에 흔들리는 나뭇잎처럼 주어진 상황에 따라 왔다 갔다 할 뿐입니다. 여기서 '바람'은 타인의 시선, 사회의 기대, 주변의 압박, 부모의 기준, 학벌, 회사 정책, 자기 이미지를 향한 불안, 에고의 강박 패턴 등을 의미합니다. 슬프게도 진심에 접속이 안 되면 계속 외부 세상에 휘둘리고 반복적인 문제해결 사이클을 타게 될 뿐입니다. 이 경우 삶의 기준이 내가 아닌 외부에 있기 때문에 외적 자유는 충만할지 모르나 내적 자유는 메말라버리며 남의 기준을 내 기준으로 착각합니다.

누가 이겼을까

오늘날에는 파우스트와 메피스토펠레스 중 누가 이기고 있을까요? 과거 2차 산업혁명 시절에는 컨베이어 벨트에서 나사를 조였지만 지금은 회사에서 Copy & Paste하거나 V-Lookup하면서 경쟁합니다. 무턱대고 똑같은 가치를 추구하는 듯 보일 정도입니다. 모든 나방이 맹목적으로 같은 불빛을 향해 날아가니 당연히 서로 부딪힐 수밖에 없습니다. 이처럼 내적 기준이 없는 개인주의는 갈등만 야기합니다.

곧 인공지능이 나타나 기계나 다름없는 역할만 하는 인간의 자리를 빼앗아갈 것입니다. 이러한 변화 앞에서 인류는 더 깊이 메피스토펠레스의 무지 세계에 빠질지, 아니면 깨어나 인간으로 사는 법을 배울지 생각해봐야 하는 절체절명의 시점에 와 있습니다.

파우스트가 이길지, 메피스토펠레스가 이길지는 결국 우리 모두에게 달려 있습니다. 자살률 1위, 항우울제 중독, 학벌 스트레스, 빈부격차, 노동자 착취, 가부장제로 인한 폭력 같은 사회 이슈를 해결하려면 외적 기준 의존도를 (조금이라도) 내려놓고 각자 자신만의 기준으로 **온전하고 뚜렷한 개인**이 되어야 합니다.

인간성은 어떻게 되살릴 수 있을까요? 외적 자유를 포기하라는 말은 결코 아닙니다. 인류 역사상 이토록 기회가 풍부한 시대는 없었으니 이걸 유지하고 더욱 발전시키는 것은 분명 더 좋은 일입니다.

이제 우리는 그 **외적 자유와 내적 자유를 어떻게 강력한 하나의 자유로 합칠 수 있을지 고민해야 합니다.** 이것은 인류 모두에게 일종의 도전입니다. 우리는 지금 시대의 자유와 가능성과 기회를 유지하면서 내적 자유, 주체성, 줏대를 되살려야 합니다. 내면의 목소리를 담은 기준을 만들어 사회적 결핍이나 강박 없이 오늘날의 다양성을 만끽하며 산다면 과연 인생이 어떻게 바뀔까요?

다가올 몇 년간 최대 이슈는 혁신적인 테크놀로지를 내 삶을 의미 있게 살아가는 수단으로 사용할지, 아니면 테크놀로지가 내 주의와 삶을 좌우하게 할지 여부입니다. 생각 없이 시간을 흘려보내면 메피스토펠레스가 이길 것입니다. 그렇게 되지 않게끔 우리 안의 인간성을 꺼내야 할 때입니다.

내적 자유를 되살리는 법

"내적 자유를 되살려 진정 충만한 인생을 살겠어!"라고 달릴 준비를 갖추고 나면, "어떻게 나아가야 하지?" 같은 질문이 생기기 시작할 것입니다.

내적 자유를 강화하려면 공동 강박과 외적 기준을 향한 집착을 슬슬 내려놓고 진정으로 창조하기 시작해야 합니다. 외부 세상, 상황, '정답', 사람에 덜 반응하고, 자기 삶의 주인이 되어 내 진심, 진정성과 진실대로 세상을 직접 구축해야 합니다. 주의해야 할 점은 자기중심적인 접근법으로는 그런 창조가 불가능하다는 것입니다. 강한 내적 자유를 계발해 온전한 인간으로서 당당하게 삶을 살고 싶다면 자아확장적 접근이 필수적입니다.

내적 자유를 얻어 의미 있고 진정한 삶을 의식적으로 구축하는 게 우리 목적이라면 그 의미를 외부에서 찾는 일을 그만하고 대신 자기 진심에 접속해 그것을 직접 정해야 합니다. 우리는 반응적인 삶, 즉 문제해결과 자아수축 지향형에서 벗어나 진심을 창조할 수 있는 삶의 기준을 세워야 합니다. 그 기준에 따라 우리 삶을 하나하나 펼칠 수 있습니다. 우리는 진심과 연결된 창조 기준에 따라 삶의 가치, 목적, 목표를 세우고 그것을 실현하면 됩니다. 이 기준을 제가 **'자아확장 기준'**이라고 부릅니다.

자아확장 기준이란?

내 삶의 자아확장 기준은 외부에서 습득하는 것이 아니라 내가 직접 선택하는 기준입니다. 자아확장 기준은 내 **가치, 의미, 목표, 전략**으로 구축되며 내 현재 행동과 상태, 즉 삶을 결정합니다. 이것은 내가 삶을 어떻게 효과적으로, 진정성 있고 당당하게 살지 결정할 때 참고하는 기준점이며, 내 삶에 가장 중요하고 의미를 주는 근본 기준이 됩니다. 다음의 질문들을 통해 자아확장과 그 기준에 대한 감을 조금 알아차릴 수 있을 겁니다.

삶을 어떻게 살 것인가?
무엇을 가장 중시하는가?
어떻게 자아확장을 할 것인가?
어떤 의미에 헌신하겠는가?
무엇을 창조하고 싶은가?

앞으로 이어지는 8개 챕터에서는 아주 단단한 나만의 자아확장 기준을 만드는 것에 집중하겠습니다. Part2의 '준비' 챕터에서 진심에 접속해 관조, 자기관찰과 직관을 통해 자기인식을 키워보겠습니다. 자기인식을 늘리는 기술을 어느 정도 습득하고 나서 준비가 되었다면 그다음 Part2 '기둥' 챕터에서 구체적으로 개인의 가치관, 의미, 목표와 전략, 즉 자아확장 기준의 4가지 기둥을 세워보겠습니다. Part2 마지막 챕터에서 모든 기둥을 전부 합쳐서 일관된 나만의 '자아확장 지도'를 만들어보겠습니다.

자아확장 기준의 4가지 기둥

지난 몇 년 동안 저는 '강력한 삶을 위한 기준'을 만드는 법을 많이 조사했습니다. 각종 코칭 세미나에 참가하고 해외 워크숍을 듣고 다양한 독서도 했습니다. 제가 얻은 결론은 강력한 삶을 위한 기준에서 가장 중요한 점은 스스로 여러 가지 기준을 적용해보고 어떤 것이 효과가 있고 또 없는지 직접 확인해봐야 한다는 것입니다. 이 전제를 기초로 제가 발견한 자아확장에 가장 효과적인 요소를 합쳐 4가지 기둥을 만들었습니다. 각 기둥의 챕터별 상세 설명에 들어가기 전에 다음 '자아확장 기준 4가지 기둥'을 간략하게 소개하겠습니다.

자아확장 기준

내 현재 행동이나 상태를 결정해주는 기준

가치: 삶의 기준

예: 진리, 정의, 평등, 모험, 심미안, 명예, 사랑 등

목적, 의미, 비전: 장기적 기준(원동력, 도달 불가능)

예: 지구 평화, 공동체 건강, 통일, 온전한 가족 등

목표: 목적에 따르는 중기적 기준(도달, 측정 가능)

예: 졸업증 따기, 책 출간, 창업하기, 이벤트 개최 등

전략: 목표에 따르는 단기적 기준(구체적 행동 기준)

예: 공부하기, 책 집필, 사업계획서 만들기 등

1. 가치(관)

(예: 호기심, 정의, 평등, 돌봄, 사랑, 배움, 모험, 부, 아름다움, 진리 등)

내 가치관은 다른 누구도 아닌 내가 삶에서 중요하게 생각하는 기준이자, '필요'가 아닌 진정으로 중요하게 생각하는 기준입니다.

매일 일상을 어떻게 살고 싶은가? 내게 가장 중요한 것은 무엇인가? 창조적으로 살기 위해서는 어떤 삶의 기준을 세워야 할까? 내게 진정성이 중요한가? 호기심이 중요한가? 평등이 중요한가? 정의가 중요한가? 존중, 사랑, 모험, 아름다움 등….

이런 질문을 통해 내 인생의 핵심가치를 파악해갈 수 있습니다. 단, 가치를 선택할 때는 그 가치의 유용을 따지지 않고 마음 깊은 곳에서 우러나는 것을 택해야 합니다.

2. 목적, 의미, 비전

(예: 건강한 가정 꾸리기, 항암제 발명, 남북통일에 헌신하기, '한국의 미' 되살리기, 인간중심의 교육제도 만들기, 사회의식 끌어올리기, 환경보호 등)

삶의 목적과 의미, 비전은 가치관에 기반하며 내 삶에 방향성을 안겨줍니다.

예를 들어, 장기적으로 어떤 의미를 추구하며 살아가고 싶은가? 어떤 비전을 위해 헌신할 것인가? 어떤 영향력을 끼칠 것인가? 어떤 대의명분 아래 창조하고 행할 것인가? 통일을 위해 일하고 싶은가? 평등사회를 실현하기 위해 헌신할 것인가? 환경보호에 앞장설 것인가? 공동체의 건강을 위해 온전한 인간관계에 헌신할 것인가? 문학교육에 기여할 것인가? 등….

이런 질문을 하며 삶을 살아가면서 어떤 목적으로 향할지, 어떤 의미를 따르를지, 어떤 비전을 실현할지 구체적으로 정합니다. 중요한 것은 목적, 의미, 비전은 도달할 수 있는 구체적인 목표가 아니라는 점입니다. 이것은 비록 추상적이지만 인생의 방향을 잡아주고 원동력을 만들어주는 개념입니다. 또한 내 모든 목표와 전략을 위한 바탕입니다.

저는 앞으로 **목적, 의미, 비전**을 동일한 개념으로 사용할 것입니다.

3. 목표

(예: 자격증 따기, 학위 취득, 취업, 논문 쓰기, 책 출간, 이벤트 개최, 제작물 완성, 사업수익 남기기 등)

가치와 목적이 명확할수록 목표 세우기가 쉬워집니다. 목표란 구체적이고 달성 가능하며 실현하고자 하는 최종 결과를 말합니다. 내 목적으로 향하려면 어떤 단기목표를 이뤄야 할까요? 어떤 결과를 맺어야 내가 추구하는 의미를 세상에 실현할 수 있을까요?

가령 '인류를 암으로부터 구하기'가 인생 목적이라면 어떤 전공을 선택해 공부해야 할까요? 어느 연구원에 들어가야 할까요? 어떤 논문을 써야 하나요? 또는 '한국의 미를 되살리는 것'이 내가 추구하는 의미라면 어떤 매체를 활용해 그것을 이룰 것인가요? 그림, 영화, 글? 그것을 위해 어떤 능력을 키워야 할까요? 어떤 자격증이 필요할까요? 어떤 인맥을 만들면 좋을까요? 어떤 조직이나 회사에 들어가면 그것을 이룰 수 있을까요?

목적으로 향하는 능력을 키우고 가장 빠르고 효율적이며 구체적인 목표로 그것을 차근차근 현실로 만들면 됩니다.

4. 전략

(예: 3개월 동안 월/수/금 17~19시 프랑스어 B1급 공부, 사업자등록을 위한 증명서류 준비, 매일 9~12시 3장 편집, 화/목 번갈아 10킬로미터/15킬로미터러닝 등)

목표를 이루려면 구체적으로 무엇을 해야 할까요? 무엇보다 하루하루 어떤 행동을 취할지 명확히 정해야 합니다. 전략이란 그 세부적인 행동 계획을 말합니다.

예를 들어 3개월 안에 프랑스어 능력시험을 보는 것이 목표라면 공부를 언제, 어떻게, 얼마만큼 할 것인지 정합니다. 또는 사업자등록이 목표라면 어떤 서류를 준비해야 하는지 알아내 정확히 대처합니다. 3개월 후 풀코스 마라톤을 완주하는 것이 목표라면 매주 어떤 트레이닝 플랜대로 러닝 훈련을 할 것인지 계획을 세웁니다.

가치를 비롯해 목적, 목표 그리고 전략은 우리 내적 선택 기준이자 원동력이 됩니다. 그 원동력으로 외적 상황에 더 이상 반응하지 않고 내 기준대로 매 순간 당당하게 전진할 수 있습니다. 여기에다 자아확장 기준이 내 시도를 다양한 면에서 지지하며 세상과 효과적인 상호작용을 가져다줄 것입니다.

이 책의 Part2에서는 여러분 삶의 자아확장 기준을 세울 수 있도록 구체적으로 안내할 것입니다. 우선 자아확장 기준을 세우려면 자기인식이 필요합니다. 그래서 먼저 자기이해를 키운 다음 직관으로 자신을 관찰하는 법을 알려드리겠습니다. 이어 어떻게 가치·의미·목표·전략을 세우고 자아확장 기준을 현실화할 수 있는지, 즉 어떻게 주도적으로 살아갈 수 있는지 보여드리겠습니다. 정확한 프로세스를 보여주면서 추상적인 연습이 되지 않게끔 다양한 실생활 예시도 제시하겠습니다. 하지만 언제나 그렇듯 가장 중요한 건 스스로 실천하는 것이라는 사실을 잊지 말아주세요.

준비1.
자기인식

"내면을 관찰하지 않는 것은 덜 괴로워 보일지 모르지만 이는 겁쟁이의 느리고 고통스러운 삶의 길이다."

윌 크레이그 Will Craig, 《Living the Hero's journey》

삶의 형태

"알렉스 님, 안녕하세요. 유튜브 영상으로 정말 많은 도움을 받고 있습니다. 한 가지 물어보고 싶은 게 있어서요! 저는 자꾸 뭔가를 해야 한다는 생각을 해요. 근데 뭘 하고 싶은지 모르겠어요. 의욕은 넘치는데 뭘 해야 할지 모르니 자꾸 이런저런 딴짓을 하면서 하루를 무기력하게 보내요. 뭔가를 실천하고 싶은데 뭘 해야 할지 모르겠으면 어떻게 해야 하나요?"

구독자의 메일

지난 3년 동안 저는 HigherSelf 의식성장 학교를 운영하면서 수백 명에게 위와 같은 메일을 받았습니다.

'지금 하는 공부가(또는 일이) 적성에 안 맞아요', '하고 싶은 게 없어요', '뭘 해야 할지 모르겠어요', '사회가 강요하는 길 혹은 부모님이 강요하는 길을 더 이상 따르고 싶지 않아요', '내 길을 가지 못하면서 너무 남의 눈치를 봐요', '저는 알려주신 자기계발 원칙을 잘 따르려고 하는데 추진력이 안 생겨요', '정말 열심히 살려고 하는데 늘 부족한 것 같아요' 등등.

많고 많은 글을 살펴보니 한 가지 공통점이 보입니다.

더 좋은 삶을 살고 싶은 의지는 강한데 자기 삶을 위한 구체적인 기준은커녕 '자기인식'이 미약하다는 것입니다. 무엇을 잘하는지, 무엇을 원하는지, 무엇에 관심이 있는지 제대로 생각하고 도전해본 적 없을 경우 계속 헤매고 적성에 맞지 않는 공부나 일을 하게 마련입니다. 내가 어떻게 살고 싶은지, 무엇을 창조하고 싶은지, 어떻게 확장하고 싶은지 모르면 아무리 '열심히' 살아도 원하는 인생을 살고 있지 않을 것입니다. 심지어 아무리 강력한 원칙을 따르더라도 '원하는 삶'이 어떤 모습인지 생각해본 적이 없으면 적절한 행동을 취하기가 많이 어렵습니다. 원칙의 효과는 목적에 달려 있기 때문에 목적이 명확하지 않으면 강력한 원칙도 효과가 떨어집니다.

생각해보세요. 창조, 자아확장, 진정성, 호기심, 책임 같은 좋은 원칙을 무엇을 위해 사용할 건가요? 어떤 결과나 목적을 위해 원칙을 적용할지 모르면 아무리 강력하고 바람직한 원칙도 무의미해집니다. 비유를 해보자면 우리는 '중력'의 원칙을 어떻게 느끼나요? 바로 사물이 바닥으로 떨어지는 것을 보고 중력을 인지합니다. 사물이 없으면 중력이 작용하고 있어도 아무것도 떨어지지 않습니다. 즉, 결과가 없습니다. 마찬가지로 창조, 자아확장, 진정성, 호기심, 책임이 있어도 대상 없이는 결과가 생기지 않습니다. 바퀴가 공기에서 헛도는 것처럼 말이에요. 그래서 원칙을 적용할 대상을 만드는 것이 우리의 우선순위여야 합니다.

내 진심을 알려면 내게 물어봐야 한다

어느 거대한 신이 '진리'라는 파란 보석을 손에 들고 정령들과 이야기하고 있었습니다.

"흠, 사람들이 진리를 쉽게 찾지 못하도록 숨겨야 해. 혹시 좋은 수가 있는가?"

한 정령이 대답했습니다,

"가장 높은 산에 숨기는 건 어떨까요? 그곳에 올라가야 진리를 찾을 수 있게 말입니다."

다른 정령이 제시했습니다.

"아니면 가장 깊은 바닷속에 숨기는 겁니다. 진리를 찾기가 정말 어려울 것입니다."

거대한 신은 잠시 생각하더니 말했습니다.

"가장 높은 산과 가장 깊은 바다도 여전히 쉬워 보이는구나. 그래! 정말 찾기 어려운 곳을 생각해냈다. 이 보석을 사람의 내면에 넣는 것이 어떻겠는가."

사실 '외부의 영향대로 살지 말고 자기 자신을 알자'는 혁명적인 콘셉트가 아닙니다. 고대 철학자 소크라테스는 "반성하지 않는 삶은 살 가치가 없다"라고 했고, 아리스토텔레스는 "모든 지혜는 자기 자신을 아는 것으로부터 시작된다"라고 말했습니다. 나 자신을 모르면 진정으로 살 수 없고 또 나 자신을 모르기 때문에 내 현실과 타인도 이해하지 못합니다. 자기성찰로 자기 자신을 알면 알수록 내가 누구인지 명확해지고 내 인생을 창조하는 능력이 올라갑니다.

그런데 처음으로 자신을 알아가며 자아확장 기준을 만들려면 누구에게 물어봐야 할까요? 부모? 알렉스 코치? 교회 목사님? 스님? 신부님? 친구? 사주풀이 전문가? 고대 철학자? TV? 네이버 블로그? 검색 엔진에서 '나는 누구인가'를 한번 검색해보세요. 신기하게도 굉장히 다양한 내용이 나옵니다. 그럼 그게 진정한 '나'일까요?

허무주의가 팽배한 오늘날 수많은 종교, 철학, 자기계발서, 도그마가 인생목표나 윤리 혹은 삶의 의미에 관해 정답을 제시하며 우리를 설득하려 합니다. 하지만 진짜로 정답을 찾고 싶을 때 무엇보다 필요한 것은 **개인의 자아성찰**입니다. 왜냐하면 나 말고는 아무도 나에 관해 답을 낼 수 없기 때문입니다. 아주 간단합니다. 내 삶에 대한 깨달음을 얻으려면 내게 물어봐야 합니다. 답은 내 안에 있습니다. 다른 사람과 사회가 '이것이 맞는 답'이라며 무언가를 제시해도 진정한 답을 찾으려면 스스로 장기적이면서도 체계적으로 노력해야 합니다. 오로지 나만의 노력이 필요합니다.

자기관찰이란 무엇인가

많은 사람이 '그냥 나니까' 나를 안다고 생각합니다. 물론 나는 '나'인 것이 맞지만 제대로 직시하지 않으면 나에 관한 사실을 인지하지 못합니다. 내가 중요하게 생각하는 것은 무엇인지, 진정 어떤 삶을 살고 싶은지, 왜 이런 사람인지, 왜 이런 성격인지, 왜 지금 하는 이 일을 하고 있는지, 왜 변화가 찾아오지 않는지 이 모든 것을 알고 있나요? 앞 챕터에서 설명한 것처럼 '나'가 아니라 타인의 기준이 내 삶의 핵심이라면 자신 있게 '나를 안다'고 할 수 없습니다.

사명, 의미, 인생목표가 저절로 주어질 거라는 생각은 접어두는 것이 좋습니다. 물감 냄새를 맡자마자 그림이 소명임을 확신했다는 화가, 네 살 때 처음 피아노 앞에 앉자마자 사명을 받았다는 피아니스트처럼 때로 우리는 그런 낭만적인 이야기에 마음이 흔들립니다. 그들에겐 우연히 짜잔! 하고 사명이 주어졌습니다. 하지만 현실에서 그런 경우는 거의 없습니다.

진실로 인생을 어떻게 살아야 하는지 알고 싶다면 외부에서 어떤 방향을 잡아줄 거라 믿으며 기다리지 말고, 타인에게 의지하지도 말고, 그것을 직접 확인해서 정해야 합니다.

자기 자신을 더 잘 알고 싶으면 먼저 내면과 친해져야 합니다. 말도 안 되는 소리인 것 같지만 정말로 내 본성과 대화해야 합니다. 이것은 커피나 차를 마시면서 '나와의 데이트 시간'을 보내는 것과 똑같습니다. 장시간이든 단시간이든 친구와 대화하는 것처럼 나와 조용히 진정한 문답을 주고받아야 합니다. 그러면 내 표면적인 사회 이미지를 넘어 더 깊이 내 인생가치, 포부, 의미, 진심을 파낼 수 있습니다. 제가 이를 위해 가장 중요하게 사용하는 도구는 **관조** contemplation입니다. 관조는 현실, 자신, 삶을 있는 그대로 파악하기 위한 유일한 도구입니다. 이처럼 스스로를 관조하는 것을 자기성찰 introspection 혹은 **자기관찰**self-observation이라 부릅니다. 만약 관조나 자기관찰을 글로 한다면 저는 그것을 '**관찰일기**self-reflection journal **쓰기**'라고 부르겠습니다.

관조는 간단히 말해 **자기 자신에게 질문을 던지고 직관적 깨달음을 얻는 과정**입니다. 노트를 사용해도 좋고 사용하지 않아도 좋습니다. 비유하자면 이는 '두 번째 나'와 소통하는 것입니다. 내 이성이 질문을 던지면 직관력, 통찰력, 관찰력이 내 무의식과 진실을 훑어보고 적절한 답을 낼 겁니다. 내 의식이 질문을 던지고 깊은 고찰이 이뤄지면 내 무의식이 내가 전에 모르던 것을 보게 해줄 것입니다. 즉, 관조로 우리의 의식은 올라가고 그 전에 보이지 않던 진실이 보이기 시작합니다. 이것은 내게 질문하지 않으면 내가 답을 내지도 않는다는 상식적인 원리입니다.

우리는 무의식적 강박과 반사적 반응에 많이 지배를 받습니다. 이 경우 변하고 싶어도 도저히 변하지 못합니다. 그 이유는 자신과 마음에 관한 의식이 없기 때문입니다. 우리는 삶을 자아라는 '필터'로 거르며 살아갑니다. 그래서 내 자아가 어떻게 작용하는지, 어떤 강박 패턴 때문에 계속 실패하는지, 감정이 휘둘리는 원인이 무엇인지, 심지어 그 아래 숨어 있는 진정한 '나'는 무엇인지 모릅니다. 그 무지로 인해 삶이 자동화되면서 자연스럽게 다양한 고통이 따라옵니다. 내 내면을 의식하지 못하면, 즉 내 무지에서 깨어나지 않으면 감정, 강박, 타인의 기대, 반사적 행위, 불안과 실패 패턴이 내 삶을 영원히 지배할 것입니다.

여기서 벗어나려면 장기간 자기관찰을 하고 비효율적인 자동 패턴을 발견해 그것을 더 의식적인 가치관과 인생관으로 대체해야 합니다. 그런데 그 전에 나를 명확히 이해하고 인정해야 한다는 전제조건이 필요합니다. 나 자신을 이해하고 알면 감정대로 행동할 것인지, 아니면 의식적인 선택대로 행동할 것인지 결정할 자유가 생깁니다. 그러면 강력하고 정화된 자각으로 삶의 도전을 훨씬 효과적으로 마주할 수 있습니다.

나 자신을 명확히 알면 자아확장 기준을 만들기가 수월해집니다. 또한 타인의 기대에서 더욱 자유로워질 수 있습니다. 남의 의견에 휘둘리지 않고 주도적으로 자기만의 삶을 살려면 일단 (좋든 나쁘든) 자신에 관해 많은 것을 알아야 합니다. 자기관찰의 깊이는 끝이 없지만 처음에는 내가 중요하게 생각하는 것, 원하는 것, 잘하는 것, 싫어하는 것, 두려워하는 것 그리고 나에 관한 전체적인 사실을 탐색하는 것부터 시작하면 됩니다.

준비2.
자기관찰

"이성과 지성으로 올바른 질문을 하지 않는 한, 삶과 현실에 관한 궁극적인 답을 포착하기 어려울 것이다."

베르나르도 카스트럽 Bernardo Kastrup, 《More than Allegory》

다시 한 번 상기해봅시다. 자기관찰은 나 자신에 관해 깨달음과 통찰력을 얻기 위한 과정입니다. 억지로 답을 내는 것이 아니라 이제까지 모르던 또 인지하지 못하던 진실을 알아내는 것입니다.

주도적인 인생에 꼭 필요한 첫 단계는 관조와 관찰일기 쓰기입니다. 이 챕터에서는 제 개인적인 체험·코칭·워크숍 경험을 모두 담아 자기관찰을 하는 방법, 지켜야 하는 원칙, 조심해야 할 걸림돌과 함정 그리고 여러 가지 팁을 구체적으로 설명하겠습니다.

관찰일기 쓰는 법

누구나 자기 인생을 많이 생각합니다. 그렇지만 많은 사람이 운전을 하면서, 지하철이나 버스 안에서, 카페에서, 몇 분 정도의 멍 때림으로 이 실존적인 사색을 마무리합니다. 과연 그것으로 충분할까요? 물론 출퇴근길에서도 자기 본성을 찾는 일은 가능하겠지만 이것이 깊은 깨달음을 줄 확률은 낮습니다. 피터 랄스턴이 자주 사용하는 말이 있습니다.

"버스를 타려면 버스정류장에서 기다리는 게 좋다."

우연히 다른 곳에서 버스를 잡을 수도 있으나 버스정류장에서 잡을 확률이 훨씬 높습니다. 마찬가지로 자기 자신과 관련해 깨달음을 얻기 위해서는 따로 관조 시간을 정해놓고 관찰하는 것이 훨씬 효과적입니다.

점차 익숙해지면 나중에는 즉흥적인 관조로도 언제든 통찰력을 얻을 수 있지만 처음 시도할 때는 쓰는 형태, 즉 관찰일기 쓰기가 더 쉽고 강력하므로 관조와 자기관찰 과정을 관찰일기 형태로 설명하겠습니다.

제가 추천하는 자기관찰은 매일 시간을 30~60분 따로 정해놓고 펜과 노트를 사용해 자기 자신과 대화하는 시간을 보내는 것입니다.

회사 일을 하고, 시험공부를 하고, 아이들 교육에 열정을 쏟고, 건강을 위해 헬스를 하고, 수많은 약속을 다 지키면서 우리는 정작 스스로에게 의식성장을 위한 시간은 얼마나 할애하고 있을까요? 일상을 유지하다 보면 이런 시간이 얼핏 아깝고 부담스럽게 느껴질 수도 있습니다. 그렇지만 이러한 시간을 활용해 자기인식을 늘리고 자

아확장 기준을 잘 세우면 하루하루를 보다 효율적이고 스트레스 없이 보낼 수 있습니다. 무딘 톱으로 나무를 하듯 하루의 모든 의무를 거칠고 벅차게 해낼 수도 있지만, 반대로 매일 30분을 투자함으로써 내 삶의 이해도를 늘려 칼같이 날카로운 의식으로 삶의 모든 도전을 마주할 수도 있습니다.

바쁜 일상이지만 관조를 위해 잠깐이라도 한 걸음 물러서는 것이 좋습니다. 우선 아늑하고 안전한 환경을 만들 것을 추천합니다. 자꾸 반복해서 익숙해지면 복잡한 환경에서도 할 수 있겠지만 일단 시작 단계에서는 바쁜 환경, 휴대전화 울림, TV 소리, 다른 사람과의 소통에서 잠시 벗어나보세요.

많은 사람이 제게 물어봅니다. "시간은 아침이 좋을까요, 아니면 저녁이 좋을까요?" 여기에 정답은 없습니다. 다만 최대한 맑은 정신으로 차분하고 고요한 상태에서 쓰는 것이 좋습니다. 만약 아침에 머리가 가장 맑으면 그때 쓰고, 잠자기 전의 고요한 고독 속에서 가장 집중이 잘되면 그때 쓰면 됩니다. 원한다면 촛불을 켜거나 좋아하는 차 혹은 따뜻한 음료를 준비해 아늑하게 나와의 데이트 시간을 준비하는 것도 좋습니다.

"혹시 컴퓨터로 써도 괜찮을까요?"라는 질문도 자주 받습니다. 여기에도 정답은 없습니다. 여러분이 가장 편하게 쓸 수 있는 수단을 사용하세요. 컴퓨터로 동기화되는 에버노트, 원노트 같은 앱도 좋고 펜으로 직접 노트에 적어도 괜찮습니다. 저는 개인적으로 아날로그 느낌을 좋아해 고급 가죽 표지 노트에 만년필로 씁니다. 이동 중이면 깨달음을 적기 위해 원노트를 사용합니다. 여러 가지 방법을 활용해보고 어떤 식으로 쓸지 각자 선택하면 됩니다.

명확한 질문

관찰일기는 떠오르는 잡념을 그대로 쓰는 것이 아닙니다. 많은 초보자가 '그냥 나에 관해 쓰면 된다'고 생각해 관찰일기의 목적을 오해합니다. 관찰일기는 일반적인 일기diary와는 다릅니다. 일기는 하루의 경험과 느낀 점을 기록하는 것이고 관찰일기는 명확한 주제에 맞춰 내면을 탐구하는 것입니다.

따라서 그냥 쓰는 것이 아니라 특정 질문 하나를 구체적으로 관조해 답을 냅니다. 즉, 자기관찰을 할 때는 **명확한 질문**이 있어야 합니다. 다시 말해 무엇에 관해 깨달음을 얻으려고 하는지 알아야 합니다. 질문은 관조의 '주제'입니다. 자기관찰을 하는 동안 그 주제에서 벗어나지 않아야 합니다. 예를 들어 '내 인생에서 가장 중요한 것은 무엇인가'라는 질문을 관찰한다면 '인생에서 가장 중요한 것'이라는 주제를 벗어나면 안 되겠지요.

그러나 가끔은 더 깊은 관조를 위해 주제에서 이탈할 수도 있습니다. 가령 가치관을 주제로 쓸 때는 보통 엄마와의 관계, 학창 시절 이야기, 회사에서 겪은 일 등이 하나씩 나옵니다. 그럴 때는 무조건 쓰세요! 그렇지만 한 차례 내면의 깊은 밑바닥까지 들어갔다면 다시 질문으로 돌아와야 합니다. 미로에 들어가는 상황을 상상해보세요. 그리스 신화의 아리아드네처럼 빨간 실을 손에 쥐고 무의식이라는 미로에 들어가는 겁니다. 내면을 성찰할 때는 표면적으로 보이는 것보다 더 깊은 무의식의 미로로 들어가야 합니다. 그러다 어느 순간 막다른 골목에 들어서기도 합니다. 그러면 빨간 실을 되짚어 원점으로 돌아온 다음 다시 다른 길로 들어서면 됩니다. 즉, 막다른 골목에 갇혀 있다면 다시 주제로 돌아와 다른 깨달음의 길도 허용하세요. 집중력을 잃지 않는 비결은 늘 질문으로 되돌아오는 데 있습니다.

대답은 다양하고 길게 도출하십시오. 그래야 많은 깨달음을 얻습니다. 이를테면 '가장 두려운 것은 무엇인가'라는 질문에 한 단어로 답을 적을 수도 있지만 10쪽 가득 쓸 수도 있습니다. 자기관찰에는 **'깨달음은 많으면 많을수록, 깊으면 깊을수록 좋다'**라는 룰이 있습니다. 그래서 한 번 할 때마다 3쪽 이상 쓰는 것은 그리 어려운 일이 아닙니다. 적절하고 진심 어린 답이 나올 때까지 계속 자유롭게 쓰세요. 하루 안에 적절한 답이 나오지 않으면 그다음 날 혹은 그다음 주에 쓰면 됩니다. 질문의 깊이에 따라 오래 걸릴 수도 있습니다.

처음에는 내 상황에 딱 맞는 질문, 즉 '주제'를 찾는 것이 쉽지 않습니다. 코치의 역할은 클라이언트가 자기 자신을 발견하도록 올바른 질문을 던지는 것입니다. 이 책에서 저는 여러분의 코치로서 각 챕터의 끝부분마다 질문을 던지겠습니다. 질문을 마주하면 앉아서 직접 자신을 관찰할 것을 강력하게 제안합니다. 장기적으로는 여러분이 스스로 질문을 만드는 기술을 배우면 좋습니다. 이 책의 질문대로 관찰하면서 자신에게 어떤 질문을 던질지 조금씩 생각해보세요. 지금 이 순간 내가 아직 나에 관해 모르는 부분은 뭘까? 어떤 질문을 던져야 내 인생을 향상시킬 깨달음을 얻을까? 내 내면 패턴을 이해하려면 어떤 질문을 해야 할까? 항상 도움을 주는 질문은 바로 '지금 내가 놓치고 있는 것은 무엇일까'입니다. 이렇게 질문을 고민하다 보면 스스로를 코칭하는 능력이 향상됩니다. 연습과 경험으로 여러분도 질문의 마스터가 될 수 있습니다.

관찰일기 예시

질문 "내 인생에서 가장 의미 있는 것은 무엇인가?"

작성 부분

오늘 민아와 같이 에버랜드에 가서 많은 놀이기구도 타고 완전 재미있게 놀았어. 아쉽게도 돌아오는 길에 민아가 츄러스를 먹다가 내 바지에 초콜릿을 흘렸어. 그런데 나한테 사과도 안 하는 거야. 어이없어. 아직도 화가 나.

알렉스의 코칭

✖ 이런 글쓰기는 '땡'입니다. 주제와 관련해 깨달음이 없습니다. 그저 일기에 불과합니다.

작성 부분

나는 어릴 때부터 항상 뭔가 남들보다 더 용감하고 더 많은 것을 발견하고 싶었어. 몸을 쓰는 재미가 넘쳤던 것 같아. 지금도 늘 새로운 운동을 시도해보고 도전하는 것을 좋아해. 그 이유가 뭘까? 경쟁이 좋아? 도전이 좋아? 운동이 좋아? 흠, 생각해보니 난 승부욕이 엄청 뛰어나지는 않아. 이기든 지든 그건 중요하지 않아. 근데… 흠, 운동할 때 내 몸을 단련하고 새로 도전하는 게 재미있어. '이거 가능할까? 한번 해보자!' 이런 태도로 많은 활동을 시작해. 약간 재미도 있고. 새로움을 발견하고 싶은 호기심? 도전의식? 재미? 새로움? 이런 게 느껴져. 하지만 생각해보니 신체적인 것만 그래. 이론적인 것에는 별다른 호기심이 없어. 공부에 보이는 열정은 아직도 없어. 공부는 약간 부담을 줄 뿐 오히려 삶을 충만하게 살 수 없는 방식인 것 같아. 적어도 나한테는 그래. 여기서 엄마랑 의견이 많이 달라. 엄마는 공부만 잘하면 원하는 삶을 살 수 있다고 생각하지만, 내 입장에서는 아무리 공부를 많이 해도 지식바보가 돼서 인생의 길이 막히는 느낌이야. 휴, 오히려 내 고정관념이 아닐까? 고쳐야 하지 않을까?

아무튼 주제로 돌아오면 운동을 하면서 새로움을 경험하는 즐거움이 내 원동력인 것 같아. 이론적인 것은 경험이 아냐. 그러니까, 딱 이거야! 나한테는 실제적이고 직접적인 경험이 중요해.

또…

알렉스의 코칭

- 잠깐 주제에서 벗어나도 다시 돌아와 주제를 명확히 관조합니다. 만약 나중에 멈춘 부분에서 계속 관조하려면 별도로 관조 주제를 정해 '공부란 무엇인가', '공부에 관해 어떤 고정관념을 가지고 있는가', '공부하지 않음으로써 얻고자 하는 것은 무엇인가' 등의 질문을 던져 또 관조하면 됩니다.

직관을 따르라!

처음 시작하는 사람들이 저지르기 쉬운 실수는 가설을 세워 그것의 맞고 틀림을 입증하기 위해 관찰일기를 쓰는 것입니다. 예를 들어 '내가 인생에서 중요하게 생각하는 것은 무엇인가'라는 질문에 "나는 돈을 중요하게 생각하지 않을까? 맞아! 돈이 없으면 힘들어. 아, 돈이 내 인생가치구나" 같이 편향적으로 자기관찰을 하지 마세요. 답을 이미 안다고 생각하면서 관찰을 도대체 왜 할까요? 이런 식으로는 새로운 깨달음이 생기지 않습니다. 저는 많은 클라이언트가 관조로 자신이 믿는 세계관, 신념, 관념을 오히려 강화하는 사례를 수없이 봤습니다. 이 경우 자신에게 호기심을 보이는 질문을 하는 게 아니라 이미 알고 있는 사회적 이상과 가면을 증명하기 위해 일기를 씁니다. 그 결과 허영심이 더 고정되고 새로운 것을 발견하지 못합니다. 관찰일기는 기존 관념을 정당화하려고 쓰는 게 아닙니다. **진실을 직시하여 새로운 깨달음을 얻기 위해** 쓰는 것입니다. 내면 깊은 곳에 있는 진실과 진심을 하나하나 밝히기 위한 과정입니다.

내면을 성찰하는 좋은 비결은 자신을 논리적으로 비판하거나 해체하지 않고 무의식의 깨달음을 직관적으로 허용하는 데 있습니다. 우리 삶에는 이성보다 훨씬 강하고 다이내믹한 원리와 법칙, 원동력이 작용하고 있습니다. 가장 효과적인 자기관찰은 질문을 지성적으로intellectually 던지고 아무 집착 없이 그저 기다리는 것입니다. 억지 논리와 이성을 사용해 고상한 깨달음을 강요할 수 없습니다. 많은 사람이 관조를 처음 시작할 때 무조건 '어떤 답을 내야 한다'고 생각합니다. 실은 생각해서 어떤 '답'을 내는 게 아니고 그 전에 보이지 않던 **진실을 그냥 '보는' 것**뿐입니다. 이성적으로 억지로 도출한 결론은 무의미합니다. 진실은 이미 진실입니다. 우리는 그것을 밝혀낼 뿐입니다. 열린 마음으로 떠오르는 대로 통찰을 적어보세요.

부처, 아인슈타인, 레오나르도 다빈치는 논리와 이성으로 커다란 깨달음을 얻은 것이 아닙니다. 가장 획기적인 아이디어는 진정성과 직관력, 통찰력으로 나타납니다. 베르나르도 카스트럽의 명언처럼 이성과 지성이 올바른 질문을 준비해야 하며, 답이 나올지 나오지 않을지는 마음이 통제할 수 없는 문제입니다.

깨달음은 직관적으로 나타나기 때문에 아예 기대조차 하지 않던 순간 가장 강력한 깨달음이 찾아올지도 모릅니다. 질문을 적는 순간 바로 올 수도 있고 정기적인 관찰 시간에 올 수도 있습니다. 아니면 설거지를 하다가, 꿈을 꾸다가, 샤워를 하다가, 운전을 하다가, 친구와 대화하다가 찾아올 수도 있습니다.

다른 일을 하다가 갑자기 "유레카!" 하고 깨달음이 올 수도 있으니 순간적인 그 깨달음을 바로 적도록 노트나 기기를 늘 가지고 다니는 것을 추천합니다. 관찰 주제의 답이 언제 찾아올지 모르므로 노트 없이 외출하지 마세요. 바로 적지 않으면 잊기 때문입니다.

"잠시만요. 아까 버스는 버스정류장에서 기다리라고 했는데 갑자기 어디에서나 깨달음이 올 수 있다고요?"

네, 깨달음은 어디에서나 올 수 있습니다. 그러나 하루에 30분씩 앉아 깊이 몰입해서 관조해야 무의식을 뒤지는 과정이 더욱 효과적으로 활성화됩니다. 그 30분 이후에는 무의식이 알아서 하루 종일 가동될 것입니다. 결국 '즉흥적인' 깨달음을 얻으려면 정해진 관조 시간이라는 전제조건을 충족해야 합니다.

인내하면서 답 기다리기

질문이 어려우면 어려울수록 답이 보이는 데까지 시간이 걸립니다. 쉽게 보이지 않는 것이 정상입니다. 저 역시 진실이 명확히 보일 때까지 한 가지 질문을 몇 주, 심지어 몇 개월간 관조한 적이 있습니다. 무의식 세상은 넓고도 깊어 고요히 머물기만 할 때가 많을 거예요. 그야말로 멍 때리고 있는 시간이 많을 겁니다. 그래도 포기하지 마세요. 진실이 나올 확률을 높이는 가장 중요한 비결은 바로 '인내'입니다. 우리가 찾는 답은 평생 억눌러둔 내면 깊은 곳에 숨겨져 있기 때문에 답을 내는 데는 무의식이 제대로 작용할 시간이 필요합니다. 5분 시도하고 포기하면 '검색 프로세스'가 취소됩니다. 효과적인 자기관찰을 위해 짧게 '주제'를 관조하는 것이 아니라 하루 종일 내 관찰 질문을 '지니고' 돌아다니는 것이 좋습니다.

꿀팁을 하나 알려드릴게요. 잠자기 전 질문을 노트에 적으면 큰 도움이 됩니다. 질문을 적고 그대로 눕습니다. 그러면 밤새 꿈에서 무의식이 계속 작동합니다. 아침에 일어날 때면 답이 준비되어 있을지도 모릅니다. 그렇지 않을 경우 아침에 질문을 한 번 더 보고 하루를 시작합니다. 낮에도 내면이 답할 준비를 하도록 말이죠. 갑자기 느낌이나 통찰이 오면 바로 앉아서 답을 적습니다.

초보자는 질문을 받으면 10초 생각하고 즉시 3분 만에 두세 개 문장을 적습니다. 아쉽게도 머리를 뒤적여 표면적으로 낸 결론은 자기기만에 가까울 때가 더 많습니다. 자기관찰은 경주가 아니므로 절대 조급해할 필요가 없습니다. 관조의 목적은 억지스러운 답이 아니라 진정한 깨달음에 있습니다. 그날 깨달음이 없으면 없는 거죠. 문제해결을 하듯 빨리 자기 본성을 발견하고 싶겠지만 바로 그 조바심이 우리의 가장 큰 걸림돌입니다.

소개팅을 한다고 상상해보세요. 소개받은 사람과 30분씩 세 번 만났다면 그 사람을 얼마나 알 수 있을까요? 당연히 아무것도 모릅니다! 이걸 온전한 연애라고 할 수 있을까요? 사람들은 자기 자신을 잘 안다고 생각하지만 전혀 그렇지 않습니다. 소개팅에서 만난 사람과 친밀한 사랑의 관계로 발전하기까지 몇 년이 걸리듯 나 자신을 아는 데도 몇 년이 걸립니다. 진정한 삶을 사는 것은 평생 과정입니다.

지난 20년, 30년, 40년 동안 남의 기대에 부응하고자 나 자신을 뒤로하고 가면을 쓰고 살아왔는데 이제 처음 나를 마주하려니 쑥스러울 수도 있습니다. 이 처음의 서먹함을 조금만 견디면 여러분은 자신의 가장 친한 친구가 될 겁니다. 꾸준히 더 깊이 파고들면 깨달음이 나오지 않을 리 없습니다.

사람마다 다르겠지만 제가 코칭과 워크숍에서 경험한 바로는 어느 정도 자기 확신이 생기는 데 2~3개월의 시간이 걸립니다. 또 당당하게 행동으로 옮겨 결과를 얻으려면 6~9개월 동안 지속적으로 자기관찰을 해야 합니다. 처음에는 무리한 투자라고 생각할지도 모르지만 그만큼 큰 보상으로 돌아옵니다. 결국 자기관찰은 단지 '방법'이 아니라 새로운 라이프스타일이 되어야 합니다. 그야말로 **관조적인 삶**contemplative life이죠. 그렇다고 일상에서 멀어지는 것은 아닙니다. 오히려 자기관찰 덕분에 일상에 더 깊이 들어가 당당하게 효과적으로 생활할 수 있습니다.

1년간 꾸준히 관조하려면 당연히 장기적인 헌신이 필요합니다. 복근 운동을 시작한 지 3일 만에 헬스장 트레이너에게 왜 복근이 생기지 않느냐고 따지지 않는 것처럼 관찰일기를 3일 쓰고 왜 인생의 깨달음이 찾아오지 않느냐고 자신에게 반문하는 것은 의미가 없습니다.

인내하세요. 처음에는 많이 힘들겠지만 자기관찰 기술이 손에 익으면 하루 중 가장 기다려지는 시간이 될지도 몰라요. 표면적인 생각보다 관조의 힘이 훨씬 더 강합니다. 어쩌면 드넓은 바다 같은 내면세계에 깊이 빠져 자기 존재까지 탐색할지도 모릅니다. 관조의 기술을 제대로 익힌 사람은 그것을 절대 후회하지 않습니다. 얼마나 많은 내면의 보석이 여러분을 기다리고 있을지 상상조차 하지 못할 것입니다.

저는 이 프로세스를 오랫동안 해왔습니다. 그동안 배운 것은 '자기 스스로를 확신하는 것보다 더 큰 보람은 없다'는 사실입니다. 그런 사람은 강력한 태풍에도 쓰러지지 않는 나무와 같으니까요. 인생에서 성공, 돈, 쾌락, 놀이, 타인의 인정도 큰 기쁨이지만 이런 것은 자신의 정직한 내면과 줏대를 얻는 자유를 능가할 수 없습니다. 여러분에게 필요한 것은 오직 인내와 진정성 그리고 그것을 실천하기 위한 용기입니다.

진정성

우리의 노력에 필요한 '진정성'은 이미 언급했지만 이것은 자기관찰에서도 필수적인 원칙입니다. 정말 많은 사람이 자신이 느끼는 그대로 적지 않습니다. 워크숍을 할 때 저는 다음과 같은 피드백을 많이 받습니다.

'이런 것은 좋아해야 할 것 같아서 적었습니다.' 또는 '이런 목적은 너무 비현실적인 것 같아서 적지 않았습니다.'

좋아해야 할 것 같아서? 누구 기준대로? 관찰일기는 엄마, 아빠, 상사, 사회의 기대에 따라 쓰는 것이 아닙니다. 예를 들면 많은 사람이 '효도'라는 가치는 꼭 있어야 한다고 생각합니다. '효도를 중요하게 여기지 않으면 나는 비윤리적이고 나쁜 사람이 되는 게 아닐까' 하는 불안으로 효자, 효녀의 가면을 써서 관찰일기에서도 '올바른 아들, 딸'이 되려고 합니다. 아니면 '지식과 성공을 중요하게 여기지 않으면 인생에서 실패하지 않을까' 하는 불안이나 '지식과 성공을 가치로 세워놓으면 안전하다' 같은 생각처럼 머리로 만든 가치를 내세웁니다. 이런 식으로는 아무것도 깨닫지 못합니다. 이것은 그저 자기 불안을 정당화하는 것뿐입니다. 사회적으로 착하고 좋은 사람으로 보이고 싶은 건 알겠지만 그것은 진짜 본인이 아닙니다. 또 진심 어린 가치관이 아니면 내적 갈등이 생깁니다. 계속 가면을 쓰고 거짓말을 할 거라면 자기관찰을 할 필요가 있을까요? 그건 자기기만이라 통합성이 깨집니다. 그렇다고 효도, 가족, 돈, 인정, 안정, 성공, 행복 같은 가치를 무시하라는 말은 아닙니다. 단지 그 우선순위를 진정성 있게 고려해보라는 얘기입니다.

세상에는 가능한 것도, 불가능한 것도 없습니다. 내면에서 여러 가지 커다란 목적과 포부가 떠오르면 그럴 만한 이유가 있을 것입니다. 일단 그대로 적으세요. 하늘을 나는 자동차를 발명하고 싶으면 그걸 적고, 화성에서 살고 싶으면 그것도 적고, 미국에서 철학 교수를 하고 싶으면 그것도 적습니다. 자신의 직관을 절대 제한하지 마세요. 구체적인 전략은 언제나 나중에 현실에 맞게 조정하면 됩니다. 그렇다고 내면의 가치와 포부가 엄청 위대하고 거대할 필요도 없습니다. 작은 집에서 소박하게 행복한 가정을 이루고 싶다는 것이 떠오르면 그걸 적으세요. 작든 크든 제한이 없습니다. 단지 진실이면 됩니다. 순수한 진정성을 바탕으로 떠오르는 대로 적으세요.

그런데 놀랍게도 이런 걱정을 하는 사람도 있습니다.

"쓸데없는 걱정인 건 알겠는데 누가 내 관찰일기를 읽을까 봐 솔직하게 쓰기가 두려워."

이건 평생 억압받으며 살아온 탓에 혼자 있을 때조차 타인의 기대가 내 인생을 다스리는 경우입니다. 다른 누군가가 아니라 내가 나 자신의 가장 큰 심판관입니다. 이럴 때는 천천히 시작하세요. 아무도 여러분의 관찰일기를 몰래 보지 않으리라는 걸 자신에게 늘 상기시키세요. 그렇게 안전을 느끼면서 더욱 진정성 있는 답을 적으세요. 만약 여전히 불안하다면 관찰일기를 쓰고 불태워버리는 방법도 있습니다.

진정성의 기본 원칙을 잊지 맙시다. 진짜로 떠오르는 것을 적으세요. '이런 것이 좋겠다'는 강박을 버리세요. 어디까지나 '자기'관찰이지 사회적 통념 관찰이나 타인의 기대 관찰이 아닙니다.

밑줄을 그어라

우리는 재미로 글을 쓰는 게 아닙니다. 여기에는 확고한 목적이 있습니다. 변화를 위한 통찰과 깨달음을 얻고자 글을 쓰는 것이므로 그 깨달음을 기록하는 것은 무엇보다 중요합니다.

사람들은 가끔 제게 묻습니다.

"쓴 글을 다시 읽어야 하나요?"

안 읽어도 됩니다. 그러나 **중요한 깨달음은 마지막에 요약하거나 형광펜 등으로 밑줄을 긋는 것이 좋습니다.** 이렇게 해두면 나중에 글을 찾을 때 밑줄만 편하게 훑어볼 수 있습니다. 글로 써놓고 그냥 넘겨버릴 위험이 있으므로 중요한 식견은 꼭 표시하세요.

관찰일기 예시

질문 "불안이 이토록 강하게 올라오는 원인은 무엇인가?"

작성 부분

오늘은 드디어 새로운 관찰 세션을 시작하는 날이다. 불편하겠지만 한번 해보자! 곧 다시 강의를 하러 가야 하는데 좀 두렵다. 강의 내용을 잘 아는데도 발표하는 게 점점 더 불편해진다. 왜 그럴까? 사람들이 나를 보며 어떤 생각을 하는지 점차 겁이 난다. 그들의 판단에 적나라하게 노출되다 보니 내 당당한 이미지가 유지되지 않을까 봐. 흠, 나는 항상 사람들을 도와줘야 한다는, 늘 가치를 제공해야 한다는 압박을 받는 것 같다. 나는 내 강의가 사람들에게 많은 도움을 줘야 한다고 생각한다. 만약 도움을 주지 못하면 나 자신을 용납하기 힘들고 나 자신에게 실망스럽다. 왜 그럴까? 내가 사람들에게 도움을 주지 못하면 오히려 내가 그들에게 부담을 주고 말 거라는 생각이 든다. 내가 쓸모없는 인간처럼 여겨지고 무가치한 존재처럼 느껴진다.

맞다. 난 어릴 때부터 늘 무가치할까 봐 두려웠다. 강박적으로 가치를 만들어내려 애썼고 그 쳇바퀴를 지난 20년 동안 돌리며 뛰어왔지! 이제 객관적으로 생각해보니 나는 사람들에게 부담스러운 존재도 아니고, 누군가를 구원하는 구원자도 아니다. 솔직히 말해 난 누군가에게 부담을 준 적이 없다. 사람들은 늘 내게 만족하는 편이었다. 만약 내가 사람들을 만족시키기 위해 거짓말을 했다면 그건 정말 문제다! 그렇지만 난 늘 내 강의를 듣는 사람들에게 내가 아는 것을 진심으로 전하고 있으니 가치가 없을 리 없다. 어쩌면 내 불안 패턴 때문에 이렇게 열심히 하는 건지도 모른다. 사람들에게 절대로 부담을 주고 싶지 않아 평생 남보다 2배, 3배로 열심히 해왔다. 나는 그저 내 일을 할 뿐이다. 진실은 그냥 사람들에게 그 내용을 전달하기만 하면 된다는 거다. 나한테는 그게 제일 중요하다! 가치 있어 보일지 아닐지는 그 목적과 무관하다.

그래서…

두려워하지 마라!

관조는 단순하지만 결코 쉽지 않습니다. 제가 워크숍을 진행할 때 참가자들은 처음에 관찰일기 쓰는 것을 많이 힘들어합니다. 내 숨겨진 가치와 잠재력과 고결함뿐 아니라 두려움, 결점, 직면하기 싫은 점, 후회, 트라우마도 마주하게 되기 때문입니다. 우리는 좋은 것만

나오는 게 아니라 내면의 모든 것이 나올 수 있다는 점에 대비해야 합니다. 어부의 그물로 새우만 잡을 수는 없습니다. 바닷속의 비닐봉지, 콜라병, 해초까지 다 그물에 걸립니다.

최근 저는 다음 질문을 받았습니다.

"질문에 답했을 때 그 대답을 '좋다 혹은 나쁘다'라고 판단해야 하나요?"

그동안 저는 사람들의 다양한 관찰일기를 읽으면서 한 가지 사실을 발견했습니다. 그것은 많은 사람이 관찰일기가 아닌 '자책일기'를 쓴다는 점입니다. 운 좋게 관찰일기로 깨달은 것이 있으면 그 깨달음을 객관적으로 바라보기보다 자기 자신과 연관 지어 "난 아직도 이렇게 부족한데…"라며 스스로를 비판하는 방식으로 생각을 이끌어갑니다.

정말 조심해야 합니다. 관찰일기로 자신의 진실을 파악할 때 나타나는 평가, 자책, 강박, 좋다 혹은 나쁘다는 판단, 호불호 등의 반응은 진정한 깨달음과 별개입니다. 밝혀진 진실이 마음에 들든 들지 않든 일단 받아들여야 합니다. 만약 자신이 너무 비효율적으로 살고 있음을 깨달았다면 이를 기회 삼아 바꾸면 됩니다. 그것을 인지하고 인정해야 변화가 찾아옵니다. 그런 자신을 탓하고 부정하고 싸우기 위해 관찰일기를 쓰는 것이 아닙니다.

제가 작성한 앞의 관찰일기처럼 저는 불안의 원인을 들여다보며 좋지 않은 제 고정관념을 발견했습니다. 그런데 관찰일기를 쓰는 내내 저는 스스로에게 저항하지 않습니다. 그것이 현재의 제가 믿는 제 자신이므로 (일단) 객관적으로 받아들일 수밖에 없습니다(극복 방법은 'Part4 장애물 극복 단계'에서 안내합니다).

자신에 관한 모든 걸 들춰내는 것이 결코 나쁜 건 아닙니다. 자신의 취약점도 알아야 그것을 제대로 받아들이거나 넘기는 게 가능하고, 이를 더 강한 인간으로 거듭나는 커다란 기회로 활용할 수 있습니다. 물론 처음엔 충격을 받고 압도당한 듯한 느낌이 들 수도 있습니다. 조지프 캠벨은 《천의 얼굴을 가진 영웅》에서 이 사실을 비유적으로 멋지게 설명했습니다.

"추악한 것이 기다리고 있다고 생각하던 곳에서 우리는 신을 발견할 것이고, 남을 죽일 수 있다고 생각하던 곳에서 우리는 우리 자신을 죽일 것이며, 밖으로 나간다고 생각하던 곳에서 우리는 우리 존재의 중심으로 들어갈 것이고, 외로울 거라고 생각하던 곳에서 우리는 세계와 함께하게 될 것이다."

세계와 함께하고 싶으면 우선 자기 자신과 함께할 줄 알아야 합니다. 그러니 두려워 말고 자기 자신의 진실과 마주해 내면의 보석을 보려고 하세요. 수많은 내적 장애물을 사랑하는 걸 제가 도와드리겠습니다.

자기 관찰 질문

1 자기 자신에게 어떤 질문을 하면 삶의 질이 확 올라갈까?

2 자기 자신에 관해 알고 싶은 것은 무엇인가?(답을 밖에서 찾지 말고 자기 자신에게 질문하세요)

3 자기 자아의 어떤 부분을 명확히 하고 싶은가?

준비3.
직관

"유일하게 진짜로 가치 있는 것은 직관력이다."

"우리는 자신이 보고 싶은 대로 보는 것이 아니라 있는 그대로의 진실을 찾아가야 한다."

"나는 자연의 기본 원리를 발견할 때 논리적인 방법을 사용하지 않는다. 오직 직관으로만 발견한다. 직관은 사물의 외관 뒤에 숨은 규칙을 느끼도록 도와준다."

"오늘날 세상에 존재하는 문제는 그것을 만들어낸 수준의 사고로는 해결할 수 없다."

알베르트 아인슈타인

앞에서 직관의 중요성을 설명했지만 워낙 중요한 요소라 따로 더 소개하려 합니다.

제 인생을 돌아보면 셀 수 없을 정도로 감사한 일이 많습니다. 그 중 하나는 제가 인생의 모든 중요한 결정을 늘 직관으로 내렸다는 점입니다. 사람들은 종종 제게 묻습니다.

"왜 굳이 한국에 와서 의식성장 강화를 하고 있나요?"

이 질문 뒤에는 어느 정도 가정이 깔려 있습니다. 제가 타산적으로 다양한 고민을 거쳐 매우 신중하게 한국에 왔을 거라고 말입니다. 미안하지만 사실은 전혀 그렇지 않습니다. 저는 열일곱 살 때 우연히 아리랑TV를 발견했고 거기서 시트콤 〈뉴 논스톱〉을 봤습니다. 한국 시트콤을 보면서 한국이 몹시 궁금해진 저는 고등학교를 졸업하고 독일 군대에 입대하기 전 순수한 호기심으로 한국에 와서 5개월간 어학연수를 했습니다. 그 짧은 기간 동안 한국 문화와 한국인에게 깊은 정이 생겨 독일로 돌아간 뒤 대학에서 한국학을 복수전공했습니다. 이후 다시 한국으로 돌아와 한국 기업에서 일하고, 한국에서 가정을 꾸리고, 워낙 좋아하는 자기계발로 창업도 하고, 자기계발에서 의식성장으로 넘어온 것입니다. 그야말로 제 삶은 직관적으로 저절로 펼쳐졌습니다. 말 그대로 제가 제 자신을 자연스러운 흐름에 내던진 겁니다. 그 흐름을 신뢰하고 확신하며 여기까지 왔습니다. 그 과정에서 제가 알아차린 것이 하나 있습니다. 바로 삶을 직관적으로 살수록 삶이 단순해지고 부드러워진다는 사실입니다.

의사결정을 앞두고 고민하는 많은 문의 메일과 질문 속에는 늘 같은 패턴이 존재합니다.

"코치님, 저 고민하고 또 고민해봐도 왠지 확신이 서지 않아요. 무얼 해야 할지 모르겠어요."

분석적 지능, 논리, 이성, 이론, 물질주의, 실용주의를 강조하는 사회에서 '제6감'은 그리 인정받지 못하고 있습니다. 심지어 직관을 신비주의 이미지로 받아들이기도 합니다.

사실 직관은 가장 현실적이고 그 나름대로 계발하기 쉬운 능력입니다. 문제는 직관은 굉장히 단순하지만 이론을 초월하는 '센스

sense'라서 이론으로 설명하기가 어렵다는 점입니다. 이것은 머리로 이해하는 게 아니라 직접 경험해야 하는 현상입니다. 그렇지만 여러분의 직관을 위해 그동안 제가 관조한 직관의 실체를 명확히 설명하겠습니다.

직관이란 무엇인가

먼저 사전의 정의로부터 시작합시다.

> 직관: 直 – 곧을 직, 觀 – 볼 관.
>
> 1. 감관의 작용으로 직접 외계의 사물에 관한 구체적인 지식을 얻음.
> 2. 감각, 경험, 연상, 판단, 추리 따위의 사유 작용을 거치지 아니하고 대상을 직접적으로 파악하는 작용.

우리는 세상을 있는 그대로 보는 것이 아니라 늘 상대적으로 인지합니다. 즉, 모든 것을 상대적(나와의 관계 안에서)·주관적(주체자 입장에서)으로 바라봅니다. 우리는 객관적 '현실'에서 산다고 생각하지만 실은 생각과 감정으로 지어진 세상에서 돌고 있습니다.

사전의 정의에서 볼 수 있듯 직관은 다른 말로 '직접 본다'는 의미입니다. 머리, 이성, 추리, 논리로 해부하고 생각하는 지식을 훑어보는 것이 아닙니다. 또는 주관적인 경험, 판단, 해석, 평가, 반응, 두려움, 걱정, 생각, 감각, 감정, 연상, 의미부여, 문화적 프로그래밍, 의견, 신념, 관념, 개념, 가정, 고민도 아닙니다. 직관은 주관적인 생각과 감정의 세상에서 벗어난 정신적 능력 이외의 지성intelligence으로 사물과 사람, 세계, 현상, 상황을 있는 그대로 파악하는 행위입니다.

피터 랄스턴의 워크숍에서는 이 상황을 기발하게 다음과 같이 설명합니다.

"타당한 것 혹은 진실을 기반으로 하는 것과 당신의 경험으로 상상한 것 또는 투사된 것(= 실체에 내가 덧붙인, 즉 실체 없이 그 자체로 존재할 수 없는 개념)을 구별하는 것은 중요하다.

상상 이상으로 많은 사람이 있는 그대로의 사실에 기반하지 않고 그저 심리적 해석에 따른 반응으로 이뤄진 경험 측면과 자신을 연관 짓는다. 이는 진실과 동떨어져 실제로 발생하지 않는 일과 상호작용하는 것이므로 삶의 유효성effectiveness을 크게 떨어뜨린다. 당신의 행동은 실제로 발생하는 것과 적절히 관련되어 있어야 한다.

진실이 아닌 실제로 일어나지도 않는 일과 연관되어 행동할 때, 당신이 효과적이지 않다는 것을 바로 알아차릴 수 있다.

실제로 일어나고 있는 일 이외에 당신이 상호작용하는 것은 무엇인가? 아마도 대개는 감정적 반응, 상상, 그릇된 평가일 것이다. 이런 반응과 추측 그리고 이 같은 정신의 산물과 실존하며 실제로 일어나는 일을 구별할 수 있다면 당신의 힘과 유효성을 높이는 데 큰 도움을 받을 것이다."

저는 이 문단을 읽을 때마다 소름이 돋습니다. 우리가 비효율적으로 사는 이유는 우리가 현실에 기반하지 않은 상상, 고정관념, 신념, 가정, 판단, 충동, 강박, 감정 속에 맴돌고 있기에 그렇다는 것을 짚어주기 때문입니다. 인생에서 원하는 결과를 만들어내려면 실제로 일어나고 있는 일이 우리가 그 일에 덧붙이는 생각, 감정, 두려움, 연상, 판단과 다르다는 것을 알아차릴 필요가 있습니다. 현실을 있는 그대로 보면 볼수록 세상을 조절하는 능력은 향상됩니다. 이제 우리가 얼마나 많은 개념에 얽매여 있는지 함께 들여다볼까요?

두려움: 많은 사람이 행동해야 할 때 실패 가능성을 두려워하며 행동하지 않습니다. 하지만 우리가 생각하는 실패에 대한 두려움은 어디서 비롯될까요? 현실에 진짜 실패가 있어서 행동하지 않는 것일까요? 혹은 다른 사람의 시선 때문에 그럴까요? 그렇다면 타인의 시선은 정확히 어디에 있나요? 한번 둘러보세요. 이 순간 누가 여러분을 감시하고 있나요? 아니면 그 생각은 그저 머릿속에서만 맴돌고 있는 불안인가요? 대부분은 가상의 허구에 반응하고 있는 겁니다.

자기 자신에 관한 신념: 개인적인 신념도 우리의 현실을 왜곡합니다. 가령 자기 자신을 패배자로 생각하면 인생을 패배자처럼 살 것입니다. 자기 자신을 무가치하고 무능한 루저로 생각할 경우 삶의 방향이 여기에 그대로 맞춰집니다. 둘 다 틀린 생각이지만 그것은 둘 다 내가 현실을 직시하는 것을 가로막습니다.

문화적 고정관념: 공통적으로 공유하는 고정관념, 세계관, 미신도 한번 봅시다. 예를 들어 제가 주변으로부터 "유학 생활은 인생에서 가장 괴로운 시간이다"라는 말을 많이 듣고 이것을 내재화했다고 해봅시다. 그런 사고방식으로 타국에서 지낼 때 저는 어떤 경험을 할까요? 괴로운 시간을 보낼 확률이 높습니다. 만약 괴롭

다면 이게 진실한 직관일까요, 아니면 제가 투사하는 주관적 사실일까요? 인생은 고생이다, 결혼은 힘들다, 돈은 벌기 힘들다, 나는 멍청하다, 여자는 순종해야 한다, 남자는 강해야 한다 같은 고정관념은 자기충족 예언처럼 우리의 주관적 사실은 될지언정 진실은 아닙니다. 이처럼 기반도 없는 망상은 현실을 왜곡해 삶을 힘들게 만듭니다. 이러한 망상에 빠져 실재하는 현실과 상호작용하지 않으면 당연히 끝없는 고민! 고민! 고민만 하느라 분석마비에서 헤어나지 못합니다.

다시 직관으로 돌아가겠습니다. 직관은 (잠시라도) 내가 만든 가상세계를 그대로 지나치는 시선입니다. 내적 허상을 거짓으로 깨닫고 그것을 내려놓을수록 직관이 생깁니다. 직관은 따로 '계발하는' 것이 아닙니다. 진실로 그곳에 머물기만 하면 저절로 존재하는 시선입니다. 직관이란 내가 생각하는 세계를 보는 것이 아니라 **진짜 실재하는 세상을 보는 것**을 말합니다. 그때그때 상황을 있는 그대로 바라보면 무엇을 해야 하는지 명확히 알게 됩니다. 진심도 그대로 직관에 해당합니다. 이것을 논리로 잘 설명할 수 없는 이유는 진실은 언제나 우리의 한정된 논리를 뛰어넘기 때문입니다.

알베르트 아인슈타인은 그 상황을 잘 설명했습니다.

"나는 자연의 기본 원리를 발견할 때 논리적인 방법을 사용하지 않는다. 오직 직관으로만 발견한다. 직관은 사물의 외관 뒤에 숨은 규칙을 느끼도록 도와준다."

아인슈타인은 자신의 선구적인 결과를 '생각'으로 얻은 게 아닙니다. 더 진실한 것을 직관적으로 직접 '본' 다음 (많이 발달한) 생각과 논리로 구성한 것입니다. 아인슈타인의 또 다른 명언이 있습니다.

"나는 똑똑한 것이 아니라 단지 문제와 더 오래 머물 뿐이다."

아인슈타인의 말을 이 책의 의도대로 해석하면 그가 질문을 더 오래 관조했다는 뜻입니다.

관조와 자기관찰 역시 우리의 망상을 통과해 진실을(또는 더 진실한 것을) 깨닫는 행위입니다. 많은 사람의 오해와 달리 억지로 생각, 논리, 추리, 개인 판단으로 어떤 답 또는 결론을 내는 게 아닙니다. 무엇이 맞는지 확인하기만 하는 것입니다. 진심과 진실은 밖에 있지 않습니다. 이미 내 안에 있는데 단지 그것을 가리고 있는 오해와 망상, 가면 때문에 인식하지 못할 뿐입니다.

심리적 세상이 아닌 진짜 세상을 보면 깨달음insight과 통찰력을 얻을 수 있습니다.

> 통찰: 洞 – 밝을 통, 察 – 살필 찰.
>
> 1. 예리한 관찰력으로 사물을 꿰뚫어봄.
> 2. 새로운 사태에 직면하여 장면의 의미를 재조직화함으로써 갑작스럽게 문제를 해결함. 또는 그런 과정.
> 3. 심리 치료에서, 환자가 이전에는 인식하지 못하였던 자신의 심적 상태를 알게 되는 일.

특히 두 번째 정의를 다시 읽어보십시오. 거기에 걸맞은 아인슈타인의 문구 하나를 더 보여드리겠습니다.

“오늘날 세상에 존재하는 문제는 그것을 만들어낸 수준의 사고로는 해결할 수 없다.”

우리는 늘 같은 의식수준에서만 ‘문제해결’을 하고 있습니다. 만약 통찰력으로 의식이 높아지면, 즉 현실을 바라보는 미시적 맥락이 거시적 맥락으로 커지면 문제를 초월할 수 있습니다. 다시 말해 새로운 의식에서는 문제가 처음부터 존재하지 않았다는 것을 깨닫기 때문에 저절로 ‘해결’됩니다. 마케팅 분야에서 이미 유명한 “To think outside the box”(고정관념 틀에서 벗어나라)라는 말을 떠올려보세요. 뛰어난 창의성은 현재의 내 사고 패턴대로 아이디어를 내는 게 아니라 그보다 더 높은 차원에 접속해 새로운 레벨의 진실을 보고 창조하는 것입니다.

우리는 현재 다 안다고 생각하지만 실은 그보다 훨씬 더 크고 우리의 상상을 넘어서는 진실이 있습니다. 그 진실에 접속해 조금씩 통찰력을 얻고 내 선택을 그 진실과 진심, 진정성에 맡기면 됩니다. 효과적인 삶을 위해 우리가 배워야 하는 것은 더욱더 진실한 현실에서 사는 방법입니다.

이성은 필수적이다

이쯤에서 누군가는 이런 반응을 보일지도 모릅니다.

“직관만 따르고 생각을 하지 않으면 바보 되는 거 아니에요?”

“내가 직관으로 결정했다고 하면 사회(회사, 학교 등)에서 다들 미쳤다고 할 거예요.”

직관이 강하다고 해서 생각과 논리, 이성을 방치해도 된다는 것은 아닙니다. 오히려 그 반대로 둘 다 강해야 합니다. 우리가 직관으로 내린 의사결정을 효과적으로 실현하려면 무엇보다 사고력, 이성, 논리가 중요합니다. 그 이유는 다음과 같습니다.

첫째, 진실은 모든 개념을 초월하는 차원이라 내 직관을 타인에게 설명하고 설득하는 것은 불가능합니다. 만약 내 직관적 깨달음을 다른 사람과 나누고 그들을 설득하고자 한다면 그걸 논리적으로 설명할 수 있어야 합니다. 이 책을 예로 들자면 이 책은 제 직접적인 경험을 바탕으로 하고 있지만 그 안에서 발견한 진실을 일관성 있게 전달하기 위해 이성을 활용해 책의 구조를 짜고 글을 논리적으로 썼습니다. 아인슈타인, 뉴턴, 다빈치도 자신의 깨달음을 누구나 (노력하면) 이해할 수 있는 '언어'로 옮겨 썼습니다. 여기서 언어란 수식, 그림, 모델, 그래프, 독일어, 영어, 한국어 등을 말합니다.

이성으로 과거에 얻은 아이디어들을 혼합할 수는 있겠지만 완전히 새로운 아이디어를 낼 수는 없습니다. 반면 직관과 창의성으로는 새로운 것을 발견 혹은 발명할 수 있습니다. 따라서 우리의 도전은 직관과 그것을 표현하고 실현하는 사고력, 이성을 동일하게 계발하는 것입니다.

둘째, 직관은 그 방향은 보여주어도 구체적인 플랜까지 짜주지는 않습니다. 직관이 어떤 목적을 정하면 그것을 어떻게 실현할지는 우리가 과거에 배운 이성과 논리를 기반으로 구체화해야 합니다. 직관은 방향을 잡아주는 왕이고 이성은 왕의 뜻을 실행하는 전사입니다. 전쟁에서 이기려면 둘 다 있어야 합니다. 직관만 계발하면 뭐 하나요? 직관의 신호를 효과적으로 실현하는 전사도 함께 계발해야 합니다. 약하고 강박에 사로잡힌 전사보다 강하고 전략적인 전사가 훨씬 좋겠지요?

여기서 조심해야 하는 건 전사가 왕이 되면 안 된다는 것입니다. 내가 내 생각을 도구로 잘 사용하느냐, 아니면 생각이 나를 지배하느냐의 차이는 매우 중요합니다. 안타깝게도 사람들은 대부분 후자에 가깝습니다. 바로 생각, 논리, 걱정, 고민, 분석마비가 내 왕이 된 거지요. 그 한계가 보이나요?

직관 ≠ 감정

다음으로 이 반응도 꽤 흔합니다.

"그럼 그냥 마음 가는 대로, 그때그때 내키는 대로 살라는 거예요? 이미 내가 잘하고 있었네!"

아쉽게도 그렇지 않습니다. 감정적 충동은 직관과 거리가 멉니다. 직관은 '편안한 길'이 아니라 '맞는 길'입니다. 감정과 충동, 논리와 이성, 직관과 통찰 이 세 가지는 명확히 선을 그어 이해할 필요가 있습니다.

뇌는 크게 세 부분으로 나뉩니다. 맨 아래에 있는 뇌간(파충류 뇌)은 우리의 가장 기본적인 욕구, 본능, 반사 반응을 컨트롤하는 역할을 합니다. 그 위에 있는 변연계(감정의 뇌) 부분은 우리의 감정, 충동, 정서, 강박, 감정적 반응을 컨트롤합니다. 가장 발달한 신피질(인간의 뇌)은 두 부분으로 나뉩니다. 먼저 좌뇌(왼손잡이는 우뇌)는 이성, 논리, 수학, 수사, 개념 같은 프로세싱을 담당합니다. 그리고 우뇌(왼손잡이는 좌뇌)는 창의성, 예술, 미, 진리, 경외, 직관, 통찰력을 담당합니다.

뇌간과 변연계에서 일어나는 본능적인 반사 반응과 감정 혹은 충동 행동은 진실을 보고 성장하게 하는 역할을 하지 않습니다. 단지 우리 몸과 자아의 생존을 보장해주는 역할을 합니다. 그 역할을 거짓으로 하든 진실로 하든 신경 쓰지 않습니다. 오직 신피질만 인간이 접속할 수 있는 이성과 직관을 허락합니다.

그러므로 진화상 '동물적인' 감정과 '인간적인' 직관을 서로 헷갈리지 않도록 주의하세요. 물론 저도 잘 압니다. 우리는 종종 낮은 차원의 감정과 높은 차원의 직관을 혼동하는 경우가 많습니다. 그러지 않기 위해 감정과 직관을 분리하는 데 도움을 주는 다음 세 가지 방법을 안내하겠습니다.

1. 직관은 장기적인 신호다

감정과 충동은 주로 단기적으로 일어납니다. 어떤 위험에 처하면 잠깐 불안하고 분노가 치밀어 오릅니다. 안도감을 느낄 때는 잠시 유쾌하며 배가 고프면 (음식을 먹을 때까지) 치맥이 당깁니다. 이러한 충동과 감정은 꾸준히 신호를 보내지 않습니다. '해결'하면 그대로 사라집니다. 반대로 직관은 계속해서 신호를 보냅니다. 직관은 대개 부정적 감정보다 장기적인 설렘, 끌림, 호기심, 양심 그리고 약간은 '올바른 느낌'처럼 나타납니다. 비록 우리가 그 설렘을 거부하고 불안으로 덮어버리는 경우가 흔하지만, 사실 그 불안은 직관이 일어난 다음(!) 자아가 보내는 것입니다.

혹시 이런 경험을 해보았나요? 문득 "오, 이거 하면 참 좋을 텐데"라는 느낌을 받았다가 몇 초 만에 "아, 근데 어차피 불가능해. 사람들이 받아들이지 않을 거야. 너무 위험해"라며 그 느낌을 밀어내는 것 말입니다. 이럴 경우 직관이 일어났다가 불안한 감정이 좌뇌의 도움으로 자기합리화를 하면서 갑자기 자아생존을 보장하는 쪽으로 기울어집니다. 이제 직관과 감정의 차이를 이해했으니 의식적으로 이러한 순간을 알아차리는 연습을 많이 하길 권합니다. 어떤 부분이 직관이고 또 어떤 부분이 그 이후 찾아오는 불안인지 분리할 수 있으면 두려움을 극복하는 데 큰 도움을 받을 것입니다.

2. 올바른 것은 무엇인가

저는 개인적으로 아주 좋아하는 동전을 항상 지니고 다닙니다. 그 동전의 한쪽 면에는 스토아 철학자들의 'Summum Bonum'(최고선最高善: 인간 행위의 최고 목적과 이상이자 행위의 근본 기준인 선)이, 다른 쪽 면에는 '올바른 일을 하라. 나머지는 중요하지 않다'는 문구가 새겨져 있습니다. 이 동전을 만지거나 동전이 있다는 사실 자체만으로도 저는 항상 이 문구를 다시 한 번 마음에 새깁니다.

우리는 무엇이 올바른 행동인지 늘 알고 있습니다. 비록 상황에 따라 자기합리화를 하고, 자기기만을 하고, 자신의 이기적인 강박 패턴을 위해 재빨리 변명을 만들어내지만 가슴에 손을 얹고 진심으로 '지금 이 순간' 무엇이 맞을까 확인해보면 우리가 정말 모를까요? **진정성이라는 무기로 우리의 망상, 불안, 고정관념, 이기적인 결**

핍 욕구, 강박 등을 잘라내면 무엇이 진짜로 올바른 행동인지 우리는 언제나(!) 알 수 있습니다. 직관이 없어 느끼지 못하는 게 아니라 우리가 직관을 느끼지 않겠다는 선택을 했기 때문에 그것을 모를 뿐입니다.

어떤 일을 시작하거나 의사결정을 할 때 혹은 인생을 살아가는 매 순간 잠깐 멈추고 가장 정직한 양심, 직관, 느낌에 귀를 기울여보세요. 우리는 분명 무엇이 절대적으로 올바르고 맞는지 알고 있습니다. 아마 직관에 가까워지려 할 때마다 자기합리화와 두려움이 눈을 멀게 해 진실을 보지 못하게 할 것입니다. 그럼에도 불구하고 진실을 원한다면 용기를 내 그 올바른 스텝이 무엇인지 다시 직면할 수 있습니다.

3. 시행착오

마지막이자 가장 쉬운 확인 방법은 일단 해보는 겁니다. 거짓된 강박이든, 진심 어린 느낌이든 그냥 행동으로 옮겨봅니다. 만약 해본 후에도 허무하고 별 의미를 느끼지 못했다면 충동적 감정이었을 테고, 반대로 뿌듯하고 강한 통합성과 존재감을 느꼈다면 직관대로 행동했다는 신호입니다.

솔직히 말하자면 무엇이 낮은 감정이고 무엇이 높은 직관인지 완벽히 분리할 필요는 없습니다. 스트레스받지 말고 그냥 한번 해보세요. 영혼에 좋았으면 계속하고 '꽝'이었으면 안 해도 됩니다. 때론 시행착오가 가장 빠른 답입니다.

직관의 덮개를 벗기는 법

여러분 안에 이미 존재하는 직관을 해방시키고 싶다면 다음 조언을 참고해보세요.

1. 열린 마음

우선 내가 다 아는 건 아니라는 것을 인정해야 합니다. 직관을 더 이상 신비주의로 대하지 말고 지금의 내 시각이 한정돼 있음을 받아들이세요. 그보다 더 높은 맥락, 진실, 의식, 직관이 있음을 알아차려야 합니다. 닫힌 마음은 새로운 경험과 깨달음을 단절시킬 뿐입니다.

2. 관조

직관에 접속하는 가장 쉬운 방법은 관조입니다. 이때 내가 (아직 답을 모르는) 질문을 해야 무의식과 우뇌가 그 진실을 파악하려 합니다.

내 다음 단계는 무엇일까? 올바른 행위는 무엇일까? 어떤 길이 가장 적합할까? 가장 진정한 헌신은 무엇일까? 이처럼 현재의 내 의식을 뛰어넘는 질문을 해보세요. 관조의 묘미는 내가 아직 답을 알지 못하는 질문을 하는 데 있습니다. 그래야 의식이 높아져 좁은 세계관에서 탈출할 수 있습니다. 질문하고 반성하는 삶을 살지 않으면 계속 좁은 시야에 갇혀 의식이 성장하기는커녕 문제해결도 어려워집니다.

3. 기회를 발견하는 눈 키우기

지난 챕터에서 깨달음을 억지로 내려 하지 말고 '그냥 기다리라'고 했습니다. 일단 자신에게 질문을 던지면 직관과 무의식이 글뿐 아니라 온갖 수단으로 통찰력을 내줄 것이기 때문입니다. 그런데 그 깨달음이 어떤 형태로 올지는 누구도 정확히 알 수 없습니다.

생각으로 떠오르기도 하고 '와, 이거다!' 하는 강한 느낌으로 오기도 합니다. 읽고 있는 책 속에서 지금 내게 딱 필요한 문구를 만나거나 어떤 영상에서 답을 얻을 수도 있습니다. 또 친구와의 대화, 뉴스, 꿈, 느낌, 이미지로 만나기도 합니다. 귀를 기울이거나 눈을 크게 뜨면 '직관적으로' 그 답과 답을 얻을 기회를 발견하게 됩니다. 이건 어떤 마법이 아니라 심리학에서 바더 마인호프 현상Baader-Meinhof phenomenon이라 부르는 자연스러운 일입니다. 이것은 우리가 주의를 기울이는 이름, 사물, 사람 등이 갑자기 더 자주 나타나는 현상을 말합니다. 내가 질문을 던지고 관조하면 어떤 형태로든 가까운 미래에 그 깨달음이 눈앞에 나타납니다. 그래서 세 번째 방법으로 일상을 조금 더 '깨어 있게' 사는 것을 강조합니다. 이를 위해서는 먼저 질문을 하고 그것을 스스로 꾸준히 상기해야 합니다.

유튜브에 영상을 올리고 나면 저는 항상 다음과 같은 댓글을 봅니다.

"우와, 어떻게 지금 제게 딱 맞는 영상을 찍으셨나요?"

저는 그 시청자를 위해 딱 맞는 영상을 찍은 것이 아닙니다. 다만 이미 준비된 시청자가 필요에 따라 직관적인 느낌으로 제 영상을 클릭한 것뿐입니다. 제가 아니라 시청자 덕분이지요. 직관을 허용하면 할수록 자신도 모르게 자꾸만 '딱 맞는' 상황이 일어납니다. '논리와 고민'으로는 그런 것이 불가능합니다.

4. 두려움, 개념적 신념, 고정관념 내려놓기

앞서 말했듯 우리가 직관을 발현하지 못하는 이유는 진심이 수많은 에고적 개념으로 덮여 있기 때문입니다. 우리는 직관을 덮고 있는 에고적 개념(두려움, 신념, 고정관념 등)을 알아차리고 내려놓아야 하는데 그 방법은 Part4에서 제시합니다.

5. 범람하는 개념과 거리두기

직관을 느끼려면 현실의 미묘한 디테일에 모든 주의를 기울이며 경청하고 잘 관찰해야 합니다. 아쉽게도 지금 같은 산만한 오락 사회에서는 그것이 참 어렵습니다.

우리는 진짜 현실에 집중하는 시간보다 더 많은 시간을 개념 안에서 보냅니다. 일어나자마자 스마트폰을 보고, 출근할 준비를 하면서 TV를 보고, 운전하면서 통화하거나 라디오를 듣고 오늘 스케줄을 고민합니다. 회사에서는 컴퓨터로 개념과 숫자를 정리하고, 저녁에는 학원에서 새로운 모델을 공부하고, 잠자기 전에는 책을 읽습니다. 단 한 순간도 개념적인 삶에서 벗어나지 않습니다.

개념이 나쁘다는 것은 아닙니다. 그러나 개념 세계에서 잠시 벗어나 현실과 자신, 세상을 있는 그대로 바라보는 시간을 확보하면 자신을 관조하는 능력이 향상됩니다. 출근할 때 길가에 핀 꽃을 바라본 적 있나요? 오늘 아침 하늘이 보라색인지 하늘색인지 회색인지 알아차렸나요? 오늘 마신 커피가 어제 마신 커피와 맛에 어떤 차이가 있는지 인식했나요? 현재 순간을 아무 심리적 왜곡 없이 있는 그대로 경험하려 해봤나요?

개념이 줄어야 비로소 진실이 나올 틈이 생깁니다. 관찰일기를 가장 아늑하고 평화로운 환경에서 쓰라고 제시한 이유가 여기에 있습니다. 직관력을 키우기 위해 개념에서 벗어나 적당히 휴식도 취하고 하루를 의식적으로 살 것을 추천합니다.

6. 신뢰

마지막으로 내 길을 에고보다 더 위대한 지성(직관)에 맡기면 더욱 잘될 거라는 신뢰가 필요합니다. 그렇다고 이 말을 새로운 도그마로 세우지 마십시오. 제가 하는 이 말조차 믿지 말고 직관력과 통찰력을 경험적으로 발휘해야 합니다.

제 경험상으로는 삶을 스스로 컨트롤해야 한다는 강박에서 벗어날 때, 불안 없이 상황을 바라볼 때, 모든 일이 저절로 맞는 방향으로 흘러갔습니다. 제 책임은 그 방향을 지키는 것뿐입니다.

직관대로 행동하려면 중간중간 '부지'(不知, not-knowing, 모르는 상태) 안에서도 편안할 줄 알아야 합니다. 다음 단계가 현재의 나 자신을 뛰어넘는 까닭에 아직 뭔지 모르지만 "무슨 일이 있어도 나는 괜찮을 거야" 하는 태도로 저항 없이 편안하게 자신을 진실에 맡기면 됩니다.

자신에게 솔직하기

왜 제가 직관을 이토록 자세히 설명했을까요? 여러분이 효과적으로 진심에 접속하고 관조하도록 돕기 위해서입니다. 자기관찰을 하면서 자신이 얼마나 현실을 왜곡하고 자신의 에고가 듣고 싶어 하는 답을 내는지 모를 겁니다. 보통의 우리에게 뛰어난 능력 중 하나가 자기 자신에게 거짓말하고, 진실을 가리고, 자기합리화와 자기기만에 빠지는 것입니다.

다음 몇 개 챕터에서 자기관찰을 더 많이 다룰 것입니다. 자신의 가치, 의미, 목표, 두려움, 저항, 방어기제를 관조할 때는 가능한 한 솔직하게 직관적이면서도 진심으로 깨달음을 얻고 통찰력을 발휘하세요. 그리고 관조하면서 늘 이렇게 질문하길 권합니다.

이 답이 진짜 내 진심일까?
이 답이 진짜로 맞을까?
더 진실한 것은 무엇일까?
단지 내 에고와 불안, 강박에서 비롯된 것일까?

자신에게 진정으로 솔직해지세요. 여러분의 삶이 정직에 달려 있는 것처럼. 왜냐하면 진짜 그렇거든요.

기둥1.
인생가치 세우기

"마음의 평화는 당신의 삶이 진실한 원칙, 가치와 서로 조화를 이룰 때 생긴다. 다른 방식은 없다."

스티븐 코비, 《성공하는 사람들의 7가지 습관》

첫 관찰 영역으로 들어가 봅시다! 먼저 제 고등학교 친구 이야기를 들려드리고 싶습니다.

제 친구는 어렸을 때부터 성실하고 규칙을 잘 지켰습니다. 다른 친구들이 싸우면 공평하게 중재했고 어린 시절부터 삶의 가치관이 뚜렷해 보였습니다. 바로 정의와 진정성이 있었던 겁니다. 놀라울 것도 없이 몇 년 후 그 친구는 독일에서 가장 좋은 법대에 들어갔습니다. 대학생이 되어서도 그 친구는 저와 자주 만났는데 당시 그는 굉장히 행복해 보였습니다. 법학이 적성에 맞아 열심히 공부해서 좋은 성적도 받았습니다. 하지만 그 친구에게도 난관은 찾아왔습니다. 졸업 후 법률 사무소에 들어가 큰 프로젝트를 맡았는데 그때 큰 충격을 받았던 것입니다. 그 친구는 프로젝트를 진행하면서 법과 관련된 기관들이 진정성과 거리가 먼 곳이라는 것을 제대로 경험했습니다.

평생 정의와 진정성을 아낀 그 친구는 법정에서 '기업 사기꾼이 근무 중에 다친 할아버지에게 보험금을 내주지 않도록 도와주는 자리'에 서야 했습니다. 그 일에는 정의도 진정성도 없었습니다. 시간이 흐를수록 그 친구는 내적 갈등이 점차 커졌고 몇 달 동안 많은 관조를 했습니다. 어떤 선택을 해야 할까? 그는 자기 삶의 가치를 억누르고 부패와 기만이 만연하는 법률 사무소에서 일하며 승진할지, 아니면 자신의 진정한 가치에 충실할지 선택해야 했습니다.

그 친구는 자신의 진정한 가치에 충실하겠다는 선택을 했습니다. 저는 그 결정이 아직도 자랑스럽습니다. 친구는 많은 용기를 내 법률 사무소를 그만두고 행정학과에 들어갔습니다. 다행히 법률 지식이 있어서 좋은 성과를 낸 친구는 졸업하자마자 서른 살에 작은 도시의 부시장이 되었습니다. 지금 친구는 자기 일에 만족하고 있습니다. 정책을 결정할 때 마찰이 생기긴 하지만 정의와 진정성의 길을 벗어나지는 않습니다. 곧 시장 선거에도 출마한다고 합니다.

다른 사람이라면 어떻게 했을까요? 아마 절반 이상이 외적 기준에 맞추느라 통합성이 깨져도 몇 년간 참고 참으며 결국 번아웃될 때까지 버텼을 것입니다.

제 친구는 상황을 다시 판단하고 환경을 자기 기준에 맞추는 방법을 택했습니다. 물론 다른 방법도 있었을 겁니다. 그대로 통합성을 유지해 법률 사무소에 남아 보다 진정성 있는 프로젝트를 맡았을 수도 있습니다. 또 노동조합을 만들어 회사 전체 분위기가 바뀌도록 헌신할 수도 있었죠. 간단히 말해 가치관을 실현하는 '형태'에는 한계가 없습니다. 중요한 것은 내면 기준을 명확히 하고 자기 삶의 운전대를 타인에게 주지 않았다는 것입니다. 제 친구가 진정성과 정의라는 내면 기준에 따라 행동한 것처럼 충실하게 내면 기준에서 자신의 가치를 발견하고 그곳에 힘의 중심을 두고 행동하는 것이 중요합니다.

정확히 어떤 형태로 가치관을 실현할지는 스스로 판단하기 나름입니다. 이 책에서는 정확히 어떤 행동을 해야 한다고 알려드리지 않을 것입니다. 다만 적합한 행동을 하도록 기준을 세우는 것은 도와드릴 것입니다.

여러분의 기준대로라면 무엇이 올바른 행동인가요?
외적 기준이 아닌 여러분의 내적 기준대로 살면
여러분의 삶은 어떤 모습일까요?
행복을 밖에서 찾기보다 반대로 내면에서 시작해
밖으로 확장한다면 삶은 어떻게 변화할까요?

밖에서 절망적으로 '구원자'를 찾기보다 스스로 구원자가 되어봅시다. 우연히 나와 맞는 바깥 기준을 찾기를 기다리기보다 내 기준을 세워 그대로 행동해보면 됩니다. 이를 위해서는 기초 작업으로 내 삶의 바탕과 가치를 세워야 하는데 이 중요한 작업은 앞으로 여러분이 할 자기관찰 과정의 커다란 첫 도전이 될지도 모릅니다. 이제 가치에 깊이 들어가 보겠습니다.

가치란 무엇인가

간단히 말해 가치는 **의미 있는 삶을 위해 내가 세운 원칙**입니다. 가치는 나만의 독특한 삶의 바탕이며 내 행동 가이드입니다. 그 가치는 제3자의 눈에 보이지 않을 수 있습니다. 그들에게 보이는 건 그 가치가 빚어낸 결과물밖에 없습니다.

가치는 내 인생에서 가장 중요한 기준입니다. 사람들에게 가장 중요한 것이 무엇인지 물어보면 주로 결핍 욕구를 얘기합니다. 안정, 소속감, 존경, 생존 같은 것 말이지요. 물론 그런 것도 매우 중요하지만 엄밀히 말해 이것은 가치가 아닙니다. 가치는 '필요'를 넘어 내가 진정 중요하게 생각하는 바탕을 의미합니다. 매일 일상을 어떤 기준으로 살 것인가요? 사랑, 용기, 진리, 명예, 책임, 자연, 모험, 아름다움?

의미 있는 삶을 위한 어떤 목적이나 목표를 세우려면 먼저 그 바탕이 무엇인지 알아야 합니다. 근거 없는 목표는 작심삼일로 끝날 뿐입니다. 가치는 내 삶의 기준으로, 내가 현실에서 단단히 서 있도록 만듭니다. 그래서 의미 있는 삶을 설계하는 단계에서 가치 선정은 필수적으로 우선되어야 합니다.

내가 미리 선택한 가치는 내 삶의 자동조종장치로서 의미 있는 삶을 사는 동안 결정해야 하는 의미, 목표, 행동 등을 나 대신 선택해줍니다. 또한 내 모든 선택이 내 진심 어린 가치에 기반하기 때문에 삶의 방향을 일관성 있게 유지할 수 있습니다. 더 나아가 내 모든 행동을 가치에 기반하면 통합성을 온전히 보존할 수 있으며 더 이상 내 가치관에 맞지 않는 행동으로 에너지를 낭비할 필요가 없습니다. 어떤 목적이나 일이 '내 가치관에 맞지 않으면 에너지 낭비라서 하지 않는다!'로 간단하게 정리하면 됩니다. 이를 통해 우리 삶은 단순해집니다.

가치관은 내 영혼의 '색깔'이며, '현재의 나를 가장 잘 드러내는 것'과 가장 가깝습니다. 외부 기준대로 내 삶을 예쁘게 꾸미는 데 몰두하기보다 뚜렷한 가치관은 '나' 자신만의 삶의 형태를 잡아 더욱 나를 뚜렷한 인간으로 만들어줍니다. 단, 가치관은 100퍼센트 내면에서 나오는 것이기에 사람마다 다르고 그 누구도 가치관을 강요할 수 없습니다.

가치를 선택할 때 주의해야 하는 것은 의미 있는 삶을 위해 행복을 자신의 가치로 꼽으면 안 된다는 점입니다. 행복을 자신의 가장 중요한 가치로 꼽는 사람이 꽤 많이 있습니다. 그런데 행복을 원하면서도 행복을 딱히 '무엇'이라고 정의하지 못합니다. 행복은 정확히 어떤 모습인가요? 이 질문에 답을 내기 어려울 만큼 행복은 굉장히 추상적인 개념이기 때문에 행복에 앞서 행복의 형태를 가치, 의미, 목표로 정해야 합니다. 즉, 가치가 내가 찾던 행복의 구체적인 형태이자 기준입니다.

자신의 가치가 어떤 것들인지 다음 예로 살펴보기 바랍니다.

가치 리스트

가족	성공/성취*	자아확장
감사	성관계*	자연
감성	성장/진보	자유
개척/혁신	신뢰/충성	전문성/기술력
건강/활력/에너지	아름다움/미	전통
겸손	안락/편안함*	정의/공평성
공동체	여행	조화
관계/연결감	역사	존경/존중
권력*	열린 마음	존재
기쁨/즐거움/재미	열정/열광	존재론
기여/영향력	영성/수행	교육/학습/배움
낙관주의/긍정/희망	예술	지위*
다양성/새로움/신미	외모*	지혜
단순함	용기	진리/현실
독립/자율	우아/기품	진정성/정직함
독특성	우정	질서
리더십	유머/웃음/쾌활함	창조/창의력/독창성
마음의 평안/평온/안정	유희/자발성	친절/관대
명성/유명세*	의리	컨트롤*
명예/영광	의사소통	탁월성
명확성	의식/앎	탐험/탐구
모험	이바지/남 돌봄	팀워크/협동
목적/사명	이성/논리	평등/포용력
믿음/종교/숭배/신	인정*	평판/인정*
부/재력/돈*	자극/쾌락*	평화
사랑	자기계발/자아실현	헌신
사치*	자기표현	호기심
생산성/효율성	자비/연민	환경

* 진심이 아닌 강박에 가까울 위험이 있음.

인생에서 가장 중요한 것은 무엇인가

자기관찰 질문을 던지고 무엇이 떠오르는지 확인해보세요. 인생에서 어떤 가치를 지향하고 싶은가요? 필요나 생존이 아닌 온전히 자아를 확장할 수 있는 가치는 무엇인가요? 이 질문을 많이 관조해보세요. 그다음 자신의 가치 리스트를 만들어봅니다. 제 경험상 인생의 가치 리스트는 3~5개가 적절합니다. 너무 많으면 오히려 가치관이 흔들립니다. 일단 여러 가치를 정했다면 순서를 매깁니다.

예시로 민철 씨의 가치 리스트를 소개합니다. 이 가치 리스트는 참고용으로 사용하세요. 민철 씨의 가치 리스트는 다음과 같습니다.

1. 모험, 탐험, 재미*
2. 가족
3. 탁월성, 명확성
4. 자연
5. 운동, 활력

민철 씨에게 가장 중요한 것은 모험입니다. 그는 여행을 좋아하고 산악 러닝, 등산 같은 활동을 즐기는데 가장 좋아하는 여행지는 네팔 히말라야입니다. 딸 둘, 아내와 함께 자연 속에서 사는 민철 씨는 탁월한 자연사진가로 러닝 대회나 산악협회 모임 때 사진을 찍고 있으며 한국 숲 다큐멘터리를 제작하는 PD로도 활동합니다. 참 통합성 있는 인생이죠?

만약 민철 씨가 이런 가치관으로 IT회사에서 회계 업무를 맡고

* '모험, 탐험, 재미'는 여기서 한 가지 가치입니다. 뉘앙스를 명확히 하기 위해 여러 가지 단어를 한 가치로 합쳐도 괜찮습니다.

있다면 통합성이 잘 맞을까요? 확신할 순 없지만 아마 탁월성 빼고는 통합성이 많이 흐트러질 것입니다. 내적 기준과 삶이 일치하지 않기 때문입니다.

하지만 민철 씨의 가치 우선순위 1번인 모험과 3번인 탁월성을 서로 바꾸면 어떻게 될까요?

1. 탁월성, 명확성
2. 가족
3. 모험, 탐험, 재미
4. 자연
5. 운동, 활력

이제 민철 씨는 주중에는 회사에서 회계 업무를 보고 주말에는 가족과 산에 오르며, 프리랜서로서 한 달에 한 번 산악대회에서 사진을 찍으면 통합성이 다시 온전해질 것입니다.

다른 예시로 민아 씨를 봅시다. 민아 씨의 가치관은 다음과 같습니다.

1. 질서
2. 재무, 부
3. 이성, 논리
4. 우아함

고등학생 때부터 수학을 좋아하고 돈에 관심이 많았던 민아 씨는 열여섯 살에 주식을 시작하고 친구들과 작은 펀드를 만들었습니다. 지금은 경영전문대학원을 나와 금융회사에서 펀드매니저로 활동하고 있습니다. 아직 아이를 낳을 계획이 없는 그녀는 남편과 함께 '아늑하고 깔끔한' 새 아파트에서 생활하고 있으며 가끔 주말에 코엑스에서 열리는 금융 관련 모임에 참석합니다. 민아 씨는 정장을 우아하게 차려입는 것을 좋아하고 남편과 아트 전시회나 고급 레스토랑에 가는 것을 즐깁니다. 이런 민아 씨가 자연사진가로 일한다면 어떨까요? 분명 존재의 통합성이 맞지 않을 것입니다.

궁금하실 것 같아 제 현재 가치관도 설명하겠습니다.

1. 우아함, 명예, 기품
2. 호기심, 탐험, 탐구, 배움, 발견
3. 진정성, 정직
4. 사랑, 존중, 존엄성
5. 진리, 존재론, 형이상학

저는 열린 마음으로 새로운 언어, 나라, 문화, 라이프스타일을 탐색하길 좋아합니다. 다양한 분야와 직업을 살피다 보니 변화나 성장에 관심이 많이 생겨 코칭, 유튜브, 책, 워크숍 등으로 변화와 의식성장 원칙을 사람들에게 전문적으로 알려주고 있습니다.

제가 가장 좋아하는 취미는 (진심으로!) 현실과 마음을 관조하는 것입니다. 인간성의 핵심을 깊이 알아가는 것이 인생의 가장 큰 탐험이라고 생각하기 때문입니다. 제게는 자아확장을 하면서 저 자신과의 약속을 충실히 지키고 내면 기준에 기반해 살아가는 것이 가장 우아하고 명예로운 삶입니다.

무엇보다 저는 삶의 다양성을 경외하면서 자연과 사람의 독특함을 존중하고, 그 독특함을 되살리는 일에 큰 의미를 부여합니다. 또한 자아수축의 불안이 사라지면 삶을 사랑과 경외로 맞이할 수 있음을 확신하며 사람들과 그것을 나누고 싶습니다.

자신의 가치관을 아는 것이 곧 삶의 기본입니다. 살다 보면 가치관은 당연히 조금씩 달라질 수 있습니다. 그러나 현재(!) 민철 씨, 민아 씨 그리고 저는 이 기준에서 커다란 보람을 느낍니다. 만약 내일 가치관이 달라지면 그때 다시 그 가치관에 맞춰 살면 됩니다.

중요한 것은 자기 가치를 실현하기 위해 기다릴 필요가 없다는 점입니다. 흔히 목적이나 목표는 미래에 실현하는 것이라고 생각하지만 오늘 당장 민철 씨는 모험적으로, 민아 씨는 자기 질서에 맞춰, 저는 명예롭게 진정한 삶을 살 수 있습니다. 자기 가치를 실현하기 위해 다른 곳으로 떠나거나 다른 순간을 기다릴 필요가 없습니다. 심지어 제 독일 친구는 '부패한 법률 사무소'에서도 정의와 진정성을 유지할 수 있었습니다. 목적, 목표, 전략이라는 내적 기준과 더 잘 맞는 환경은 장기적으로 만들어갈 수 있지만 가치관 실현은 환경에 달려 있지 않습니다. 가치에 맞게 살기 위한 조건은 진정한 자기 자신 말고는 없습니다.

자아확장 기준 1

자기 관찰 질문

1 내게 가장 중요한 것은 무엇인가?

2 내 인생에서 '필요'가 아닌 가장 중요한 기준은 무엇인가?

3 가끔 힘들어도 나는 어떤 가치가 절대적으로 맞는다고 생각하는가?

4 임종을 앞두고 내 삶을 되돌아볼 때 내 '온전한 삶'은 어떤 삶일까? 그 삶은 어떤 가치에 기반할까?

5 내 자녀에게 가르치고 싶은 핵심 가치는 무엇인가?

6 내 삶의 핵심 선택은 어떤 가치에 기반하는가?

위 질문으로 자기관찰을 하고 자신만의 독특한 가치관이 무엇인지 우선순위를 정해 가치관 리스트를 만들어보세요. 도움이 필요하면 가치 리스트를 참고하세요.

실천 과제

1 오늘부터 당신의 가치관에 따라 살아보세요.

기둥2.
인생의미 세우기

"사랑의 흔적이 있는 꿈은 아예 죽지 않는 꿈이다."

콜로니 하우스 Colony House, 〈Moving forward〉의 노랫말 중에서

인생가치를 정했으면 이제 자아확장 기준의 두 번째 기둥을 세워 보겠습니다. 바로 내 인생의 목적, 비전, 의미입니다.

그동안 저는 철학, 코칭, 자기계발, 자아실현 이론을 공부하면서 목적purpose, 소명vocation·calling, 사명mission, 비전vision, 의미meaning 같은 단어를 많이 보았습니다. 이들 개념은 서로 뉘앙스만 다를 뿐 의미는 비슷합니다. 이러한 개념은 장기적으로 내 인생 이야기 줄거리의 방향을 잡아주는 기준입니다.

가치와 달리 목적과 비전은 내 존재의 바탕을 정의하는 것이 아니라 내 존재가 향하는 의미를 결정합니다. 이는 단기목표와도 다릅

니다. 목표는 내 행동에 직접 영향을 주지만 목적은 장기적으로 그 행동을 위한 틀을 마련해줍니다. 다시 말해 내 인생의 '왜'를 상징합니다. 이 책에서는 비전, 목적, 의미를 섞어서 사용하고 있으나 서로 같은 뜻임을 기억해주세요.

의미의 역사

철학자든 과학자든 일반인이든 수천 년 전부터 이런 고민을 해왔습니다.

"삶의 의미는 무엇인가?"

아마 이것은 역사적으로 가장 많이 되풀이된 질문일 것입니다. 우리가 그 질문의 답을 찾으려면 일단 존재론적으로ontologically '의미란 무엇인가'를 파악할 필요가 있습니다.

도대체 의미란 무엇인가?
의미의 실체는 무엇이고, 그 본질은 무엇인가?
무엇이 의미를 존재하게 하는가?
의미는 무엇으로 구성되어 있고, 무엇으로 만들어졌는가?

이 같은 질문을 관조해보면 의미의 진실을 깨달을 수 있습니다. 더 읽기 전에 스스로 의미가 무엇인지 직접 관조해보길 바랍니다.

의미의 실체를 관조하다 보면 실재하는 것을 전혀 찾을 수 없습니다. 의미는 그것을 부여한 사람이 어떤 사물, 존재, 상황에 주관적으로 얹어놓은 개념입니다. 'Part2 준비3. 직관'에서 말한 것처럼 어떤 것을 나와 연관 지어 상대적 '의미'를 생성한 뒤 그것을 현실에 투영하는 거죠. 실재하는 세상에는 가치도 없고 의미도 없습니다. 인간이 정신적으로 그런 요소를 추가해야 그것이 가치나 의미를 지닙니다. 그 전에 의미는 물질적 실체가 없는 정신적 아이디어, 신념, 생각에 불과합니다. 그래서 정말로 삶의 의미를 분석하려면 우선 사람들이 '무엇을 믿는지' 살펴봐야 합니다.

인류는 각 시기마다 의미에 다양한 개념을 부여했습니다. 전쟁 중에는 가족, 부족, 국가를 위해 희생하는 것이 곧 의미 있는 일이었습니다. 신의 뜻에 따라 윤리적인 인간으로 살아감으로써 신의 자비를 얻는 것에 의미를 부여하던 때도 있었습니다.

산업시대에는 경제 발전과 성장 혹은 테크놀로지에 의미를 두었고 지난 세기부터는 금융, 돈, 자본을 삶의 의미로 삼는 사람이 많아졌습니다. 같은 맥락에서 많은 현대인이 의미를 부여하는 것은 성장, 성공, 성취입니다. 서점에 가서 책을 둘러보면 현재 사회에서 어떤 '의미'가 유행인지 알 수 있습니다. 대표적인 키워드는 성장·성공·성취·부이고 종교, 영성, 행복, 건강, 자유, 독립도 우리의 주의를 사로잡습니다.

생각해보세요. 산업 성장 과정에서 우리는 자연을 많이 파괴했는데 요즘 아이러니하게도 '어떻게 경제 성장을 유지하면서 환경을 보호할 수 있을까'라는 질문이 주요 이슈입니다. 마치 절대기준처럼 성장이 자연보다 우선이라는 고정관념 아래 경제와 소비가 먼저이고 생존은 두 번째, 자연은 n번째로 정해져 있습니다. 누가 그런 기준을 만들었을까요? 경제 성장이 자연보다 중요하다는 하늘의 법이라도 있나요? 없습니다. 그건 그저 문화적 공동 가치관에 불과합니다. 사회, 즉 사람들의 공동 관념이 바뀌면 의미도 바뀝니다.

고대 스파르타에서 부모들의 가장 큰 명예는 '아들이 나라를 위해 희생하는 것', 즉 전사하는 것이었습니다. 당시 전쟁터에 나간 아들이 멀쩡하게 살아 돌아오면 이는 가족에게 기쁨이 아니라 오히려 수치심을 안겨주었습니다. 스파르타인에게 가장 큰 행복은 나라와 영광을 위해 희생하는 것이었죠. 그야말로 오늘날에는 상상조차 할 수 없는 일입니다. 왜냐하면 오늘날의 스토리는 다르기 때문입니다. 그러나 스파르타인에게는 그 스토리가 가벼운 망상이 아니라 진리였습니다.

의미의 현황

의미가 상대적 개념인 걸 알든 모르든 우리는 그것을 주로 의식적으로가 아닌 맹목적으로 따릅니다. 부족, 전쟁, 종교, 국가, 진보, 금융, 환경보호 등의 의미는 그 시대에 맞게 사람의 마음을 사로잡아 사람들이 아무 의문 없이 '의미 있게' 살도록 만듭니다.

그런데 오늘날의 개인주의 상황에서는 의미가 조금 곤란해졌습니다. 확장적인 의미가 점점 자기중심의 자아수축 의미로 바뀌고 있기 때문입니다. 과학 스토리 발달로 다음 서술이 더 잘 관철되고 있습니다.

'삶은 분자, 원자에 불과하며 우리는 그야말로 진화적 실수다.'

이 관념이 퍼지면서 부족, 국가, 신, 신화, 사회, 진보 등 나보다 더 위대한 것이 모두 의미를 잃어버렸습니다. 그 관점에서는 어차피 모두가 물리적, 화학적 프로세스에 지나지 않으므로 진화론의 적자생존에 따라 '나'라는 개인의 생존밖에 남지 않습니다. 심지어 '어차피 모든 것은 다 의미가 없다'는 생각이 새로운 고정관념이 되어버립니다.

결국 남는 건 단지 이런 생각뿐입니다.

'내가 잘 살아야 해, 내가 부자가 되어야 해, 내가 효과적으로 경쟁해야 해, 내가 성공해야 해! 그래야 내가 잘 생존하니까! 더 위대한 의미는 없어!'

이러한 현대 사고가 낳은 결과는 자아수축, 허무주의, 회의주의, 실존적 공허 그리고 자기 고립을 조장하는 문화입니다.

심리학자 카를 융은 이 현상을 '영적인 문제'라고 불렀습니다. '나' 이외에 믿을 것이 없어 헌신할 의미를 찾지 못하는 상황은 개인적으로 무가치하고 무의미한 느낌을 유발합니다. 이 경우 개인의 심리적 기반이 점차 사라집니다. 오늘날의 우울증 같은 정신·심리적 질환과 강박적인 '자존감 추구'는 어쩌면 그 영적인 문제의 한 결과일지도 모릅니다.

무엇을 믿어야 하는지 모르고, 무엇을 위해 살아야 하는지도 모르면 당연히 바람에 흔들리는 나뭇잎처럼 휘둘리기만 합니다. 제일 슬픈 건 그런 니힐리즘식 고정관념에서는 삶을 즐겁게 살아가고 자아확장과 창조할 방향 그리고 그걸 이루기 위한 행동동기가 없어진다는 점입니다. 자기중심적 자아수축과 문제해결이 오늘날의 '의미'

가 되면 충만하게 헌신하는 삶을 살 생각조차 하지 못합니다.

의미를 향한 희망

많은 사람이 자기중심적으로 자신의 사회적 결핍 욕구만 충족하면서도 왠지 자신에게 딱 맞는 '위대한 의미'가 어딘가에 있을 거라는 희망을 버리지 않습니다. 우리는 뚜렷한 비전, 뚜렷한 의미가 있는 사람을 부러워하며 '어느 순간 내게도 그처럼 강한 비전이 주어지지 않을까'라고 생각하며 기다립니다.

우리가 가장 갈망하는 것은 의미 있는 존재입니다. 옛날에도 그랬고 지금도 그렇습니다. 누구나 자신을 가치 있는 존재로 느끼고 싶어 합니다. 단순히 편안함과 생리적 욕구 충족에 그치지 않고 나보다 더 큰 무언가를 위해 내 잠재력을 자유롭게 발휘하길 희망합니다. 우리는 단지 생존하는 게 아니라 의미 있게 '살고' 싶어 합니다.

혹시 다른 책에서 삶의 의미를 알려주지 않을까? 다른 단체에서 알려주지 않을까? 사주를 보면 알 수 있지 않을까? 이처럼 우리는 절박한 심정으로 의미를 찾기 위해 구석구석 다 살펴봅니다. 심지어 이 의미 공백을 메우려고 행복이나 성공을 약속하는 이야기, 종교, 사이비 영성 단체, 온갖 철학, 다양한 주의-isms와 운동이 자기 믿음을 '진리'로 포장해 우리에게 그것을 팔려고 합니다. 그러나 그 많은 노력에도 불구하고 여전히 그 의미를 '찾지' 못한 것 같습니다.

오늘날의 큰 도전은 다음과 같습니다.

의미 없는 스토리로 영위하는 사회에서 어떻게 의미 있게 살 수 있을까?

그 답은, 각자 자기 의미를 직접 정할 수밖에 없습니다. 의미 없는 사회에서 의미 있게 살려면 스스로 의미를 만들어야 합니다. 다시 말해 내 삶의 원동력을 내가 주도적으로 정하고 만들어야 합니다. 물론 외부에서 여전히 영감과 아이디어를 많이 얻을 수 있겠지만 내 인생이므로 내 의미는 내게서 비롯되어야 합니다.

의미 있는 삶을 살고 싶다면
직접 의미 있는 삶을 만들어야 한다.

자비롭고 찬란한 사명과 소명, 미션을 기다리거나 찾거나 혹은 그것이 '계시'('어느 날 내 삶의 의미를 알려주겠지?')처럼 그냥 주어질 거라고 낭만적으로 믿지 말고 그 의미를 주도적으로 세워야 합니다. 모든 의미는 다 상대적이므로 가치처럼 자신에게 맞는 것을 의식적으로 선택하면 됩니다.

이로써 어마어마한 내적 자유가 생깁니다. 앞으로 내 자유는 스스로 책임져야 하며 그 '자유'를 절대 잊으면 안 됩니다. 이것은 Part2 시작 부분에서 제시한 내적 자유를 말합니다. 현대의 외적 자유를 제대로 즐기려면 자신의 의미를 세워 내적 자유도 계발해야 합니다.

그럴 용기가 있다면 자아확장이 가능한 의미를 세워 거기에 헌신하면 됩니다. 여기서 헌신이란 결핍 욕구만 채우는 것이 아니라 작은 자기 자신보다 더 크고 위대한 의미와 목적에 헌신하는 것을 말합니다. 내가 나 자신을 확장해 더 크게 기여하고 좋은 영향력을 끼칠수록 의미를 느낄 것입니다. 그것이 바로 온전한 삶입니다.

의미를 세우기 위해서는 다음의 자기관찰 질문이 중요합니다.

내 삶을 어떤 의미대로 살겠는가?

어떤 목적, 어떤 비전을 세울 것인가?

내 삶을 어떤 목적에 헌신하겠는가?

나는 내 전체 삶을 무엇에 헌신하겠는가?

구체적으로 무엇을 위해 살아가겠는가?

창조하고 싶은 비전은 무엇인가?

왜 의미가 필요할까

《이상한 나라의 앨리스》에서 앨리스가 어느 갈림길에 도착하자마자 갑자기 체셔 캣이 나무 위에 나타납니다.

앨리스: 체셔 캣, 내가 어디로 가야 하는지 길을 알려줄래?

체셔 캣: 어디 가는데?

앨리스: 모르겠어.

체셔 캣: 그렇다면 어느 길로 가든 상관없잖아.

의미와 목적이 얼마나 중요한지 그 여러 가지 이유를 살펴봅시다.

1. 방향성

의미대로 살면 매일 아침 왜 일어나는지 압니다. 목적이 인생의 행동 기준이니까요. 니체는 "사는 '왜'(이유)가 있는 자는 거의 모든 '어떻게'(힘든 일)를 이겨낼 수 있다"라는 명언을 남겼습니다. 의미는 그 '왜', 즉 내가 사는 이유입니다. 가치가 내 거시적 선택 기준이라면 목적은 내 방향입니다. 의미는 내 삶의 나침반이자 북극성으로 삶의 원동력이 되어줍니다.

2. 자아확장 기회

우리가 자기중심적인 자아수축 지향형에서 나오고 싶으면 주의를 더 큰 무언가에 둬야 합니다. 불쌍한 자아에서 나보다 더 중요한 것으로 의식을 끌어올리는 것이 바로 의미입니다. 비전이 있으면 나보다 더 큰 의미에 헌신하기 때문에 자아가 확장해 우울함과 허무주의에 빠지는 것이 불가능합니다.

3. 자율성

자율성에 이르면 드디어 나만의 인생을 살 수 있습니다. 그 전에는 어떻게 행동할지 몰라 남의 의견과 기대, 눈치만 따랐으나 이제는 당당하게 나만의 인생을 구축할 수 있습니다. 여전히 용기와 책임이 필요하지만 나는 내적으로 온전한 하나의 개인이 됩니다.

이제 내 방향이 있기 때문에 타인과 비교하지 않고 타인과 '반대'가 아닌 '함께'의 길을 주도적으로 따를 수 있습니다.

4. 끈기

한 가지 알아둘 것은 목적이 없으면 효과적이고 구체적인 행동을 취하기 어렵다는 점입니다. 목적을 기준으로 삼을 경우 앞으로 여러분의 행동은 목적이 결정합니다. 우리는 의미, 비전, 목적이 있어야 행동을 구체화하고 그것을 꾸준히 이행할 수 있습니다. 다양한 불안이 내 길을 막으려고 할 때 목적에 기반한 무소의 뿔 같은 추진력이 있으면 그 장애물을 넘을 수 있습니다.

5. 사랑이 넘치는 삶

과연 그 의미는 어떻게 세워야 할까요? 아주 간단합니다. 수백 시간의 자기관찰, 시행착오 그리고 내 진정한 사랑(!)으로 세웁니다.

맞아요! 여러분의 진심 어린 사랑으로 세웁니다! 여기서 말하는 사랑은 드라마에 나오는 핑크빛 사랑이 아니라 존재를 향한 경외를 뜻합니다.

비전은 **내 사랑을 위한 가장 강력한 표현**입니다. 인생을 불안과 두려움으로 사는 것이 아니라 경외, 연민, 확장, 사랑으로 살고 싶다면 의미와 비전을 세우세요.

진정 좋아하고 원하는 것은 무엇인가?
가족, 공동체, 사회, 지구를 위해 어떻게 행동하겠는가?
내 사랑을 어떻게 세상과 나누겠는가?
어떤 재능을 세상과 나누겠는가?

목적 있는 삶

그럼 의미, 비전, 목적을 어떻게 구체적으로 우리 삶에 투입할 수 있는지 여러 가지 예를 들어보겠습니다.

해외 생활을 꿈꾸는 어느 클라이언트가 코칭으로 다음 가치를 세웠습니다.

1. 사랑
2. 아름다움, 심미안
3. 질서, 안정

그녀는 원래 꾸미는 것을 굉장히 좋아하고 뷰티 쪽에 관심이 많았습니다. 여기에다 예전에 영국에서 어학연수를 한 경험으로 유럽에 애정도 생겼습니다. 결국 그녀는 많이 관조한 끝에 다음 세 가지 의미를 세웠습니다.

– 사람들과 아름다움 나누기

– 유럽 생활

– 안정된 삶과 행복한 가족

보다시피 세 가지 의미 모두 꽤 추상적이고 범위가 넓습니다. 그러나 이것은 문제가 되지 않습니다. 세 가지 방향을 알았다면 다음 단계로 목표와 전략을 세우면 됩니다. 구체적으로 아름다움을 어떻게 나눌지 목적이 분명하지 않지만 방향성이 있으므로 목표를 세우면 행동이 따라올 수 있습니다.

또 다른 클라이언트의 이야기를 살펴봅시다. 예전에 한 법학과 학생이 제게 코칭을 받으러 왔습니다. 그의 가치는 다음과 같습니다.

1. 평등, 조화

2. 공동체, 기여

3. 영성, 믿음

4. 모험, 유희

신기하게도 이 학생은 한국 역사와 정치, 그중에서도 통일에 관심이 많았습니다. 주말에 성당에 가는 것에도 큰 의미를 부여했습니다. 비록 법학과에 다녔지만 여러 코칭 세션을 거치면서 일반 법률 사무소에 다니는 것이 그에게 잘 맞지 않는다는 결과가 나왔습니다. 그는 코칭을 받고 나서 다음 비전을 만들었습니다.

– 평등한 사회 만들기

– 한국 통일

– 예배, 성경 공부

– 온전한 국제관계 만들기

이 학생은 일반 변호사 일보다 인권, 국제관계, 남북한 대화에 관심을 기울였습니다. 결국 국제관계를 복수전공으로 택하고 (처음에 맞지 않는다고 생각한) 법학 공부도 계속 했습니다. 그렇지만 그는 법률 사무소에 들어가지 않고 외교와 행정 쪽으로 방향을 잡아 공무원 준비를 시작했습니다. 여기에다 주말에 성당에서 행사를 준비하며 사람을 통합하는 일을 '연습'했습니다.

아직 통일은 먼 길이지만 그가 진심으로 여기에 충분한 의미를 부여한다면 오히려 일을 탁월하게 해서 사회적으로 더 빨리 성장할 수 있을 것입니다. 강한 비전이 있는 변호사, 정치인, 운동가 없이는 통일을 이루기 어렵습니다.

마지막으로 제 의미도 설명하겠습니다.

– 개인의 의식을 높이고 (인류의) 불필요한 고통 이겨내기

– 사람의 존엄성과 인간성 되살리기(자유, 진리, 사랑, 미, 탐구)

– 마음을 깊이 이해하기, 자아 심리 모델 만들기

– 온전하고 건강한 가정 꾸리기

개념적 오해, 즉 낮은 의식 때문에 우리는 공동적으로 너무 많은 고통, 경쟁, 싸움을 일으키고 있습니다. 우리가 사회를 더 행복하고 사랑스럽게 가꾸려면 개개인의 의식 개선이 필요하고 또 자기 신성과 인간성을 되살려야 합니다. 제 작은 노력으로 문화가 자아수축에서 자아확장 쪽으로 조금이라도 바뀐다면, 제가 사람들의 의식 성장을 돕고 인생이 고생이 아닌 축제임을 알려 사람들이 자유롭게 사랑·진리·탐구·유희·미와 높은 가치를 추구할 틀을 마련한다면, 이게 맞든 틀리든 이는 제 마음을 뛰게 하는 의미입니다.

의미는 현재 순간을 의미 있게 보내기 위한 북극성

보다시피 의미는 꽤 추상적입니다. 왜냐하면 어떤 가치와 목적, 비전에 도달하는 구체적인 목표가 아니기 때문입니다. 내 삶의 의미는 내 삶의 방향만 설정해줍니다. 내 삶의 구체적인 '형태'에 관한 결심은 아직 없습니다. 목적을 향한 목표와 이를 실현할 전략은 그다음 단계에서 세우면 됩니다. 그래서 의미가 추상적이어도 괜찮습니다. 사랑으로 내 마음을 뛰게 한다면 그것으로 충분합니다!

이렇게 상상하면 될 것 같습니다. 비전은 평생 도착하지 않을 목

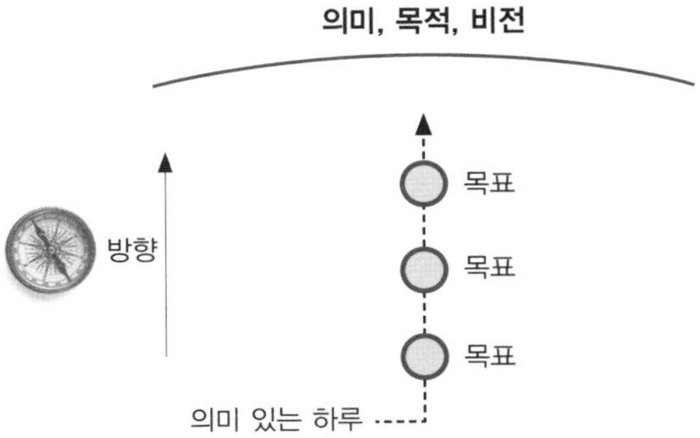

적지이고 그 길에 있는 여러 가지 기착지는 목표입니다. 비전에 도달하는 것은 중요하지 않습니다. 중요한 것은 비전이 목표에 방향성을 주고 우리가 매순간 의미 있는 삶을 살 수 있도록 안내한다는 점입니다.

비전 ≠ 커리어

한국 사회에서는 목적이 아닌 과정에 집착하는 경향이 있습니다. 어릴 때부터 공부와 시험에 많은 주의를 기울이는 한국은 '과정 지향process-oriented' 사회입니다. 어떤 전공을 선택해야 할까요? 어떤 직업을 선택해야 할까요? 어떤 고시를 보면 좋을까요? 어떤 회사가 좋을까요? 저는 이 질문을 아주 많이 받습니다. 이것은 마치 쇼핑 리스트에서 고르듯 A~Z 중 어떤 인생을 선택할까와 같은 질문입니다. 이런 사고는 올바른 한 길을 선택해 정해진 '과정process'만 따르면 평생 안전하게 살 수 있다는 환상에서 비롯됩니다. 그 선택이 워낙 중요해서 엄청난 스트레스를 받을 수밖에 없습니다. 내 길을 잘못 선택하면 어떡하지?

여기서 우리는 거꾸로 생각하고 있지 않은지 의심해봐야 합니다. 장기적으로 이루고 싶은 것은 무엇인가, 어떤 것에 기반한 삶을 살고 싶은가의 답을 찾아야 그다음 과정을 탐색할 수 있습니다. 어떤 공부, 어떤 전공, 어떤 직업과 회사, 어떤 단체, 어떤 과정은 그저 내 목적에 따라 더 좋은 영향력을 끼칠 수 있는 이차적 수단에 불과합니다. 다시 말해 내 삶이 주도적인 목적(=진심)으로 향하게 해주는 방법입니다. 여기서 제가 제시하고 싶은 것은 바로 '목적 지향 purpose-oriented'입니다.

개인적으로 저는 다음 예시를 아주 좋아합니다. 어느 날 긴 메일을 받았는데 요약하면 이런 내용입니다.

"코치님, 너무 힘듭니다. 제가 약대를 가야 할지, 의대를 가야 할지 모르겠어요! 도와주세요!"

자,《이상한 나라의 앨리스》에 나오는 체셔 캣처럼 물어볼게요. 어디 가는데? 모른다고? 그럼 어느 과로 가든 상관없잖아. 인생에서 최종적으로 이루고 싶은 것이 무엇인가요? 어느 정도 기준이 있으면 쉽게 결정할 수 있지만 아무 기준도 없으면 그냥 '되는 대로' 살게 됩니다. 이건 그리 놀랄 일이 아닙니다.

만약 이 학생이 '춤으로 세상을 밝히는 것'을 의미로 삼았다면 제가 볼 때 약대든 의대든 둘 다 맞지 않을 거예요. 이 학생이 테레사 수녀처럼 가난한 사람을 위한 센터를 열어 아픈 사람을 치유하고 싶어 한다면 의대가 더 잘 맞지 않을까요? 혹시 이 학생의 엄마가 암으로 돌아가셔서 인생의 의미를 '혁신적인 항암제로 인류를 암으로부터 구하기'에 둔다면 약대에 들어가는 것이 더 효과적이겠지요. 물론 의대에 다녀도 항암제를 만들겠다는 목적을 이룰 수 있을 겁니다. 분명 어떤 책을 읽는지, 어떤 인턴십이나 실습을 하는지, 어떤 인맥을 쌓는지, 어떤 연구소에 들어가는지 등 수많은 변수가 이 학생이 자기 목적을 얼마나 효과적으로 실현하는지에 영향을 줄 것입니다.

그러나 모든 목표는 다 수단이고, 그것은 목적에 맞게 2차로 세워집니다. 리스트에서 A를 고를지 B를 고를지 고민하는 것은 결코 의미 있고 활기찬 인생을 가져다주지 않을 거예요. 정해진 어떤 프로세스만 맹목적으로 따르면 얻는 것이 별로 없습니다.

마음 아프게도 저는 그동안 학생과 성인에게 이런 종류의 메일을 아주 많이 받았습니다. 제가 볼 때 자신의 개인 기준을 만들지 않으면 이 학생은 약대에 가든 의대에 가든 둘 다 뭔가 맞지 않는다고 생각할 것입니다. 의미도 없고 둘 다 자아수축으로('뭘 하면 제일 적게 혼나고 그나마 잘 먹고 잘 살 수 있을까?') 선택한 것이라면 말이죠. 내적 기준 없이 손가락으로 옵션을 짚으면서 올바른 과정이 대신 해줄 거라고 믿으면 결국 무너지게 마련입니다.

앞의 예시에 나온 클라이언트는 자신의 목적에 따라 네일아트와 메이크업을 배워 독일로 이민을 갔고, 법학과 학생은 법률 사무소가 자신에게 잘 맞지 않아도 통일을 위한 목적으로 법학을 끝까지 공부했습니다. 저도 인간성을 되살리기 위해 회사에서 전략을 배우고, 자격증을 취득하고, 세미나에 다니고, 영상·책·워크숍·강의·블로그로 그 의미를 실현했습니다. 작가, 강사, 심지어 유튜버가 '되는 것'이 제 목적은 아니었습니다. 저는 직업 그 자체에는 별로 신경 쓰지 않습니다. 단지 어떻게 세상에 헌신할 수 있을 것인지에만 신경 씁니다. 제가 하는 일들은 모두 그것을 실현하기 위한 수단일 뿐입니다. 수단! 저는 왜 하필 이러한 수단을 활용할까요? 제 진심 어린 목적에 가장 상응하고 효과도 크기 때문입니다. 만약 한 수단이 효과가 떨어지면 바로 다음 수단으로 넘어가면 됩니다.

의미는 점점 커진다

앞의 세 가지 사례 주인공은 모두 의미를 하룻밤 만에 세운 게 아닙니다. 그것은 몇 년의 경험과 자기관찰의 결과입니다. 여러분 역시 비전을 처음 관찰할 때 짜잔! 하고 의미가 바로 생겨야 한다는 압박을 받지 않기를 바랍니다. 만족스러운 비전을 만드는 데는 충분한 시간이 필요합니다.

그리고 절대로 완벽주의의 함정에 빠지지 마세요. 저는 완벽한 비전을 세우지 못해 아예 시작도 하지 않는 클라이언트와 워크숍 참가자를 많이 봤습니다. 그들은 "완전히 확신이 드는 비전을 아직 못 세워서" 행동하지 못한다고 말합니다. 사실 100퍼센트 확신하는 것은 불가능합니다. 늘 좌절과 의구심이 우리의 헌신을 흔듭니다. 너무 많은 고민에 빠지는 것보다 항상 '아는 범위' 내에서 시작하세요.

아직 완벽한 비전을 발견하지 못했다고 기다리기만 하는 사람들에게 저는 자주 말합니다.

"아는 만큼 사세요. 모르는 만큼 말고."

인생의 의미를 만드는 것은 다이아몬드와 같습니다. 닦을수록 빛이 납니다. 일단 현재 내가 알아차릴 수 있는 진정한 의미로 시작하고, 점차 의식이 높아져 직관적인 새로운 깨달음이 오면 그 의미를 조정하면 됩니다. 내 인생의 의미는 내 것이므로 차츰 세부화하면 됩니다.

저는 '전 지구를 살리는 비전이 아니면 부족하다!'라고 생각하는 사람도 많이 봤습니다. 결코 그렇지 않습니다. 테레사 수녀도 처음부터 전 세계에 500개 센터를 세워 자비의 아이콘이 되겠다고 생각하지는 않았을 거예요. 처음에 그녀는 수녀가 되어 그저 콜카타에서 봉사한 것뿐입니다. 코딩을 워낙 좋아하고 컴퓨터를 사랑한 빌 게이츠가 차고에서 작은 스텝으로 마이크로소프트를 창립했을 때, 그는 자신이 40년 후 폴리오(소아마비) 백신으로 전 세계 어린이를 치유할 거라고는 상상하지 못했습니다. 내 자아확장 의미로 내가 성장하고, 내가 성장하면 내 자아확장 의미도 커집니다.

무조건 전 우주를 위해 자신의 의미를 크게 실현할 필요는 없습니다. 범위의 크기에 '이래야 한다'는 법은 없어요. 주변, 가족, 공동체, 사회, 국가, 지구 등 모두 가능합니다. 욕심이 많을 수도 있지만 작게 시작해 점점 확장해갈 것을 권합니다.

시간이 지나면 여러분의 목적이 현재 상상할 수 없는 높이까지 발달해 있을지도 모릅니다. 저는 제 비전을 3개월에 한 번씩 수정하고, 업그레이드하고, 불필요한 것을 버리고, 새로운 것을 추가합니다. 솔직히 내년에 제가 이 책에서 쓴 의미를 읽었을 때 이미 시효가 지났을까 봐 조금 무섭습니다. 제가 성장한 저에게 맞게 이미 의미를 업그레이드했을 것이기 때문입니다.

비전은 우리를 항상 낯선 지형 위에서 날게 할 것입니다. 자아확장의 원칙에 따라 결국 내가 비전을 갖고 있는 게 아니라 비전이 나를 갖고 있기 때문입니다. 힘이 들지 않는effortless 그 삶이 바로 궁극적인 목적입니다.

작게 시작하길 참 잘했습니다.

자아확장 기준 2

자기 관찰 질문	**1** 자신의 욕구를 충족하기보다 위대한 목적에 헌신한다면 그 목적은 무얼까?(일단 첫 아이디어를 적어보세요) **2** 어떤 의미대로 살겠는가? 무엇을 위해 살겠다는 선택을 하겠는가? **3** 자기 자신보다 더 큰 비전을 추구한다면 그 비전은 무엇인가? **4** 잠깐 자신의 모든 의문, 두려움, 자책, 저항, 불안(=자아수축)을 내려놓을 수 있다면 어떤 인생의미에 헌신하겠는가? **5** 무엇으로부터의 자유 말고, 무엇을 위한 자유를 누리고 싶은가?

기둥3.
목표 세우기

"다음에 어디로 여행을 갈지 고민하기보다 도피할 필요가 없는 삶을 구축하는 것이 어떨까?"

세스 고딘

목표란 무엇인가

단단한 가치관과 인생의미 안에서 어느 정도 자신의 존재 기반을 다졌으면 이제는 그것을 분명한 행동으로 전환해야 합니다. 그런데 그 전에 어떤 단기목표를 위해 행동할 것인지 구체적으로 알아야 합니다. 가치는 내 존재의 성향이고, 목적은 방향이며, 그것을 위해 행동 주파수를 제대로 맞추는 것이 목표입니다. 이제서야 우리는 가치와 의미에 기반해 일관성 있는 목표를 구체적으로 세울 수 있습니다.

목표는 가치와 목적을 기반으로 세상에 실현하고자 하는 구체적인 최종 결과를 말합니다. 여기서 핵심은 **'최종 결과'**입니다. 목표는 내 인생의 포부나 의미가 아닙니다. 목표는 만질 수 있는 실재 결과를 만들기 위한 약속입니다. 가치와 목적이 단지 추상적으로 방향만 보여준다면 목표는 의도를 구체적으로 대표합니다.

내 목적을 현실로 만들려면 어떤 공부, 학위, 자격, 직장, 연구실, 논문, 제작물, 이벤트 그리고 어떤 구체적인 결과물이 필요할까요?

앞 단계에서 '사람들과 아름다움 나누기', '유럽 생활', '안정된 삶과 행복한 가족'이라는 의미를 세운 클라이언트를 기억하세요? 그녀는 아름다움을 나누고 유럽 생활을 하겠다는 의미 아래 일단 '네일아트와 메이크업 자격증 취득, 네일숍 알바, 독일어 B1 졸업, 유럽으로 이민'이라는 목표를 세웠습니다.

네일아트에 전혀 경험이 없었던 그녀는 우선 학원에 다녀 자격증을 따는 것이 첫 목표였습니다. 먼저 그녀는 6개월 동안 주말수업을 듣고 네일 아티스트 자격증을 딴 뒤, 두 번째 단계로 한국에 있는 네일숍에서 주말 아르바이트 자리를 구했습니다. 세 번째 목표는 언어 학습이었습니다. 영어 실력은 충분했으나 독일어 실력이 아직 부족했기 때문에 그녀는 저녁에 제3국어로 독일어를 공부했습니다. 그녀는 주중에는 원래 다니던 회사에 계속 다녔고 주말에는 네일숍에서 실습했으며 나머지 자유 시간에는 독일어와 영어를 복습했습니다. 그다음 목표는 유럽으로 이민을 가는 것이었습니다.

이때 큰 역할을 해준 것은 바로 직관과 자연스러운 흐름이었습니다. 어느 날 독일에서 살고 있는 그녀의 한국 친구가 그녀에게 전화

의미	**의미, 목적, 비전**				
목표	목표1	목표2	목표3	목표4	…

를 했습니다.

"야, 내 지인이 프랑크푸르트에서 한국 스타일 네일숍을 준비하고 있는데 직원이 필요하대. 가능하면 한국인 직원을 원한대."

그 말을 듣고 그녀는 자기 귀를 의심했습니다. 독일에서 네일아트를 할 수 있다고? 그녀는 즉시 행동에 돌입했습니다. 먼저 네일숍 주인과 계약한 뒤 독일 비자를 얻고 한국 회사에 사직서를 낸 다음 3개월 만에 독일로 출발했습니다. 현재 그녀는 독일에서 결혼하고 3년째 네일 아티스트로 일하고 있습니다. 그녀는 앞으로 또 어떤 목표를 세울까요?

독일에 사는 친구가 전화한 것이 기적처럼 여겨질지도 모르지만 그렇지 않습니다. 목표가 뚜렷해서 그 기회가 보인 겁니다. 내 목적을 세상에 실현하기 위해 상황에 딱 맞는 목표를 단계별로 세우면 그것을 달성하기 위한 전략은 자연스럽게 형성됩니다.

스마트 목표

목표를 세울 때 마케팅의 대가 필립 코틀러가 제안한 마케팅 전략 '스마트 목표SMART goals'를 여기에 적용해보겠습니다.

구체적인 것 Specific: 목표는 구체적이어야 합니다. 목표가 막연하면 효과적인 행동이 따를 수 없습니다. '돈을 더 많이 벌고 싶다'는 구체적인 목표가 아닙니다. 반면 '2억 모으기'는 집중할 수 있는 구체적인 목표입니다.

측정 가능한 것 Measurable: 목표를 달성했는지 명확히 측정 가능해야 합니다. 예를 들어 '사람을 행복하게 만드는 것'은 의미로 세우기엔 괜찮을지 몰라도 목표로는 적절하지 않습니다. 목표는 측정할 수 있는 결과여야 합니다. 사람을 행복하게 만들려면 가령 '심리건강 강의 50개 완성'이라는 목표를 세울 수 있습니다.

성취 가능한 것 Attainable: 이룰 수 있는 목표를 말합니다. 목적은 추상적이고 의미만 주는 반면 목표는 장단기 안에 도달하는 것입니다. 일론 머스크처럼 화성에 새로운 식민지를 설립하고 싶다면 '화성에 식민지 만들기'보다 상대적으로 이루기 쉬운 작은 목표를 세우길 추천합니다. 이를테면 법인 등록, 전문가 20명 뽑기, 로켓 특허 신청, 첫 터빈 프로토타입 테스팅 등이 있습니다. 화성에 가는 것은 오히려 목적입니다. 정말로 화성에 가게 되면, 즉 목적과 목표가 서로 동일해지면 그때 목적을 올려야 합니다.

연관성 있는 것 Relevant: 목표는 내 가치나 의미와 관련이 있고 그 방향을 지원해야 합니다. 예를 들어 '사람들과 아름다움 나누기'를 의미로 세웠다면 '무기 제조업체에 취업하기'가 정말 적합한 목표인지 재고해보는 것이 좋습니다. 목적과 관련이 없는 목표를 추구하지 마세요. 너무 뻔한 이야기 같지만 애석하게도 많은 사람이 이 부분에서 실수합니다.

정해진 시간Time-Based: 목표에는 마감이 있어야 한다는 뜻입니다. 즉, 언제까지 무엇을 완성할지 정확히 정해야 합니다. 만약 '책 출간'이 목표라면 언제 원고를 제출할 것인지 정하세요. 잘 알다시피 마감은 목표의 가장 친한 친구입니다.

창조 프로세스 - 구조적 긴장Structural Tension

이제 드디어 'Part1 원칙1. (문제해결보다) 창조'에서 설명한 창조 원칙을 꺼냅니다. 목표를 세우는 것은 창조 프로세스의 첫 단계입니다. 문제해결만 하려면 굳이 목표는 필요 없습니다. 반면 새로운 것을 창조하려면 우선 무얼 창조하고 싶은지 알아야 합니다.

레오나르도 다빈치의 명작 〈모나리자〉는 그림의 구성과 귀족 여성의 신비함, 특히 해석할 수 없는 미묘한 미소로 전례 없는 작품으로 꼽힙니다. 다빈치는 이 명작을 하룻밤 만에 완성했을까요? 많은 예술학자가 작품 완성에 걸린 정확한 기간을 놓고 논쟁하고 있는데 최소 4년에서 최대 16년이 걸렸을 거라고 합니다. 다빈치는 그림을 느리게 그리고 대부분의 예술품을 완성하지 않은 것으로 유명합니다. 〈모나리자〉는 완성 자체도 신기하지만 더 놀라운 것은 다빈치가 사용한 투명 도료의 레이어 수입니다. 피사계 심도를 늘리기 위해 모나리자의 얼굴에만 300개 이상의 레이어를 그렸다고 합니다. 탁월한 결과물을 얻기 위해 어마어마한 노력을 기울인 것입니다. 다빈치가 이렇게 노력할 수 있었던 이유는 그가 자신이 뭘 원하는지 알고 있었기 때문입니다. 목표가 분명하면 명확하게 행동을 취할 수 있습니다.

여러분의 인생도 예술 작품과 다름없습니다. 우선 그것은 오로지 여러분의 것이고, 그다음으로 그것을 아름답게 만들려면 책임을 져야 합니다. 마지막으로 어떤 모습을 원하는지 미리 알아야 그런 인생을 만들 수 있습니다. 아름답게 만들 것인가요, 아니면 초등학교 3학년 미술시간에 옆자리 아이가 내 그림에 낙서한 것처럼 타인이 내 그림을 그리도록 허락할 것인가요?

로버트 프리츠는 창조 프로세스를 체계적으로 설명했습니다. 먼저 종이 한 장을 꺼내 위아래에 직사각형을 하나씩 그립니다. 이때 위 사각형에는 목표를 적고 아래 사각형에는 내 현재 상황을 적습니다. 그러면 목표 사각형과 현실 사각형 사이에 간격이 생깁니다. 목표와 현실 사이의 간격을 줄이고 싶을 경우 현실을 목표 쪽으로 올려야 합니다. 이를 위해 그 간격을 상응한 행동으로 채우면 됩니다. 하나의 행동은 새로운 현실을 만들고 행동하면 할수록 현실과 목표 사이의 간격은 좁아집니다.

그럼 고무줄로 예시를 들어보겠습니다. 양쪽 손가락으로 고무줄을 잡고 충분히 팽팽해질 때까지 위아래로 당겨보세요. 이때 고무

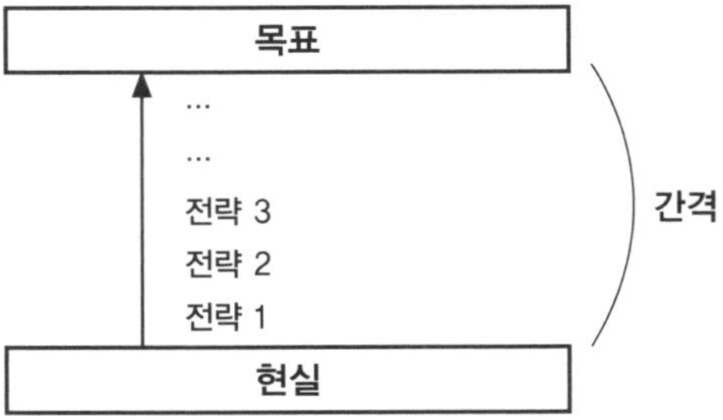

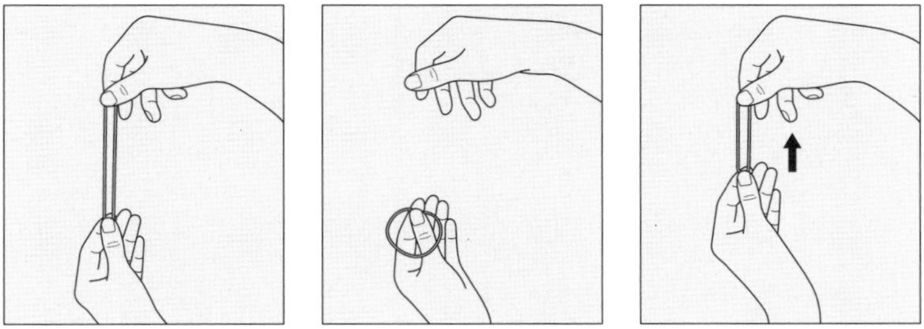

긴장　　현실적　　실현

줄에 긴장이 생깁니다. 이것은 로버트 프리츠는 '구조적 긴장structural tension'*이라 부릅니다. 고무줄 윗부분은 목표를 상징하고 아랫부분은 현재 순간을 의미합니다. 목표와 현실 사이에 생긴 간격, 즉 긴장은 우리가 해소하고 싶은 것을 뜻합니다. 다시 말해 이것은 현실에서 목표로 향하고자 하는 우리의 진심 어린 마음입니다. 저는 이 비유가 꽤 적합하다고 생각합니다. 구조적으로 생겨나는 필연적인 긴장과 그 긴장이 목표 성취에 미치는 영향 등 신비롭게 느껴지는 창조 프로세스를 명확하고 체계적으로 설명하기 때문입니다.

마음의 긴장을 푸는 데는 두 가지 옵션이 있습니다.

1. 고무줄의 윗부분을 잡고 있던 손가락을 놓으면 고무줄은 아무 긴장 없이 아래로 떨어집니다. 다시 말해 목표를 포기하고 '현실적으로 생각하자'는 자세로 아무런 행동도 하지 않으면 무기력하게 현실에 안주하고 맙니다.

2. 고무줄의 아랫부분을 조금씩 위쪽으로 올려봅니다. 점차 긴장이 사라지면서 현실이 목표로 다가갑니다.

* 그것을 도표로 한다면 '구조적 긴장 차트Structural Tension Chart'라고 부릅니다.

예시

구조적 긴장을 사용한 사례를 들어보겠습니다. 만약 제가 세운 인생의미가 '세상의 아름다움을 타인과 나누는 것'이라면 그 목적을 실현하는 데 적절한 한 가지 목표를 정합니다.

목표: 예술 그룹 전시회 열기-서울에서 100회 이상 그림과 조각을 전시하고, 오픈 6개월 후, 예술품을 구매할 수 있는 옵션을 부여한다.

현실: 예술 시장을 분석한 지식, 미술학원에 다니는 지인 네트워크, 전시할 수 있는 그림 20점이 있다.

앞으로 6개월 안에 전시회를 열려면 무엇을 해야 할까요? 목표와 현실 사이의 간격을 어떻게 좁혀야 할까요? 다음에 나오는 도표에서는 목표를 위해 차트의 아래부터 위까지 체계적인 전략을 세우는 것입니다.

전략, 즉 액션 스텝을 잘 세워놓으면 바로 행동을 시작할 수 있습니다. 이 경우 앞으로 취할 행동에 따른 부담이나 의문이 전부 사라집니다. 다시 말해 '어떻게 시작해야 할지' 같은 고민을 더는 할 필요가 없습니다. 작은 전략들이 내 행동을 하나하나 가이드해주기 때문입니다.

중요한 것은 예시가 아니라 프로세스 자체를 이해하는 것입니다. 구체적으로 말해 스마트 목표를 세워 이를 위한 효과적인 행동 계획을 세울 수 있느냐 없느냐가 중요합니다. 전시회, 창업,

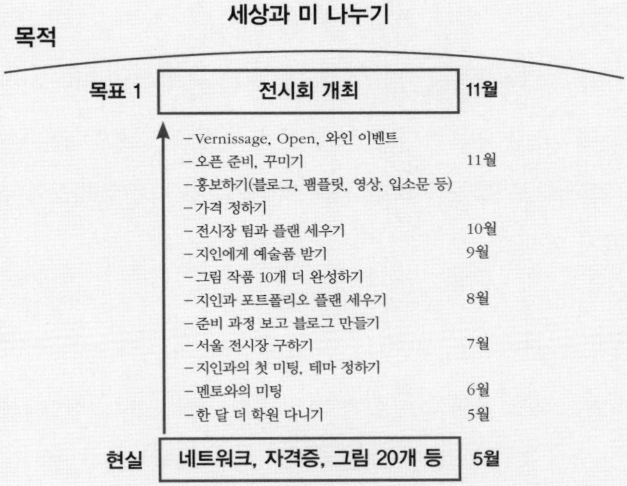

마라톤 완주, 새 상품 론칭, 새 프로젝트 완성, 집짓기, 가족과의 여행 등 목표가 무엇이든 모든 최종 결과를 체계적으로 창조하면 됩니다.

목표를 세울 때 행하는 흔한 실수

실수 1. '매일 ~하기'

목표란 구체적인 '최종 결과'를 말합니다. 즉, 일주일, 한 달, 일 년 안에 이뤄낼 결과죠! 워크숍에서 저는 목표를 잘못 쓰는 경우를 많이 봅니다. 예를 들어 '매일 영어 단어 다섯 개씩 외우기', '매일 5시에 일어나기', '일주일에 세 번 러닝하기'는 그저 마구잡이 행동일 뿐입니다. 무엇을 위한 행동인지 모르는 탓에 작심삼일이 되기 쉽습니다.

'영어를 배우기 위해 매일 영어 단어 세 개씩 외우기'는 목표가 아니라 행동입니다. 예를 들면 '올 9월 TOEFL iBT 105점 이상으로 합격하기' 아니면 '내년 7월 세계일주 출발'이 목표입니다. 이것을 위해 영어를 공부해야 한다면 그 스텝을 전략에 넣으면 됩니다. 아주 구체적일지라도 행동 계획은 목표가 아닙니다. **프로세스와 목표를 헷갈리지 마세요.**

무엇을 위해 영어 공부를 하나요? 무엇을 위해 5시에 일어나나요? 무엇을 위해 러닝을 하나요? 이루고자 하는 최종 결과가 무엇인가요? 그것이 명확해야 끝까지 갈 힘이 생깁니다. 바쁘게 움직이면 주변에서 박수를 칠지도 모르지만 오직 프로세스만 있다면 오래 가지 못합니다.

실수 2. '줄이기, 늘리기, 더 잘하기'

'영어 더 잘하기', '수익 늘리기', '스트레스 줄이기' 등 표현이 구체적이지 않은 것도 흔한 실수입니다. 이것은 '막연함의 영역'에 속하지요. 막연한 목표와 막연한 행동은 곧 실망스러운 결과를 낳습니다. 이와 달리 측정 가능한 구체적인 목표를 세우는 것은 훨씬 효과적입니다.

실수 3. '좋아하는 일을 한다'

요즘 이런 미신이 많이 돌고 있습니다.

"내가 좋아하는 일을 해야 행복할 수 있다!"

그러면 목표를 세우고 그 목표를 이루기 위한 모든 행동을 다 좋아해야 한다는 말이잖아요. 이런 마인드셋으로는 도전하다가 조금만 새롭고 살짝만 불편해도 머뭇거립니다. 실은 내가 프로세스를 좋아하느냐 아니냐는 중요하지 않습니다. 중요한 것은 **목적과 목표에 의미가 있는가** 하는 점입니다. 지난 챕터에서 말했듯 모든 작업, 일, 공부, 전략은 내 목적과 목표를 실현하기 위한 수단입니다. 효과적으로 살고 싶다면 단기적으로 편하든 불편하든 모든 것을 잠깐이라도 수단으로 사용할 줄 알아야 합니다. 만약 장기적으로 몹시 싫어하는 일을 전략으로 세웠다면 언제든 전략을 바꿔야 합니다.

의미가 있을수록 목표는 복합적입니다. 그리고 목표가 복합적일수록 다양한 전략이 필요합니다. 편하고 '좋아하는' 작업만 하려 하면 아마 아무것도 하지 못할 것입니다. 의미 있는 삶은 그냥 편안한 자아수축 패턴대로 사는 게 아니라 어려운 도전도 뛰어넘고 성장하는 여정입니다.

예를 들어 저는 영상 촬영을 별로 좋아하지 않습니다. 약 23만 명의 유튜브 구독자가 있는 제가 이렇다니 놀랍죠? 만약 제 '마음대로' 행동했다면 블로그에 글만 쓰거나 소규모 워크숍만 했을 것입니다. 그게 편하니까. 그런데 정말로 제가 그렇게 했다면 어땠을까요? 아마 마케팅이 부족해 좋은 영향을 거의 끼치지 못했을 겁니다. 영상은 제 목적을 효과적으로 실현하기 위한 최고의 수단이라 저는 필요할 때마다 꾸준히 올립니다.

물론 '과정'이 항상 어렵고 견디기 힘든 것은 아닙니다. 가끔은 좋아하는 일을 하고 또 가끔은 좋아하지 않는 일도 할 테지만 그 결정은 과정이 어떠하든 내 마음이 하는 것이 아니라 목표가 하는 것입니다. 과정 자체를 꼭 좋아할 필요는 없습니다. 그저 당신이 세운 가치와 목적, 목표에 따라 그것이 의미가 있느냐 없느냐를 확인해보고 진행하면 됩니다.

실수 4. '내 목표는 가치 있는 인간 되기'

목표를 세울 때 사람들이 범하는 가장 흔하고 위험한 실수는 '자기 자신을 목표로 세우는 것'입니다. 가령 '3개월 안에 생산적인 사람 되기', '사랑이 넘치는 사람 되기', '책임감 있고 주변에 기여하는 사람 되기' 등이 있습니다. 한마디로 최종 결과가 '나'입니다.

이런 사고방식에서 많은 문제가 생겨납니다. 우선 막연한데다 무언가를 창조하는 게 아니라 내 '이미지'만 보호할 뿐입니다. '더 나은 사람이 되겠다'는 마음은 잘 알지만 그것은 진정한 마음에서 비롯되기보다 결핍으로 인한 욕심입니다.

저는 이 방식으로 무너진 사람을 많이 봤습니다. '나'가 목표라면서 불안이 그 과정을 지배해버립니다. 실패하면 어떡하지? 멋있어 보이려고 하는데 혹시 멋있어 보이지 않으면 어쩌지? 오히려 이러한 공포 때문에 아예 행동하지 못합니다.

목표를 달성하고자 할 때 내가 어떤 사람인지는 중요하지 않습니다. 중요한 것은 단 하나 **'결과를 냈는가'**입니다. 내 에고, 즉 내가 어떤 사람인가는 창조 프로세스에서 제외해야 합니다. 목표를 추구하는 중에 많은 도전을 겪으며 내가 더 생산적이고, 더 솔직하고, 더 자비로운 사람이 될 수도 있지만 그것은 목표가 아닙니다. 그저 바람직한 부산물일 뿐입니다.

미래의 목표가 아직은 불가능해 보일지도 모릅니다. 힘들어 보일 수도 있습니다. 현재 내가 해낼 수 없을 것 같은 목표에 도달하려면 내가 성장해야 하는 게 맞아요. 그래서 '자아확장'이라 부릅니다. 목표를 실현하는 과정 중에 내가 외부 세상과 신중하게 부딪치고, 고비를 극복하며, 배울 것을 배우면서 내가 더 이상 두려워하지 않으면 '나'는 더 완전해집니다. 하지만 그 완전한 '나'에 집착하지 않아야 합니다. 집착하는 순간 자아수축이 되어 더 나아가지 못합니다.

이 주제가 워낙 중요해 'Part4 장애물1. 강박과 이상' 챕터에서 다시 구체적으로 설명하겠지만 여기서 미리 강하게 경고합니다. 자기 자신을 목표로 삼지 마세요.

모든 도전은 내 성장을 촉진해 나를 더 강하고 '나은' 사람으로 만들어줍니다. 억지로 '다른 사람이 되려고' 노력해서 변하는 게 아니라 견고한 목적과 구체적인 목표들이 나를 확장시키고 변화를 일으킵니다. 내가 더 좋은 사람이 되고 싶으면 나 자신을 목적·목표에 내던져야 합니다. 목적·목표를 내게 맞추는 게 아니고 내가 그것에 맞춰야 합니다. 의미 있는 내 목적·목표는 '나'라는 다이아몬드를 더 아름답게 만들어줍니다. 결국 내 성장에는 자기중심이 아닌 목적중심이 가장 효과적인 방식입니다.

자아확장 기준 3

자기 관찰 질문

1 지난 챕터에서 세운 목적마다 세 개 이상의 구체적인 목표를 세워보세요(스마트 목표를 기억하세요).

2 각 목표마다 다음 질문을 해보세요.

– **목표 구체화** 그 목표의 최종 결과는 정확히 어떤 모습인가?

– **현실 인정하기** 그 목표는 지금 어디까지 와 있는가? 현재 위치는 어디인가?

– 목표와 현실 사이의 간격을 어떤 전략과 행동으로 채울 것인가?

기둥4.
전략 세우기

"전략 없는 비전은 허상이다."

리 G. 볼먼

목표를 세운 뒤에는 어디서부터 시작해야 할까요? 나만의 자아확장 기준 세우기의 마지막 요소는 바로 정확한 전략, 즉 **행동 플랜**을 짜는 일입니다. 그럼 지난 챕터에서 설명한 구조적 긴장 법칙을 토대로 원하는 최종 결과와 현실의 격차를 효과적으로 채우기 위한 전략과 실천 플랜을 체계적으로 짜보겠습니다.

스텝 바이 스텝

작가 팀 페리스가 어느 영상에서 했던 말이 기억납니다. 이 책에서는 제가 이해한 대로 말을 바꿔 설명해보겠습니다.

예를 들어 여러분이 환경보호 강사가 되고 싶어 한다고 가정해봅시다. 언뜻 보기에 이것은 일반 회사원으로 일하고 있는 여러분에게 너무 비현실적인 목표 같습니다. 그러면 이 상황에서 팀 페리스가 추천하는 방식을 한번 살펴봅시다.

일단 스피치 능력이 부족하므로 3개월 정도 스피치 학원에 다닙니다. 정확히 어떤 주제의 환경 강의를 하고 싶은지도 가늠하기 힘들어서 일단 환경보호와 관련된 책을 딱 다섯 권만 읽습니다. 또 서울 코엑스에서 재생에너지 국제 컨퍼런스를 한다는 소식을 듣고 휴가를 내 참석합니다. 그렇게 몇 개월 동안 배운 내용 중 가장 인상 깊은 부분을 취합해 40분짜리 강의로 요약합니다.

이제 친구 3명에게 전화해 치맥을 사줄 테니 내 발표를 한번 들어줄 수 있느냐고 물어봅니다. 대여실을 예약해 친구들 앞에서 연습한 대로 발표하고 피드백을 받습니다. 곧이어 강의 내용을 조금 수정해 이번엔 친구 5명 앞에서 발표합니다. 그다음에는 10명, 15명으로 점차 늘려가고 결국 무료로 강의하는 곳이나 대학교에 연락합니다.

"저는 환경보호를 주제로 무료 강의를 하고 있는데 혹시 저녁시간에 강의 자리가 있나요?"

잘하면 강의를 원하는 대학교 두세 군데를 찾을 수 있을 겁니다. 이제 대학교, 문화원, 비영리단체, 서울시 국제문화축제, 컨퍼런스 등에 연락해 첫 강의를 등록합니다. 날짜가 잡히면 당연히 홍보를 해야 합니다. 우선 모든 친구에게 전화하고 대학교나 시내에 포스터를 붙입니다. 또한 페이스북, 그린피스, WWF, 기타 환경보호 그룹에 강의를 한다고 포스팅하고 온오프믹스에도 강의를 올립니다. 발표하는 날 생각보다 강연장이 꽉 찰지도 모릅니다. 조금 긴장하긴 했지만 충분히 연습한 덕분에 청중 30명 앞에서 멋지게 강의를 해냅니다. 이때 사진을 전문적으로 찍는 친구에게 미리 부탁해 강의하는 멋진 사진을 많이 찍어둡니다. 강의를 마치고 애프터 파티에서 사람들과 인맥을 쌓으면 좋은 기회가 생길지도 모릅니다.

그 후 자신의 홈페이지를 만듭니다. 여기에 '환경보호 전문 강사'라는 타이틀을 달고 친구가 찍어준 세련된 사진을 올립니다. 모르는 사람에게는 마치 10년 경력의 환경운동가 같습니다. 이름도 '김민수, 환경을 살리는 사람'이라 짓고 계속해서 적극 스피치를 연습합니다.

가능한 만큼 책을 더 읽고, 봉사활동 단체를 조직하고, 환경 관련 책을 직접 쓰고, 환경을 주제로 블로그에 글을 올리고, 무료 강의를 몇 번 더 나가면 어느새 첫 콜이 옵니다. 가령 홈페이지를 확인한 서울시로부터 10월 서울 환경 컨벤션에서 강의를 해줄 수 있느냐는 문의가 들어옵니다. 보수는 50만 원! 짜잔! 여러분은 이제 환경보호 전문 강사입니다!

아직 시작에 불과하지만 자격증을 취득하고, 필요할 경우 야간 대학원도 다니고, 환경보호 NGO에서 봉사도 하면 점점 기회가 늘어납니다. 여러분은 세계 변화를 위한 첫걸음을 내디딘 것입니다.

저는 이 스토리가 꽤나 현실적이라고 생각합니다. 스텝 바이 스텝으로 원하는 자리를 만드는 데는 별다른 어려움이 없습니다. 가장 흥미로운 것은 이 모든 과정을 진행하는 동안 아무런 불안 없이 회사에 계속 다녔다는 점입니다. 일단 환경보호 분야에서 안전하게 자리를 잡으면 언제든 회사를 그만두어도 됩니다.

전략이란

삶을 주도적으로 살려면 자기 인생의 전략가가 되어야 합니다. 주입식 교육에서는 정해진 프로세스나 답을 외워 그대로 행동하면 결과가 나옵니다. 즉, 정답을 쓰면 A⁺를 받습니다. 아쉽게도 인생은 그렇지 않습니다. 목표를 알고 있는데 답을 알려주는 선생님이 없으면 어떡하지요? 그래서 완전히 다른 패러다임으로 접근해야 합니다. 다시 말해 답을 받는 게 아니라 목적과 목표에 맞게 효과적인 답을 직접 조사하고, 써보고, 만드는 능력을 길러야 합니다.

전 세계적으로 크게 성공한 사람들은 대개 열심히 공부해 답을 외우는 유형이 아닙니다. 그들은 탁월한 전략가입니다. 아쉽게도 제3자에게는 결과만 보이기 때문에 누군가가 잘 해내면 그 사람을 '공부를 잘했나 보다', '금수저라서', '운이 좋아서', '얼굴이 예뻐서 그렇다' 등으로 평가하며 체념 어린 한숨을 내쉽니다. 그러나 의미 있게 사회에 좋은 영향력을 끼치는 사람이 성공한 바탕에는 내적 기준과 냉철하고 효과적인 전략이 있습니다. 스포츠, 군대, 비즈니스, 정치, 리더십, 사회 변화, 인간관계, 자기계발, 건설, 예술 등에서 큰 목표를 실현하고 싶다면 운을 기다릴 필요 없이 그것을 효과적인 방법으로 해내기만 하면 됩니다.

이순신 장군의 예만 보아도 우리는 수적 우세만으로 전쟁에서 이기는 것이 아님을 배울 수 있습니다. 가장 독창적이고 능수능란한 전략을 펼치는 쪽이 승리를 거둡니다. 스펙, 증명서, 졸업장, 자격증도 좋긴 하지만 이것이 결과를 이끌어내는 유일한 수단은 아니라는 점을 이해해야 합니다. 결과를 만드는 비결은 탁월한 전략과 그에 따른 행동력에 있습니다. 지금부터 그동안 배운 주입식 교육을 잠깐 뒤로하고 전략가가 되는 연습을 해봅시다.

전략의 6단계

전략도 경험으로 배우는 것이기 때문에 창조 프로젝트 두세 개를 성공적으로 마치면 어느 정도 감이 옵니다. 이때 필연적으로 생기는 시행착오까지 스스로 책임을 져야 합니다.

그럼 첫 시도에서 큰 실패를 당하지 않도록 적용하기 쉬운 전략의 틀을 제시하겠습니다. 이것은 경영학 교수 스탠리 리즐리의 전략 단계를 참고로 우리의 의도에 맞게 조절한 6단계입니다.

구조적 긴장 법칙대로 전략을 세우기에 앞서 먼저 목표를 세우고 현재 위치를 인정해야 합니다. 가령 축구코치가 월드컵 우승을 목표로 팀의 현재 컨디션을 알고 있으면 목표에 맞게 훈련 전략과 스케줄을 잡을 수 있습니다. 목표가 없으면 그저 취미로 하는 축구에 불과합니다. 목표와 현실을 명확히 한 다음에는 그 사이를 전략으로 하나하나 채우면 됩니다.

1단계. 조사와 상황 파악

목표와 현실이 명확해지면 이제 '시장분석'을 해야 합니다. "어떻게 시작해야 할지 모르겠다"고 말한다면 제가 권하고 싶은 것은 네이버와 구글 그리고 도서관입니다. 그 분야에 어떤 방법, 사람, 도구, 책, 세미나, 학교, 선구자가 있을까요? 여러분이 하고 싶은 일을 다른 사람들은 어떻게 하고 있는지, 어떤 잠재적 경쟁자가 있는지, 어떤 전문가가 있는지 알아내기 위해 동호회, 행사, 협회, 책, 기관을 전부 확인합니다. 우리는 달리기 위해 바퀴를 새로 발명할 필요 없이 이미 세상에 있는 바퀴를 활용하면 됩니다.

예를 들어 산림치유사를 목표로 정했다면 그 일이 정확히 무엇인지, 한국에서 얼마나 잘 개발되어 있는지, 어떤 교육 프로그램이 있는지, 어떤 준비를 해야 하는지 등을 인터넷과 책으로 알아볼 수 있습니다.

만약 유기농 복숭아잼을 팔고 싶다면 일단 마트 열 군데를 찾아가 어떤 복숭아잼이 시중에 나와 있는지 가볍게 분석합니다. 서점에서 '한국 복숭아잼 역사'를 다룬 책을 찾아보는 것도 좋습니다. 네이버에서 검색하면 복숭아잼 할머니라는 분이 충주에서 전문가로 활동하는 것을 발견할지도 모릅니다. 그분에게 전화하고 방문해서 시설을 직접 살펴보는 것은 어떨까요? 할머니가 10월마다 열리는 잼 축제 정보를 알려줄 수도 있습니다. 이렇게 조사만 해도 여러분은 이미 잼 인사이더입니다.

일단 조사에 나서면 직접 관련이 있는 여러 가지 행사, 멘토, 네트워킹 모임 등을 찾아낼 수 있습니다. 이제 그것을 하나하나 확인하면 됩니다. 창업이나 조금 독특한 것을 새로 시작하려 할 때 흔히 '유일한 개척자'처럼 행동하려 하지만 그럴 필요 없습니다. 이미 하고 있는 사람에게 메일을 보내 잠시 시간을 내 만나줄 수 있는지 물어봅니다. 차 한 잔 할 수 있느냐고 물어도 좋습니다. 또 네트워킹 행사를 신청해 그 분야에서 일하는 사람을 만나봅니다. 그 분야의 책, 잡지, 온라인 코스 등을 다 흡수하고 나면 불안이 많이 사라질 겁니다.

그 과정에서 조금씩 해당 분야를 바라보는 시야가 넓어집니다. 어떤 전문 분야가 있는지, 다른 사람들이 어떻게 활동하고 있는지, 그들이 어떤 어려움을 겪어왔는지도 다 알아낼 수 있습니다.

좀 더 경험을 쌓은 후에는 진짜 새로운 것을 발명할 수도 있지만 시작 단계에서는 경험자들에게 충분히 배우는 것이 좋습니다. 특히 처음에는 조사 단계이므로 아무 부담 없이 많은 것을 배우고 경험하면서 다양한 것을 확인해보세요.

2단계. 가역성 실험

이론만으로는 내 목표가 정말 적절하고 내가 진정 원하는 것인지 확신할 수 없습니다. 장기적인 결정을 내리려면 몇 번의 행동으로 그 일과 친숙해지는 것이 좋습니다. 가벼운 행동으로라도 어느 정도 감을 잡아야 확신을 담아 목표를 세우고 전략을 짤 수 있습니다. 가역성 실험은 아주 중요한 주제라 'Part3 실행1. 실험'에서 따로 명확히 설명하겠습니다.

3단계. 자원 준비

조사 단계에서 시야가 넓어지면 분명 예상했던 목표와 전략을 살짝 조정할 것입니다. 또 나아가려는 길도 확신할 겁니다. 일단 확신이 서면 놀이와 가벼운 분석은 그만하고 신중하게 자원 준비를 시작하세요.

자원의 종류는 다양합니다. 사업을 하려면 미리 돈을 얼마나 모아놔야 할까요? 어떤 능력을 키워야 할까요? 뭘 배워야 할까요? 어떤 경험이 필요할까요? 어떤 사람과 관계를 맺어야 할까요? 어떤 스펙이 필요할까요? 이 단계에서는 효과적으로 최종 결과를 내는 데 필요한 자원을 준비합니다. 여기서 자원이란 교육, 지식, 능력, 기술, 인맥, 돈, 자산, 졸업증, 자격증 등을 말합니다.

미래 목표를 실현할 돈이 없다고요? 그러면 투자자를 찾거나 투자금을 직접 버는 것도 구체적인 전략으로 잡습니다. 가령 창업에 1억 원이 필요할 경우 일단 그 돈을 준비해야 합니다. 돈을 준비하는 데 2년 정도 걸릴 거라고 예상하면 '2년 동안 1억 원 모으기'를 전략에 넣습니다. 목표를 위해 3년 더 공부해야 한다면 그 계획까지 전략에 넣습니다. 작은 독서모임을 개최하는 데 드는 자원 준비 기간은 2주 정도겠지만 신경외과 의사가 되려면 10년이 걸릴 수도 있습니다. 어쨌든 현실적으로 필요한 자원 준비를 구조적 긴장 차트에 모두 넣습니다.

어느 분야든 능력을 기르는 데는 똑같이 노력이 필요합니다. 연설가가 되고 싶은데 사람들 앞에서 말을 잘 못한다면 일단 스피치 학원에 다닙니다. 또 매일 집에서 카메라를 켜놓고 6개월 정도 스피치 연습을 합니다. 저도 스피치 학원을 두 군데 다니고 집에서 얼마나 열심히 연습했는지 모르실 거예요. 덕분에 마스터 수준은 아니지만 그나마 제 목표에 근접하는 한국어 스피치 능력을 길렀습니다.

코칭 준비를 할 때 저는 회사에 다니면서 퇴근 후 자격증 공부를 하고 주말에는 실습을 했습니다. 매일 아침마다 필요한 온라인 교육도 들었습니다. 그래서 퇴사할 무렵에는 이미 모든 것을 준비한 상태였습니다.

누구나 필요한 기술력, 소프트웨어, 스킬을 배양할 수 있습니다. "난 원래 이런 거 못하는데!" 같은 핑계는 더 이상 통하지 않습니다. 목표 달성에 필요한 능력이라면 누구나 배워야 합니다. 도저히 안 된다면 다른 전략을 적용하는 것도 한 방법입니다.

"모든 길은 로마로 통한다"는 말처럼 과정 지향이라면 '맞는 한 방법'만 찾겠지만, 목적 지향이라면 다양한 길로 같은 목표를 이룰 수 있다는 것을 압니다. 한 방법이 자신의 적성과 전혀 맞지 않는다면 다른 경로를 마련하세요.

4단계. 계획 수립과 프로토타이핑

어느 정도 준비를 갖췄으면 이제 '진짜로' 행동으로 옮겨야 합니다. 공부 단계는 가볍고 재미있지만 그 안에 갇히지 않도록 조심하세요. 세상에는 완벽한 것이 없으므로 어느 날엔가는 이행해야 합니다. 저는 평생 공부 단계에만 갇혀 있는 사람을 많이 만났습니다. 그들은 "이 자격증만 더 따면 자신 있을 것 같아"라며 실천하지 않고 계속 다음 공부로 넘어갑니다. 실제로 현실에 노출되는 데는 두려움이 따른다는 것을 이해하지만, 이 경우 자신이 정확히 무엇을 피하고 있는지 관조할 것을 권합니다.

자기 자신에게 진실한 사람은 직관적으로 행동할 때가 왔을 때 가능한 한 행동 플랜을 효율적으로 만듭니다. 다시 말해 돈, 에너지, 시간, 능력 같은 자원은 한정되어 있으므로 이 단계에서 모아놓은 자원을 어떻게 효율적으로 이용할지 정합니다. 이때 최선의 실행을 위해 모든 에너지를 모읍니다.

적의 특성과 지형을 잘 분석한 장군도 자기 군대를 훈련시킨 후 무작정 전쟁에 돌입하지 않습니다. 전투 전에 반드시 구체적인 공격 플랜을 짭니다. 마찬가지로 여러분도 본격적으로 실행하기 전에 냉철하게 실행 플랜을 짜야 합니다.

특히 최악의 시나리오까지 예측하고 적절한 대책을 준비합니다. 실행 단계로 넘어가기 전 일이 최대한 순조롭게 진행되도록 모든 예방 방법을 생각해놓을 수도 있습니다. 실패 전략까지 짜면서 많은 안전 쿠션을 달아놓는 것도 좋습니다. 즉, 계획대로 되지 않으면 무엇을 플랜 B, 플랜 C, 플랜 D로 할지 하나씩 정합니다. 스릴을 조금 남겨두면 재미있을 수도 있겠지만 실행 플랜은 가능한 한 안전하게 다루는 것을 추천합니다.

계획을 다 짰으면 프로토타이핑prototyping을 해보세요. 상품이라면 프로토타입을 론칭해 얼리어답터에게 싸게 팔고, 서비스라면 그 서비스를 무료로 제공해봅니다. 저도 코칭을 막 시작했을 때 첫 세션을 무료로 진행했습니다. 그때 무료 코칭한 몇백 시간은 제 코칭 실력을 기르는 데 큰 도움을 주었습니다. 이처럼 작은 실험을 하면서 문제가 발생했을 때 계획을 계속 수정하는 과정은 효율적인 실행을 뒷받침해줍니다.

하나만 조심하세요! 여러분이 돈, 능력, 장비 등을 갖췄다는 소문이 나면 곤란한 일도 생깁니다. 갑자기 사람들이 값비싼 새 교육 프로그램을 제시하거나("시장에서 인증을 받으려면 이 자격증을 하나 더 따는 게 좋아요.") 새로운 장비를 추천합니다. 이 단계에서는 협업을 하자는 사람을 만날 확률도 높습니다.

이 단계 정도면 더 이상 초보가 아닌데도 스스로는 아직 미숙하다고 생각하기 때문에 그러한 유혹에 빠질 위험이 큽니다. 공부를 좀 더 해볼까? 그 사람 밑에서 2년 정도 일하면 많이 배울 테니 더 안전하지 않을까? 아닙니다. 실수하지 마세요. 제가 경험해봐서 잘 압니다. 이 단계에서 절대로 자기 능력을 과소평가하지 마세요. 실행 계획 단계에서는 웬만하면 새로운 교육, 투자, 장비의 유혹을 받아 자원 준비 단계로 돌아가지 않게끔 주의하세요. 나중에 어느 정도 자리를 잡은 뒤에는 그 외의 오퍼를 받아들여도 괜찮습니다(물론 그때는 필요 없겠지만).

5단계. 실행

자! 드디어 D-Day입니다. 중요한 그날 여러분은 창업해서 상품을 론칭하거나, 책을 출간하거나, 작은 행사에 찾아온 청중 30명 앞에서 첫 스피치를 하거나, 첫 유료 코칭 클라이언트를 만나러 가거나, 의사로서 첫 수술을 진행합니다. 이제 놀이는 끝났습니다. 이름을 내걸고 혹은 책임을 지고 지난 몇 달이나 몇 년간 배운 것을 본격적으로 적용합니다. 용기를 내 현실에 노출되며 진짜 전문가로서 일을 시작하는 것입니다.

피터 랄스턴은 제게 아주 좋은 충고를 해주었습니다.

"사람들은 대부분 '뒷문'으로 들어오려고 해. 제대로 노출되거나 100퍼센트 헌신하고 싶어 하지 않아. 이제 네가 정문으로 들어올

시기가 왔어."

100퍼센트 헌신하지 않으면 실패할 수도 없습니다. 문제는 성공하지도 못한다는 데 있습니다. **여러분이 자원 준비와 프로토타이핑 단계를 거쳤다면 얼마든지 정문으로 들어와도 됩니다.**

책임을 지면 배우는 속도가 확 올라갑니다. 경험 덕분에 준비 단계에서 1년이 걸렸던 것을 갑자기 한 달 안에 습득하기도 합니다. 이때는 간절함으로 더 이상 일을 대충대충 하지 못합니다. 준비한 자원을 계획대로 사용해 목표를 맹렬하게 실현하죠. 즉, 기하급수적으로 자아확장을 합니다. 이 시기에는 제일 긴장하는 동시에 가장 크게 보람을 느끼기도 합니다.

6단계. 조정

이제 전략에 과도하게 집착하지 않게끔 조심하세요. 전략 그 자체가 목표가 되면 곤란합니다. 잊지 맙시다. 전략은 의미 있는 삶을 살고 인생의 모든 모험에 도전하기 위한 수단입니다. 만약 어느 순간 수단의 효과가 떨어지면 그걸 조정할 줄 알아야 합니다.

탁월한 전략가의 필수 특성은 유연성입니다. 언제든 새로운 아이디어, 새로운 통찰력, 새로운 능력을 얻어 더 높은 차원에서 목표와 기존 전략을 새로 판단해야 합니다. 더 효과적인 방식이 있으면 시기에 구애받을 것 없이 새로운 전략을 취하고 쓸모없어진 방식은 버리면 됩니다. 이 주제는 따로 'Part3 실행4. 조정' 챕터를 확인하세요.

솔직히 말해 일단 전략의 추진력이 생기면 엄격한 계획대로 움직이기보다 순간적인 흐름대로 행동하게 됩니다. 하지만 그런 흐름을 경험하려면 우선 시작해야 합니다. 이 챕터에서 '뭘 해야 하는지'에 대한 의문이 영원히 풀렸으면 좋겠습니다.

자아확장 기준 4

실천 과제

지난 챕터에서 우리는 목표를 여러 개 세웠습니다. 각 목표와 현실 사이의 간격을 구체적인 전략으로 채워야 합니다. 각 목표마다 전략의 6단계를 활용해 구체적인 행동 플랜을 세워보세요.

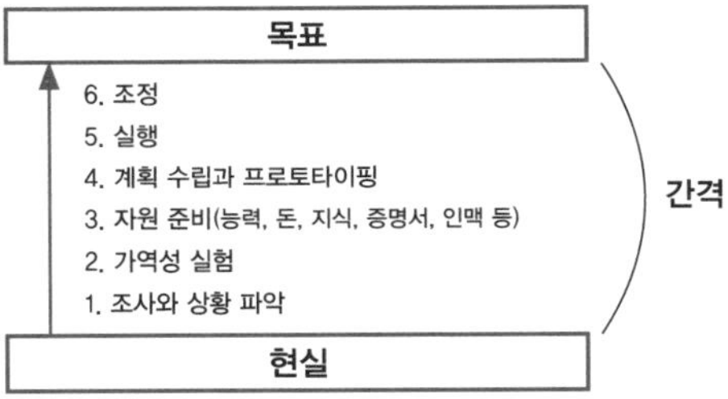

자아확장 지도 완성

드디어 네 가지 기준을 다 세웠습니다. 그럼 ①내 삶의 기반을 두고 싶은 가치, ②향하려고 하는 의미·목적·비전, ③창조하고 싶은 목표, ④목표를 실현하기 위한 구체적인 전략 이 네 가지를 종합해봅시다.

아래 차트를 저는 내 삶의 기준을 한눈에 볼 수 있는 '**자아확장**

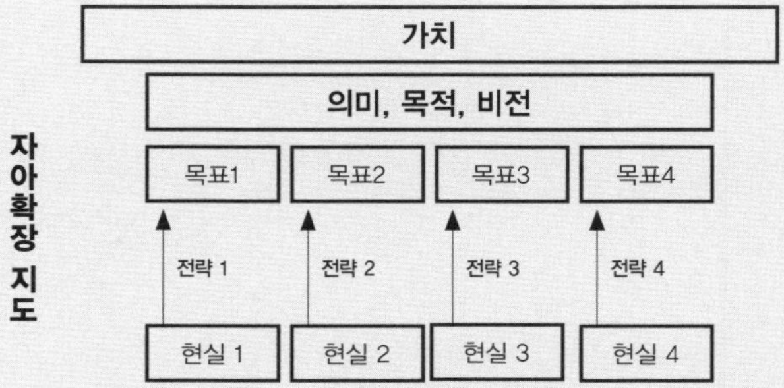

지도'라고 부릅니다. A3 종이나 컴퓨터 스프레드시트에 내 인생의 자아확장 기준을 정리할 것을 강력히 추천합니다.

그러면 어떻게 살아야 하는지, 무엇을 원하는지, 실현하고 싶은 것이 무엇인지, 매일 어떤 작은 행동을 해야 하는지 명확히 알게 됩니다. 이 지도는 내 영혼에 안정을 주고 내 삶의 통합성을 보장해주는 기준입니다. 앞으로는 지도를 참고해 매일을 의미 있게 살면 그만입니다. 이 기준에 기반하면 외부 세상에 휘둘리지 않고 장애물과 고비를 넘는 힘이 생길 겁니다.

구체적인 예를 드리겠습니다. 다음은 독일에서 네일아트를 하게 된 클라이언트의 자아확장 지도입니다.

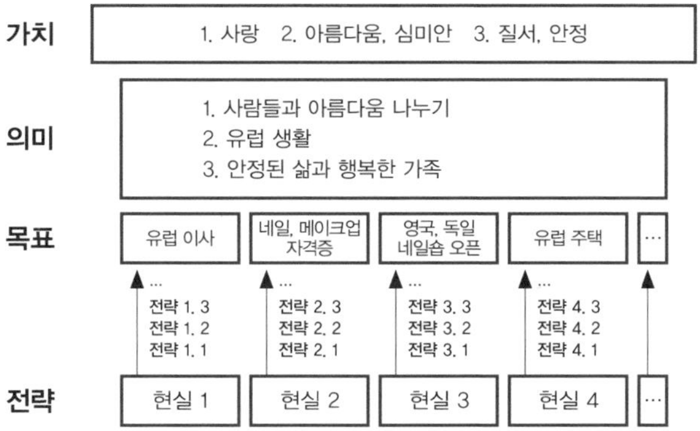

다음으로는 통일을 목적으로 삼은 법학과 대학생의 자아확장 지도를 봅시다.

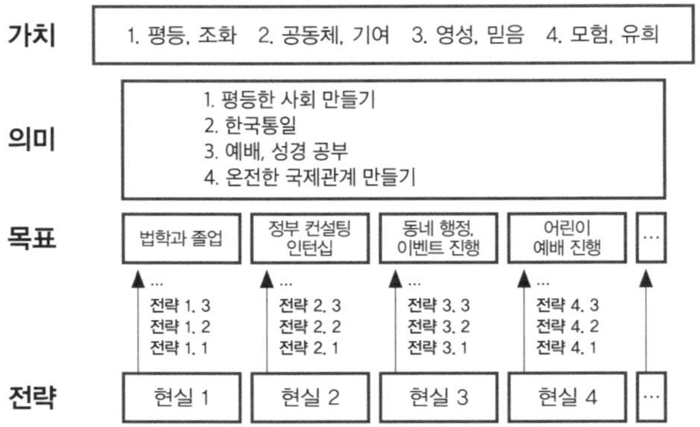

마지막으로 알렉스의 자아확장 지도입니다.

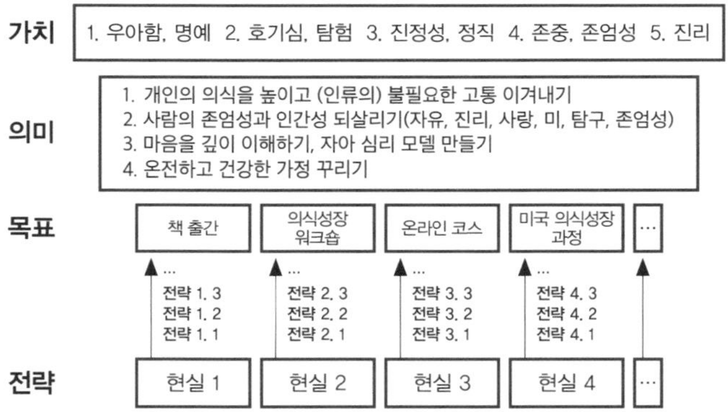

당신의 자아확장 지도는 어떤가요?

유럽으로 이사 간 클라이언트도, 법학과 대학생도, 저도 매일 아침마다 왜 일어나는지 명확히 알고 있습니다. 다시 말해 하루를 어떻게 보내야 하는지에 아무런 의문이 없습니다. 오늘 전략의 가장 아래 항목대로 살면 되니까요. 한 전략 항목을 완성하면 이제 그것은 현실이 되므로 그다음 전략으로 올라갑니다. 이는 맹목적인 삶이 아니라 확신과 생각이 있는 삶입니다. 여전히 저항, 불안, 두려움, 고난, 좌절이 생기겠지만 목적이 있으므로 그런 것을 통과할 힘이 생깁니다.

지금(!) 의미 있게 살자

그럼 실천 단계로 넘어가기 전에 자아확장 기준을 세울 때 가장 흔히 저지르는 실수를 경고하겠습니다.

자아확장 기준은 내가 미래에 행복해지기 위해 만드는 게 아닙니다!

대개 이런 오해를 합니다.

"내 자아확장 기준만 실현하면 행복해질 거야. 현재는 불행하지만 3개월, 1년, 5년 동안 자아확장 지도대로 행동하면 '그때'는 내가 원하는 삶을 살 거야."

이런 사고방식은 근본적으로 틀렸습니다. 미래는 존재하지 않기 때문에 미래에 행복할 수 없거든요. 미래는 내 머릿속의 생각에 불과합니다.

자아확장 기준은 희망을 품고 나중에 행복해지기 위한 기준이 아닙니다. 오늘, 지금, 현재 내가 의미 있게 살기 위한 수단일 뿐입니다. 내 자아확장 지도를 볼 때마다 내 심장이 뛰면 오늘, 지금 행동할 수 있습니다. 즉, 오늘의 삶을 사는 것입니다. 진정 어떻게 살아야 하는지 아니까요.

자아확장 지도는 목적이 아니라 내가 의미 있는 삶을 살기 위한 수단입니다. 목표에 도달할지 아닐지는 중요하지 않습니다. 내가 오늘 즐겁게, 의미 있게, 충만하게, 온전하게 삶을 사느냐만 중요합니다. 자아확장 기준은 그것을 어떻게 이룰지 알려주기만 합니다.

여러분, 행복은 현재에만 경험할 수 있는 현상입니다. 지금 이 순간 행복하고 만족하거나 아니면 아예 행복하지 않거나 둘 중 하나입니다. 행복을 계속 미래에만 투사하면 평생 고생하며 그 행복을 좇을 수밖에 없습니다. 더구나 미래에 투사한 행복의 전제는 '현재 불행하다'입니다. 우리 사회의 많은 사람이 '행복 추구'라는 쳇바퀴 안에 갇혀 있습니다. 미래의 행복을 추구하는 욕망에 사로잡히면 현재 행복할 수 없습니다. 행복을 미래에 던질 경우 현재를 놓치고 맙니다. 자아확장 기준의 의도는 그 반대에 있습니다. 바로 **현재의 순간을 생각 없이 놓치지 않기 위한 것입니다.**

'도달의 미신the myth of arrival'을 들어보았나요?

"지금은 나를 희생하느라 힘들지만 언젠가 목표에 도달하면 그때는 이 고생이 끝날 거야."

이러한 생각으로 현재를 희생하면 끝없이 고생하게 됩니다. 하나의 목표를 달성한다고 인생이 끝나는 것은 아닙니다. 다만 새로운 목표가 생길 뿐입니다. 저는 자주 인생을 산에 비유하는데 산 정상은 목적이 아닙니다. 인생이라는 산의 굽이굽이를 오르락내리락하면서 진정 의미 있는 행복한 여정을 보내는 것이 목적입니다.

저 또한 지난 20년 동안 도달의 미신에 너무 많이 노출돼 현재 순간에 눈을 감고 살았습니다. 더 이상 미래의 행복을 찾지 마시길 바랍니다. 지금을 의미 있게, 행복하게 사세요! 이 콘셉트가 워낙 중요해서 'Part3 실행2. 행동' 그리고 'Part3 실행4. 조정'에서 더 깊게 설명하겠습니다.

그리고 '완벽한' 자아확장 기준은 없습니다. 내 기준은 단지 현재의 내 진정성과 호기심, 사랑, 의미, 소망을 반영하는 가이드일 뿐입니다. 진정성이 더해질수록 자아확장 지도를 늘 조정하면 됩니다.

저는 유튜브 구루인 사드구루의 말에 깊이 공감합니다.

"당신의 꿈이 아예 이뤄지지 않았으면 좋겠습니다. 당신이 현재 아예 꿈꿀 수 없는 것을 이뤘으면 좋겠습니다."

완벽한 기준이 생길 때까지 기다리지 마세요. 어차피 결국에는 생각보다 많이 달라질 것입니다. 여정 자체가 재미입니다! 현재 가장 진정성 있는 기준으로 시작하고 진행하면서 계속 더 진정성 있게 조정하세요.

자아확장 기준 5

실천 과제	여러분만의 자아확장 지도를 만드세요. 이때 A3 종이를 써도 괜찮고 엑셀 스프레드시트도 좋습니다. 다 만든 뒤 출력해서 벽에 붙이세요.

Part · 3

실행 단계

—행동으로 실현하기

실천, 행동, 결과를 만드는 능력

"아침에 마지못해 일어날 때는 '나는 인간다운 일을 하기 위해 일어난다'라고 생각하라. 내 존재 의의이자 내가 세상에 태어난 이유이기도 한 그 일을 하려고 하는데 내가 불만을 느낄 까닭이 어디 있겠는가? 아니면 내가 잠옷을 입고 누워 따뜻하게 지내기 위해 세상에 태어났는가? 물론 그렇게 지내는 것이 더 즐겁기는 하다. 그러면 당신은 자신의 쾌락만 취할 뿐 어떠한 행동도, 노력도 하지 않으면서 존재하는가?"

마르쿠스 아우렐리우스, 《명상록》 5장 1절

Part2에서 우리는 꼼꼼히 자기인식 하는 힘을 키워 자아확장 기준을 세웠습니다. 이제 삶의 기준을 어느 정도 세웠기에 자기확신과 존재감을 되찾은 기분이 들겠지만, 이 필수 과정을 거쳤다고 해서 변화가 일어나는 것은 아닙니다. 객관적으로 말해 내 삶의 기준은 단지 머릿속 아이디어를 종이에 휘갈겨놓은 개념에 불과합니다. 잠시 고개를 돌려 당신 주변을 바라보세요. 무엇이 달라졌나요? 원하는 인생을 살고 있나요? 혹은 창조하고 싶던 결과를 얻었나요?

아마 현실은 그대로일 것입니다. 열심히 자기관찰을 하고 아름다운 자아확장 지도를 만들었을지라도 세상과 자신은 바뀌지 않습니다. 내 삶을 원하는 대로 구축하는 데는 단 하나의 방법밖에 없습니다.

행동해야 합니다.

제가 이 책에서 이야기하는 것은 여러분도 이미 알고 있는 뻔한 사실입니다. 그런데 우리는 이 상식을 자주 잊어버립니다. 그러다 모두에게 진실이 다가오는 순간이 있습니다. 머리로만 원하는 삶을 준비할 것인지, 아니면 '지금부터' 실제로 진심 어린 삶을 살 것인지 선택하는 순간 말입니다.

'Part1 원칙4. ('올바른 길'보다) 호기심'에서 소개한 스튜어트 에머리의 말을 기억하세요? 그는 "우리가 어떤 상황에서든 우리 존재의 본질을 쓸모 있는 결과로 실현할 수 있다는 것을 온전히 경험한다면 우리의 삶은 불안정에서 벗어날 것이다"라고 말했습니다. 우리는 '실현하는 능력'에서 유일하게 안정을 찾을 수 있습니다. 여기에는 물질적 안정뿐 아니라 정서적 안정도 포함됩니다. 실천하지 않으면, 즉 적극적으로 살지 않으면 영혼은 죽습니다. 경제적, 물질적, 정서적, 정신적, 영적 건강은 모두 행동과 연관되어 있습니다. 데이비드 데이다David Deida의 말을 빌리면 우리가 원하는 건 "세상에 침투"하는 것입니다. 책상에 앉아 반성하는 것은 좋은 시작이지만 영웅이 자신의 대업을 완수하려면 어느 날 집을 떠나 다른 세계로 진입해 외적 혹은 내적 괴물과 마주해야 합니다.

자기관찰과 자아확장 기준을 만드는 것과 마찬가지로 불안을 넘어 그 기준을 바깥으로 실현하는 다음 단계 역시 중요합니다. 따라서 Part3에서는 안전하게 행동을 실천하는 방법과 원칙을 안내하겠습니다.

실천 시작!

자기 관찰 질문

1 목표를 실현할 의도가 있는가?(솔직하게 써보세요.)

2 내 의미를 실현하기 위해 정확히 어떤 행동부터 할 것인가?

3 만약 행동하지 않는다면 어떤 대가를 치를 것인가?

4 편안하게 살고 싶은가, 아니면 의미 있게 살고 싶은가?(정답은 없습니다. 자신에게 솔직하게 답하세요.)

실행1.
실험

"아는 걸로는 부족하다. 응용해야 한다. 마음만으로는 부족하다. 행해야 한다."

요한 볼프강 폰 괴테

추상적인 자아확장 기준

많은 노력을 기울여 마침내 멋진 자아확장 기준을 세웠다면 비록 추상적이지만 내가 무엇을 중요하게 생각하는지, 무엇을 원하는지, 목표가 무엇인지 감이 왔을 것입니다. 구체적인 전략까지 세웠을지도 모릅니다. 그렇지만 자아확장 기준은 여전히 머릿속의 꿈에 불과합니다. 본격적으로 시작하려면 개념적 자아확장 기준과 실제적 현실이 서로 부딪쳐야 합니다.

그런데 그 전에 강한 의문이 생기기 시작합니다. 이게 진짜 맞을까? 이것이 내가 원하는 게 맞을까? 지금 이걸 실현하는 게 큰 실수가 아닐까? 이렇게 많은 것을 투자했는데 '꽝'이면 어떡해?

이런 의문들이 생기는 건 당연합니다. 내가 세운 자아확장 기준이 진정 의미가 있는지는 경험해보기 전에는 알 수 없습니다. '자기관찰을 좀 더 하면 확신이 설 거야'라고 생각할지 모르지만 자아확장 기준의 정당성을 더 많은 '고민'으로 알아낼 수는 없습니다. 10년 더 자기관찰을 해도 확신이 더욱 강해지지는 않습니다. 메뉴만 보고 맛을 안다고 착각하지 맙시다. 내가 이론적으로 세운 가치, 목적, 목표가 진정 내가 원하는 것인지, 내게 잘 맞는지는 작은 실천으로 확인해야 합니다. 정확한 목표를 세우고 내 인생을 그 목표에 헌신하기 전에, 내 가치와 의미를 추상적 망상에서 현실적 확정으로 전환해야 합니다.

리스크를 감수하고 원하는 삶을 살까?

다음과 같은 의문에 대해 자주 듣게 됩니다.

"목표를 세웠는데 그것을 이루려면 큰 리스크를 감수해야 한다. 내가 진짜로 해낼 수 있을까?"

원하는 삶을 산다는 것은 일기를 조금 쓰고 낭만적인 포부와 꿈을 따르는 것이 아닙니다. 꼭 위험을 감수하고 행동해야 하는 것도 아닙니다. 진정한 행동이 위험할 필요는 없습니다. 모든 의문과 위험은 새로운 시도를 하기 전에 다양한 실험으로 충분히 상대화할 수 있습니다.

'전 인류에 기여하는 책 쓰기'가 목표라고 해서 바로 사직서를 내고 집을 팔고, 작은 오두막에 들어가 5년 안에 《전쟁과 평화》 2탄을 쓰는 것은 그렇게 효과적이지 않다고 봅니다. 대신 6개월 동안 단편소설을 블로그에 올리는 것은 어떨까요? 글쓰기가 어떤 작업인지 느껴보고 다른 사람들의 피드백도 가볍게 받아보며 그렇게 시작하면 됩니다. 만약 요가 강사를 하고 싶다면 다니던 회사를 당장 그만두기보다 먼저 아는 선생에게 부탁해 사람이 드문 시간대에 무료 요가 클래스를 맡아보는 건 어떨까요? 창업이 목표라면 우선 반차를 내고 세무서에 가서 사업자등록을 하고 저녁이나 주말에 사업 관련 일을 하면서 충분한 돈과 자원을 모은 다음 풀타임 사업을 해보는 건 어떨까요?

오늘날에는 거의 모든 것을 미리 연습하고 준비하고 실험할 수 있습니다. 위험하거나 아직 확신이 없는 목적에 깊이 빠지기 전에 차근차근 단계별로 시도하는 이 작은 실험을 '가역성 실험'이라고 부릅니다. 이 실험은 상대적으로 위험하지 않고 저렴하며 늘 원상복구가 가능하기 때문에 설령 맞지 않거나 실패해도 잃을 것이 없습니다. 오히려 이 실험으로 경험과 한결 다듬어진 자아확장 기준을 얻습니다. 자아확장 기준이 내게 맞는지 알고 싶다면 먼저 외부 세상과 부딪쳐 강한 확신이 들 때까지 작은 실험으로 내가 세운 의미와 목표를 미리 확인해봅시다.

가역성 실험의 다양한 예시

이 책을 들고 있는 독자 중 과연 누가 행동하고 있을까요? 대개는 멋진 자아확장 지도를 쥐고 앉아 있기만 할 뿐 엉덩이를 뗄 용기를 내지 못합니다. 여러분의 행동 단계를 활성화하기 위해 다음의 가역성 실험 예시를 소개합니다.

1. 봉사활동

'봉사활동' 하면 흔히 추운 날씨에 노란 조끼를 입고 바자회를 하는 모습을 떠올립니다. 실은 아주 재미있고 도전적인 봉사활동도 있습니다. 이를테면 관심 있는 NGO 단체에서 재무를 배우거나 아이들을 가르치거나 아동을 치료해줄 수도 있습니다. 제 지인 중 한 명은 어릴 적부터 무언가 기여하고 싶다는 생각으로 고등학교 졸업 후 르완다의 한 고아원에서 1년 동안 봉사활동을 했습니다. 그 뒤 그는 나이지리아로 가서 작은 사회적 사업을 시작했습니다. 그의 적극성을 보고 나중에 그곳의 국제 미디어재벌이 그에게 오퍼를 주었고 결국 그는 아프리카에서 기업을 일궜습니다. 만약 그가 작은 첫 걸음으로 봉사활동을 시도하지 않았다면 그런 경험을 하지 못했을 것입니다.

2. 동아리, 동호회

요즘에는 동아리와 동호회의 종류가 굉장히 다양합니다. 그래서 학교 게시판을 훑어보거나 포털을 검색할 시간만 내도 배우고 싶은 것은 거의 다 배울 수 있습니다. 특히 주도적인 삶의 초기에는 많이 외로울 수 있는데 이때 동호회, 동아리, 모임을 활용할 경우 동지를 금세 만납니다.

3. 인턴십, 수습, 연수

앞에서 말했듯 저는 대학생 때 6개월씩 마케팅과 재무 분야, 한국 공기업에서 인턴을 해봤습니다. 대학을 졸업한 뒤에는 벤처캐피털 회사에서 창업을 배웠습니다. 딱히 커리어를 쌓은 것은 아니었지만 비즈니스 영역에서 분별력을 기르는 실험으로는 충분했습니다. 지금 저는 이 모든 분야의 전문가는 아니지만 20대 초반부터 많은 실험으로 마케팅, 재무계획, 법률사무, 콘텐츠 관리에 능숙해질 수 있었습니다. 제가 한국에 와서 다소 어린 나이에 사업을 하는 것은 학교 공부가 아니라 이 같은 다양한 경험 덕이라고 생각합니다.

4. 아티스트, 크리에이터

크리에이터 플랫폼은 좋은 연습 수단입니다. 아티스트나 크리에이터를 목표로 삼으면 유튜브와 블로그, 다양한 SNS로 끝없이 실험할 수 있습니다. 이것은 비용도 저렴하며 접근성이 좋은 기회입니다. 저도 처음 유튜브 채널을 시작할 무렵에는 한국어도 서툴고 스피치도 어색했지만 갈수록 점차 능숙해질 수 있었습니다. 예전에 올린 영상을 지금 다시 보면 제대로 쳐다보기 어려울 정도로 당혹스러울 때가 있지만 자연스럽게 제 성장 과정을 추적할 수 있어서 오히려 좋은 점이 많습니다.

글을 쓰면 블로그나 브런치에 올리고, 스피치를 원하면 온오프믹스에서 무료 강의를 등록하고, 그림을 그리면 우선 인스타그램에 올린 뒤 나중에 공간을 대여해 작은 전시회를 열어보세요.

5. 사내 실험

많은 사람이 자신이 일터에 갇혀 있다고 생각합니다. 잠재력을 거의 활용하지 못한 채 매일 지루하고 의미 없는 일만 한다면서 말이죠. 만약 그 일이 의미 없게 느껴진다면 의미 있게 만들어볼 것을 추천합니다. 예를 들어 저는 코치가 되겠다는 결심을 한 뒤 이것을 회사에서 어떻게 연습할지 많이 궁리했습니다. 그래서 항상 비공식 회의를 잡아 동료들을 상대로 일을 어떻게 하면 좀 더 단순화할 수 있을지를 놓고 코칭 연습을 했습니다. 또 아직 한국어가 서툴렀기 때문에 일부러 매주 3~4명의 동료를 위해 시스템 교육을 하면서 스피치 능력도 키웠습니다.

회사에서 어떤 실험 기회를 만들 수 있는지 생각해보는 것도 좋습니다. 인사부에서 제안하는 직원을 위한 새로운 소프트웨어 교육, APAC 해외 지사에서 진행하는 협상 교육, 점심시간을 이용한 사내 비즈니스 영어 교육 등 다양한 형태의 교육 연수 프로그램을 제공할지도 모릅니다. 사내에서 얻을 수 있는 자원을 최대한 확인하고 여러분의 목적에 상응한다면 신청하고 참여해보세요. 회사에서 지급하는 복지비와 자기계발비는 가장 쓰기 좋은 경비입니다.

6. 자격증

자격증 종류는 아주 다양합니다. 자격증이 실제 현실에 도움을 주는지는 차치하더라도 어떤 분야를 처음 시도하는 데 분명 좋은 방법입니다. 그 자격증을 나중에 사용하든 하지 않든 그것은 중요하지 않습니다. 하지만 첫 실험 방법으로는 강력한 힘을 지니고 있습니다.

7. 네트워킹 이벤트

네트워킹 이벤트에 다녀오면 그 분야나 산업이 어떤 분위기인지, 어떤 사람들이 있는지 확인할 수 있습니다. 경험자와 소통하고 더 관심이 생기면 구체적인 실천 방법을 물어보면 됩니다. 어쩌면 새로운 비즈니스 기회가 생길지도 모릅니다.

8. 주말 창업

확신이 들면 일단 주말에 '취미'로 자기 의미를 실현해보세요. 투잡처럼 앞으로 해보고 싶은 것을 미리 연습하는 겁니다. 실제로 많은 코치가 풀타임 코치가 되기 전에 회사에 다니면서 주말마다 고객과 만나 코칭을 실습합니다.

앞으로 하고자 하는 일을 작게라도 직접 진행해보세요. 홈페이지를 만들고 소소하게 마케팅도 해보면서 실제로 그 일이 어떤 느낌을 주는지 체험해보는 것입니다. 1~2년 동안 경험을 쌓아 어느 정도 자신이 생기면 그때 본격적으로 론칭하면 됩니다.

9. 주말 아르바이트

아직 혼자 할 자신이 없으면 비슷한 일을 하는 사람, 단체, 가게를 찾아 혹시 아르바이트를 할 수 있는지 물어보세요. 예를 들어 카페를 열고 싶으면 아르바이트생으로 일하면서 커피를 만드는 경험을 쌓는 게 좋지 않을까요?

10. 이직, 휴직

제가 가장 좋아하는 실험 방법입니다. 만약 지금과 다른 분야를 준비하는 직장인이라면 일단 이직하는 것도 좋아요. 다만 다음 회사로 옮기기 전 가능한 한 3~6개월의 틈을 만드세요. 그리고 새 회사로 출근하기 전에 생긴 공백 기간 동안 정말로 하고 싶은 일을 열심히 해봅니다. 창업 준비, 자격증 취득, 해외 단기 아르바이트 등을 말이죠. 이는 인생 2막을 위한 공격적인 조정일 수 있습니다. 어쩌면 이때 인생에서 가장 바쁜 시기를 보낼지도 몰라요. 여러분이 세워놓은 의미를 체계적으로 실험해보세요. 만일 잘되면 다음 회사와의 계약을 취소하고, 아직 준비를 다 갖추지 못했다면 일단 이직한 뒤 주말에 계속 준비하면 됩니다.

휴직도 마찬가지입니다. 제 친구는 아이를 낳고 1년간 출산휴가를 보내며 재택 마케팅 사업을 준비했습니다. 그 친구는 1년 안에 준비를 잘 갖춰 결국 회사로 돌아가지 않았습니다.

가역성 실험을 할 수 있는 자신만의 다양한 아이디어를 생각해보세요.

많고 많은 길을 확인하라

"이런 실험이 다 망하면 어떡하죠?"

망하면 뭐 어때요? 가역성 실험의 목적은 성공하는 데 있지 않습니다. 그저 경험을 쌓고 인생을 내 의미대로 구축하는 게 어떤 느낌인지 확인하는 과정일 뿐입니다. 적성에 맞고 마음에 들면 계속 능력을 키워 전진하고, 그 경험이 별로라면 다시 자기관찰을 해서 자아확장 기준을 조정해 새로운 길을 확인하면 됩니다. 즉, 실패가 불가능합니다.

카를로스 카스타네다Carlos Castaneda는 《돈 후앙의 가르침》에서 이 과정을 잘 설명하고 있습니다.

"모든 길을 면밀하고 신중하게 관찰해야만 하네. 충분히 수긍이 갈 때까지 얼마든지 그러란 말일세."

직접 걸어보지 않은 모든 추상적인 길을 확신하며 출발하기는 어렵습니다. 기나긴 인생길을 자신감 있게 걸을 수 있도록 많고 많은 길을 실험해보세요. 중요한 건 실험이 딱히 재미있을 필요는 없다는 점입니다. 단, 의미가 느껴지는지 잘 관찰하세요. 실험이 힘들어도 목적을 생각하면 마음이 뛰어야 합니다. 이것은 그 일에 여러분의 의미, 만족, 행복이 들어 있는지 확인해볼 기회입니다. 카스타네다는 이런 질문을 합니다.

"그 길에 마음이 깃들어 있는가?"

우리는 실험으로 이것만 확인하면 됩니다.

작은 실험으로 경험을 쌓을 경우 현실이 더 명확히 보이고 자기관찰이 풍부해져 더욱 많은 깨달음을 얻을 것입니다. 새로운 깨달음은 다시 새로운 실험으로 전환하세요. 이런 식으로 갈수록 알맞은 비전을 구체화할 수 있습니다. 외부 세상과 꾸준히 부딪치고 내 자아확장 기준을 더 진정성 있게 개선하면 됩니다.

시작하기 전에는 당연히 두려움이 따르지만 일단 부담 없이 순수한 호기심으로 모든 것에 접근하면 그 두려움을 견제할 수 있습니다. 저는 그동안 "용기 있는 알렉스가 부럽다"라는 말을 꽤 많이 들었습니다. 그 말에 전혀 공감하지 않습니다. 오히려 저는 저를 거침없이 행동하지 못하는 겁쟁이라고 생각합니다. 다만 저는 호기심이 넘쳐서 실험을 잘할 뿐입니다. 자꾸만 방향을 조정해주는 실험은 결국 구르는 눈덩이처럼 뭉쳐져 더 커다란 결과를 냅니다. 그래서 Part1에서 '호기심'의 원칙을 소개했습니다. 나중에 나아가는 길을 강하게 확신하면 강도를 높일 수 있지만 초기 실험은 그야말로 '냉철하고 전략적인 놀이'에 불과합니다.

주의: 실험의 함정

자기관찰만 하고 확신이 없어 거기서 멈추는 사람뿐 아니라 '실험의 함정'에 빠지는 사례도 많습니다. 저는 "난 새로운 것을 계속 시도하지만 끝까지 해내지 못해요"라고 말하는 사람을 많이 만났습니다. 그들은 변덕스럽게 이것저것 해보고, 자격증을 따고, 여행도 다녀오고, 끊임없이 무언가를 시도하지만 구체적인 결과를 내지 못합니다.

그 이유는 가볍게 실험하는 것은 몰라도 책임지고 헌신해서 자신을 공식적으로 외부에 노출하는 것은 두려워하기 때문입니다. 실험 단계까지는 즐거운 놀이 뒤로 숨을 수 있지만 굵고 의미 있는 삶을 살려면 언젠가는 밖으로 나서야 합니다. 실험은 좋은 입문 과정일 뿐 평생 실험 단계에 갇혀 있을 수는 없습니다. 만약 당신이 변덕스럽게 늘 '새로운 것'만 확인하는 유형이라면 왜 책임지지 못하는지,

왜 끈기 있게 끝까지 해내지 못하는지, 어떤 이미지 상실을 두려워하는지 관조하길 추천합니다('Part4 장애물3. 게으름, 미루는 습관 - 두려움' 챕터 참고).

자기 관찰 질문

1 내가 세운 목표에 맞게 어떤 실험을 하면 좋을까? 10개 이상 적어보세요.

2 어떤 실험을 해야 앞으로 가고 싶은 길을 미리 경험할 수 있을까?

3 어떤 책, 콘텐츠, 영상, 발표 등을 공부하면 도움이 될까?

4 주말에(아니면 자유 시간에) 어떤 일을 실험할 수 있을까?

5 'Part2 기둥4. 전략 세우기' 챕터에서 우리는 목표와 현실 사이에 전략을 채웠습니다. 첫 전략을 위한 가역성 실험을 생각해 추가해보세요.

실천 과제

기록한 실험 내용을 그대로 실천하세요.

실행2.
행동

"창의적 과정의 마법은 여기에 마법이 없다는 것이다.
전달하라. 나누지 않으면 무효이기 때문이다."
세스 고딘

행동 ≠ 희생

'불금이다', 'TGIF(Thank God it's Friday, 드디어 금요일이다)', '드디어 퇴근이다', '젠장, 또 월요일이다' 같은 밈meme과 관용어는 여전히 많은 인기를 누리고 있습니다. 이런 대중적인 밈은 웃기면서도 우리의 슬픈 세계관을 직설적으로 보여줍니다.

한번 '워라밸Work-Life balance' 개념을 자세히 살펴봅시다. 여기에서 워크(행동)는 혐오스러운 희생이고 라이프에는 진짜로 '살아가는' 인생이라는 전제가 있습니다. 즉, 워라밸을 '워크 vs. 라이프'라는 이원성에서 출발해 균형을 맞춰야 하는 것으로 정의하고 있는 것이죠.

이 전제에서 내 직업·일·행동은 단지 힐링하는 저녁과 주말, 더 밝은 미래, 다음 성공 단계를 위한 희생으로 평가 절하되고 있습니다.

이러한 고정관념 아래 우리는 현재 순간을 부정하고 상상 속의 더 밝은 미래를 위해 살아갑니다. '행동'은 삶의 핵심이 아니라 '어쩔 수 없이' 견뎌야 하는 부정적인 것으로 여깁니다. 이 경우 목표와 그 목표를 실현하는 과정이 서로 분리되는 현상이 나타납니다.

예를 들면 이렇습니다. 가능한 한 빨리 부자가 되고 싶지만 돈을 벌기 위해 일하고 싶지는 않습니다. 항상 깨어 있는 마스터 명상가이고 싶지만 매일 20분 명상은 하고 싶지 않습니다. 목적지에 도착하고 싶지만 길은 걷고 싶지 않습니다. 이것은 인생에서 최고의 경험supreme experience을 하고 싶지만 삶을 살고 싶지는 않다는 말입니다.

우리 문화는 끝없이 특별함을 좇습니다. 특별한 순간 사이사이는 낭비한 시간이라고 생각합니다. 심지어 '특별한 무언가'를 오매불망 기다리다가 막상 그 순간이 오면 실망하기도 합니다. "이게 다였어?" 하면서요.

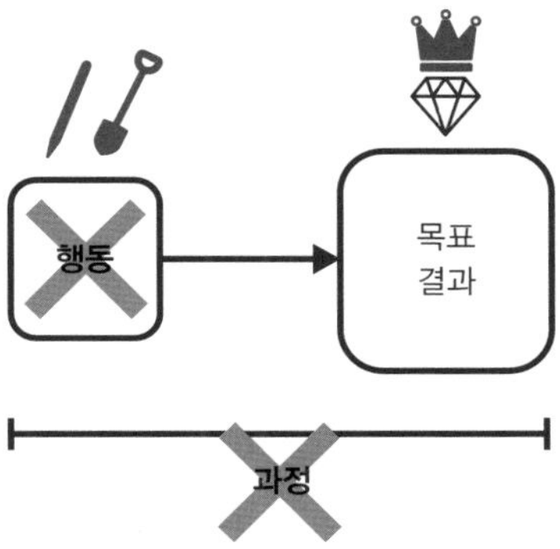

언젠가 저는 커피숍에서 줄을 서서 기다리며 한 직원을 관찰했습니다. 양미간을 잔뜩 찌푸린 그 직원의 태도는 자기 일을 혐오하고 있음을 드러냈습니다. 그는 3분마다 벽에 걸린 시계를 보고 한숨을 쉬면서 자신이 얼마나 그곳에 있기 싫어하는지 자신과 고객에게 보여주었습니다. 이런 일은 예외적인 사례가 아니라 우리도 자주 빠지는 바로 그 '희생'의 함정입니다.

저도 군대에 있을 때, 아르바이트를 할 때, 회사에 다닐 때, 똑같은 피해의식으로 "내 역량은 이것보다 뛰어난데 왜 여기서 희생해야 하는 걸까"라며 제 우월감을 우울한 기분으로 표현하곤 했습니다.

"이 일만 아니었으면 나는 정말 잘나가고 있을 텐데!"

아, 그래요? 그럼 그 일을 왜 직접 선택했을까요? 그리고 역량이 그렇게 뛰어나다면 왜 그 자리에서 최선을 다해 더 좋은 자리로 승진하지 못했을까요? 그건 정말로 열심히 하면 결국 자신이 스스로 상상하는 것보다 못하다는 것을 인정해야 하기 때문입니다. 차라리 독선적으로 희생하는 불쌍한 피해자 이미지가 훨씬 편한 거죠.

하지만 '책임'을 배우면서 저는 어느 순간부터 그 속임수를 명확히 보기 시작했습니다. 그 일이 저를 우울하게 만든 것이 아니었고 우월감에 집착한 제가 그 우울감을 계속 만들어낸 것이었습니다. 매 순간 스스로를 불쌍히 여기며 괴롭게 보낼지, 아니면 열심히 일하며 즐겁게 보낼지는 언제나 제 선택이었습니다. 제가 그 자리에 선 것은 직접 선택한 일입니다. 그 자리에서 저는 계속 징징대며 퇴근과 주말, 먼 미래를 상상하며 괴로워할 수도 있었고 현재 맡은 일을 탁월하게 해낼 수도 있었습니다. 더 쉽고 보람 있는 쪽은 맡은 일을 탁월하게 해내는 것입니다.

주인의식을 깨달은 뒤 갑자기 제가 전에 못 보던 다양한 방법이 보이기 시작했습니다. 가령 일을 게임처럼 하기, 다른 동료와 누가 더 빨리 일을 끝내는지 내기하기, 다른 사람을 미소 짓게 하기, 지금 하는 일을 완전히 마스터하기, 일을 내 자아확장을 위한 실험과 배움으로 활용하기 등으로 말이죠.

미국 작가 커트 보니것Kurt Vonnegut은 인류학 관점에서 수많은 영화 줄거리와 신화를 분석했습니다. 그는 모든 줄거리에서 주인공이 좋은 상황과 그렇지 않은 상황을 번갈아가며 경험한다는 것을 알아냈습니다. 이것을 그래프로 그리면 주인공은 올라갔다 다시 고비로 내려오는 수많은 모험을 거친 끝에 처음보다 더 높은 곳에 도달합니다.

만약 높은 도착점에 도달하는 것이 영화의 목적이라면 우리는 왜 빨리 영화의 결론으로 건너뛰지 않을까요?

왜냐하면 영화의 전체 과정을 즐기기 때문입니다!

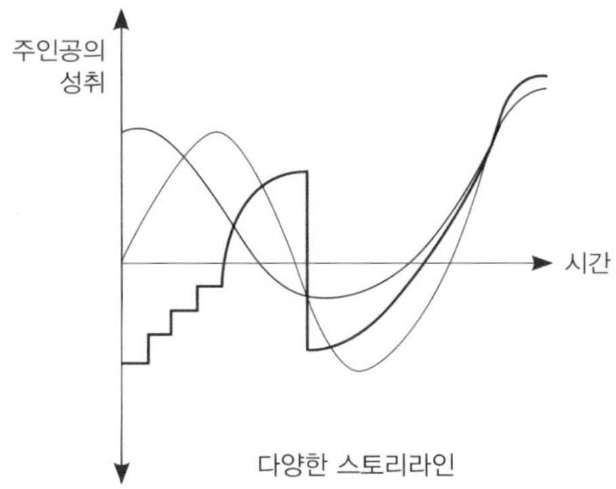

다양한 스토리라인

심지어 삶은 영화 줄거리와 달리 결론이나 '끝'이 없습니다. 일시적인 도착점에 도달하면 우린 무엇을 할까요? 그냥 다시 새로운 도착점을 향해 출발할 뿐입니다. 우리가 '도달의 미신'을 아무리 강하게 믿어도 인생에는 도달하는 시점이 없습니다.

진짜 인생에서 우리는 계속 움직입니다. 또 우리는 거시적으로 보는 제3자가 아니라 우리 인생의 중심이기 때문에 우리의 낮은 의식으로는 궁극적으로 무엇이 좋은지 혹은 나쁜지 알 수 없습니다. '좋지 않은 사건'이 결국 좋은 결과를 낼 수도 있고, '나쁜 사건'이 마침내 큰 기회로 바뀔 수도 있습니다.

우리 삶에는 다양한 일이 발생하며 그것은 모두 우리의 인생입니다. 매 순간 살아 있는 것 자체가 이미 완벽한 삶입니다. 그 삶에 조금씩 색깔을 입히고 싶으면 우리의 의미에 따라 설계하면 되지만 그것도 현재 순간에 즐길 수밖에 없습니다.

우리는 '끝'을 위해, 주말을 위해, 퇴근을 위해, 내년을 위해, 10년 후를 위해, 목표 달성을 위해, 어떤 일을 마무리하기 위해 사는 게 아닙니다. 우린 매 순간을 살아갑니다. 즉, 우리는 8시간 동안 사무실에 앉아 있을 때, 카페 카운터 뒤에서 커피를 준비할 때, 고객과 미팅할 때, 자신의 자아확장 기준대로 어떤 프로젝트를 실현할 때 삶을 살고 있습니다. 자아확장 기준의 가치, 목적, 목표, 전략, 행동은 우리를 더 밝은 미래로 안내하는 것이 아니라 지금 현재 순간을 어떤 형태든 온전한 존재로 살 수 있게 해줍니다.

행동은 혐오를 유발하는 희생이 아닙니다. **행동도 삶 그 자체입니다.** 결과만 삶이 아닙니다. 이 책에서 정의하는 '의미 있는 삶'은 짧고 강렬한, 그런 짜릿한 순간을 말하는 게 아닙니다. 목표는 지금 이 순간을 충분히 즐기기 위한 수단으로만 사용할 뿐입니다. 진짜 의미는 '지금 이 순간을 어떻게 보내느냐'입니다. 의미 있는 삶을 살고 싶으면 목표와 과정을 온전한 하나로 봐야 합니다. 다시 말해 목표에 집착하지 않고 과정 그 자체를 우리 삶으로 받아들여야 합니다.

테니스 선수를 한번 상상해보세요. 테니스 고수는 윔블던에 나가기 위해 주7일 동안 5시간 이상 테니스 코트와 헬스장에 나가 다양하게 훈련을 합니다. 만약 연습을 괴로워하며 억지로 하거나, 대회 전에 약물을 복용해 신체 능력을 높이거나, 벼락치기 연습을 하면 테니스 선수로서의 행동 효과는 크게 떨어질 수밖에 없습니다. 훈련 과정을 받아들이지 않고 트로피만 보면 트로피를 못 땁니다. 피아노, 창업, 명상, 회사생활, 인간관계, 책 집필 그리고 의미 있는 인생도 마찬가지입니다. 의미 있는 인생을 벼락치기로 살 수는 없습니다.

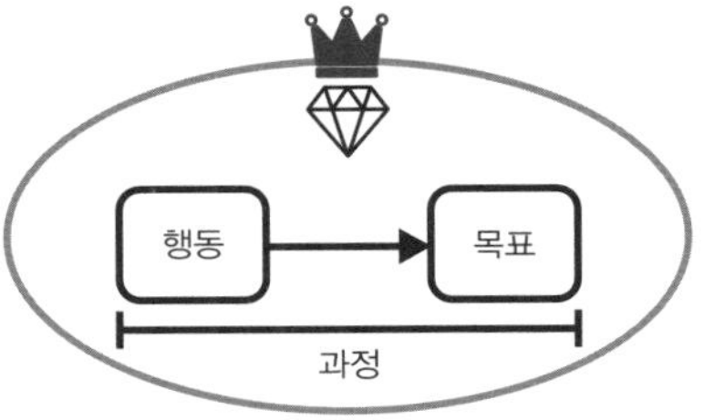

행동이란

이제 행동도 삶이라는 것을 받아들였다면 이 책의 의도에 따라 행동을 명확히 정의해봅시다. 저는 '행동'을 자신의 자아확장 기준에 따라 **실재하는 결과물을 실현하기 위한 의도적인 노력**으로 정의합니다.

다시 말하지만 공부하기, 자기관찰, 계획 세우기, 생각하기, 사색하기, 정보 얻기, 브레인스토밍 같은 지적인 노력은 실재하는 결과가 없으므로 이 책에서 말하는 '행동'이 아닙니다. '바빠 보이는 동작'도 행동을 의미하지 않습니다. 러닝머신 뛰기, (결과 없는) 회의하기, 책 읽기, 강의 듣기, 명상하기는 무언가를 하는 것 같지만 실재 결과가 없으면 제가 말하는 행동에 속하지 않습니다.

행동을 명확히 예시하면 이렇습니다. 글을 써서 블로그에 올리기, 보고서 제출하기, 녹화·녹음한 파일 편집하기, 전화로 계약하기, 지원서 작성하기, 예술 작품 만들기, 프로그램 개발하기, 사람을 치유하기, 집 인테리어 바꾸기, 직접 무언가를 짓기, 이벤트 개최하기, 노래 작곡하기 등등.

우리가 행동하고 있는지 판단하는 측정 기준은 **결과가 있느냐 없느냐**가 유일합니다. 오해하지 마십시오. 러닝머신 뛰기나 계획을 위한 브레인스토밍 같은 지적인 노력이 무의미하다는 얘기가 아닙니다. 그러한 활동도 꼭 필요한 단계지만 단순히 그 단계에 멈춰 있으면 안 됩니다. 진정 원하는 결과를 위해 끝까지 행동하는 전체 과정이 실행의 완성입니다. 준비를 갖췄다면 실재 결과를 내는 능력도 키워야 합니다.

실재 결과를 내야 자아확장을 할 수 있습니다. 행동과 그 결과물만이 자신의 진심을 현실화하는 것이고 이것은 타인에게 좋은 영향력을 끼치게 합니다. 그림을 그리지 않는 화가, 공연을 하지 않는 각

본가, 상품을 생산하지 않는 창업가, 시를 쓰지 않는 시인, 환경보호에 무심한 환경운동가 그리고 남의 역량을 강화해주지 않는 코치를 상상해보세요. 행동으로 결과를 내야 우리는 자신이나 주변과 깊은 사랑을 나눌 수 있습니다.

행동의 핵심 1 – 의도

실재 결과물을 낼 준비를 갖췄으면 이제 행동에 필요한 강력한 두 가지 원칙을 알아야 합니다. 바로 **의도와 헌신**입니다.

행동하려면 먼저 주인의식의 전제로 어떤 결과를 '의도'해야 합니다. 뭘 실현할 것인지 모르면 행동할 수도 없습니다. 의도는 바로 **행동을 위한 의식적인 선택**입니다.

피터 랄스턴은 이렇게 말했습니다.

"의도는 어떤 것을 '창조'하거나 어떤 것이 나타날 수 있는 '공간'을 마련해주는 의식이다. 의도는 지금 이 순간 어떤 행동이나 사건이 일어날 가능성을 창조해 우리의 생명력과 존재감을 불러일으킨다. 이때 우리는 지체 없이, 상호 목적(반대 목적 또는 반대 행동) 없이, 머뭇거림 없이, 불일치·비합리성·혼동 없이 행동을 한다. 이는 무언가에 생명력을 불어넣는 일이자 어떤 아이디어를 현실로 만드는 것이다. 어떤 의도가 떠오르는 데 특정 감정이나 생각은 필요하지 않다."

많은 사람이 행동하기 전에 감정, 영감, 어떤 행동 동기가 필요하다고 생각합니다. 그러나 사실 그렇지 않습니다. 의도가 떠오를 때 감정이나 생각도 같이 떠오를 수 있지만 의도를 결정하는 것은 감정, 생각, 소망, 자신감, 의지력, 동기부여가 아닙니다. 의도를 결정하는 것은 결과를 내기 위한 의식적이고 진심 어린 선택뿐입니다.

의도를 새로운 신비로운 개념으로 만들 필요는 없습니다. 아주 쉬운 예를 하나 들어보겠습니다. 여러분이 자신의 팔을 올리는 것을 의도한다고 해봅시다. 이제 팔을 올리려는 의도에 따라 팔이 올라갈 공간, 가능성, 잠재력이 생깁니다. 내 에너지는 이 가능성 안에서 결과물을 향해 집중할 것이고 팔이 올라온 상태로 유도할 것입니다. 지금 팔을 올리겠다고 의도해보세요. 그리고 그 의도에 따라 행동해보세요. 만약 팔이 올라갔다면 여러분은 의도를 실현한 것입니다.

충동적으로 골을 부리는 세 살 아이에게 왜 그러는지 물으면 그 아이는 답을 줄 수 없습니다. 세 살 아이에게는 의도가 없으니까요. 골을 부리는 것은 단지 감정과 충동에 따라 저절로 일어나는 행동 반응일 뿐입니다. 어른도 이런 충동을 느끼거나 심지어 거기에 빠질지 모르지만 세 살 아이와 달리 어른은 의식적인 의도로 원하는 행동을 할 수 있습니다.

목표, 전략, 의도의 차이는 무엇일까요? 목표는 상상하는 최종 결과를 의미하고, 전략은 그 결과를 만들어내기 위해 계획한 중간 목표나 행동 계획입니다. 그러나 목표와 전략이 멋지다고 꼭 행동으로 옮기는 것은 아닙니다. 계획대로 행동을 '활성화'하려면 현재 명확한 의도가 필요합니다.

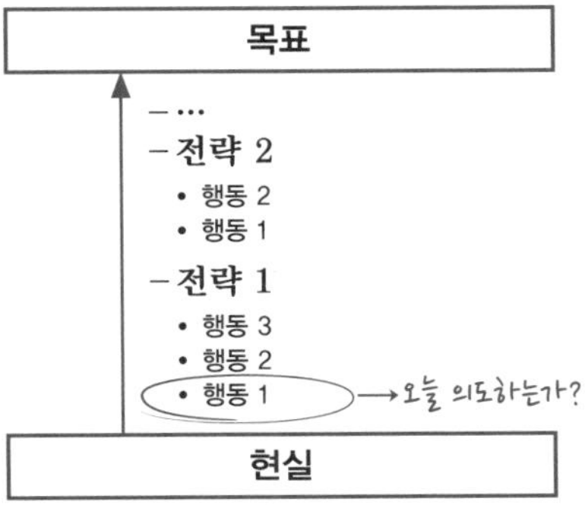

이제 우리가 의도하려면 무엇부터 시작해야 할까요? Part2에서 현재 가장 진심 어린 자아확장 기준을 세웠습니다. 이것은 내 존재의 줏대이자 현재의 행동을 가이드해주는 기준입니다. 자아확장 지도의 맨 아래에 있는 전략을 보고 다음 질문을 합니다. '다음 단계를 현실로 만들기 위해 정확히 어떤 행동을 해야 하는가?' 만약 그 전략을 한 행동 블록work block으로 해낼 수 없다면 이를 편하게 더 작은 청크chunk로 나눠도 괜찮습니다. 위 도표에서 볼 수 있듯 가장 아래에 있는 행동을 보고 그 행동을 위한 자원, 즉 시간, 준비물, 능력, 지원자, 투자금 같은 행동 범위를 명확히 파악해야 합니다. 또 의도하는 결과를 내기 위해 내 삶의 일부를 투자해야 한다는 것을 각오해야 합니다. 삶의 일부를 투자하겠다고 결심한 뒤에는 다음 행동을 의도하면 됩니다(그런 투자를 할 의지가 없으면 의도하지 않습니다).

"그 행동을 의도하는가?"

그렇다면 행동을 구체화합니다. 예를 들어 "오늘 2시부터 6시까지 '챕터 12의 절반 완성'을 의도한다" 또는 "다음 30분 동안 편지 쓰기를 의도한다" 같이 필요한 자원을 확인하고 확신하면 단기적인 행동을 선택합니다.

의도했다면 아무 의심과 좌절 없이 정해진 시간 동안 행동해서 결과를 냅니다.

당연히 우리의 의도와 함께 다양한 감정, 강박, 충동, 이견, 두려움, 습관, 중독, 자기합리화 같은 방어기제가 일어납니다. 이 다양한 저항 때문에 행동하는 것이 어려워질 수도 있으나 저항이 일어난다고 해서 멈춰야 하는 것은 아닙니다.

꼭 알아차려야 하는 건 그러한 저항은 의도와 별개라는 점입니다. 감정과 내적 현상이 내 의도를 결정하지는 않습니다. 자아로부터 어떤 저항이나 보호 패턴이 생겨도 의식에 기반을 둔 의도는 끝까지 무너지지 않습니다. 왜냐하면 내가 그걸 선택했으니까요. 내가 그걸 원하니까요. 내가 그걸 약속했으니까요.

작가 카를로스 카스타네다는 《초인수업》에서 의도를 다음과 같이 설명합니다.

"의도(intent, 한국어 번역판은 '의지'로 번역함)는 생각이나 물체가 아니고 소원도 아냐. (…) 의도는 머릿속 생각이 너는 패배했다고 선언할 때 승리할 수 있게 해주는 거라네. 의도는 자네를 불사신으로 만들어주고, 주술사가 견고한 벽을 뚫고 지나가거나 공간을 가로지르게 해주는 거야. 원한다면 달로도 가게 해주지."

행동의 핵심 2 – 헌신

작은 비유 하나를 상상해보세요. 배를 타고 가다가 밤에 배가 난파됩니다. 겨우 나뭇조각 하나를 붙잡고 물에 떠 있습니다. 시간이 점점 흐르고 몸이 얼어붙기 시작할 때쯤 갑자기 저 멀리 등대의 불빛이 보입니다(의도). 마지막 힘을 짜내 수영하기 시작합니다. 이때 파도, 소용돌이, 목판 등이 밀려와 수영을 방해합니다(내적 장애물). 익사할지도 모르는 순간 갑자기 긴 밧줄이 보여 그것을 붙잡습니다. 가만 보니 그 밧줄은 등대와 연결돼 있습니다. 여러 장애물에도 불구하고 그 밧줄을 잡고 점점 등대로 향합니다. 그 밧줄이 바로 **헌신**입니다.

헌신의 원칙은 나를 그 등대에 묶고 어떤 일이 일어나도 끝까지 의도를 실현하게 만듭니다. 그것은 약속을 지키기 위해 저항, 하기 싫은 마음, 두려움, 무기력이 생겨도 정해진 의도 안에서 끝까지 해내게 하는 힘입니다.

어떤 행동을 의도하면 우리는 그것을 헌신으로 끝까지 해냅니다. 그렇게 나와의 약속을 지킴으로써 통합성을 유지하고 나 자신을 더욱더 온전하게 경험합니다. 반대로 약속을 깨면, 즉 헌신하지 않으면 내 약속이 무의미해지고 개인적인 힘이 상당히 줄어듭니다. 헌신하고 싶지 않으면, 약속을 지킬 의지가 없으면, 실패 가능성을 고려한다면, 처음부터 의도하지 말아야 합니다. 원리는 꽤 단순합니다. 내가 행동하겠다는 선택을 했다면 그 선택에 나 자신을 묶어야 합니다.

"전사의 정신은 자기도취나 불평불만에 초점이 맞춰져 있지 않고 승패에도 연연하지 않아. 전사의 정신은 단지 투쟁 자체에만 초점을 맞추고 그가 벌이는 모든 투쟁은 이승에서의 마지막 전투라네. 그러니 전사에게 결과는 별로 중요하지 않아. 전사는 이승에서의 마지막 전투에서 스스로의 정신이 명료하면서도 무엇에도 얽매이지 않고 자유롭게 흘러갈 수 있도록 놓아둔다네. 그렇게 전투를 벌이면서 자기 의도의 완전무결함을 자각하고 큰 웃음을 터뜨리는 거지." (《초인수업》 중에서)

행동은 행동 외에는 아무것도 없습니다. 행동하고 싶으면 약속한 다음 그것을 지키고, 행동하고 싶지 않으면 약속하지 않아도 됩니다. 어떻게 하든 그것은 내 선택입니다.

의도와 헌신을 배웠다고 해서 두려움과 자아의 보호 패턴이 사라지는 것은 아닙니다. 밧줄을 잡고 있어도 파도는 계속 우리를 무너뜨리려 할 것입니다. 그렇지만 우리는 의도와 헌신의 원칙으로 우리의 '전투'를 끝까지 해낼 수 있습니다. 가끔 불편하더라도 그것을 가장 큰 보람으로 여겨도 좋습니다. 왜냐하면 내가 그것을 선택했기 때문입니다. 그것이 내 삶이기 때문입니다.

행동할 때 주의할 점

행동이 단순해도 노출의 두려움과 다양한 심리적 저항 때문에 그것이 어렵게 느껴질 수도 있습니다. '행동, 실천, 실행 비결'은 오늘날 자기계발서의 가장 인기 있는 주제입니다.

문제는 단순한 현상을 쓸데없이 어렵게 만드는 경우가 많다는 것입니다. 이는 우리의 실천력을 높이기보다 행동과 아예 상관없는 거품을 추가해 우리를 혼란스럽게 하고 오히려 나쁜 길로 밀어 넣습니다. 워크숍에서 참가자들이 행동 단계를 거칠 때 저는 가끔 놀랍니다. 많은 참가자가 의도와 헌신대로 쉽게 결과물을 만들어내기보다 행동을 마치 새로운 우주론cosmology처럼 다루고 이것을 불필요한 개념적 앙금conceptual baggage과 섞어 도리어 더 행동하지 못하는 것을 발견하기 때문입니다.

이 상황을 단순화하기 위해 가장 자주 발견하는 다섯 가지 오해, 즉 잘못된 정보와 실수를 살펴보면서 행동에 필요 없는 요소를 하나하나 정리해보겠습니다.

오해 1. "난 의지력이 약해"

'의지력 총량의 법칙'이라는 것이 있습니다. 이 논리에 따르면 내게 하루 동안 사용할 수 있는 정해진 의지력이 있고 억지로 힘들게 일할 때마다 그 의지력은 슬슬 줄어든다고 합니다. 그리고 그날 쓸 수 있는 의지력 총량을 다 쓰면 '어쩔 수 없이' 더 이상 행동하지 못합니다.

이 논리의 전제와 한계는 '행동은 무조건 힘들다'는 것입니다. 그래서 의지력 총량의 법칙은 앞서 설명한 목표와 행동을 분리해 우리를 희생 마인드셋으로 빠지게 만듭니다. 이러한 고정관념으로 행동하면 '희생'한다고 생각하므로 당연히 빨리 지칩니다. '자기계발서에서 하루 3시간밖에 일하지 못한다고 했으니 난 이제 녹초야!', '오늘 회사에서 9시간이나 앉아 있었으니 난 오늘 의지력을 다 썼어.' 이렇게 믿는 대로 삶을 살게 됩니다. 이는 의지력을 향한 믿음이 자기충족 예언처럼 펼쳐져 없는 문제를 가상으로 만들어낸 것뿐입니다.

혹시 여러분의 의지력이 정확히 어디에 있는지 보여줄 수 있나요? 의지력이 어디서 어떻게 떨어지는지 명확히 짚어줄 수 있나요?

아무리 찾아도 의지력을 찾을 수 없을 겁니다. 행동을 의미 있는 내 삶의 일부로 볼 경우 의지력은 더 이상 이슈화할 것이 없고, 심지어 실제로 존재하지 않는다는 것을 깨닫게 됩니다. 의지력은 통속 심리학에서 발명한 개념일 뿐입니다.

사실 **행동하면 하는 것이고 행동하지 않으면 안 하는 것입니다.** 만약 다양한 감정 때문에 행동하지 못한다면 그 감정(!)을 파악하면 그만이며 "내게 의지력이 없어서 그래"라는 말은 무의미한 핑계에 불과합니다.

의지력에만 집중하면 행동은 하지 않고 오히려 목적을 의지력을 늘리는 데 두는 문제가 발생합니다. 이렇게 목적과 수단이 전위되면서 의미 있는 삶을 놓치고 맙니다. 행동하는 게 목적인가요, 아니면 강한 의지력을 키우는 것이 목적인가요? 정확히 무엇을 어떻게 키우고 있는지 알고 있나요? 의지력 걱정은 그저 행동하지 않기 위한 최고의 방법일 뿐입니다.

의지력과 의도를 결코 헷갈리지 마세요. 의도와 헌신은 계발하거나 늘리는 것이 아닙니다. 의도하면 하는 것이고 의도하지 않으면 하지 않는 것입니다. 의도는 행동할 때 사용하는 원칙일 뿐 연습으로 늘릴 수 있는 능력이 아닙니다.

효과적인 행동을 위해 권하고 싶은 것은 존재하지도 않는 의지력 걱정은 다 내려놓고 의도와 헌신에 따라 그냥 행동하라는 것입니다.

오해 2. "내겐 동기부여가 필요해"

의도와 헌신을 이렇게 자세히 설명한 이유는 행동의 선택을 감정과 분리하기 위해서입니다. 감정은 나쁜 게 아니지만 동시에 행동을 위한 전제조건도 아닙니다. 새해에 야심차게 목표를 세워놓고 작심삼일로 세월을 보내고 있는 자신을 보며 '동기부여가 부족해서 그래. 마음의 열정이 더 필요해'라고 생각한 적이 있을 겁니다.

의지력과 비슷하게 오늘날 인기가 많은 '동기부여'는 자기가 원치 않는 목표를 향해 달려가거나 희생으로 행동하는 사람에게나 팔 수 있는 약효 30분짜리 에너지드링크에 불과합니다. 동기부여 글, 영상, 강의, 게임이 자아를 건드려 마음에 불이 난 우리는 그 콘텐츠를 소비하는 동안 거대한 것을 이룰 수 있다고 생각하지만 그 '열정'은 금방 식습니다.

저도 영화 〈반지의 제왕〉을 보거나 게임 〈리그 오브 레전드〉의 'Legends Never Die' OST를 들을 때면 동기부여가 넘쳐흘러 거의 날아가는 듯한 느낌이 듭니다.

> Legends never die 전설은 절대 죽지 않아
>
> When the world is calling you 세계가 너를 부르고 있을 때

Can you hear them screaming out your name?
그들이 네 이름을 외치는 게 들리니?
Legends never die 전설은 절대 죽지 않아
They become a part of you 그들은 네 일부가 돼
Every time you bleed for reaching greatness
네가 위대함에 도달하기 위해 피를 흘릴 때마다

그러면 그다음 날 그것이 과연 행동으로 이어질까요?

마음을 달래주는 영화를 보거나, 희망을 주는 소설을 읽거나, 기분을 좋게 해주는 유튜브 영상을 시청하거나, 힘을 주는 노래를 듣는 것은 언제나 충분히 즐길 수 있는 일입니다. 많이 즐기세요! 그러나 감정만으로는 의식적인 행동을 하기 어렵고, 오히려 문제해결 지향이나 피해의식에 빠지게 할 가능성이 높습니다. 잠시 '업'된 기분과 '결과 내기'를 헷갈리지 맙시다. 업된 기분이 우리의 자아확장 기준을 실현해주지는 않습니다. **내 진정한 삶은 '내가' 실현합니다.**

행동하고 싶을 때 필요한 것은 의식적인 선택, 즉 의도뿐입니다. 진심 어린 자아확장 기준을 세우면 의식이 여러분의 행동을 안내해 줄 것입니다.

작가 세스 고딘은 말했습니다.

"글길에 막힘이라는 것은 없다. 전문가들은 의도로 생산한다."

오해 3. "내겐 자신감이 없어"

행동하지 않는 사람들의 인기 있는 변명 중 하나는 "나는 자신감

이 부족해"입니다. 이것 역시 수레를 말馬 앞에 둔 사례입니다. 수레가 말을 끌 수 없듯 자신감이 행동을 만들어내지는 않습니다. 작은 호기심으로 행동해 능력과 지식을 쌓으면 자연스럽게 그 일에 자신감이 생깁니다. 다시 말해 행동해야 자신감이 생깁니다.

'자신감 → 행동' ×

'행동 → 자신감' ○

자신감은 행동 이후의 부산물입니다. 있으면 좋고 없어도 상관없습니다. 자신감은 행동의 전제조건이 아닙니다. 무엇을 할 수 있는지는 해봐야 알 수 있습니다.

오해 4. "난 하고/되고 싶은데"

코칭이나 워크숍을 할 때 저는 참가자들에게 "저는 의사가 되고 싶어요", "영어를 공부하고 싶어요", "제 가게를 열고 싶어요" 같은 목표를 종종 듣습니다.

이러한 소망은 스마트 목표 기준과 비교해봐도 이미 나약한 선언이지만 무엇보다 선언의 효험을 떨어뜨리는 것은 바로 '하고/되고 싶다'입니다.

누구나 편안하게 의자에 앉아 이런저런 것을 하고 싶고, 되고 싶을 수 있습니다. 그러나 그 소망은 행동과 차원이 다릅니다. 진짜로 변화를 일으키길 원할 경우 '하고 싶은 것'은 무의미합니다. 행동할 때의 유일한 질문은 이것입니다. 할 것인가, 하지 않을 것인가?

시간·돈·자원을 얼마나 투자해야 하는지 구체적으로 판단해 '의도한다', '행동한다', '행동하기로 한다', '행동하는 것을 선택한다', '행동하겠다' 같은 확실한 선언이 필요합니다. 모호한 바람으로는 결과를 내지 못합니다.

사소한 말놀이, 개념놀이 같지만 무의식은 아주 강력합니다. 평생 지구를 '바꾸고 싶어 한' 사람은 많지만 진짜로 지구를 '바꾸는' 사람은 드뭅니다. 우리가 무심코 쓰는 표현은 우리 내면과 현재 상태에 관해 강력한 힌트를 줍니다. 사람들의 얘기를 조금만 들어보면 누가 진짜 행동할지, 누가 계속 엉덩이를 의자에 붙이고 꿈만 꿀 것인지 알 수 있습니다.

알아챘을지도 모르지만 저는 여태까지 거의 모든 관조 질문을 다음 형태로 했습니다.

'무엇에 헌신하겠는가? 어떤 목표를 실현할 것인가?'

첫 브레인스토밍 단계 외에는 '무엇에 헌신하고 싶은가' 또는 '어떤 목표를 실현해보려고 하는가' 같은 약한 질문은 거의 사용하지 않습니다. 자아확장 기준을 세울 때는 '하고 싶어도' 되지만 행동 단계에 왔으면 '해야' 합니다.

행동하고 싶은가, 행동할 것인가?

오해 5. "한번 해볼게요"

'하고 싶다'는 말과 마찬가지로 우리는 다음 말을 자주 씁니다.

"한번 해볼게요."

'한번 해본다'는 것이 뭐냐면 하긴 하되 100퍼센트 책임지고 헌신하고 싶지 않다는 뜻입니다. 즉, 어떤 일을 하면서 실패와 포기 가능성을 염두에 두는 것입니다. 이는 두려워서 스스로 빠져나올 구멍을 마련하는 것과 같습니다. 우리는 '안 될 수도 있으니 양해해주기 바랍니다' 같은 태도로 그 목표 실현에 자신을 온전히 투입하지 않습니다. 다시 말해 행동하는 것처럼 보이긴 하지만 전력을 기울여 헌신하지 않는 겁니다.

행동해보겠는가, 아니면 행동하겠는가?

어떤 결과물을 실현할 때 제가 기댈 수 있는 건 저 자신뿐입니다. 제 선택과 실행 말입니다. 우리가 여전히 기억해야 하는 것은 의도와 헌신은 의미 있는 삶을 살아가는 데 활용할 수 있는 원칙이라는 점입니다. 의도와 헌신으로 내 유효성이 커져 진정한 삶을 실현하는 것이 쉬워질 수 있습니다. 그렇다고 그 원칙이 진리거나 절대적으로 맞는 것은 아닙니다. 그 원칙에 따르든 따르지 않든, 행동하든 하지 않든 여러분의 삶은 이미 있는 그대로 충분히 아름답습니다. 행동해야 자신이 가치 있는 사람이 된다고 생각하지 마세요. 원칙을 잘 따른다고 해서 '더 훌륭한 사람'이 되는 것은 아닙니다.

의도와 헌신은 약간 추상적으로 보이기도 하며, 내적 저항 때문에 제대로 이해하는 데도 제약이 따를 것입니다. 그래서 'Part4 장애물 극복 단계'를 다 읽고 다시 이 챕터로 돌아오는 걸 추천합니다. 어쩌면 전혀 다른 눈으로 읽힐지도 모릅니다.

의도와 헌신은 실제 행동으로만 제대로 파악할 수 있습니다. 행동하고 싶으면 하세요. 그러나 행동하고 싶지 않으면 하지 마세요. 당신에게는 언제나 그럴 자유가 있습니다.

《해리 포터와 비밀의 방》에서 톰 리들의 일기장을 파괴하고 지니를 구한 해리가 덤블도어 교수와 대화하는 장면이 나옵니다. 해리는 볼드모트와 같은 특성이 많은 자신이 진짜 그리핀도르 하우스에 들어간 것이 맞는지, 아니면 슬리데린 하우스에 들어갔어야 하는 건 아닌지 의문을 보이며 덤블도어 교수에게 묻습니다.

해리: 전 슬리데린에 들어가야 했어요.

덤블도어: 맞아, 볼드모트 스스로가 귀하게 여기는 특성을 너도 많이 소유했지. 결단력, 융통성 그리고 규칙을 무시하는 버릇도 말이다. 그럼 왜 마법의 모자가 너를 그리핀도르에 넣었을까?

해리: 제가 부탁했거든요.

덤블도어: 바로 그거야, 해리! 그래서 네가 볼드모트와 다른 거야. 우리의 진정한 모습을 보여주는 건 우리의 능력이 아니라 우리의 선택이란다.

자기 관찰 질문

1 자신의 행동을 얼마나 혐오스러운 희생이라고 생각하는가? 원하는 결과가 있으면 그것을 위한 과정도 받아들일 각오를 할 수 있는가?

2 자아확장 지도를 보고 어떤 행동으로 바로 다음 전략을 실현할 것인지 명확히 써보세요.

그 행동을 취하려면 어떤 자원을 투자해야 하는가?(시간, 재료, 능력, 조력자, 돈 등)

당신 인생의 일부를 그 결과를 내는 데 투자할 것인가?(희생이 아닌 선택)

그 행동을 의도하는가?

실천 과제

1 스스로 (원하면) 행동하세요. 그리고 결과를 내세요.

실행3.
학습

긴 지면을 할애해 '행동'을 설명했지만 실패에 따른 두려움 때문에 행동하기가 쉽지 않은 것은 사실입니다. 우리 자신이 얼마나 부족한지 나 자신과 남들에게 행동의 결과로만 노출되고 판단을 받기 때문에 우리는 늘 전전긍긍합니다.

별다른 헌신이 필요 없는 가역성 실험을 조금 해볼지도 모르지만 결과가 조금 중대serious해지면 대개 첫발을 내딛다 바로 그만둡니다. 열정이 넘쳐도 원하는 완벽한 결과가 곧바로 나지 않으면 희망을 잃고 다시 예전 패턴에 빠져드는 것입니다. 그동안 저는 이 문제와 관련해 몇백 통의 이메일을 받았고 그 패턴은 항상 비슷했습니다.

"용기를 내서 시도했는데 성공하지 못했어요. 자책감이 밀려오고 어떻게 다시 일어서야 할지 모르겠습니다."

실패 사례는 무지 많습니다. 사실 실패는 주도적인 삶을 사는 사람이라면 피할 수 없는 요소입니다. 우리는 실패를 어떻게 다룰 수 있을까요? 어차피 피할 수 없다면 실패와의 관계를 바꿔볼 필요가 있지 않을까요?

내 안의 민수

이해를 돕기 위해 가상인물을 중심으로 조금 과장해서 비극적인 학교 시절을 묘사해보겠습니다. 자, 민수 학생을 소개합니다.

민수는 주입식 교육을 받으며 시험을 잘 보기 위해 매일 정해진 지식을 암기합니다. 지식과 방법을 달달 외워 그것을 시험 문제에 적용해 정답을 맞히는 것을 연습합니다. 민수는 자신이 외운 지식에 흥미가 없고 그것은 시험 용도 외에 별다른 가치도 없는 것처럼 느껴집니다.

슬프게도 민수는 학교에서 많은 것을 '배우'지 않습니다. 민수가 학교에 다니는 이유는 뭘 '배우려고'가 아니라 시험으로 성과를 잘 내기 위해서입니다. 시험을 보고 나면 암기한 지식이 무의미해져 외운 것을 고스란히 잊습니다. 민수에게 시험은 단지 자신의 사회적 가치를 증명하기 위한 의무와 같습니다.

민수는 시험을 '진정한 배움'으로 받아들이기보다 '즉석 성과'로 봅니다. 즉, 암기한 지식과 자기 자신을 증명해주는 시험이라는 유일한 기회를 잘 통과하면 '성공'이고, 그 기회를 놓치면 '실패'라고 생각합니다. 민수에게 공부는 자아확장이나 역량강화, 세상을 탐구하는 유희가 아닌 실존적 압박입니다. 어느 정도 압박이냐면 시험 점수가 높을 경우 민수는 가치 있는 인간이 되고, 반대로 시험 점수가 낮을 경우 민수는 부족한 존재처럼 느껴져 자존감이 뚝 떨어집니다. 시험을 못 보면 단순히 시험을 못 본 것이 아니라 민수와 민수의 전체 존재감이 '실패자'로 전락합니다.

학창 시절 민수의 시험 점수가 몇 번 신통치 않았다고 해봅시다. 그러면 어른이 된 민수는 어떻게 될까요? 이제 자신이 원하는 삶을 살려고 해도 학교에서 주입받은 즉석 성과 마인드셋과 그에 따른 자존감 트라우마 때문에 첫 시도에 성공해야 한다는 압박감, 즉 완벽주의로 인해 아예 시도조차 못합니다. 설령 용기를 내 첫 시도를 해도 원하는 결과를 단박에 내지 못하면 학교에서 습득한 습관대로 "나는 역시 실패자다!"라는 결론을 또 내리고 맙니다.

민수가 과거에 신통치 않은 시험 결과를 받았을 때처럼 첫 시도의 결과를 자신의 가치와 동일시하기 때문입니다. 부정적 결과를 자기 존재와 동일시하는 경우 몇 번의 시도와 실패로도 자신감은 하락하고 결과도 더욱더 내지 못합니다. 결국엔 악순환으로 이어져 아예 행동하지 못하게 됩니다.

실패한 민수가 스스로를 '실패자'로 낙인찍으면서 "어차피 무가치한 내가 뭘 이룰 수 있겠어. 더는 용감하게 도전하면 안 돼"라는 말을 하는 순간 민수는 '무행동의 갑옷'을 걸칩니다. 행동하지 않는 것이 민수에게 실패하지 않기 위한 안정터가 됩니다. 이 경우 초기의 열린 마음, 호기심, 관심이 사라지면서 새롭고 재미있는 시도를 하지 않으며 아예 자아확장 가능성과 단절하고 맙니다.

학업 vs. 학습

민수와 같은 경험을 한 학생이 한두 명은 아닐 것입니다. 정도의 차이만 있을 뿐 우리는 모두 즉석 성과의 압박감, 완벽주의 그리고 그에 따른 성과와 자신을 동일시하며 다소 앓고 있습니다.

그 원인은 우리가 학교에서 요구하는 학업study에 익숙하긴 해도 학습learning은 모르고 있기 때문입니다. 민수의 핵심 문제를 이해하기 위해 다음 두 가지 분별을 알아봅시다.

사전에서 정의하는 학업은 다음과 같습니다.

> 학업: 學 – 배울 학, 業 – 업 업.
>
> 1. 공부하여 학문을 닦는 일.
> 2. 주로 학교에서 일반 지식과 전문 지식을 배우기 위하여 공부하는 일.

아래 그림에 나타나 있듯 학업에서는 우선 정해진 자료로 지식과 방법을 공부하고 외웁니다. 그런 다음 외운 공식과 방법을 시험 문제에 적용하거나 풀어서 정답을 도출합니다. 이것이 우리가 학교에서 주로 하던 '문제풀기'입니다.

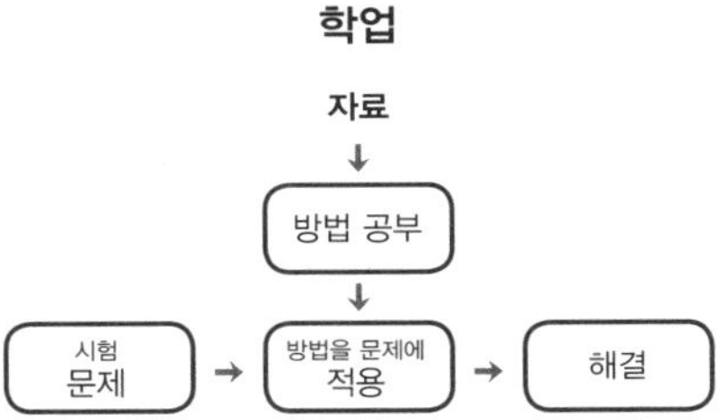

그러면 학습의 사전적 정의를 봅시다.

학습: 學 – 배울 학, 習 – 익힐 습.

1. 배워서 익힘.
2. 경험의 결과로 나타나는, 비교적 지속적인 행동의 변화나 그 잠재력의 변화.

일상생활에서 목표를 향해 나아갈 때 초기에는 대처할 방법을 아직 알지 못하는 수많은 문제, 도전, 장애물과 맞닥뜨립니다. 그런데 일상생활에서는 학업과 달리 그 장애물을 어떻게 극복해야 하는지 알려주는 교과서를 미리 받지 않습니다. 이럴 때는 자구책을 마련해야 하므로 멘토든 책이든 자기만의 창의적인 고안이든 방법을 찾아내 한번 적용해봅니다. 알다시피 처음에는 큰 효과가 나지 않습니다. 즉, 실패합니다. 즉석 성과를 기대하는 학업 마인드셋으로 진행하는 경우 여기서 자책하고 포기합니다. 반면 학습 마인드셋으로 진행하면 왜 효과가 없는지 그 원인을 찾아 기존 방법을 조정하거나, 새로운 방법을 찾거나, 아예 새로운 방법을 발명합니다. 그 새로

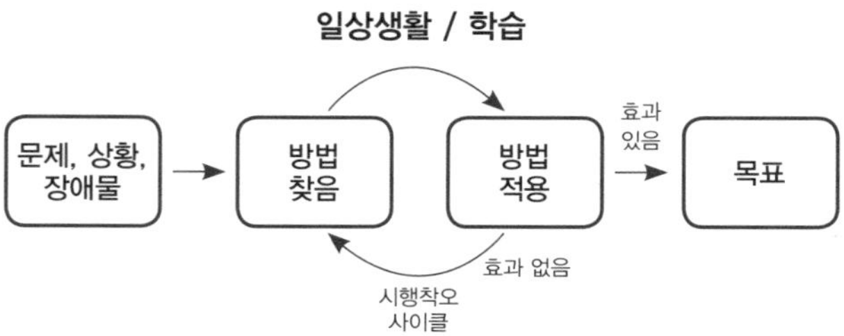

운 방법도 적용해보고 적절치 않으면 수정하면서 효과적인 방법을 찾을 때까지 시행착오를 반복하다 결국 찾아냅니다.

학습할 때는 무언가를 처음 시도할 경우 **실패를 허용해야 합니다.** 그래야 실패한 경험을 참고하고 접근법을 조정해 재시도하는 방법을 익힐 수 있습니다. '시도-실패-조정'을 하면 할수록 능력, 노하우, 기술력, 지식을 머리로 이해할 뿐 아니라 경험으로 온전히 체화해 행동의 변화를 일으킵니다. 그러면 앞으로 다양한 경험에 기반해 점점 더 좋은 결과를 낼 수 있습니다.

학업	학습
정해진 자료를 받아서 외운다.	방법을 직접 조사하고 연구한다.
맹목적으로 받아들인다.	적용해보고 효과에 따라 방법을 평가한다.
즉석 성과를 요구한다.	시행착오를 겪으며 가장 효과적인 방법을 경험으로 알아낸다.
압박, 완벽주의.	호기심, 탐구, 유희, 의도.
이론적인 공부.	체현하는 배움, 성장, 경험, 변화, 능숙함.
자기 가치 증명 방법. 성과와 자기 존재 동일시.	문제, 도전, 결과물, 장애물, 목표 실현 중심.

한 도공 선생님이 있었습니다. 그 선생님은 반을 두 그룹으로 나눠 그룹마다 다른 과제를 내줬습니다. 첫 번째 그룹에게는 학기가 끝날 때까지 완벽한 도자기 하나를 제출하라고 했고, 두 번째 그룹에게는 학기가 끝날 때까지 퀄리티와 상관없이 최대한 많은 도자기를 제출하라고 했습니다. 3개월 후 어느 그룹이 더 훌륭한 도자기를 제출했을까요? 바로 두 번째 그룹입니다. 물론 학기 중에 만든 몇

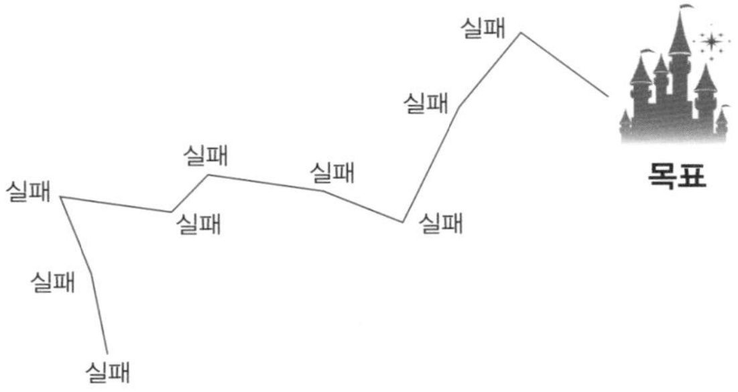

백 개의 도자기 중에는 실패작도 많았지만 학기가 끝날 무렵에 만든 도자기들은 아름답고 전문적이었습니다. 두 번째 그룹이 연습하면 할수록 창작의 재미를 발견하면서 멋진 도자기를 만들어낸 것입니다. 첫 번째 그룹은 '완벽한 도자기 하나'라는 함정에 빠져 누구도 성공하지 못했습니다. 그들은 자책하면서 만족스럽지 않은 도자기를 제출했습니다.

학업은 즉석 성과를 요구하지만 학습은 결과에 이를 때까지 계속 시행착오 과정을 경험하며 어중간한 '실패' 상태를 지속합니다. 마치 실패 사이클 안에서 돌고 있는 것처럼 느껴질지도 모릅니다. 그러나 이러한 학습 과정에서는 실패를 경험하면서 새로운 경로를 탐험하므로 실패가 문제되지 않고 오히려 우리가 이루려는 목표 과정을 더욱더 효과적으로 개선할 수 있습니다.

창조자에게 실패는 정상이다

그렇다고 이분법 잣대로 학습은 좋고 학업은 나쁘다고 설명하려는 게 아닙니다. 학습과 학업을 비교 설명한 것은 자기계발과 의미 있는 인생을 살아가는 전략을 다양한 차원에서 바라보라는 의미로 제시한 것입니다. 여전히 시험, 고시, 졸업, 자격증은 학업을 요구하며 당연히 공부를 잘하면 잘할수록 좋습니다.

하지만 학교의 틀이 아닌 일상생활에서는 학습이 실재 결과를 내는 데 훨씬 실용적인 접근법입니다. 학교에서는 어쩔 수 없이 학업을 해야 하지만 성인이 되면 아무도 선생님이 자료를 준 것처럼 인생의 자료를 주지 않다 보니 혼자 주도적으로 지식, 능력, 방법을 키워 차례차례 적용해볼 수밖에 없습니다. 학업을 하면서 배운다, 성장한다, 키운다, 배양한다, 계발한다, 변한다고 착각하지 맙시다. 성인으로서 온전한 삶을 살고 싶다면 학습 관점으로 넘어와 여기에 호기심, 놀이, 실험, 시행착오, 경험을 적용할 것을 권합니다.

실제 인생에서는 어떤 일을 하든 처음에는 그 결과가 좋지 않게 마련입니다. 첫 시도의 특성은 우리의 능력이 언제나 머리로 상상하는 최종 결과물에 못 미친다는 점입니다.

어떤 결과물을 의도한다고 해서 그것이 상상한 대로 나오는 건 아닙니다. 우리는 항상 탁월한 의도에 따라 최선을 다해야 하지만 처음에는 의도와 최종 결과에 틈이 존재하리라는 것을 각오해야 합니다. 그것은 좌절에 빠질 이유가 아니라 창조 프로세스의 자연스러운 현상입니다. **첫 시도의 결과가 상상한 결과와 다르다고 해서 우리 존재 자체가 잘못된 것은 아닙니다.** 그 결과를 나와 연관 지을 것 없이 그냥 다양한 반복 중 하나로 받아들이고 다음 반복으로 넘어가면 됩니다. 장기적으로 탁월한 결과를 내려면 의도하고, 의도하고 또 의도해야 합니다. 언젠가 슬슬 유효성이 높아져 현실이 우리의 상상과 일치할 때 비로소 마스터급을 이룬 것입니다.

누구나 한번에 '완벽한 명작'을 내고 싶어 하지만 결국 원하는 명작을 내는 사람은 인내하며 수백 시간의 '헛노력'을 투자한 사람입니다. 중간에 결과가 좋든 나쁘든 '그냥' 일단 창조하는 것이 좋은 결과를 내는 비결입니다.

세스 고딘은 《The Practice》에서 공을 저글링하는 예를 듭니다. 한 번에 원하는 결과를 내겠다는 완벽주의에 빠진 사람은 저글링을 못 배웁니다. 왜냐하면 처음에는 공이 계속 잡히지 않고 떨어지기 때문입니다. 저글링을 배울 때 저지르는 가장 큰 실수는 계속 공을 잡는 것에 집중하는 것이라고 합니다. 저글링을 처음 배울 때는 공을 던지는 것부터 익혀야 합니다. 공을 여러 개 준비해 던지고 떨어뜨리고, 던지고 떨어뜨리고, 던지고 떨어뜨리는 과정부터 진행해야 합니다. 공을 잡으려는 노력은 아예 하지 않습니다. 던지는 것을 잘하면 잡는 것은 자연스럽게 해결됩니다. 만약 위로 던지는 것을 잘한다면 슬슬 잡는 것으로 넘어갑니다. 먼저 세 번 던지고 그중 하나만 잡으려고 합니다. 그다음에는 세 개 중 두 개를 잡고 마지막으로 세 개 다 잡습니다.

저글링을 잘하기 전까지는 계속 일시적 실패 상태에 있습니다. 그렇다고 못하는 것이 아니고 실패자는 더욱더 아닙니다. 공을 떨어뜨리는 것은 오히려 잘하는 것입니다. 시험 준비와 인간관계, 회사생활, 창업, 예술, 집필, 창작, 그밖에 모든 창조적인 시도도 마찬가지입니다.

어느 날 화가 파블로 피카소가 파리의 한 카페에 앉아 무료함을 달래려 냅킨에 볼펜으로 낙서나 다름없는 그림을 그렸습니다. 피카소가 커피를 다 마시고 일어날 무렵 그를 계속 지켜본 어떤 여자가 와서 물었습니다.

"피카소 맞죠? 혹시 저 냅킨 제가 가져도 될까요?"

피카소가 대답했습니다.

"당연하죠. 이천만 원입니다."

여자는 당황해서 반격했습니다.

"진심이세요? 아니, 그 낙서를 하는 데 2분밖에 걸리지 않았을 텐데요."

피카소가 냉철하게 대답했습니다.

"저 낙서는 2분이 아니라 40년이 걸린 겁니다."

흔히 사람들은 2분의 결과물만 봅니다. 그 이전의 학습, 시도, 실패, 반복, 시행착오, 연습, 떨어뜨림, 포기, 준비 등의 인생 과정은 보려고 하지 않죠.

진정한 학습은 완벽한 성과를 내는 데 있지 않습니다. 그보다는 수많은 시행착오로 '지난번보다 더 나은 성과'를 내는 것이 진정한 학습입니다. 탁월한 의도에 따라 탁월한 결과를 내려면 실패를 포용해야 합니다. 오히려 실패 덕분에 많은 것을 배우고 정말로 성장해 더 좋은 창조물을 만들어낼 수 있는 것입니다.

성과에 따른 압박을 받으며 사는 것보다 흥미로운 탐구를 하며 살면 삶이 더 재미있고 훨씬 효과적입니다. 시행착오는 두려움, 포기, 특히 행동하지 않음을 늘 이깁니다.

자기 관찰 질문

1 왜 행동에 따른 노출을 두려워하는가? 무엇을 발견할까 봐 행동을 꺼리는가?
2 얼마나 즉석 성과를 바라는가? 그 집착으로 어떤 대가를 치르고 있는가? 무엇을 놓치고 있는가?
3 시행착오로 창조할 수 있는 것에는 무엇이 있는가?
4 당신이 실현하고자 하는 결과물을 위해 여러 가지 방법을 조사하세요. 아니면 방법을 직접 고안하세요. 어떤 방법부터 적용하면 가장 큰 효과가 날까?

실천 과제

'Part3 실행2. 행동' 챕터에서 의도한 행동으로 퀄리티와 상관없이 결과를 내보세요. 그 결과가 만족스러우면 다음 행동으로 넘어가세요. 만약 만족스럽지 않으면 이렇게 질문해보세요.

'어떻게 방법을 조정하면 더 탁월한 결과를 낼 수 있을까?'

그리고 다시 행동하세요. 이어 또다시…. 몇 개월 후 당신의 능력 차이를 비교해보세요.

실행4.
조정

처음 자아확장 기준을 실현할 때는 우리의 가치와 의미, 목표, 전략을 '운명'으로 간주하기 십상입니다. 마치 우리가 자기 부름을 받아들인 영화 속 영웅처럼 느껴지기 때문입니다. 실제로 자아확장 기준을 운명, 사명, 인생목표, 미션, 잠재력, 위대함 추구, 대의명분처럼 생각할 때 특별하고 자랑스러운 느낌을 받습니다.

하지만 다른 한편으로는 위대함에 따른 기대와 자아확장 기준을 도맡아야 한다는 생각에 우리가 스스로의 어깨에 꽤 많은 부담과 스트레스를 얹어놓을 수도 있습니다.

"내 위대한 부름을 지켜야 그 영예가 생길 거다."

처음에는 엄청난 영감이자 인생의 자유처럼 느껴진 멋진 자아확장 기준이 이처럼 자신에게 위대한 부름이라는 압박을 주면, 6개월 후에는 내 일상에 새로운 제한과 의무를 안겨줍니다. 그 끝에는 결국 "내가 좋아하는 일만 찾으면 다 나아질 거라고 생각했는데…"라며 좌절에 빠져 무기력해집니다. 나를 구원해줄 거라고 생각한 자아확장 기준이 결국에는 똑같은 굴레가 되어버리는 것입니다.

이런 사고방식 때문에 우리는 항상 중요한 걸 잊습니다. 바로 우리가 언제나 자기 인생을 선택한다는 사실 말입니다. 우리가 자아확장하고 헌신하는 건 그것이 우리의 위대한 '운명'이거나 우리가 지켜야 하는 '의무'라서가 아닙니다. 우리가 헌신하는 이유는 그것이 진심이고 또 진정으로 그걸 원해서 혹은 스스로 그 삶을 선택해서입니다. 우리가 진심의 부름에 따를지 아닐지는 언제나 우리의 의식적인 선택에 달려 있습니다.

인간은 계속 변합니다. 자아확장 기준대로 행동하는 중에도 새로운 깨달음과 통찰력은 계속 생기고 새로운 지식, 경험, 인맥이 쌓입니다. 또한 기회를 발견하는 눈이 넓어지며 의식이 점점 높아집니다. 우리가 성장하면서 늘 새로운 분별을 만들고, 세상을 더 객관적인 눈으로 보고, 세상과 부딪치면서 직관이 예리해져 진심이 훨씬 명확해집니다. 내 자아확장 기준이 생각보다 빨리 '구식outdated'이 되어버려 요건을 더 이상 충족하지 않을 수 있습니다. 그럼에도 불구하고 여전히 맹목적으로 몇 개월 전에 세운 자아확장 기준을 '운명'처럼 따라야 할까요?

'Part2 자아확장 지도 완성'에서 말했듯 자아확장 기준은 **현재(!) 우리의 가장 진실한 마음을 반영하는 기준입니다.** 만약 6개월 전에 세운 자아확장 기준이 현재의 진심을 더 이상 반영하지 않으면 언

더욱더 진정해지는 과정

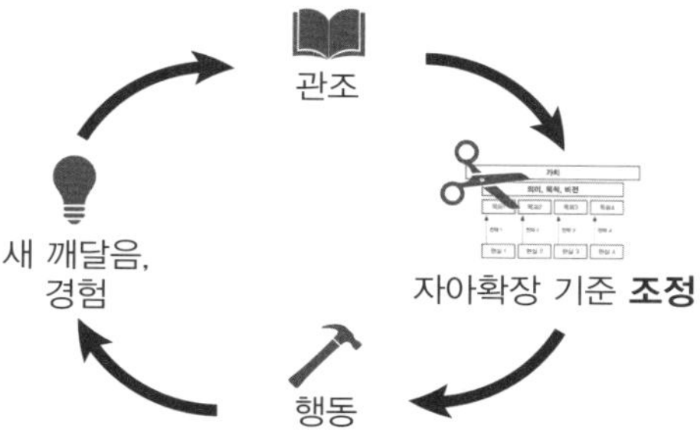

제든 그것을 '업그레이드'하는 것이 좋습니다. 자아확장 기준은 의무로 도달해야 하는 도착지가 아니라 현재 내가 선택하는 삶의 출발점입니다. 두 번째 산은 꼭대기가 없습니다. 두 번째 산 그 자체가 이미 충분한 의미이자 보상입니다.

여러분은 1년 전, 5년 전, 20년 전과 같은 사람인가요? 아마 그동안 우선순위가 많이 달라졌을 겁니다. 전에 중요하게 여긴 가치는 이제 중요하지 않고 바라던 목적과 목표도 조금은 바뀌었을 것입니다. 그 이유는 의식이 높아지고 성숙해졌기 때문입니다. 주어진 고정된 운명이 있을 거라는 생각은 버리세요. 자아확장 기준은 꼭 붙잡아야 하는 법이 아니라 내가 (진실과 함께) 매일 유연하고 더 진정성 있게 살게끔 새로 정해야 하는 것입니다.

'Part3 실행3. 학습' 챕터에서 설명한 것처럼 행동이 '시도－실패－조정' 과정으로 더욱더 효과적으로 변하듯, 삶도 '관조－자아확장 기준 설계 및 조정－행동－깨달음'의 과정으로 진정해집니다.

당연히 3일만 책상에 앉아 우리의 드높은 부름을 찾고 곧바로 실현하고 싶겠지만, 실제로는 행동으로 많이(!) 경험한 뒤 자기관찰을 해야 그 부름이 더욱 명확히 보이기 시작합니다. 바로 진정한 자아확장 기준을 만들고 행동하는 게 아니라 **행동하면서 진정한 자아확장 기준이 만들어집니다.** 세상과 부딪치면서 진심이 명확해질수록 우리는 계속 자아확장 기준을 개선하게 되고 그 기준이 어떻게 오늘(!) 진정성 있게 살 수 있는지 알려줍니다. 내 자아확장 기준은 현재 자신의 의식을 가장 진정성 있게 대표하는 가치, 목적, 목표, 행동 기준입니다. 5년 후의 기준이 아닙니다. 5년 후에는 또 다른 훨씬 진정한 자아확장 기준이 있을 것입니다.

"열 번 찍어 안 넘어가는 나무 없다"라는 속담은 이성 친구를 만들 때는 효과가 있을지 몰라도 진정한 인생을 사는 데는 큰 도움을 주지 않습니다. 더 이상 정직하지 않은 뒷북을 칠 필요는 없습니다. 우리는 늘 자신의 가치, 의미, 목표, 전략, 행동을 더 진정성 있고 효과적인 기준에 맞출 각오를 해야 합니다.

여기서 중요한 것은 자아확장 기준에 따른 조정과 변화를 변덕과 혼동하지 않아야 한다는 점입니다.

"아하! 그러면 세일즈맨으로 일하다가 요리사도 해보고, 작가도 되고, 인테리어 사업도 하고, 커피숍을 운영해봐도 되겠네요!"

물론 인생에는 정답이 없으므로 성격상 빠른 변화를 원한다면 그렇게 해도 됩니다. 그런데 대부분의 경우 변덕스러운 라이프스타일은 헌신을 두려워하는 데서 비롯됩니다. 상황이 조금 힘들어지면 새로운 것을 해보고 그것이 힘들어지면 또 새로운 것을 시도해보는 것이죠. 내가 하고 있는 조정과 변화가 헌신에 기반하는지 그렇지 않은지 돌아보면 변덕 여부를 금방 알아차릴 수 있습니다.

원래 자아확장에 기반한 조정과 변화 과정은 훨씬 부드럽고 **점진적**입니다. 그 이행은 사람마다 독특하고 특별하지만 점진적인 이행의 예시로 제 아내의 여정을 들려드리겠습니다. 아내는 간호대를 졸업하고 8년 동안 신생아 중환자실 간호사로 일했습니다. 그 일을 하면서 미숙아 돌보기에 애정과 책임이 생긴 아내는 미숙아 발달 과정, 미숙아와 간호사와의 상호작용을 스스로 조사하기 시작했습니다. 그 주제를 파고들수록 아내는 아동간호를 더 공부할 필요를 느껴 대학원 과정을 모두 마쳤습니다. 그 과정에서 아내는 아기 환자들과의 상호작용에서 간호사의 역할이 굉장히 중요하다는 것을 깨닫고 훌륭한 간호사를 배출하기 위해 아동간호학과 교수가 되어 학생들을 지도하고 있습니다. 현재 아내는 부모-아동 상호작용 전문가가 되기 위해 연구 중이며 다음 단계로 아동 발달과 부모-아동 상호작용을 위한 연구소와 센터를 세울 목표를 가지고 있습니다.

아내의 변화를 보면 단계마다 일관성이 있고 당시의 진심도 반영하고 있습니다. 이처럼 흑백으로 이행하기보다 내 현재 상태를 포함하면서 다음 단계로 넘어가는 점진적 이행이 바람직합니다. 각종 전기와 자서전을 보면 이행의 다양성에는 끝이 없습니다. 가령 간호에서 상호작용 교육으로, 요가에서 물리치료로, 공예에서 엔지니어링으로, 회계에서 금융으로, 라이프코칭에서 의식성장 조력으로, 법학에서 인권운동으로 등 무척 다양합니다.

그러면 그 이전 단계는 정직하지 않은 선택이었을까요? 절대 그렇지 않습니다. 당시 경험과 가치관을 기준으로 가장 진정한 결정이었을 겁니다. 현재의 진심을 깨닫고 실현하기 위해 그저 다양한 전단계가 필요했던 것뿐입니다.

이런 열린 마음으로 삶에 접근하면 과격한 헌신 안에서도 갇힌 느낌이 들지 않습니다. 오히려 언제나 '생생한' 진심을 다해 점진적으로 다음 단계를 선택할 수 있습니다. 우리가 다음 20년, 심지어 다음 5년 뒤에 뭘 하고 있을지는 아무도 모릅니다. 그리고 알 필요도 없습니다. 인생은 언제나 우리를 놀라게 할 것입니다. 다만 한 가지 중요한 건 바로 이것입니다.

오늘 의미 있고 만족스러운 삶을 살고 있는가?

만약 아니라면 언제든 기준을 새로 조정할 줄 알아야 합니다.

'진실의 순간'

절대 하나의 의식 상태 안에 갇혀 있지 않아야 합니다. 원할 때는 언제든 자신의 자아확장 기준을 바꾸고, 수정하고, 새로운 것을 추가하고, 비효율적인 것을 버리고, 우선순위를 바꾸고, 워딩을 더 명확하게 조정할 수 있습니다. 늘 최신으로 업데이트한 기준이 당신을 대표하게 하세요.

저는 개인적으로 3개월에 한 번씩 '진실의 순간'을 가지며 다음 질문을 직관적으로 관조합니다.

1. 그동안 무엇을 새로 배웠는가? 어떤 깨달음, 아이디어, 힌트, 경험을 얻었는가? 그것을 어떻게 자아확장 기준에 반영하겠는가?

2. 현재의 행동이나 전략이 효과적인가?

행동을 하고 또 해도 장기적으로 의도하는 결과를 얻지 못할 때도 있습니다. 이 경우 시간이 더 필요할 수도 있지만 어쩌면 비효율적이면서도 잘못된 전략과 행동 때문인지도 모릅니다.

이럴 때는 자아확장 지도로 돌아가 목표에 도달하기 위해 적절한 전략을 사용하고 있는지 분석해야 합니다. 내 공부법이 맞는가? 정말 내 목적에 필요한 교육을 받고 있는가? 이 전략이 내 목표를 실현해줄까? 결과를 내는 데 더 효과적인 방법이 있을까?

학습 원칙을 활용해 기존 전략을 더 효과적인 새 전략으로 바꾸거나, 스케줄을 수정하거나, 두 개 전략을 합치거나, 더 수정한 방법을 다양하게 적용해보세요.

3. 내 목표들은 내 목적 혹은 비전을 지원하는가?

2번 질문으로 목표 실현을 위해 효과적인 전략을 사용하고 있는지 확인하는 것처럼, 3번 질문으로 목표 그 자체가 아직도 내 의미를 지원하는지 아닌지 확인합니다.

예를 들어 '인류를 암으로부터 구한다'라는 목적 아래 유명 연구소에 들어가는 것을 목표로 삼았다고 해봅시다. 그런데 조사할수록 목적과 목표가 잘 맞지 않는다는 것이 보입니다. 그 연구소는 항암제 개발보다 심장질환에 중점을 두고 있습니다. 균열이 생겼으니 다른 연구소에 지원하거나, 면접 때 항암제 부서를 만들 수 있는지 물어보거나, 연구소를 직접 설립하거나 자기 나름대로 목표를 조정해야 합니다.

이미 자리를 잡은 경우는 어떨까요? 'Part2 기둥2. 인생의미 세우기' 챕터에서 설명했듯 직업과 직장에는 대부분 유효기간이 있습니다. 한 회사, 학교, 집단에서 어느 정도 목적을 위해 많은 것을 배웠다면 슬슬 학습 진도가 떨어질 수 있습니다. 이때 '편하니까' 계속 다녀야 할까요? 아니면 목표를 업그레이드해서 다음 단계로 올라가야 할까요? 이러한 질문을 관조하면 좋습니다. 떠날 때가 되면 용기를 내 더 진정한 다음 단계로 넘어가세요.

중요한 건 경솔하게 곧바로 현재의 일을 때려치우고 다른 일로 빠지기보다 책임 있는 마무리를 위해 충분한 시간을 두고 떠나야 한다는 점입니다. 인수인계나 일 정돈을 위해 혹은 인간적 예의상 이행 과정에 몇 개월이 걸릴지라도 책임지고 갈등과 마찰 없이 탁월하게 이행하는 것이 좋습니다.

4. 의미를 느끼는가?

제대로 성장하고 있다면 그때그때 의미의 우선순위가 바뀔 것입니다. 자신이 일에 더 깊이 빠질수록 경험이 쌓이고 깨달음을 얻으면서 비전을 키우고 싶어집니다. 제 아내는 '미숙아 돌보기'에서 '부모-아동 상호작용'으로 의미를 더 명확히 다뤘습니다. 저는 지난 5년간 '한국 자기계발 대중화'에서 '사회 인간성 되살리기'를 거쳐 '지구 의식 높이기'로 자연스럽게 의미를 조정했습니다. 의미가 바뀌면 당연히 그 의미에 맞게 하위 목표와 전략도 재설정해야 합니다.

5. 내 가치관은 무엇인가?

내 가치관은 제일 변화가 드문 기준이지만 이것도 변화에 해당합니다. 이것은 주로 순서를 바꾸거나 때에 따라 한두 개 가치를 내 성장에 맞춰 교체합니다. 그런 변화가 올 때마다 크게 기뻐해도 좋습니다. 더욱 진정성이 담긴 것이기 때문입니다. 과거의 단계는 그것대로 존중하고 오늘은 새로운 단계에서 삶을 더 진정성 있게 살게 됩니다. 내일은 또 그때의 단계에서!

6. 무엇을 놓치고 있는가?

마지막으로 굉장히 힘 있는 이 질문을 관조합니다. 진도가 나가지 않거나 막히거나 통합성이 떨어질 때, 가벼운 고민으로는 원인과 해결 방법이 보이지 않기도 합니다. 이럴 때는 가벼운 고민보다 내 행동, 학습, 삶, 인간관계, 전문적인 일, 목표, 목적, 가치 등에서 현재 내가 발견하지 못하고 놓치는 것이 무엇인지 직관적으로 관조하는 게 좋습니다. 어쩌면 새로운 차원의 경로, 방법, 아이디어, 통찰력, 깨달음을 얻을지도 모릅니다.

이 챕터에서 여러분이 최종적으로 완벽주의에 따른 두려움을 완전히 없앨 수 있었으면 좋겠습니다. 일단 가벼운 가역성 실험으로 시작해 시행착오로 다양한 길을 확인한 뒤, 어느 정도 확신이 들면 집중적으로 선택한 의도를 실행합니다. 그 과정을 거치면서 기준을 계속 조정하고 삶을 더욱더 의미 있게, 진정하게, 진실성 있게 바꿀 수 있습니다. 모든 이행에는 시간이 걸립니다. 보통 몇 개월에서 몇 년 안에 조정한 온갖 이행을 실행할 수 있을 겁니다. 그러한 이행은 어디에 도달하기 위한 희생이 아니라 그저 내 삶입니다.

예전에 제가 올린 한 영상에 이런 댓글이 달렸습니다.

"다른 자기계발 이론들은 '목적을 이루기 위해 오늘을 사는 것이다'라고 말하는데 알렉스는 '오늘을 살기 위해 목적이 필요하다'라고 말하고 있어요."

미래에 무엇이 우리를 기다리고 있는지 모르지만 우리는 현재의 자아확장 기준으로 매 순간을 아름답게 보낼 수 있습니다. 늘 여러분의 가장 위대한 의미대로 지금을 사세요.

실천 과제

1 몇 개월에 한 번씩 '진실의 순간'을 가져보세요. 앞의 여섯 가지 질문으로 자아확장 지도를 조정하세요. 가치, 의미, 목표, 전략, 행동을 언제든 업데이트하세요.

2 조정했으면 다시 삶으로 돌아가 '지금' 행동하세요.

실행5.
돈

"연민은 자선을 느끼려고 하는 것이 아니다. 연민은 우리가 주저할 필요가 없는 기본적인 너그러움이다. 연민으로 자기 자신을 방어하는 게 아니라 주변의 실제 상황을 진심으로 마주하는 것이다."

초감 트룽파 Chögyam Trungpa, 《Work, Sex, Money》

의미 있는 삶을 살기 위한 프로세스를 다 설명했지만 아직도 다음 질문이 남았을 수 있습니다.

1. "의미 있고 충만한 삶을 살면 좋긴 한데 경제적 생존은 어떡하죠? 생계가 보장되어야 더 높은 가치를 추구할 수 있죠. 그렇지 않으면 계속 고생해야 하지 않을까요?"

2. "알렉스의 영상 덕분에 이제 제가 정말로 원하는 인생을 살기로 했습니다. 많은 돈을 벌지 못해도 제가 진정 원하는 것을 하면서 행복하게 살고 싶습니다."

두 가지 코멘트는 서로 다른 말이지만 다음과 같은 공통된 가정에서 비롯됩니다.

"진정한 삶은 실용적이지 않고 생존에도 도움을 주지 않는, 즉 돈벌이가 시원치 않은 삶인 반면 가면을 써서 가짜로 사회 기준에 맞추는 삶은 '올바르고' 실용적이며 돈이 되는 삶이다."

이를 간단히 정리해보겠습니다.

진정성과 의미가 있는 삶 → 좋은데… 쓸모없음, 실용성 없음, 잘못됨, 가난함, 어려운 생계.

가식적이고 의미 없는 삶 → 나쁜데… 쓸모 있음, 실용성 있음, 올바름, 부유함, 적절한 생계.

즉, 잘 먹고 잘 살려면 가끔은 '영혼을 팔아' 진정성을 포기하고 통합성이 떨어지는 일을 해야 한다고 생각합니다.

"물론 나도 진정한 삶을 원하지만 그래도 돈이 필요하니 어쩔 수 없이 진정성을 잠시 묻어둬야지."

반대로 진정한 삶을 우선순위에 두면 돈을 많이 버는 것은 이기적이고 비겁하고 나쁘다고 가정하며 돈을 포기해야 한다고 생각합니다. 다시 말해 '검소함' 안에서 영혼의 풍부함을 찾으려고 합니다.

신기하게도 출발이 달라 보이는 위 두 가지 질문에 공통 전제가 있음에도 불구하고 우리는 그것을 알아차리지 못하고 어느 한쪽을 선택해야 한다고 여깁니다. 더 나쁜 것은 대다수가 어느 한쪽도 선택하지 못하고 그저 **'의미 있는 삶 vs. 생계'**의 이원성에 갇혀 있다는 점입니다. 이럴 때 심리적으로 돈을 굉장히 갈망하면서도 그게 '나빠서' 조금 주저하며 돈을 벌려고 합니다. 또 진정성 있고 의미 있는 삶이 '좋아도' 생계를 방치하고 싶지 않아 머뭇거립니다.

이러한 고정관념으로 우리는 평생 선악의 내면 전투에 갇힌 느낌을 받습니다. 둘 다 좋지만 진정한 삶과 돈벌이가 서로 반비례하며 분리되어 있어서 커다란 딜레마를 경험하는 겁니다.

이 딜레마가 정말 필요할까요? 흑백 논리 같은 '의미 있는 삶 vs. 생계' 싸움이 정말 필요할까요? 아니면 그건 그저 우리의 한정된 세계관에 불과할까요? 의미 있는 삶을 현실적으로 실용성 있게 다룰 방법은 없을까요? 진정성과 의미가 있는 삶을 산다고 해서 생존을 방치하는 걸까요? 우리는 당혹스러운 투쟁을 하기보다 '의미 대 생계'의 이원성을 초월해 오히려 의미 있는 삶을 돈벌이와 합치는 기술을 배워야 하지 않을까요?

돈이란 (실존적으로) 무엇인가

가장 먼저 살펴보아야 하는 것은 '돈이란 무엇인가'입니다. 돈이 실존적으로existentially 무엇인지 알아야 앞으로 돈을 효과적으로 다룰 수 있습니다.

'돈' 하면 떠오르는 것은 보통 '없으면 불행한 녹색 지폐 혹은 통장에 찍힌 숫자'입니다. 하지만 작가 유발 하라리의《사피엔스》나 이와 비슷한 역사책을 몇 권 읽었다면 돈은 '물질이나 서비스 교환을 위한 수단'임을 알 것입니다. 내가 사과 하나를 얻으려면 계란 두 개로 그것과 교환해야 하는데, 마침 사과 제공자가 계란을 원치 않거나 현재 내게 옥수수만 있고 계란이 없으면 합의하기가 어렵습니다. 이 문제를 해결하기 위해 인류는 5,000년 전 교환하고 싶은 아이템을 조개껍데기라는 중립적인 교환 수단을 사용해 주고받기 시작했습니다. 시간이 흐르면서 중립적인 교환 수단은 금, 은, 보석, 가죽, 메탈코인, 지폐, 플라스틱 카드, 전자 스마트페이, 암호화폐로 진화하는 동시에 더 가벼워지고 편리해졌습니다. 그렇지만 그 중립적인 교환 수단, 즉 돈의 핵심 메커니즘은 5,000년 전과 크게 달라지지 않았습니다.

그러면 돈의 실체를 파악하기 위해 좀 더 깊이 들어가 봅시다.

돈과 상품 혹은 서비스를 서로 교환하려면 먼저 돈이 그 아이템의 가치를 상징해야 합니다. 다시 말해 매매하기 전에 우리가 그 물건, 행동, 정보, 개념의 가치를 알아야 합니다. 여기서 가치의 정의를 한번 봅시다.

> 가치: 價 – 값 가, 値 – 값 치.
>
> 1. 사물이 지니고 있는 쓸모.
> 2. 대상이 인간과의 관계에 의하여 지니게 되는 중요성.
> 3. 인간의 욕구나 관심의 대상 또는 목표가 되는 진, 선, 미 따위를 통틀어 이르는 말.

흔히 모든 물건, 상품, 사람, 지식에는 객관적 가치가 있다고 생각하지만 2번 정의에서 볼 수 있듯 그렇지 않습니다. 가치는 '인간과의 관계', 즉 상대적 혹은 주관적으로(주체자의 눈으로) 만들어집니다. 상품이 가치를 지니려면 일단 우리가 상품에 개념적으로 가치를 덧붙여야 합니다. 물질 그 자체가 가치를 소유하는 게 아닙니다. 가령 어떤 것이 내 이미지와 신체적, 사회적, 인간적, 자아확장적 생계에 쓸모가 있고 좋으면 가치가 높고 별로 도움을 주지 않으면 가치가 낮습니다.

예를 들어 저는 예전에 TV만화 〈스폰지밥〉을 많이 봐서 그런지 스폰지밥과 관련해 아주 좋고 즐거운 기억이 있습니다. 스폰지밥 인형이 제 삶에 보람과 활력을 줘서 저에게는 꽤 가치가 있습니다. 원한다면 저는 그 가치에 맞다고 생각하는 사과, 조개껍데기, 지폐, 숫자, 즉 가격으로 스폰지밥의 가치를 표현할 수 있습니다. 인형 가격은 그것을 원하는 제 의사로 정해질 것입니다. 만약 스폰지밥보다 라이언 인형을 더 소중히 하는 사람이 있다면 그에게는 스폰지밥이 그리 매력적이지 않아 가격이 낮아지거나 아예 공짜가 될 수도 있습니다.

이처럼 물건이나 서비스에는 절대적이고 객관적인 가치라는 게 없습니다. 가치는 오로지 인간의 경험 안에서 형성되며 인간의 주관적이고 상대적인 판단 없이는 가치라는 개념이 존재할 수 없습니다. 가치가 상대적이라 가치를 교환하는 수단, 즉 돈도 상대적인 맥락 안에 있을 뿐입니다.

가치의 상대성 알아차리기 연습

이제 우리가 만드는 현실세계의 모든 가치가 다 상대적이라는 것을 파악했습니다. 그럼 가치의 상대성을 조금 더 쉽게 느낄 수 있는 방법을 제시하겠습니다.

우선 주변에 있는 물건(책, 펜, 스마트폰, 물컵 등)을 하나 가져오세요. 그 물건을 보면서 물건의 가치가 정확히 어디에 존재하는지 알아차려 보세요. 가치가 어디에 있나요? 그 물건에 내재되어 있나요, 아니면 내 주관적 경험이 물건에 투사되어 있나요? '2천 원, 1만 원, 70만 원'을 떠올릴 때 그 생각은 물건에 내재되어 있나요? 혹시 그 물건과 물건의 가치를 분리해서 볼 수 있나요?

가치의 상대성, 즉 어떻게 가치를 물건에 투사하고 있는지 잠깐이라도 알아차릴 수 있었나요? 워낙 익숙지 않은 관점이라 시간이 걸릴 수도 있지만 그것을 직접 경험할 수 있는지 계속 확인해보세요.

상대성을 짧게라도 알아차렸으면 연습의 2단계에 들어가 봅시다. 물건을 내려놓고 지금 앉아 있는 공간을 훑어보세요. 책, 의자, 바닥, 냉장고, 다른 사람, 펜, 테이블, 과자봉투 등 주변의 다양한 것을 둘러보고 그 모든 것의 가치가 다른 것보다 궁극적으로(!) 더 높거나 낮지 않다는 것을 인지할 수 있나요? 심지어 자기 자신도 주변보다 더 가치가 높고 낮지 않다는 것을 경험해보세요. 만약 가치의 차이가 보이면 다시 그 가치의 유래를 규명해보세요. 시간이 좀 걸리더라도 가치 투사를 그만하고 모든 가치가 사라지는 상태를 잠깐이나마 이룰 수 있을까요? 만약 가치를 그만 덧붙이면 무엇이 남나요?

이제 슬슬 '일반 관점'으로 돌아와도 좋습니다. 이 연습의 목적은 계속 무가치 상태에 머무는 게 아니라 가치의 상대성을 알아채는 데 있습니다. 스마트폰이 연필보다 더 가치 있고, 자신이 곤충보다 더 가치 있고, 최근 승진한 동료가 자신보다 더 가치 있는 사람이라고 생각하겠지만 그것은 우리의 인지적 평가에 불과합니다. 궁극적으로 모든 존재는 가치에 차이가 없습니다. 그저 우리가 투사한 경험일 뿐입니다.

가치는 우리가 세상을 바라보는 개념적인 맥락입니다. 당연히 가치가 사라진 세상은 우리에게 효율적이지 않으며 우리는 그런 세상에 사는 것을 원치 않습니다. 왜냐하면 가치의 절대적 실체가 없어도 그 상대적 맥락이 우리의 생존을 돕고 자아와 일상, 현재 살아가는 사회구조를 촉진하기 때문입니다. 여기서 기억해야 하는 것은 우리가 가치의 스토리를 엮는 주인이라는 사실을 바탕으로 가치의 실체가 없음을 깨닫고 돈을 향한 맹목적인 집착을 조금이나마 늦출 수 있다는 점입니다. 가치와 돈은 우리를 컨트롤하는 실제적인 물체가 아닙니다. 단지 우리가 더 잘 살기 위해 가치와 돈을 개념적 목발로 사용하고 있는 것뿐입니다. 우리는 그 사실을 제대로 마주봐야 합니다. 현대사회에서 살아가려면 가치 아이디어를 받아들여야 하지만 그렇다고 가치의 노예가 될 필요는 없습니다. 우리가 그 스토리를 개념적으로 직접 발명하고 있기 때문입니다. 이제 가치와 돈에 관한 적절한 질문은 '그 스토리를 어떻게 원하는 삶에 적용할 것인가'입니다.

돈 벌기 – 가치를 나누는 삶

'돈 버는 법'에 들어가기 전에 위의 분별은 꼭 알아둘 필요가 있습니다. 돈의 실체가 주관적 가치라는 것을 제대로 파악해야 녹색 지폐나 통장 숫자를 그만 좇고 더 근본적인 '가치 생산'에 주의를 기울일 수 있습니다. 돈의 핵심이 '가치'임을 내재화했으면 이제 가치 중심 접근법으로 어떻게 돈을 벌 수 있는지 알아봅시다. 앞으로 돈을 편의상 '가치'로 대체하겠습니다.

우리가 가치를 얻으려면(돈을 벌려면) 무엇을 해야 할까요?

가치를 얻고 싶으면 상품, 서비스, 아이디어, 지식 등의 형태로 내가 만들어낼 수 있는 주관적 가치를 먼저 타인에게 제공해야 합니다. 그러면 그 가치는 돈이라는 수단으로 다시 내게 돌아옵니다. 내가 나눈 가치가 그대로 내게 돈으로 돌아오는 간단한 원리입니다. 이 구조에서 내가 제공한 주관적 가치는 돈이라는 수단으로 환원되므로 돈 혹은 자산 형태로 되돌려 받은 가치를 쌓아놓거나 더 큰 가치를 제공하기 위해 재투자할 수 있습니다. 이 접근법에서 부자는 우선 많은 가치를 나누고 그 가치 형태를 보관하거나 재투자하기 좋은 자산 형태로 변형해 수단을 많이 모아놓은 사람입니다.

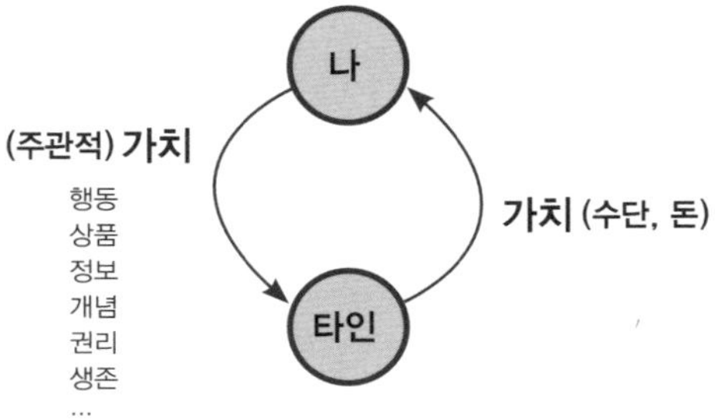

제가 경영학을 전공하며 배운 것은 '사업의 목적은 이윤 극대화에 있다'는 것입니다. 이윤 극대화라는 말의 밑바탕에는 최대한 가치를 생산해 최대한 이윤을 남기라는 의미가 깔려 있습니다. 그런데 그 목적의 방향성은 흔히 '돈을 최대한 많이 버는 것'으로 오해를 받습니다. 이것의 맹점은 앞서 설명한 가치 구조에서 돈은 그저 수단에 불과한데도 수단이 목적이 되어 가치창출의 핵심을 간과하거나 놓쳐버린다는 데 있습니다.

오로지 돈만 많이 벌려고 할 때 '어떻게 돈을 벌 수 있지?'라고 물어보는 건 무의미합니다. 이는 '수단을 어떻게 취득하는가'와 같은 질문입니다. 가치를 방치하고 수단만 좇으면 돈의 핵심을 놓친 셈입니다. 이윤 극대화를 이루기 전에 먼저 최대한 가치를 제공해야 합니다. 한 발 더 들어가 비즈니스의 목적은 이윤 극대화가 아니라 '생산하고 제공하는 가치의 극대화'여야 합니다. 돈을 벌기 위해 우리가 원해야 하는 것은 텅 빈 수단 그 자체가 아니라 본질적 가치임을 기억해야 합니다. 다음은 돈을 벌기 위한 핵심 질문입니다.

어떻게 최대한 가치를 생산해서 사람들과 나누겠는가?
가족, 주변, 공동체, 사회, 지구를 위해 해줄 수 있는 것은 무엇인가?
어떻게 기여하겠는가?

제공하는 가치 × 도달수

=

나에게 돌아오는 가치

내가 제공하는 가치가 크고 가능한 한 많은 사람과 그 가치를 나눌수록 돌아오는 가치도 큽니다. 가령 아름다운 목소리로 수천만 명에게 감동을 전해주는 가수, 미세먼지 차단 도구를 발명한 엔지니어, 코로나 백신 특허를 등록한 의사는 모두 돈을 잘 법니다. 그만큼 많은 사람과 가치를 나누기 때문입니다.

다시 테레사 수녀를 예로 들어봅시다. 테레사 수녀는 온전히 가난한 사람을 치유하는 일에만 집중했습니다(제공하는 가치의 극대화). 센터를 더 많이 확장해 수만 명의 목숨을 살렸습니다. 그런데 그 사람들이 가치를 돌려주지 않은 건 아닐까요? 환자들은 돈을 내지 않았지만 그 가치는 결국 어마어마한 기부로 돌아왔습니다.

가치를 생산했으면(결과를 냈으면) 마지막으로 그 가치가 돌아오도록 시스템만 구축하면 됩니다. 성당이나 절에 가보면 초를 놓아둔 곳 아래에 작은 모금함이 있습니다. 사람들은 촛불을 하나 켜고 싶으면 천 원이나 2천 원을 모금함에 넣습니다.

그 '모금함' 형태는 일상생활에도 다양하게 존재합니다. 예를 들어 온라인으로 뭘 주문하면 간편결제 시스템으로 가치 교환이 이뤄집니다. 가치 생산자는 계약서 아래에 계좌번호를 하나 올리고 신용카드 판독기나 현금을 위한 돈주머니를 준비할 수 있습니다. 단순히 나눈 가치가 내게 돌아오도록 경로를 만들면 됩니다. 그런데 사실 이것은 이차적인 고민입니다. 충분한 가치 제공에만 집중하면 가치가 돌아오는 경로는 나중에 저절로 생깁니다.

그래서 제가 젊은 사람들에게 "봉사활동을 많이 하라"고 조언하는 것입니다. 아무런 반대급부 없이 많은 것을 '주는' 걸 배워야 나

중에 '받을' 수 있습니다.

돈을 좇기보다 가치 제공에 집중하면 우리의 가치관에 근본적인 변화가 일어납니다. 진정한 기여를 하고 공동체, 사회, 지구에 가치를 제공하는 것이 무엇인지 보이나요?

자아확장 그 자체입니다!

주저 없는 창조

제대로 된 자아확장은 장기적으로 주변 사람과 사회, 지구에 이바지하는 것입니다. 우리가 외적 자아확장과 증여에 주의를 기울이면 가치가 돌아올 확률이 높아집니다.

처음에는 결과를 내는 능력도 낮고 시스템 구축에도 시간이 걸릴 수 있지만 몇 개월, 몇 년 안에 내 아트를 개선하고 진정성 있게 주저 없이(!) 나누기만 하면 보상이 없을 리 없습니다.

저도 이 사실을 이해하기까지 참 오래 걸렸습니다. 저는 '결핍 마인드셋scarcity mindset'으로 늘 나누는 것을 규제했습니다. 이를테면 회사에서 '오늘은 이미 월급만큼 일을 다 했으니 더는 절대로 에너지를 쓰지 않겠다'는 태도를 보였습니다. 심지어 하이어셀프 의식성장 학교를 운영할 때도 제 아이디어와 깨달음을 아끼고 단편적으로만 전달하려 했습니다. '이 가르침은 워크숍에서 설명하니 영상에서 절대 나누면 안 돼' 또는 '이 부분은 책에 쓸 거니까 공짜로 블로그에 올리면 안 되겠다' 같은 소심하고 불안한 생각 때문에 저는 스트레스만 크게 받았습니다. 스스로 자유를 빼앗다 보니 모든 창조가 막히고 일 자체가 창조가 아닌 비겁한 전략이 되어버렸습니다. 구독자와 가치를 나누지 않은 채 저 혼자 끝없는 고민에 빠져 있었던 것입니다.

그러나 이것이 얼마나 어리석은 접근법인지 깨달은 뒤 저는 콘텐츠를 규제하지 않고 모든 것을 반대되는 목적 없이 거침없이, 주저 없이, 세일즈 걱정 없이 나누기 시작했습니다. 그 결과 놀랄 것도 없이 저에 대한 신뢰도가 높아지면서 비즈니스의 모든 면에서 성장이 촉진되었습니다.

그 외에도 저는 다양한 장점을 경험했습니다. 콘텐츠 공유를 조절하지 않자 창조에 자유가 생기면서 활력을 얻어 창조 과정이 굉장히 즐거워졌습니다. 더 놀라운 것은 한정적이라고 생각했던 깨달음과 아이디어가 나누면 나눌수록 새롭게 줄줄이 나오기 시작했다는 사실입니다. 불안감에 내 진심을 비밀로 했을 때는 그 자연스러운 흐름이 계속 끊겼었습니다. 반대로 진심이 자연스럽게 흐르도록 내버려두자 아이디어, 지모智謀, 창의성, 천재성이 끝이 없었습니다.

창의성을 죽이는 유일한 킬러는 자아수축과 불안에 따른 주저입니다. 어떤 일을 할 때 아이디어가 잘 떠오르지 않는 것은 아이디어 자체가 부족해서가 아니라 내가 어떤 자아수축의 반대목적으로 그것을 스스로 막기 때문입니다. 'Part1 원칙3. (자기기만보다) 진정성'과 'Part2 준비3. 직관' 챕터에서 말한 것처럼 진실은 늘 직관으로 우리에게 적절한 행동을 알려주고 있습니다. 다만 한정된 우리 자아가 그것을 불안, 고정관념, 생각, 추리, 감정으로 덮으면서 보이지 않을 뿐입니다.

티베트 스님 초감 트룽파는 "너그러움generosity은 일방적으로 잘해주는 것이 아니라 불안 없이, 주저 없이, 막힘 없이, 망설임 없이 현재 상황과 상호작용하는 마음가짐"이라고 말했습니다.

결핍은 없습니다. 창의적인 아이디어와 가치를 많이 원한다면 주저 없이 창조하세요.

돈은 '조금만' 벌지 마세요

돈을 가치 관점에서 어느 정도 파악했으니 이제 앞에서 꺼낸 질문을 다시 한 번 살펴봅시다.

1. 생계를 위해 의미 있는 삶을 포기해야 하지 않을까?

진정성과 의미가 있는 인생을 산다고 해서 생계를 방치하는 것은 아닙니다. 혹시 'Part1 원칙2. (자아수축보다) 자아확장' 챕터에서 다룬 '자아확장 ≠ 자아버림' 부분을 기억하나요? 내가 진정성 있게 인생을 살고 있고 내 진심을 가차 없이 실용적으로 창조하면 생계는 자동으로 해결됩니다. 이 과정에서 중요한 질문은 '의미가 있느냐 없느냐'가 아니라 '가치를 나누느냐 아니냐'입니다.

진정성과 의미가 있는 삶을 아직 경험하지 못한 경우 그런 삶이 낯설고 두려워서 "혹시 돈을 못 벌면 어떡해?" 하는 걱정을 할 수 있습니다. 그렇게 걱정하는 이유는 원래 그러한 삶에 '의미가 있어서'가 아니라 그저 낯설어서 그렇습니다. 의미가 있든 없든 타인에게 생명력을 불어넣으면, 즉 가치를 제공하면 돈을 벌 수 있습니다. 그렇다면 의미 있게 돈을 버는 것은 장기적으로 더 보람 있는 경로가 아닐까요?

2. 의미 있는 삶을 위해 돈을 포기해야 하지 않을까?

돈은 중립적인 수단입니다. 돈을 불안으로 벌어서 쓰면 이기적이고 '나빠' 보이는 반면 자아확장으로 벌어서 쓰면 '좋은' 것이 됩니다. 선악은 돈의 특성이 아니라 우리가 돈에 추가로 투사한 관점일 뿐입니다. 우리는 자비로운 부자가 될 수도 있고 인색한 거지가 될 수도 있습니다. 돈이 우리가 어떤 사람인지 결정하는 것은 아닙니다. 그것은 우리만이 선택할 수 있습니다.

의미를 위해 돈을 거부하면 오히려 자아확장 흐름이 막히고 의미를 실현하는 힘은 더 약화됩니다. 비즈니스, 의학, 정치, 스포츠, 아트, 의식성장, 교육, 과학 등 어떤 분야든 상관없이 내게 가장 의미 있는 비전으로 타인·공동체·사회와 좋은 것을 나눌 때 돈이 있으면 더 잘되지 않을까요? 진정한 의도로 나누고 돈을 돌려받아 그것을 사람에게 생명력을 불어넣는 데 다시 투자하면 돈으로 세상을 훨씬 더 아름다운 곳으로 만들 수 있습니다. 돈은 자아확장을 위한 수단으로 사용하면 됩니다.

돈을 '조금만' 벌 필요는 없습니다. 원한다면 의미를 따르면서 많은 것을 나누고 많은 돈을 받으세요. 그것이 여러분을 위한 진심 어린 제 소망입니다. 돈 버는 것을 스스로에게 허용하세요. 여러분의 사랑을 나누고 많은 돈으로 돌려받아도 괜찮습니다. 번 돈으로 언제든 남을 위해 더 많은 자아확장을 하면 됩니다.

3. 돈을 좇아야 할지 의미를 추구해야 할지 모르겠다면?

더 이상 '의미 있는 삶 vs. 생계'라는 내면 싸움을 할 필요가 없습니다. (원한다면) **많은 의미와 많은 돈!** 이 두 가지는 서로 모순되지 않습니다. 앞으로 이 둘을 서로를 강화하는 선순환 요소로 보세요. 의미 있게 활력을 내 일로 유도해 좋은 결과를 내고 그것을 넓게 나누면 됩니다. 단지 한 가지만 잊지 않길 바랍니다. 나눌 때 절대 망설이지 마십시오.

자기 관찰 질문

1 나는 현재 얼마나 가치를 나누지 않고 있는가? 얼마나 주저하고 있는가?

2 현재 돈에 부정적인 감정을 느끼는가? 정확히 어떤 감정인가? 그 밑에 어떤 고정관념이 숨겨져 있을까?

3 나는 돈이란 ______________라고 생각한다.

4 하지만 객관적으로 돈은 ______________이다.(직관적으로 돈이란 무엇인지 직접 관조하세요.)

5 나는 어떤 가치를 만들어내 사람들과 나누겠는가?

6 내가 가족, 주변, 공동체, 사회, 지구를 위해 해줄 수 있는 것은 무엇인가?

7 나는 어떻게 기여할 것인가?

Part · 4

장애물 극복 단계

—자유로워지기

장애물, 함정과 역경:
왜 행동하지 않는가

이제 여러분은 이론적으로는 이 책을 덮을 만큼 준비가 되었습니다. 이미 Part2에서 멋진 자아확장 기준을 세웠고 실험과 조정을 다 거쳤기에 적극 행동하고 싶지만…

행동이 안 됩니다!

마음으론 행동하고 싶은데 몸이 따르지 않는 겁니다. 수많은 감정, 두려움, 게으름, 실패 패턴 같은 함정 때문에 행동하지 못합니다. 저는 지난 5년간 코칭과 워크숍에서 상상하기 힘든 수많은 저항과 장애물을 목격했습니다. 이 여정에는 함정이 아주 많습니다! 그게 없었으면 우리는 모두 생산적이고 천국 같은 삶을 살고 있을 텐데 말이죠. 하지만 그것은 현실과 동떨어진 이상적인 기대입니다. 실제로 의미 있는 삶을 살려면 수많은 역경과 저항, 장애물, 고비를 넘어야 합니다. 그럼 이제부터 그 함정을 어떻게 알아차리고 극복할 수 있는지 설명하겠습니다. 그 함정이 무엇인지, 어떻게 피해야 하는지, 함정에 빠졌을 때는 어떻게 빠져나와야 하는지 알고 미리 준비하면 여정이 훨씬 수월할 것입니다.

영웅의 여정

고대 신화를 비롯해 현대 이야기까지 수천 개의 줄거리를 분석한 신화학자 조지프 캠벨은 이들 신화가 대개 유사한 스토리라인으로 이어진다는 사실을 발견했습니다. 그는 《천의 얼굴을 가진 영웅》에서 영웅의 여정을 7단계로 요약했습니다. 그리고 할리우드의 시나리오 작가 크리스토퍼 보글러는 1992년 영웅의 여정을 7단계에서 12단계로 늘렸습니다.

〈해리 포터〉, 〈반지의 제왕〉, 〈어벤져스〉, 〈나루토〉를 비롯해 드라마·액션·로맨스·스릴러의 스토리에서 주인공은 대부분 다음 12단

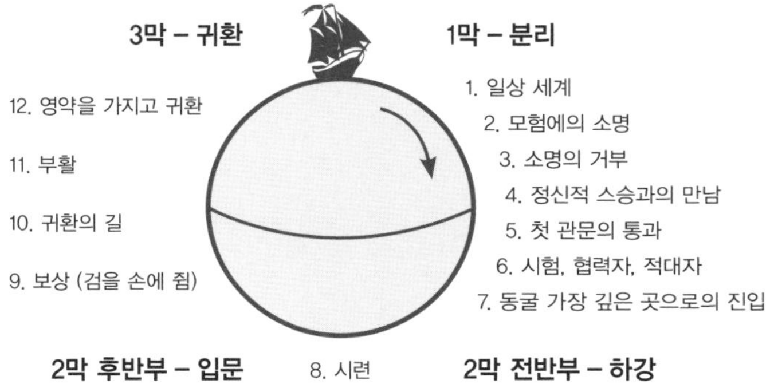

계를 거칩니다. 저는 이 과정이 우리 삶의 여정을 완벽히 표현한다고 생각합니다.

보글러의 신화의 12단계

1. 일상 세계: 모든 스토리는 보통계, 즉 일상에서부터 시작됩니다. 영웅은 특이할 것 없이 평범하며 가끔 지친 삶을 살아갑니다. 헨리 데이비드 소로는 "대부분의 인간은 조용한 절망의 삶을 이끈다"는 말로 우리의 평범한 삶을 설명합니다. 우리는 그 느낌을 잘 알고 있습니다. 그럭저럭 잘 살고 있는 것 같지만 뭔가 부족합니다.

2. 모험에의 소명: 어느 날 영웅에게 어떤 부름이 옵니다. 그 부름의 형태는 다양할 수 있습니다. 인생을 바꿀 만한 중요한 사건이 일어나거나, 더 이상 현재 상황을 못 견디거나, 어떤 생각 혹은 느낌이 떠오르거나, 책과 다른 매체의 영향으로 어떤 깨달음을 얻기도 합니다. 공주가 용에게 납치당했다는 소식일 수도 있고 지구를 살려야 한다는 미션, 반지를 운명의 산에 던져야 한다는 마법사의 명령, 자신과 자기 주변의 삶에 특정 변화를 일으켜야 한다는 느낌일 수도 있습니다. 'Part1 원칙3. (자기기만보다) 진정성'과 'Part2 준비3. 직관' 챕터에서 설명했듯 진심의 언어는 다양합니다.

3. 소명의 거부: 도전의 부름이 오면 사람들은 주로 어떻게 반응할까요? 일단 그 부름을 거부하고 무시합니다. 프로도가 목숨을 건 여정을 거쳐 모르도르의 운명의 산에 반지를 가져가야 한다는 것을 알았을 때 펄쩍 뛰면서 기뻐했나요? 그렇지 않습니다. 미션을

마주할 수 없다며 안정적이고 안전한 집에 머물고 싶어 했습니다. 우리도 새로운 기회가 다가왔을 때 보통 머뭇거리며 일상과 푹신한 안전지대에 머물고 싶어 합니다(심지어 그 안전지대가 괴롭더라도 말이죠).

4. 정신적 스승과의 만남: 그러다가 영웅은 스승을 만납니다. 프로도는 간달프를, 루크 스카이워커는 요다를, 해리 포터는 해그리드와 덤블도어 교수를 만납니다. 우리에게도 다양한 형태로 스승이 나타날 수 있습니다. 어쩌면 책, 철학자, 지원해주는 동호회, 부모, 역사적인 인물이 스승일지도 모릅니다. 이 책이 여러분으로 하여금 기회를 잡게 할 스승이 될 수도 있고 제 유튜브 채널 역시 그런 역할을 할 수 있습니다.

5. 첫 관문의 통과: 결국 설득을 받아들인 영웅은 여정에 오를 것을 선택합니다. 드디어(!) 명확하게 의도하고 결단을 내리는 거죠. 이 단계에서 우리는 창업을 준비하고 글을 쓰기 시작하거나 첫 창조를 시도합니다.

6. 시험, 협력자, 적대자: 결심하고 나면 이제 영웅은 보통계에서 특별계로 진입합니다. 갑자기 영웅은 자신을 내려놓고 목표 그 자체에 헌신합니다. 특별계는 보통계와 룰이 다릅니다. 보통계와 달리 조금씩 작은 시험, 장애물, 괴물, 어려움이 나타나기 시작합니다. 동시에 동반자와 친구를 만나면서 우리가 이 길을 혼자 걸을 필요가 없음을 배웁니다. 프로도는 리븐델에서 원정대를 만나고 해리는 헤르미온느와 론을 만나며 우리는 동료와 동창, 모임 친구, 동지, 동반자를 만납니다. 그리고 특별계의 첫 고비, 즉 공부, 학습,

가역성 실험, 자기관찰, 돈 모으기 등을 이들과 함께 넘습니다.

7. 동굴 가장 깊은 곳으로의 진입: 특별계에 충분히 적응하면 이제 본격적으로 여정을 시작합니다. 원정대가 출발하고 탐구를 시작하며 목적을 향해 (이 책에서 말하는) 실행과 행동 단계에 들어갑니다. 이때 적과 괴물들이 더욱 커지면서 도전정신이 필요합니다. 가장 흔한 신화의 이미지로 말하면 용기를 내서 '동굴' 혹은 '고래의 배'에 진입합니다.

8. 시련(죽음과 환생): 그런데 어느 순간 더 이상 전진하지 못합니다. 직면한 도전이 생각보다 어렵기 때문입니다. 괴물과 악령이 굉장히 강하거나, 넘어야 하는 산이 너무 높거나, 적들의 음모에 더 깊이 얽힙니다. 이럴 때 우리는 절망에 빠져 포기하고 싶어집니다. 하지만 전진할 수도, 뒤로 갈 수도 없습니다. 죽음을 앞에 두고 갇혀 있는 꼴입니다. 현실적으로 말하면 글이 써지지 않고, 내가 한 일 때문에 비판을 받고, 몸이 아프고, 자기혐오에 빠지고, 오랫동안 준비해온 시험에 떨어지고, 인간관계가 다 무너집니다.

벗어날 틈 없이 동굴 혹은 고래의 배에 갇혀 있는 상황입니다. 외부와 내부의 적이 너무 강해 덫에 걸린 것입니다. 목표를 이루기 전 마지막 보스를 퇴치해야 하는데 (아직) 그럴 능력이 없습니다. 이때 영웅은 여정 중 가장 어둡고 절망적인 위치에 있습니다.

방법은 단 한 가지밖에 없습니다. 해리가 〈죽음의 성물〉에서 자신이 죽어야 볼드모트를 이길 수 있다는 사실을 깨닫고, 〈어벤져스: 인피니티 워〉에서 결국 타노스에게 져 전 우주의 유생물 절반이 소멸되는 것처럼 영웅은 죽음을 맞이합니다. 그리고 부활의 돌을 사용해 새로운 나로 다시 태어납니다. 이 단계에서 영웅은 예전의 낡은 자신을 내려놓고(죽음) 더 강하고 자유로운 자신으로 다시 태어남으로써 성장합니다. 즉, 영웅은 상징적인 죽음과 환생으로 다른 차원의 힘, 진정성, 깨달음을 얻습니다. 마찬가지로 우리 삶에서 '성장'은 이러한 심리적 죽음과 부활에 비유할 수 있습니다.

9. 보상(검을 손에 쥠): 깊이 내면화해 마지막 고비를 넘으면 바로 상을 받을 수 있습니다. 성배, 보물, 검, 공주 구출, 목표 달성, 자존감 회복, 돈 등 드디어 원하던 상을 얻습니다. 우리의 경우 어떤 프로젝트를 성공적으로 마치거나 수익으로 보상을 받고 명성과 인정을 얻습니다.

그러나 영웅은 이 위치에서 받는 보상에 그다지 의미를 부여하지 않습니다. 영웅은 자신이 그 여정을 거친 진짜 의미가 부와 명예, 사치, 자존감이 아니라 여정 그 자체와 자신의 성장에 있음을 깨닫습니다. 영웅에게는 모험 과정 자체가 유일한 의미이자 보상입니다.

그런데 이러한 깨달음을 얻으려면 이 과정을 보상 단계까지 거쳐야 합니다. 출발하지 않는 사람에게는, 즉 보통계에만 머무는 사람에게는 이 말이 낯설게 들릴 것입니다.

10. 귀환의 길: 이제 영웅은 특별계에서 다시 보통계로 출발합니다. 그러나 쉽게 돌아가지 못합니다. 영화를 보면 보상을 얻은 다음 건물이나 절, 성이 연속해서 무너지죠? 나가는 길이 갑자기 막히기도 합니다. 끝난 줄 알았는데 귀환 단계에서 더 커다란 장애물이 다가오는 겁니다.

11. 부활: 스토리의 절정은 부활 단계입니다. 이때 영웅은 진짜로 성장했는지 증명해야 합니다. 지금까지 '악'은 특별계에 한정되어 있었지만 이제 보스의 질주가 보통계로 넘어옵니다. 그 탓에 영웅의 친구, 가족, 나라가 다 위험에 빠집니다.

갑자기 영웅은 자기만의 부름이 아닌 공동선을 위해 새롭게 성장한 자신의 모습과 능력, 힘을 사용해야 합니다. 분명 상을 받았는데 정말로 성장했을까요? 아직 예전의 강박 패턴에 갇혀 있는지 아니면 진짜 성장해서 온전히 공동선에 기여할 능력이 있는지는 여기서 결정이 납니다.

해리는 돌아가서 호그와트를 지키고 볼드모트를 완전히 이기며, 어벤져스들은 다 돌아와 엔드 게임에서 타노스를 이깁니다. 여기서 프로도는 특별한 경우입니다. 프로도는 반지를 화산에 던지지 못했고 대신 반지를 낀 골룸과 싸우다가 그를 밀어 반지가 파괴됩니다. 프로도가 마지막 성장 시험에서 떨어진 겁니다. 그래서 영화의 마지막 장면에 프로도는 힐링을 받으러 아만, 즉 불멸의 땅undying lands으로 떠납니다.

우리의 일상생활에도 같은 논리가 적용됩니다. 우리는 보통 어떤 절망을 겪으며 깨달음을 얻지만 그 깨달음으로 진짜 변했는지는 마지막 도전으로 확인해야 합니다. 예전 패턴을 초월해 더 당당하게 행동할지 아니면 예전 패턴에 다시 떨어져 같은 내면 문제로 무너질지 확인할 수 있을 것입니다.

12. 영약을 가지고 귀환: 마지막으로 평화, 사랑, 안전한 사회, 정의 등을 방어한 영웅은 '영약'을, 즉 성장, 경험, 능력을 안고 집으

로 돌아옵니다. 그 변화가 여정의 증거입니다. 다음 세대는 영웅의 새로운 힘을 보고 부름을 따르는 용기를 얻습니다. 그런데 영웅은 떠날 때와 같은 보통계로 돌아오는 것이 아닙니다. 영웅이 변하면서 현실도 바뀝니다. 성장한 영웅은 이제 당시 문제를 초월해 훨씬 더 위대한 역할을 할 수 있습니다. 이렇게 여정을 마친 영웅은 다음 세대 영웅을 위해 스승이 됩니다.

우리 삶의 괴물

저는 몇 년 전부터 '영웅의 여정' 콘셉트에 푹 빠졌습니다. 이것은 의미 있는 인생을 살기 위한 최고의 비유입니다. 이 모델에 따르면 인생은 용기를 내 어떤 부름과 결단에 따라 행동하면서 내면 갈등을 내려놓아 더 진정성 있고 자유로워지는 과정입니다.

Part 1, 2, 3은 영웅의 여정 중 1~7단계 설명입니다. 부름에 귀를 기울이고 명확한 목표를 세워 학습과 실험으로 작은 도전에 나서지만 막상 본격적으로 실천하려니 무언가가 안 됩니다. 우리는 지금 영웅의 여정 중 8단계에 해당하는 '시련(죽음과 환생)'까지 왔습니다. 앞으로 영웅의 비유를 일상생활에 적용합시다.

다음 상황을 겪어본 적 있나요? 이제 막 무얼 하겠다고 결심한 뒤 열정이 넘쳐 이렇게 선언합니다.

"내일부터 팔을 제대로 걷어붙이고 내 프로젝트를 시작하겠다!"

그런데 막상 내일이 오자 갑자기 머리가 아프고 살짝 피곤하기도 합니다. 문득 자기의문도 듭니다. 이 프로젝트가 진짜 맞을까? 내가 정말 해낼 수 있을까? 일은 하고 싶지만 어쩐지 안 될 것 같은 예감이 듭니다. 결국 주저앉고 그런 자신이 초라해 보이면서 기분이 나빠집니다. 오늘은 컨디션이 별로니 일단 접고 내일부터 시작하자!

분명 어떤 목적, 목표, 결과물을 실현할 의도가 있어서 가벼운 준비는 잘하지만 막상 행동해야 할 순간이 오면 선뜻 행동하지 못하는 경우가 많습니다. 그렇다고 우리가 영웅처럼 진짜 괴물, 악령, 높은 산, 미로, 어두운 숲을 경험하는 것은 아닙니다. 우리가 일상생활에서 용을 물리치거나 화산 꼭대기에서 마법사와 싸울 일은 없을 겁니다. 현실에서 마주하는 적은 바로 감정적 저항, 두려움, 불안, 강박, 충동, 중독, 게으름, 미루는 습관, 낮은 자존감, 피해의식, 자기의문, 완벽주의, 허무주의, 우울함, 무기력, 아픔, 자기응징, 부족한 끈기, 부정적인 고정관념 그리고 내적 방어기제와 보호 메커니즘입니다. 이들 내적 장애물은 우리가 변하기 싫어서 직접 만들어내는 반응으로, 우리가 스스로 우리의 행동을 가로막습니다. 바로 이것이 우리가 마주해야 하는 용입니다. 그것을 하나하나 내려놓거나 퇴치해야 새롭고 더 자유로운 '나'로 태어나 마지막 고비를 넘을 수 있습니다.

우리가 변화를 너무 두려워하다 보니 안전지대에서 조금만 벗어나려 해도 **항상성** 원리에 따라 스스로를 다양한 생각, 감정, 현상으로 끌어내려 원위치로 떨어뜨립니다. 즉, 우리 스스로 **자기방해 행위**를 저지르는 것입니다. 영웅의 여정 스토리에 나오는 괴물은 우리 삶에서 스스로를 지키려 하는 내적 보호 메커니즘으로 나타납니다. 현실에 나타나는 우리의 내적 '괴물'을 여러 예시로 살펴봅시다.

의문: "이게 진짜 맞을까? 꼭 해야 할까? 그다지 좋은 아이디어 같지도 않은데. 틀리면 어떡하지? 그만두는 게 낫지 않을까?" 결국 그만두고 며칠 뒤 후회합니다. 이때 죄책감이 들어서 다시 시작합니다.

게으름, 미루는 습관: "하아, 갑자기 왜 이렇게 의지가 약해지는지 모르겠다! 하고는 싶은데 몸이 안 움직여." 핑계를 대고 쾌락에 빠지거나 도움이 되지 않는 '쉬운 일'을 합니다.

불안, 걱정, 공포: 머릿속으로 다양한 공포 시나리오를 떠올립니다. "내가 이걸 하면 큰일 나지 않을까? 모든 걸 다 잃으면 어떡해?" 그러면 당연히 행동하지 않습니다.

강한 감정: 거의 랜덤으로 다양한 감정이 일어나 우리의 의도를 무너뜨립니다. "나도 모르게 돌아가면서 슬프고, 우울하고, 가끔 화가 나고, 겁이 나! 오늘은 내가 너무 예민해서 행동하지 못하겠어!"

피로, 무기력: "어제 계획을 짤 때까지만 해도 활력이 넘쳤는데 오늘 행동하려고 하니 왜 이리 피곤한지. 잠만 자고 싶다!"

집중력 결핍: "일을 하고 싶은데 막상 하니까 집중이 안 돼." 그래서 일을 접고 내일로 미룹니다.

아픔: "진짜 행동하고 싶은데 감기 기운이 있어서 그런지 계속 머리가 아파. 다 낫고 해야지."

결정장애, 고민: "전략이 잡히지 않아요. 이거 할까? 저거 할까? 에이, 오늘은 충분히 고민했으니 일단 쉬자." 실컷 고민만 하고 충분히 뭘 해냈다고 착각합니다.

도피, 중독: "힘든 과제를 하기 전에 먼저 스마트폰, 유튜브, 소주에 빠져보자. 아니면 경험을 쌓기 위해 여행이나 다닐까? 일단 스트레스 해소를 위해 담배부터 한 대 피우자!"

공허함, 허무주의: "인생 뭐 있어? 어차피 다 무의미한데." 행동하기 싫어서 허무감과 회의주의에 빠집니다.

자책, 자괴감, 자기비하, 자기응징: "아, 열심히 해야 하는데. 난 이거밖에 안 되나봐." 자기 자신을 심판대 위에 올려놓고 깎아내리기만 합니다.

고통: "진짜 행동하고 싶은데, 너무 힘들어서 못하겠어."

무의식적으로 문제 만들기: "열심히 행동하고 싶었는데 하필 이번 주에 회사 문제, 가정 문제, 인간관계 문제가 한꺼번에 일어나 지금은 도저히 할 수가 없어!" 행동하기 싫어서 무의식이 원래 보이지 않던 해결할 수 있는 다른 문제를 찾습니다.

앞으로 11개 챕터에서 이러한 장애물을 체계적으로 하나하나 깊이 분석하겠습니다. 자아가 어떻게 작동하고 왜 그런 장애물을 만드는지 배울 것입니다. 이 과정을 통해 인간의 자아에 깊이 들어가 Part4를 마칠 무렵에는 내적 장애물과 그 극복을 이론적으로 이해하고 또 직접 의식하거나 경험했으면 좋겠습니다.

원칙 재고

탐구에 들어가기 전에 꼭 알아야 할 것이 있습니다. 그것은 영웅의 여정에서는 수많은 장애물을 피할 수 없다는 것과 나아가 괴물이 없으면 영웅의 여정도 존재하지 않는다는 것입니다.

우리의 경험을 한번 돌아봅시다. 불편한 감정과 내적 강박 패턴을 경험할 때 그 부정적 현상에 보이는 우리의 반응은 보통 그 반대로 나타납니다. 즉, 자책과 절망에 빠져 그런 현상을 절대 느끼면 안 된다고 생각합니다. '더 의지를 내 행동해야 내가 가치 있는 인간이 될 수 있다'고 여겨 다양한 내적 현상을 무시하고 거부하고 부정하면서 그것과 계속 싸우려고 합니다. 그러다 보니 결국 장애물이 승리합니다.

영웅의 여정, 특히 장애물을 극복하는 일은 결코 쉽지 않습니다. 그러나 장애물과 싸우고 그것을 억누르기만 하면 그 전쟁에서 승리하지 못하고 오히려 고통만 따라옵니다. 어둠이 있어야 빛도 있듯 장애물이 있어야 영웅의 여정도 존재할 수 있습니다.

그러한 장애물에 계속 맞서지 말고 저항, 강박, 방어기제, 보호 메커니즘을 있는 그대로 인지하면서 받아들이는 것이 이 여정을 승리로 이끄는 첫 번째 단계입니다. 그 내적 보호 메커니즘을 느끼는 건 죄가 아닙니다. 영웅이 출발할 때 특별계의 법과 위험을 받아들이는 것처럼 자아확장하는 삶을 살려면 내적 저항을 '우리의 여정'의 일부로 받아들여야 합니다. 적절한 내적 저항 없이 변화와 성장은 오지 않습니다.

감정적 장애물이 두려울 수도 있으나 그 패턴은 노력하는 까닭에 생깁니다. 사실 열심히 하지 않으면 생기지도 않습니다. 도전이 크면 여러분의 저항과 감정적 반응도 클 것입니다. 그 반응이 크면 클수록, 저항이 일어나면 일어날수록 여러분이 부름을 받아들여 영웅의 여정을 제대로 출발했다는 신호입니다. 목적이 얼마나 추구할 만한지는 그 불안의 강도로 확인할 수 있습니다. 의미 있는 인생을 살기 위해 변화하고 싶다면 그 내적 장애물을 거부하면 안 됩니다. 그것을 무시하기보다 진정성 있게 받아들이고 호기심과 열린 마음으로 마주 봐야 합니다.

넬슨 만델라는 이런 말을 했습니다.

"용기란 두려움이 없는 게 아니라 두려움을 극복하는 것이라는 걸 배웠다. 따라서 용기 있는 자는 두려움을 느끼지 않는 사람이 아닌 그 두려움을 정복하는 사람이다."

미국의 최장수 뉴스앵커 댄 래더Dan Rather 역시 "용기는 두렵더라도 계속 전진하는 것이다"라고 말했습니다.

우리의 목적은 두려움, 감정, 저항, 보호기제를 피하는 것이 아니며 그것을 충분히 느끼고 포용하는 동시에 자아확장 기준대로 적당히 행동하는 것에 있습니다. 강박적으로 '이런 저항을 느끼면 안 되는데! 안 되는데!' 하는 태도는 자아확장에 도움을 주지 않습니다. 저항에 저항하면 더 많은 저항만 불러옵니다.

앞으로는 자신의 내적 저항에도 책임을 져야 합니다. 우리는 변하기 싫어서 이 다양한 방어기제를 무의식적으로 만들어내고 있습니다. 두려움 때문에 자아를 지키도록 그때그때 감정적 벽을 쌓는 겁니다. 현재의 나를 보호하기 위해 이러한 현상이 일어나는 것입니다.

낯선 상황에 상처받기 싫어서 스스로 그런 반응을 원하고 또한 스스로 만들어내므로 내면 경험에도 주인의식을 계발해야 합니다.

자기 스스로 저항을 만들어내고 있음을 알아차리면 나중에 그것을 그만 만들거나 더 객관적으로 극복할 수 있는 가능성이 생깁니다.

"나눠줘서 고마워. 조금 일리가 있네!" 같은 태도로 감정의 보호 역할을 존중하면서 저항에도 불구하고 조금씩 행동하면 됩니다. 삶을 대할 때 저항에 사로잡혀 절망에 빠지는 것보다 알아차리는 능력과 의식이 큰 도움을 줄 것입니다.

다음 챕터에서 이러한 장애물이 어떻게 생기는지 구체적으로 살펴봅시다. 자, 당신의 내면 동굴로 들어갈 준비가 됐나요?

자아란 무엇인가

모든 의식성장 워크숍은 다음과 같이 펼쳐집니다. 처음에는 참가자들과 함께 자아확장 기준이나 강력한 원칙을 세운 다음 행동에 들어갑니다. 그런데 참가자 대부분이 거의 행동하지 못합니다. 강한 저항, 감정, 좌절 탓에 매우 괴롭기 때문입니다.

사실 모순적이지만 워크숍에서는 이것이 제가 원하는 상태입니다. 왜 내가 의도한 행동을 하지 못하는지 꼭 한번은 알아봐야 하니까요.

자아의 개념

행동하지 못하는 원인은 **자신의 자아**the self에 있습니다. 비록 우리는 외부 요인을 탓하지만 90퍼센트 이상이 외부 문제가 아니라 자신의 내적 장애물 때문에 원하는 삶을 살기 위한 행동을 못하는 것입니다. 왜 그런지 설명하기 전에 먼저 존재론적 입장에서 자아가 무엇인지 파악하겠습니다.

'나는 누구인가?'

이 질문을 스스로에게 하면 무엇이 떠오르나요? 언뜻 이름, 몸, 마음, 외모, 성격, 가정에서의 역할(딸, 엄마, 남편, 손자 등), 직업, 업적, 지위, 과거 경험 같은 다양한 서술적 특성이 떠오를 것입니다. 좀 더 깊이 생각하면 똑똑한 사람, 착한 사람, 잘난 사람, 화를 잘 내는 사람, 못난 사람, 초라한 사람, 가난한 사람, 부자인 사람, 유능한 사람, 무능한 사람, 외향적인 사람, 내성적인 사람 등 여러 가지 이미지로 자신을 설명할 수 있습니다. 한 시간 정도 시간을 내 자신이 '어떤 사람'인지 한번 쭉 써보세요. 아니면 MBTI를 비롯해 DISC, SPTI, 에니어그램으로 '나 자신'을 범주화해 성격과 유형을 테스트할 수도 있습니다.

이제 서술적인 자신의 물리적 위치를 찾아봅시다.

당신의 인격은 어디에 있나요? 이때 손을 가슴 위에 얹거나 손가락으로 머리를 가리키거나 "내 뇌"라고 대답할 수도 있습니다. 그럼 경험적으로 자신의 핵심은 어디에 존재하나요? 눈 뒤? 정확히 어디인가요?

있는 그대로, 즉 가면, 신념, 관념, 가정, 서술적 스토리, 추가 요소 없이 당신은 누구인가요? 서술적 자아 외에 가장 진정한 나는 누구인가요?

조금만 관조하고 들여다보면 꽤 뻔한 사실을 하나 알아차릴 것입니다. 바로 완전한 내 존재being와 내 특성이 별개라는 사실입니다. 분명 나는 존재하지만 **'나'라고 생각하는 그것은 그저 '생각'입니다.** 이름, 이미지, 역할, 성격, 유형, 라이프 스토리 등 내 자아에는 개념적 실체밖에 없습니다. 그들은 실제적으로 존재하지는 않습니다.

제 말을 그냥 믿지 말고 '나'라는 존재에 이름, 이미지, 정체성, 지식, 다양한 요소가 개념적으로 추가되었음을 직접 관조해보세요.

나는 '어떤' 사람이라고 생각하는가?
그런데 그 서술적 추가 개념이 없는 '나'는 누구인가?
내 핵심은 무엇인가?
이들 요소를 갖출 수 있는 근본적인 '나'는 누구인가?

내 모든 신념, 관념, 세계관, 가정, 프로그래밍, 스토리가 내 자아를 구성합니다. 내가 '어떤 사람인지'는 아이디어일 뿐입니다. 조금 어려울 수 있으니 몇 가지 자아 예시를 보여드리겠습니다.

자아 예시

오늘날 자본주의에서는 사물이든 사람이든 모든 것을 주관적 '가치worth'대로 판단합니다('Part3 실행5. 돈' 챕터 참고). 이러한 문화적 맥락 안에서 우리는 사물과 사람에게 가치의 유무有無나 고가치 혹은 저가치를 투영합니다.

어릴 때 내가 공부를 싫어해 성적이 잘 나오지 않았다고 해봅시다. 선생님과 부모에게 자주 혼나고 내 가치를 또래와 비교하면서 스스로를 '무가치한 사람'으로 자처하게 되었다면 어떨까요? 그야말로 문화적 맥락 안에서 자신의 무가치함을 배운 꼴입니다. 'Part1 원칙1. (문제해결보다) 창조' 챕터에서 말했듯 이 경우에는 다섯 살이든 열 살이든 어느 날 '나는 무가치한 사람'이라는 선택을 합니다. 또한 나는 앞으로 '이런 사람'이라고 확신합니다. 즉, 나를 무가치한 사람과 동일시하며 그 스토리를 내 절대적인 존재에 얹어놓습니다. 다시 말해 내가 **'진정한 나'를 '무가치한 사람'과 혼동합니다.**

여기서 혼동의 사전적 정의를 봅시다.

> 혼동: 混－섞을 혼, 同－같을 동.
>
> 1. 구별하지 못하고 뒤섞어서 생각함.
>
> 2. 서로 뒤섞이어 하나가 됨.

내가 실제 '나'가 아닌 것과 헷갈린다는 말입니다. 이 경우 무가치한 사람은 진짜 '나'가 아닌 내 자아의 일부가 됩니다. 그 자아로 어떻게 살게 될까요? 현대사회에서 무가치함은 부정적 특성이라 아마 그 무가치함을 평생 억누르려 많이 애쓸 것입니다. 사회생활을 할 때 사람들이 나를 무가치한 사람으로 볼까 봐 불안해하고, '위대하고 가치 있는 인간이 되어야 한다'는 강박으로 잘났다는 가면을 쓰고, 다양한 대응기제로 내가 무가치하다는 사실*을 숨기려고 할 겁

* 여기서 '사실'은 내가 믿고 있는 주관적 사실을 의미합니다. 이와 달리 '진실'은 그 상황에 진짜로 들어맞는 진실입니다. 그리고 '진리'는 절대적 진리를 말합니다. 앞으로 이렇게 분별해서 사용하겠습니다.

니다.

내가 (은연중에) 스스로를 무가치하다고 여기기 때문에 이것이 자기충족 예언으로 작용해 모든 일을 무가치하게 해낼 것입니다. 아니면 좋은 결과를 내도 그것을 내 관념 필터로 판단해 무가치하다고 생각합니다("나는 무가치하니 내 결과물도 무가치하겠죠").

또한 사람들의 시선을 몹시 두려워합니다. 무가치하다는 사실을 들킬까 봐 하루 종일 사람들을 피하기도 합니다. 또 상대방이 나쁜 의도 없이 조금이라도 내게 부정적 피드백을 하면 내 무가치함을 공격한 것이라고 해석합니다. 내 무가치함을 들켰다고 판단하면 분노나 수치심을 느끼고, 무가치함을 들킬 것 같으면 두려움과 불안을 느끼는 것입니다. 사람들이 내 무가치함을 조금만 건드려도 절망에 빠져 예민하게 방어합니다. 나보다 더 무가치한 사람을 보면 오만과 우월감을 느끼고, 나보다 더 가치 있다고 판단하는 사람 앞에서는 열등감·수치심·질투·분노를 느낍니다.

더구나 스스로를 무가치하게 여기다 보니 새로운 일을 시작할 용기를 내지 못합니다. 그나마 힘들게 쌓은 현재의 평판을 안전하게 방어적으로 유지하는 것이 하루의 걱정거리입니다. 즉, 무가치해 보이는 것이 가장 큰 공포라서 차라리 행동하지 않는 쪽을 선택합니다. 결국 행동하지 않아 또다시 자신을 무가치하다고 자책하는 악순환이 반복됩니다.

이렇듯 이 주관적인 하나의 신념이 내 전체 인생 경험을 지배합니다. 나를 무가치한 사람과 혼동해 불안해지고, 대인기피증과 가면증후군이 일어나며, 자기혐오나 다양한 신경증적 패턴을 드러내는 것입니다. 비교적 사소한 이 망상 때문에 내 전체 인생 경험이 '헬hell'이 되는 겁니다.

사실 무가치하지 않다면?

이제 용기를 내서 지금까지 억누르며 모르는 척해온 내 '무가치함'을 마주 보고 실존적으로 파헤쳐봅시다. 그 무가치함은 어디에 있나요? 정확히 무엇인가요? 그게 있다면 지금 이 순간 보여주세요.

분명 아까와 똑같은 문제를 겪을 겁니다. 실제로 그 무가치함은 찾지 못합니다. 그건 그저 생각에 불과하니까요. 그것은 어릴 적부터 지녀온 허구에 불과합니다. 그 허구는 외부 문화, 사회, 교육, 개인의 해석으로 시작되어 어린 시절부터 지금까지 나에 관한 선택으로 이어져왔겠지만 사실 그것은 실존적 진실이 아닙니다. 충격적이게도 내가 항상 생각해온 '무가치한 나'는 실제로 존재하지 않습니다.

다섯 살 때쯤에는 무가치 스토리가 나 자신을 보호하는 역할을 했을지도 모릅니다. 그런데 성인이 되어서도 이러한 개념적 거품이 우리 인생에 정말 필요할까요? 아마 아닐 거예요. 안타깝게도 그 허구의 개념을 계속 '나'라고 믿으니까 끊임없이 그 고통의 파도를 타는 것입니다.

무가치하든, 바보 같든, 사랑받을 가치가 없든, 약골이든, 피해자든 우리는 스스로 '나'라고 생각하는 대로 인생을 살아갑니다. 현실 역시 내 자아에 따라 만들어집니다. 세상이 나를 피해자로 만들까요, 아니면 내가 피해자라고 자처하면서 '세상은 적대적인 곳'이라고 투영하는 걸까요? 이건 닭이 먼저냐 달걀이 먼저냐의 문제처럼 보이겠지만 만약 나를 다르게 생각한다면 나는 다른 자신이고 세상도 아예 다른 세상일 겁니다. 이 관점을 한번 명상해보세요.

자아생존

내가 나 자신과 내 세상을 직접 만든다는 진실을 깨닫는 것이 자아를 컨트롤하는 첫 시작입니다. 자유로워지기 위해 모든 것에서 진실이 무엇이고 또 내가 배운 혹은 선택한 추가 개념은 무엇인지 구별하는 능력을 키워야 합니다.

아쉽게도 자아에 관해 얕은 지식을 갖는다 하더라도 나 자신을 바꾸는 것은 여전히 쉽지 않습니다. 내가 내 허구적 자아 때문에 사서 고생하면서도 그것이 '나'라고 강력하게 혼동하는 바람에 마치 나처럼 다룹니다. 이에 따라 이 허구 구조를 유지하는 것은 그야말로 내 생존이 됩니다. 제가 지금 "여러분, 더 이상 스스로를 무가치하다고 믿지 마세요"라고 말하면 그것을 믿지 않을 수 있을까요? 당연히 아닐 겁니다. 정말로 그만 믿으면 여러분이 지금 알고 있는 '나'가 사라지기 때문입니다. 이는 여러분 자신이 죽는 것과 다름없습니다. 그것이 싫어서 아무리 괴로울지라도 자기 이미지에 그토록 매달리는 것입니다.

'생존' 하면 흔히 사막에서 사자로부터 도망치는 것을 상상하지만 그것뿐이 아닙니다. **생존은 현재 나와 동일시하는 내 자아 유지입니다.** 무엇과 혼동하든 그걸 나라고 생각하다 보니 죽도록 보호하고 유지하려 합니다.

'내일부터 당당하게 살겠다!'는 선언이 효과가 없는 이유가 여기에 있습니다. 내가 현재의 나를 수줍은 루저로 자처하면 내일부터 갑자기 당당해질 확률은 그리 높지 않습니다. 3일 동안 강박적으로 노력해도 실패하고 맙니다. 여러분이 지금 이 순간부터 다른 사람이 되겠다고 의지를 다지면 금세 변할 수 있나요? 순박하고 소심한 사람이 갑자기 180도 변해서 당당하고 거침없이 행동할 수 있나요? 물론 그런 사람이 되는 걸 꿈꿀 수는 있지만 현재 그런 사람이 아니라서 자꾸 실패할 것입니다. 순진한 '의지'로 몇십 년간 굳어온 자아를 쉽게 이길 수는 없습니다.

이것이 바로 **자아생존**self-survival입니다. 좋든 나쁘든 '나'를 그리 쉽게 내려놓을 수는 없습니다. 이러한 자아생존의 역동성이 우리 인생에 계속 장애물을 만들어내 우리가 변화하는 것을 어렵게 합니다. 즉, 우리가 온전한 삶을 살려고 해도 다섯 살 혹은 열 살 때 정해진 자아가 그것을 허락해주지 않습니다.

어쩌면 여러분이 이것을 너무 많이 경험해서 이 책을 읽고 있는지도 모릅니다. 머리로는 행동하고 싶어서 열심히 가치, 목적, 목표를 세웠는데 마음은 행동하지 못하게 하는 것입니다. 이렇게 자아생존을 계속해서 경험하는 것입니다. 더 깊은 자각과 의식 없이는 그 **자아생존 항상성**에서 벗어날 수 없습니다.

자아는 어떻게 생기는가: 자아의 요소들

사회생활을 하려면 자아가 꼭 필요합니다. 우리는 어떤 자아가 있는 한 개인으로서 의사소통과 교류를 할 수 있습니다. 그런데 모든 자아 형태가 동일한 것은 아닙니다. 건강하고 삶을 효과적으로 살게 해주는 자아도 있고, 비효율적이고 내 삶을 가로막거나 고통만 안겨주는 **자아 구조**도 있습니다. 우리의 도전은 체계적인 노력으로 자아를 정화하고 불필요한 요소를 버림으로써 더 강력한 자아를 구축하는 일입니다.

하지만 그 전에 자아가 어떻게 생성되는지 먼저 이해해야 합니다. 이를 위해 조금 길어지겠지만 우선 내적 장애물을 극복하기 위해 간단한 자아 모델을 설명하겠습니다.

1. 밑바닥 신념

어린아이에게는 아직 자아가 없습니다. 어린아이는 자신과 타인 혹은 외부 세상을 따로 분리하지 못합니다. 그러다가 언어를 배우면서 아이는 자신의 정체성을 만들고 그 정체성을 타인이나 외부 세상과 개념적으로 분리합니다.

만약 어느 날 아이가 혼나거나, 무시당하거나, 기본 욕구를 충족하지 못하거나, 심지어 짓밟힌다면 어떻게 될까요? 이럴 때 아이는 아직 적절한 판단력이 부족해서 외부 세상이 문제라고 인식하지 못합니다. 아이의 순진한 결론은 다음과 같이 내려집니다.

"아, 이 일은 내가 '올바른 기준'에 맞지 않아 일어났구나. 이러면 안 되는구나. 이런 '나'는 상처를 받는구나."

그 순간 드러내도 되는 부분과 드러내면 안 되는 부분으로 **심리적 분열**이 일어납니다.

매를 맞으며 "넌 나쁜 아이야!"라는 말을 들은 아이는 어떻게 될까요? 이 경우 아이는 '내가 나쁘구나. 앞으로 그 부분을 잘 숨기고 착하게 굴어야겠다'는 결론을 내립니다. 학교에서 공부를 못해 "너, 바보냐?"라는 말을 자주 들은 아이는 '난 바보구나! 평생 똑똑하게 행동해야겠다'는 결론을 내립니다. 또 적절치 않은 농담을 해서 왕따를 당한 아이는 '난 사회부적응자구나. 인생을 조용히 살아야겠다' 같은 심리적 분열을 일으킵니다.

이전까지 어떠한 정체성도 없다가 이런 외상적 순간에 분열을 일으켜 그것이 자기 자신임을 자처합니다. 그러면 나는 나쁜 아들/딸이다, 멍청하다, 무능하다, 실패자다, 쓸모없다, 약골이다, 루저다, 저급하다, 사회부적응자다, 부담스러운 존재다, 무가치하다, 사랑받을 가치가 없다, 부적절하다, 초라하다 같은 '좋지 않은 면'을 자신도 찾지 못하는 깊은 곳에 숨깁니다. 그것이 상처만 유발하는 '나'라고 생각하기 때문입니다. '내가' 아니었으면 상처받지 않았을 거라고 여기는 것입니다. 당시 상처 입은 이유는 내가 나빠서, 초라해서, 바보라서, 루저라서, 무가치해서 그런 거라고 생각합니다. 결국 '앞으로는 그런 면을 잘 숨겨두자!'는 태도로 인생이 바뀝니다.

이것은 어릴 적에 생긴 심리적 차원의 첫 오해입니다. 나 자신에 대한 이 미숙한 첫 결론은 내 자아를 구성하는 **밑바닥 신념**이 됩니다. 밑바닥 신념이라고 부르는 이유는 그것이 우리 자아의 첫 번째이자 가장 기본적인 신념이기 때문입니다. 앞으로 내 성격, 가면, 현

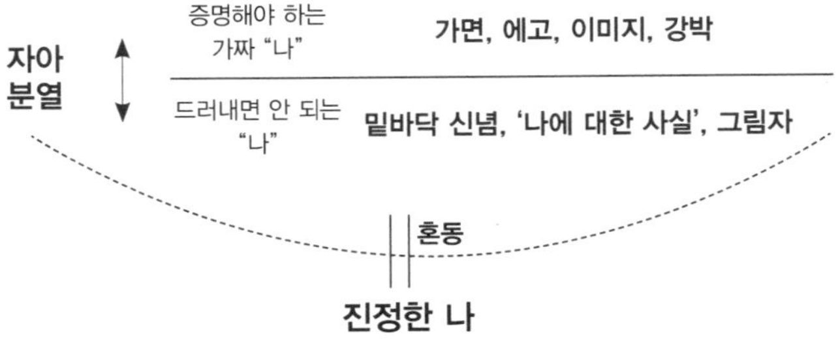

실관, 무의식 패턴은 나에 대한 이 한두 개의 본원 신념에서 비롯됩니다. 심리학자 카를 융은 그 부분을 '그림자'라고 불렀습니다. 이는 내가 깊은 심리에 숨겨버린 내 '어두운 면'을 말합니다.

더 비극적인 사실은 이 밑바닥 신념이 단지 신념이라는 걸 우리가 모른다는 점입니다. 대신 그 요소를 진정한 나(실재하는 나)로 혼동합니다. 내 주관적 경험에서는 내가 단지 부족하다고 '생각'하지 않고 내 존재 자체가 '부족한' 것처럼 보입니다. 그것이 진실이 아니어도 부족한 면은 '나에 대한 사실the truth about me'이 됩니다. 그 혼동으로 우리는 진정한 나를 거짓 신념과 동일시해서 진정한 나를 경험하는 시력을 잃습니다.

(밑바닥 신념이라는 개념이 추상적으로 들릴 수도 있습니다. 앞서 말했듯 그것은 단지 신념뿐 아니라 그것을 넘어선 우리의 사실입니다. 그것을 제대로 파악하기 위해 앞으로 '나에 대한 사실'로 자주 대체하겠습니다. 이후 밑바닥 신념, 결점, 결핍, 부족한 면, 부족한 나, '나에 대한 사실'을 동일한 의미로 사용합니다).

인류에게 내려진 축복이자 저주는 바로 개념을 현실로 혼동하는 능력입니다. 부모·사회·문화·교육·주변 등의 외부 기준, 압박, 룰, 기대, 이상, 윤리, 매너, 정답, 올바른 방식과 기준은 그대로 아이의 내면에서 반사됩니다. 가치를 주장하는 자본주의 문화에서는 '난 무가치하다'는 밑바닥 신념이, 윤리를 많이 강요하는 가정에서는 '난 나쁜 아이이다'라는 밑바닥 신념이, 학벌주의가 강한 문화권에서는 '난 바보다'라는 밑바닥 신념이 비교적 자주 일어납니다.

2. 가면, 에고, 페르소나

지금까지 말한 밑바닥 신념은 분열의 일부입니다. 분열의 다른 면에는 내가 앞으로 '나에 대한 사실'(밑바닥 신념)을 가리기 위해 드러내야 하는 부분이 있습니다. 주변과 사회에 맞추려면 그 결핍, 결점, 결함, 부족함을 지닌 '나(혼동하는 나)'를 덮어야 한다는 결론을 내립니다. 이제 '나에 대한 사실'을 가리기 위해 가면을 쓰고 창의적으로 연기해 사회적인 어떤 페르소나 혹은 에고를 만들어냅니다(저는 페르소나, 에고, 정체성, 외부 이미지, 가면을 다 같은 뜻으로 사용합니다).

에고의 역할은 단 하나밖에 없습니다. 부족한 '나', 그러니까 내 밑바닥 신념의 결점을 가리고 사회 기준대로 잘 생존하는 것입니다. 내가 어떤 이미지로 사회생활을 하면 내 밑바닥이 드러나지 않을까? 어떤 직업을 택하면 내가 무능하다는 것을 잘 가릴 수 있을까? 어떤 단체에 가입하면 내 취약성을 누르고 내가 강해 보일 수 있을까? 이러한 생각은 모두 **강박 속에서** 무의식적으로 일어납니다.

내 부족함을 숨기기 위해 밑바닥 신념과 정반대의 가면을 만들겠다고 생각할 수도 있지만 꼭 그럴 필요는 없습니다. 예를 들어 내가 나를 바보로 여긴다고 칩시다. 가장 뻔한 가면은 '우월하고 똑똑한 사람'일 겁니다. 내가 얼마나 똑똑한 사람인지 증명하기 위해 강박적으로 열심히 공부하고, 더 높은 학위를 취득하려 하며, 최악의 경우 그 과정에서 나보다 지식이 부족한 사람을 오만한 태도로 대할 수도 있습니다. 이것은 흔한 에고 유형입니다.

하지만 아예 다른 전략으로 바보스러움을 숨길 수도 있습니다. 내 멍청한 면이 드러나는 것이 싫어서 반항아가 됩니다. 학교 공부와 담을 쌓고 열세 살 때부터 문제를 일으키며 '센 척하는 아이'가 될 수도 있습니다. 심지어 공부를 잘하는 아이를 '찌질이'라 부르며 우월감을 느낍니다. 자신이 바보라는 것을 인정하지 않고 '터프한 아이'라거나 '세상 물정에 밝은 아이'라는 가면을 쓰는 겁니다. 휴~ 어쨌든 바보라는 것을 들키지 않았습니다!

'바보'라는 신념에서 비롯된 흔한 가면 유형은 또 있습니다. 그것은 '연약한 모습을 보이거나 아파하는' 가면입니다. 내가 바보라는 것을 들키지 않으려면 열심히 공부하거나 다른 이미지를 적극 만들어야 하는데, 여기에 실패하면 차라리 아무것도 하지 않기 위해 약자 가면을 씁니다. 이때 피해자 역할을 하거나 몸과 마음이 약해 우울한 아이를 연기할 수도 있습니다. 어른들은 그 약한 아이를 돌봐주며 말합니다.

"아이고, 딱한 우리 딸/아들! 건강하기만 하면 잘나갔을 텐데."

약하고 우울한 모습으로 늘 돌봄을 받는 피해자 이미지가 내 정체성이 되면 "그러니까, 한국에 이렇게 잔인한 경쟁 문화만 없었으면 나는 진짜 잘났을 거야. 난 똑똑하니까"라고 자기합리화를 하며 내가 자초한self-inflicted 불행을 완벽하게 설명합니다. 그야말로 불행과 고통, 자기연민이 내 자아생존 전략이 되는 겁니다. 한편으로는 똑똑한 모습을 원하면서 공부를 잘하는 사람을 질투하고, 다른 한편으로는 똑똑한 이미지를 만드는 경로가 위험한 탓에 꿩 대신 닭을 선택해 '그저 바보 이미지만 아니면 충분하다'는 전략에 정착합니다. 내가 바보라는 부담을 떠안느니 차라리 상황이나 남을 탓하고 내 주인의식을 넘기는 게 낫다고 보는 것입니다.

앞의 세 가지 유형은 '난 똑똑해야 해!', '난 절대 순종하면 안 돼', '딱한 나를 돌봐줘'라는 에고로 바보 같다고 생각하는 자신의 밑바닥 신념을 효과적으로 가립니다. 슬픈 사실은 전혀 필요 없는 신념과 가면에서 필요 없는 고통이 파생된다는 점입니다. 심지어 그것은 내 정체성을 정당화하는 까닭에 계속 붙잡으려 하는 고통입니다. 자신이 상상하는 바보로 사는 것보다 가식이나마 똑똑한 척, 터프한 척, 약한 척하면서 고통을 받는 게 낫다고 보는 것입니다.

이것은 그저 '바보'라는 신념과 관련된 가벼운 예시입니다. 신념마다 무한한 가면과 에고가 만들어집니다. 우위에 서야 하는 비즈니스맨, 인정을 받아야 하는 피해자, 터프해 보여야 하는 바이커, 자신을 응징하는 도덕가, 반재롱둥이 역할을 해야 하는 친구, 현명해 보여야 하는 수행자 등 우리는 자신의 강박적 이미지를 유지하려고 많이 애씁니다.

혹시 드라마 〈하우스 오브 카드House of Cards〉, 〈보좌관〉, 〈SKY 캐슬〉, 〈부부의 세계〉를 보았나요? 이들 드라마는 자신의 '부족한 모습'을 들킬까 봐 불안해하는 사람들이 자기 상처와 결점을 극도로 숨기려 하는 행위를 다룬 이야기입니다. 강박 속에서 거짓말을 하고, 남을 배신하거나 조종하고, 정책 게임에서 이기려 하는 것은 행복한 인생을 살기 위한 현명한 시도가 아닙니다. 그저 자아생존 그 자체일 뿐입니다. 심지어 본인이 고통에 빠지는 것을 넘어 주변에까지 고통을 떠안깁니다. 아마 에고에 따른 불안과 강박에서 자유로웠다면 그렇게 행동하지 않았을 겁니다.

여러분은 어떤 이미지를 만들고 있나요? 그것으로 무엇을 가리려고 하나요?

3. 강박과 이상

제 유튜브 영상 밑에 자주 올라오는 댓글은 이런 내용입니다.

"난 아직 많이 부족하지만 더 노력해서 생산적인/성장하는/기여하는/의식이 높은/위대한/책임 있는/목적 지향적인/사랑이 넘치는 사람이 되겠다!"

이런 선언은 가면의 함정을 잘 보여줍니다. 자아의 입장에서 의미 있는 인생을 실현하는 것은 중요하지 않습니다. 대신 내가 특별하고 좋고 완벽한 사람인 걸 증명하는 게 중요한 삶의 목적입니다. 이 때문에 자기계발을 포함해 다양한 외적 이상에 매달립니다.

혹시 이 목표만 이루면, 외향적 성격만 계발하면, 좀 더 자기계발을 하면 모든 고통을 해결할 수 있을 거라고 생각하나요? 부, 윤리, 가치, 명성, 지식, 인정, 평안, 우월, 특별함, 권력만 성취하면 자신의 부족함이 없어질 거라고 생각하나요?

이것은 모두 내 '부족한 면'(밑바닥 신념)을 가리는 에고를 단단하게 만들고 싶은 강박에 불과합니다. 불행히도 우리는 따로 자기계발서를 읽지 않아도 다소 '**자기계발 강박증**'에 걸려 있습니다. 그 탓에 내가 성장해서 더 멋있고 위대한 사람이 되어야 내 에고가 단단해지고 내 존재를 정당화할 수 있다는 착각으로 헛노력을 기울이며 이런저런 이상을 좇습니다. 진심으로 의미를 느껴 목적을 세우는 게 아니라 그 목적으로 내가 특별해지고 우위에 설 수 있다는 희망으로 강박 속에서 자기 에고를 증명하려 합니다.

"난 강한 사람이 되어야 해!"

(그렇지 않으면 사람들이 나를 만만하게 볼 거야.)

"난 우위에 서야 해. 남을 이겨야 해."

(그렇지 않으면 난 무가치하고 사랑받지 못할 거야.)

"난 특별해야 해! 절대 남의 기대에 따르면 안 돼."

(그렇지 않으면 난 억압받을 거야.)

"난 착해야 해! 사랑이 넘쳐야 해."

(그렇지 않으면 사람들이 나를 나쁜 사람으로 여길 거야.)

"난 인정받아야 해! 사랑받아야 해!"

(그렇지 않으면 사람들이 나를 무시하거나 나를 잊을 거야.)

"난 수용해야 해! 남을 만족시켜야 해."

(그렇지 않으면 아무도 나를 알아주지 않을 거야.)

"난 나를 책임지며 독립적으로 살아야 해."

(그렇지 않으면 사람들에게 상처받을 거야.)

"난 공부를 잘해서 높은 학위를 취득해야 해."

(그렇지 않으면 사람들이 내가 얼마나 바보인지 알아챌 거야.)

"난 돈을 많이 벌어야 해."

(그렇지 않으면 사람들이 내가 얼마나 가난하고 초라한지 알아볼 거야.)

"난 삐졌어!"

(그렇지 않으면 인정받지 못할 거야.)

"난 우울해. 도와줘."

(그렇지 않으면 열심히 행동해야 해.)

이처럼 강박의 형태에는 끝이 없습니다. 강박은 내 가면을 강화해야 한다는 **무의식적 욕심**입니다. 그 욕심의 전제는 바로 자신이 부족하다는 신념입니다. 강박은 내가 어떤 행동을 하거나 지금과 다른 어떤 사람이 되어야 그 부족함을 효과적으로 가릴 수 있다는 감정적 충동입니다.

밑바닥 신념과 강박은 비례하여 연결되어 있습니다. 주관적인 부족함이 많을수록 그것을 부인하고 억누르고 가리기 위해 더 많은 강박이 필요합니다. 밑바닥 신념은 들키면 '안 되는' 것이고 따라서 그걸 숨기기 위해 강박은 내가 절망적으로 '해야 하는' 것입니다. 강박으로는 삶을 온전히 즐기는 게 아니라 모든 것이 혐오스러운 자기 증명이기 때문에 빨리 성공하고 싶고, 빨리 지구를 구하고 싶고, 빨리 사람들에게 영향을 주고 싶고, 빨리 가치 있는 사람이 되고 싶어 합니다. 그러지 못하면 스스로를 부족하게 여깁니다. 내가 원하는 속도로 이뤄지지 않으면 심하게 자책하거나 주변 탓을 합니다. 내 밑바닥 신념을 아직 충분히 가리지 못해서 그렇습니다.

자아 구조

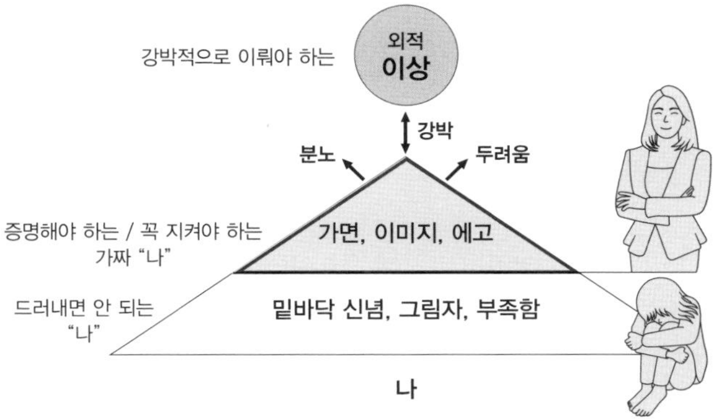

또한 강박 속에서 가면을 더 두껍고 단단하게 만들려고 할 때 **외적 이상**에 빠지기 쉽습니다. 생존 불안으로 내가 진정 실현하고 싶은 것은 포기합니다. 어떤 삶을 살고 싶은지는 더 이상 중요하지 않고 어떻게 하면 타인과 사회에 잘 보일 수 있는지에 따라 **에고를 맞추는 것**입니다.

예를 들어 자신의 똑똑함을 증명하려면 외부에 드러내기 쉽게 무엇을 이뤄야 할까요? 1등 하기, SKY 들어가기, 박사학위 따기 같은 것이 있습니다. 가치 있는 사람임을 증명하려는 경우 매일 새벽 5시에 일어나는 사람 되기 등의 이상이 생길 수 있습니다. 이는 어떤 외적 성취로 자신의 에고를 더 강화하려는 시도입니다. 강박은 불안한 마음으로 내는 욕심이고, 이상은 그 욕심을 실현할 수 있는 어떤 외부 형태, 목표, 성취입니다.

여기서 이상과 진정한 목표를 서로 헷갈리는 경우가 흔합니다. 둘 다 목표처럼 보이지만 '이상'은 자기 에고를 정당화하는 불안으로 좇는 것이고 '진정한 목표'는 진심 어리고 의식적인 선택대로 실현하는 것이라는 근본적 차이가 있습니다. 간단히 말해 이상은 자아 수축이고 진정한 목표는 자아확장입니다. 바로 이 다양한 강박 때문에 우리가 자주 의미 있는 삶을 잊어버리고 늘 무의미한 쳇바퀴를 도는 것입니다.

당신은 어떤 이상을 붙잡고 있나요?
그 이상으로 어떻게 자신을 증명하려 하나요?
그 이상 때문에 포기해야 하는 것은 무엇인가요?

4. 두려움과 내적 장애물

발표를 해야 할 때 많은 사람이 무대공포증을 느낍니다. 이 도전적인 상황에서 자신이 '진짜 어떤 사람인지' 남들이 꿰뚫어볼까 봐 모든 공포가 자신이 열심히 구축한 에고를 보호하기 위해 올라옵니다.

우리가 일상생활에서 가장 불안하게 여기는 것은 우리의 에고가 허위라는 것을 들키는 일입니다. 즉, 내가 '척하는' 사람이 진짜가 아니라는 게 드러나는 걸 무엇보다 두려워합니다. 남들은 절대 내가 어떤 사람인지 그 '사실'을 알면 안 됩니다. 심지어 나 자신도 내가 억누르고 있는 '나에 대한 사실'(밑바닥 신념)을 발견할까 봐 소름이 끼칩니다.

정말 편한 순간은 혼자 TV를 보거나 책을 읽을 때입니다. 반대로 사회생활을 하면 지속적으로 불안을 달고 다니는 느낌이 듭니다. 매 순간 내 어두운 그림자가 서서히 드러날까 봐 괴롭습니다. 그야말로 생존이 내 에고에 달려 있어서 언제나 그 에고를 지켜야 할 것만 같습니다. 바로 그것이 불안, 도피, 회피, 꺼림, 공포, 미루기 같은 두려운 감정의 역할입니다.

상상해보세요. 꼭 달성하고 싶은 목표가 있습니다. 그런데 그 목표를 달성하려면 여태껏 드러낸 가면에서 벗어나 잠깐 다른 것 혹은 아직 숨겨두고 있는 면을 꺼내야 합니다. 과연 행동할 수 있을까요? 아마 두려운 감정이 우리를 행동하지 못하게 할 겁니다.

이제 내적 장애물과 저항이 왜 생기는지 보이나요? 정말 의미 있는 인생목적이 있어도 자아 유지를 우선시해 강박, 이상, 두려움이 우리의 시도를 그때그때 망가뜨립니다.

의식성장으로 변하기

자, 보세요! 우리는 무無에서 밑바닥 신념의 결점, 그것을 가리는 가면, 강박적 행위, 미친 듯이 좇는 이상과 그 전체 구조를 보호해주는 두려움, 감정과 저항으로 완벽히 돌아가는 자아를 만들었습니다.

왜 이런 저항을 계속 만들고 있나요? 왜 하필 이 성격이에요? 왜 계속 같은 문제 패턴을 경험하고 있나요? 마치 어느 날 갑자기 '나 자신'으로 깨어난 것처럼 대부분의 사람들이 왜 하필 내가 이런 사람인지 모릅니다. 왜냐하면 삶의 행위가 대개 무의식적 차원에서 자아의 요소로 일어나기 때문입니다.

자아를 나무로도 상상할 수 있습니다. 나무의 뿌리는 우리의 밑바닥 신념을 상징합니다. 그 밑바닥 신념에서 강한 가면, 페르소나, 에고가 나무줄기로 자랍니다. 그리고 그 나무줄기에서 신경증적 강박, 분노, 불안, 저항, 실패 패턴이 가지로 펼쳐집니다.

많은 자기계발 이론이 '어떻게 하면 더 강력하고 단단한 줄기와 효과적인 가지를 만들 수 있는지'에 집중하며 나무의 윗부분만 고치려 합니다. 만약 뿌리를 그대로 둔 채 비효율적인 가지를 자르거나 다듬으려 하면 똑같은 곳에서 더 많은 새로운 강박 가지가 다시 나올 겁니다. 정말 효과적인 나무를 만들기 위해서는 뿌리와 줄기, 가지를 동시에 다뤄야 합니다.

변화를 원한다면 현재 뭔지도 모르는 한두 개의 현상을 고치는 게 아니라 자아라는 나무 전체를 뿌리부터 잎까지 의식화해 동시에 해부해야 합니다. 다음 10개 챕터에서는 무의식적 자아 패턴을 의식적으로 바라볼 것입니다. 누군지도 모르는 나 자신을 억지로 바꾸려 하지 않고 먼저 내가 누구인지 자각하는 것부터 시작합니다. 스스로를 어떻게 생각하는지 꾸준히 바라보고 어떤 스토리로 내 인생을 강박적 혹은 비효율적으로 살고 있는지 관찰하면서 말입니다. 의식으로 개념적 자아에 집착하는 것을 조금씩 내려놓으면 더 자유로워지는 것, 즉 진정한 삶을 사는 것이 가능해집니다. 변화를 원할 때 의식은 우리의 가장 강력한 도구입니다.

제가 지나치게 단순화한 추상적인 모델로 자아를 제시하고 있다는 걸 잘 압니다. 실제 자아는 나무나 상자, 화살표가 아닙니다. 그럼에도 불구하고 이 모델을 제시한 이유는 이론으로라도 왜 행동하지 못하는지 설명하고 앞으로 여러분의 경험적 관조를 강화하기 위해서입니다. 어느 정도 탐구 방향을 알면 자신의 내적 장애물을 직접 되돌아보는 것이 쉬워집니다. 나아가 자아의 기본을 이해할 경우

다음 챕터를 이해하기가 쉽습니다.

자기 관찰 질문

1 내가 내 삶을 어떻게 개념적으로 만드는가?

2 이 모델대로 당신의 자아 구조가 어떻게 생겼을지 가볍게 관조해보세요.

장애물1.
강박과 이상

"발전해야 한다는 강박관념에 퇴근 후에도 회사에 남아 공부하고 온갖 학원에, 과외에, 운동까지 했어요. 너무 하기 싫은데 이를 악물고요. 발전하기 위해선 더 나아질 때까지 싫어도 참고 해야 한다고 생각했어요. 부족한 제 자신이 너무 싫었고 이렇게 해야만 제가 원하는 제가 된다고 생각했어요. 그 결과 자격증과 스펙은 추가했지만 더 나은 내가 됐냐고요? 전혀요. 스펙만 완벽한 바보가 됐어요. 부족함과 결핍을 느낄수록 남들의 사소한 지적에 더 쉽게 주눅이 들었고 '나는 왜 이럴까'로 시작해 결국 나는 가장 잘못된 사람이고 사회생활도 못하면서 이 단체에 피해만 주는 존재라고 생각하게 됐어요. 정말 생각하는 대로 이상한 사람이 됐고 새로 입사한 직장에서 퇴사했어요. 멀쩡한 제 자신을 정신이 상자로 만들어 심리치료를 받고 뇌기능 검사를 받으러 가고 온갖 쇼를 다했어요. 지금 와서 생각해보니 제게 정말로 필요한 건 나를 지적하는 사람들을 무시하고 나 자신을 믿고 지켜주는 거였어요. 강해진다는 것은 나를 사랑하고 믿는 것이었는데, 왜 바보같이 이걸 이제야 알았을까요. 나 자신한테 너무 미안해요ㅠㅠ. 이렇게 열심히 살아온 나이고 성실히 살아온 나인데 왜 내 말이 아닌 타인의 말에만 귀를 기울였던 걸까요ㅠㅠ. 오늘 큰 깨달음을 얻었네요. 혐오가 아닌 사랑으로 바르게 저를 성장시켜 보겠습니다. 정말 감사합니다."

유튜브 구독자의 댓글

이 글의 주인공처럼 '나는 더 열심히 생산적으로 살아야 해!'라는 강박은 자기계발 덕후들에게 흔히 나타나는 강박 유형입니다. 어떤 결점을 가리는지는 사람마다 다르겠지만 **'더 생산적인 사람'**이 되면 그 결점이 잘 가려질 거라고 기대합니다. 그럼 어떻게 해야 더 생산적인 사람이 될 수 있을까요? 아마 더 열심히 해야 한다는 답밖에 나오지 않을 겁니다. 그럼 정확히 무엇을 위해 더 열심히 해야 하나요? 그건 모릅니다. 노력할 대상 없이 생산적인 사람이 되고 싶어 하는 욕심은 이미 시작하기도 전에 실패할 운명을 만듭니다.

마찬가지로 **완벽주의 강박**도 꽤 인기가 많습니다. 예를 들면 매일 새벽 4시 반에 일어나 깨어 있는 자세로 명상을 하고, 관찰일기로 많은 깨달음을 얻고, 12시간 동안 몇천억짜리 창업을 위해 엄청 생산적으로 일하고, 7개 국어를 공부하고, 집에 오면 가족과 긴 시간을 사랑 속에서 보내고 그리고 주말마다 서브스리 마라톤sub-three marathon을 완주하는 삶을 살고 싶어 합니다. 내가 더 나은, 더 완벽한, 더 고결한 사람이 되면 모든 것이 다 쉬워질 거라고 여기며 끊임없이 완벽함을 향해 달립니다. 그럼 언제부터 완벽해질 수 있나요? 그때가 정확히 언제인지 알려줄 수 있나요? 생산성과 마찬가지로 완벽함에도 최상의 극한값은 존재하지 않습니다. 내가 부족한 것은 알지만 완벽함이란 끝이 없기에 명확히 언제 완벽해지는지 알 수 없습니다.

많은 인기를 누리는 또 다른 강박은 바로 **반항 강박**입니다.

가령 "나는 이 틀에 박힌 사회 기준대로 살고 싶지 않아. 그 반대로 살겠어!"라고 선언하며 도덕적으로 썩어빠진 기득권층을 누르고 복수하겠다는 환상으로 자신의 에고를 강화합니다. 사회 이상과 기준에 반대해도 여전히 사회 이상이 우리의 삶을 지배하는 것이 보이나요?

강박의 형태는 끝이 없습니다. 언제부터 생산적인가요? 언제부터 완벽한가요? 언제부터 특별해지나요? 모든 강박에는 극한값이 존재하지 않습니다. 강박의 시작점이 내가 원하는 목적이 아니라 그저 가리고 싶은 내 부족함에 있기 때문에 내 밑바닥 신념을 들키지 않기 위해 내 에고를 무한히 더 강화하는 겁니다. 언제나 더 예쁘게, 더 열심히, 더 가치 있게, 더 완벽하게, 더 사랑스럽게, 더 자유롭게, 더 똑똑하게, 더 특별하게, 더 책임 있게, 더 현명하게, 더 부유하게, 더 착하게, 더 유능하게 말이지요.

만약 그것을 이루면 충분할까요? 당연히 아닐 겁니다. 아직도 부족하니까요. 가면을 아무리 강화해도 본인은 그것이 가짜 모습인 걸 본능적으로 알기 때문에 언제나 부족한 느낌이 듭니다. 부족해서 더 많이 노력해야 하니 더 열심히 달려보지만 존재하지도 않는 망상 결점을 외적으로 해결하려 애쓰느라 끝없이 쳇바퀴를 돌게 됩니다.

왜 강박으로 원하는 것을 이루지 못하는가

이제 이런 이의 질문이 있을 수 있습니다.

"그래요. 강박이 부족함에서 비롯되는 욕심인 건 이해했는데, 그래도 그런 욕심이 있어야 내가 더 열심히 살지 않을까요?"

강박으로는 현재 부족하지만 강하게 의지를 다지면 내가 특별하고 위대한 사람이 될 수 있다고 생각합니다. 그래서 내 밑바닥 신념을 가리기 위해 그것과 다른 이미지, 즉 '지금과 다른 나'를 계발하려 합니다. 예를 들면 지금은 똑똑하지 않지만 나중에 교수가 되면 똑똑해 보일 것이다, 지금은 무능하지만 열심히 자기계발을 해 창업하면 유능해 보일 것이다, 지금은 사랑받을 가치가 없지만 노래를 잘하면 명성을 얻고 많은 팬에게 뜨거운 사랑을 받을 것이다 등이 있습니다.

그런 사고의 한계를 설명하기 위해 강박을 구조적 긴장 차트로 살펴봅시다. 현재의 부족한 모습과 에고 목표 사이에 구체적인 전략을 세우고 첫 전략을 시작합니다. 그런데 첫발을 내딛는 순간 곧바로 온갖 저항, 두려움, 미루는 습관, 우울증, 심지어 몸살까지 찾아옵니다. 시험을 치르기 전날 갑자기 아프거나 창업 계획을 완성하고 막

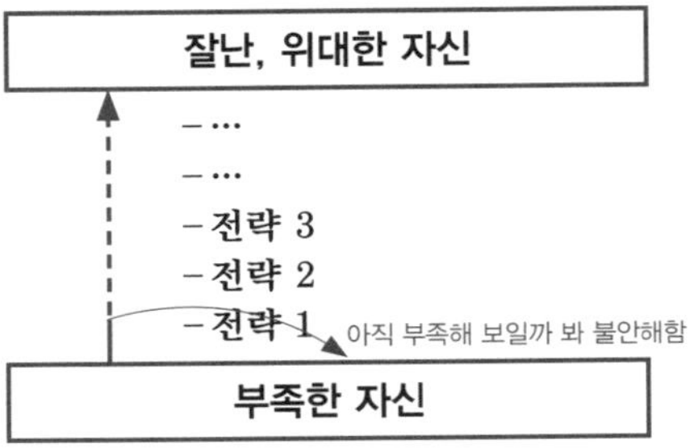

일을 시작하려고 하는데 갑자기 마음이 일하지 말라고 아우성치는 경험 말입니다. 행동하겠다고 마음먹었지만 부족하다고 여기는 내 결점이 드러날까 봐 그 불안감에 아예 첫 행동이 일어나지 않습니다. 강박으로 겨우겨우 하나의 행동은 할 수도 있지만 곧이어 다른 두려움과 불안이 이어지는 행동을 가로막습니다.

5년 후 교수, 성공한 사업가, 유명한 가수가 되면 모든 문제가 사라질 것 같은데 지금은 아직 부족한 상태이고 혹시나 그것이 드러날까 두려워 행동하지 못합니다. 특히 뭘 시작하는 초기에는 초보라서 결점이 드러날 수밖에 없습니다. 교수를 목표로 할 때 처음에는 당연히 바보 같을 것이고, 창업할 때는 처음에 꽤 무능해 보일 것이며, 유명한 가수가 되려고 기본 재능부터 닦을 때는 즉시 원하는 인정이나 사랑을 받지 못할 것입니다. 이것이 현재이자 현실입니다.

"이제 난 내 목표대로 열심히 할 거야!"라는 의지를 냈다가 내면의 저항 때문에 행동하지 못하면 스스로를 원망하면서 "난 이것밖에 안 되는 거야?" 하고 절망에 빠졌다가 며칠 후 다시 후회하며 "내 목표대로 열심히 해보자!"라고 의지를 다집니다. 그렇게 평생

강박-실패 사이클

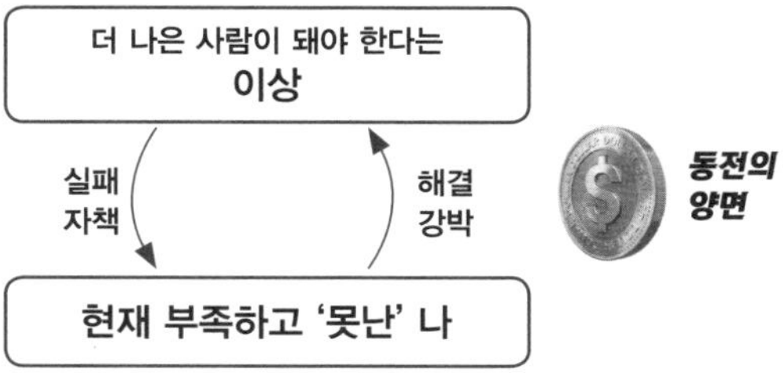

강박 → 실패 → 강박 → 실패 사이클을 돕니다.

내 이상과 내가 상상하는 내 부족함은 동전의 양면처럼 하나입니다. 내 결핍 없이는 이상이 존재하지 않고 이상 없이는 결핍(신념)도 존재하지 않습니다. 내가 내 이상을 현실로 만들 수 없는 이유는 그 이상을 만들어낸 것이 결핍 신념이기 때문입니다. 자아가 만들어낸 이상을 실재 세상에 실현하려 할 때마다 똑같은 자아가 그것을 허용하지 않습니다. '이상 - 결핍 - 이상 - 결핍' 사이클은 내 머릿속에만 존재하는 내가 만든 자아의 **망상이자 판타지**에 불과합니다. 감정적으로 힘들어서 뭘 해냈다고 착각하지만 실제로는 행동하지 않고 그저 머릿속에서 가상으로 만든 고생 사이클을 열심히 돈 것뿐입니다.

자아는 변화를 원하지 않습니다. 그저 개념적 사이클로 자기 자신을 강화하는 것이 전부입니다. "열심히 하고 싶었는데 여전히 나는 부족하다." **이상의 역할은 성장이 아니라 나 자신의 (부족하다는) 신념 구조를 그대로 유지하는 데 있습니다.**

강박으로는 대개 행동하지 못합니다. 하지만 가끔 충분히 절망하면 강박이 두려움을 이기는 경우도 있습니다. 이럴 때는 강박적으로 외부에 드러나는 다양한 업적과 성취를 이룰지도 모릅니다. 문제는 그러한 외적 성취로는 여전히 내 내적 자아가 바뀌지 않는다는 것입니다.

강박의 부정적인 동기로 인해 1등을 해도, 모든 동료를 이겨도, 큰 부를 쌓아도 여전히 내가 부족하다고 생각해 강박 위에 새로운 강박을 쌓고 또 쌓고 달립니다. **강박과 신념은 하나이기 때문에 강박이 강해지면 그 균형을 잡기 위해 부족함도 강해져야 합니다.**

과거에 저는 무조건 더 용감해지고 싶었습니다. 더 '용감한 남자'가 되어야 제가 타인에게 인정받고 더 멋있는 인생을 살 수 있을 거라고 생각했습니다. 그래서 찬물 샤워나 크로스핏, 전쟁 소설로 더 용감해지려고 했습니다. 문제는 그러한 외적 방법을 잘 다뤘어도 제가 스스로를 더 용감한 사람으로 인지하지 못했다는 것입니다. 제가 생각하는 저는 여전히 약골이었습니다. 찬물 샤워에다 60킬로미터 울트라 산악 마라톤과 크로스핏 운동을 하고 소설에서 영감을 받은 약골도 여전히 약골입니다. 당시 저는 욕심을 내 '더 많이' 극복해야 한다고 생각했지만 제 약골을 해결하려 할수록 약골(신념)은 더 강해졌습니다.

강박보다 진심

다행히 강박 외에 다른 행동 동기도 있습니다. 바로 앞서 설명하고 많이 연습한 **진심**(그리고 그것에 따른 의도)입니다. 효과적으로 살고 싶으면 강박과 진심을 분별할 줄 알아야 합니다. 강박은 불안한 자아의 무의식적인 반응이고, 진심은 진정한 내 의식적인 선택입니다. 우리가 자꾸 '나'를 자아로 혼동해서 그 분별이 어려울 수도 있지만 다양한 직관과 관조로 진실을 파악해볼 수 있습니다.

강박이 아닌 진심으로 이뤄내고 싶은 게 무엇인지, 내 진정한 의도가 무엇인지, 무의식적 충동이 아닌 내 양심에 따라 의식적으로 선택하면 어떻게 행동할지에 집중하다 보면 그 분별이 더욱 명확해질 것입니다.

저도 초보 코치일 때는 '하고 싶은 것이 무엇인가? 어떤 사람이 되고 싶은가? 증명하고 싶은 것은 무엇인가?' 같은 첫 번째 산의 질문만 했습니다. 이런 질문을 하며 실패 사이클대로 무너졌다 일어나기를 많이 경험한 끝에 점차 어른다운 질문으로 넘어오기 시작했습니다. 앞으로 내가 어떻게 특별해질 수 있는지 물어보기보다 다음 질문으로 넘어오기를 권합니다.

삶이 내게 바라는 것은 무엇인가?
나는 무엇을 위해 사는가?
내게 중요한 것은 무엇인가?
무엇에 생기를 불어넣겠는가? 어떤 창조물을 현실로 만들겠는가?
가장 헌신하고 싶은 것은 무엇인가?
현재 상황에서 올바른 것은 무엇인가? 무엇이 적절한 행동인가?
어떻게 기여하겠는가?
내 길은 무엇인가? 나는 어느 쪽으로 끌리는가?
내 직관은 무슨 말을 하는가?

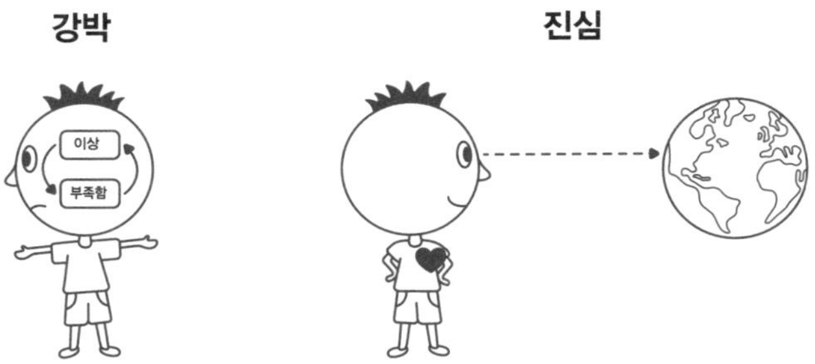

이것은 모두 두 번째 산에서 하는 자아확장 질문입니다.

진심은 '진실한 마음'을 의미하며 직관처럼 내가 생각하는 환상 세계가 아니라 나와 진실한 세상을 연결해주는 의식입니다.

자기중심적인 강박은 진심과 진실한 외부 세상을 내 의식에서 제외합니다. 앞서 말했듯 강박은 단지 내 머릿속에서만 도는 것이고, **진심은 외부 세상·사람·현상·환경을 보는 행위에서 비롯되는 의도입니다.** 내가 실재 세상을 봐야 적절한 상호작용을 취할 수 있습니다. 모든 창조는 나와 내가 아닌 요소(외부 세상)로 구성됩니다. 무언가를 현실로 만들려면 일부라도 자아(거짓)를 제외한 실재 외부 세상과의 상호작용에 기반해야 합니다('Part1 원칙3. (자기기만보다) 진정성' 그리고 'Part2 준비3. 직관' 참고).

가상의 자아를 유지하려는 강박으로 살고 있나요, 아니면 외부 세상을 계속 확인하면서 거기에 맞춰 사랑으로 적절한 행동을 하고 있나요? 여러분은 어떤 선택을 하겠습니까?

강박 내려놓기

어떻게 하면 강박을 내려놓고 더 진심대로 살 수 있을까요? 우선 자아확장 기준을 더 진정성 있게 바꾸는 것입니다. 시행착오로 내 가치, 의미, 목표를 확인하고 진심에 따를수록 강박을 벗어나 행동하는 것이 가능해집니다. 여전히 진정성과 통합성, 직관, 의도, 의식적 선택이 큰 도움을 줄 겁니다.

또 하나는 강박을 따로 분석하고 극복하는 방법입니다. 이 방법은 Part4에서 교과서처럼 제시하지만 이것을 한번 읽는 것으로는 체화하기 어렵습니다. 꼭 단계마다 직접 체계적으로 자기관찰을 해서 '나에 대한 사실'(밑바닥 신념)을 탐구해보세요. 유용한 질문은 별색으로 강조했습니다. 얼마나 깊이 들어갈지는 스스로의 몫이지만 5분 자기관찰과 3주 자기관찰은 당연히 깨달음의 깊이가 많이 다를 것입니다. Part2에서는 우리가 자아확장 기준을 위한 자기관찰을 했는데 앞으로는 우리의 자아에 깊이 들어가 내면의 진실을 파악하기 위한 자기관찰을 하겠습니다.

1. 알아차림

다음번에 충동적으로 '나, 이거 해야 하는데!'라는 생각이 떠오르면 빨리 알아차리고 잠시 멈춰 반성해보세요. 알아차리고 관조하면서 자기 강박에 대한 명확성을 만들어보세요.

왜 이 목표/이상을 이토록 갈망하는가?

증명하고자 하는 것은 무엇인가?

어떤 불안에 따라 그것을 좇고 있는가?

이 반응으로 어떤 부족함을 가리려고 하는가?

내가 숨기려고 하는 것은 무엇인가?

2. 왜 강박을 만드는지 인정하기

강박은 어딘가에서 주어지는 게 아닙니다. 우리가 강박을 무의식 속에서 직접 만들고 있음을 스스로 알아차리고 깨달아야 합니다. 그것을 시작으로 우리는 더 이상 무의식적으로 살지 않게 됩니다. 의식 차원이 조금씩 높아지면서 변화하고 결국 자기 강박의 노예에서 해방되는 것입니다.

'그래, 이제 의식적으로 생각하고 관조해 빨리 강박에서 벗어나자!'라는 의지가 생길 것입니다. 이때 많은 사람이 서둘러 강박을 없애고 싶은 마음에 다음 질문을 합니다.

"어떻게 강박을 내려놓을 수 있을까?"

더 나은 사람이 되기 위해 자신의 강박 패턴을 강박적으로 내려놓으려 하는 함정에 빠지지 않도록 주의해야 합니다. 원래 있던 강박을 '없애는' 것이 아니라 더 이상 만들지 않는 방향으로 접근해야 합니다. 이를 위해서는 먼저 내 삶의 주인의식을 깨닫고 또 내가 왜 강박을 만들고 있는지 인식해야 합니다.

어떻게 없앨 수 있는지 묻는 대신 다음 질문을 관조해보세요.

내 강박으로 얻고자 하는 것은 무엇인가?

내 강박을 원하는 이유는 무엇인가?

내 강박을 붙잡는 이유는 무엇인가?

이 강박의 역할은 무엇인가?

왜 내가 직접 강박을 만드는지 알아야 강박 만들기를 멈출 수 있습니다. 이론적으로 말고 경험적으로 어떤 에고, 어떤 밑바닥 신념, 어떤 패턴을 지키기 위해서인지 파악해야 합니다. 그래야 자기 행위에 주인의식이 생깁니다.

이 과정은 완전히 저항 없이 하는 것이 중요합니다. 자기 내면을 아무 집착이나 저항 없이 혹은 해결하고 싶은 마음 없이 바라보세요. 내 내면 경험에 보이는 저항도 똑같은 강박일 뿐입니다. 있는 그대로 냉철하게 자신을 객관적으로 직시하고 인정하길 권합니다. 제대로 받아들여야 다음 단계로 넘어갈 수 있습니다.

우리가 인간인 이상 강박, 감정, 신경증적 행위는 때때로 발생합니다. 그렇다고 우리가 부족한 존재인 것은 아닙니다. 다만 그 패턴 탓에 온전한 삶을 살지 못한다고 판단되면 그 강박을 체계적으로 분석해 나중에 중립화하면 됩니다.

3. 강박의 대가 인지하기

왜 내가 강박을 원하는지 알아내야 왜 내가 강박을 내려놓고 싶어 하는지도 관조할 수 있습니다. 준비가 되었다면 다음 질문으로 강박의 대가를 관조해보세요.

나는 내 강박을 붙잡음으로써 어떤 대가를 치르고 있는가?

나는 강박으로 원하는 만큼 성공하고 있는가?

내가 강박 때문에 놓치는 것은 무엇인가?

나는 어떤 식으로 강박으로 인해 고통받고 있는가?

4. 유지 또는 재설정

앞의 질문으로 강박을 명확히 알고 나면 이제 **의식적인 선택**을 할 수 있습니다. 강박으로 얻는 것이 많으면 그것을 유지하고 원래대로 진행하면 됩니다. 반대로 강박 때문에 많이 고생하고 있다면 행동 동기를 재설정하면 됩니다. 혹시 더 진정한 의도가 있는지 확인해보세요. 목표나 목적을 무조건 포기할 필요는 없습니다. 그 목표와 관련해 강박보다 진심 어린 요소를 찾아보세요.

하이어셀프를 운영한 지 2년이 되었을 무렵 저는 "아, 또 영상을 찍어야 하는데! 블로그에도 올려야 하고, 책도 써야 하고. 아, 너무 빨리 많은 걸 해내야 해!"라며 스스로에게 많은 압박을 줬습니다.

그 스트레스 때문에 저는 몇 개월 동안 아무것도 하지 못했습니다. 자기관찰에 들어간 저는 스스로를 가치 없게 여기는 바람에 제가 얼마나 가치 있는 사람인지 증명하고 싶어 했음을 깨달았습니다. 당연히 제 가치를 증명하지 못할까 봐 영상을 드물게 찍고, 글 쓰는 것을 계속 미루고, 유튜브 알고리즘이나 구독자 혹은 미세먼지를 탓했습니다. 진짜 원인이 제 자아에 있음을 깨달은 뒤에야 가치 있는 사람이 되어야 한다는 강박으로는 제 목적을 실현할 수 없다는 것을 알았습니다.

그때 저는 하이어셀프를 닫아버릴까 하는 생각도 했습니다. 그러나 저는 자기관찰을 많이 했고 몇 주 만에 강박에서 벗어나 진심 어린 다른 동기를 만들었습니다. 의식성장 방법은 제게 많은 도움을 주었고 저는 진심으로 그 효과를 사람들과 나누고 싶었습니다. 저는 목적을 '내가 배운 가치를 널리 나눠야 한다'는 강박에서 '진짜 관심을 보이는 한두 명에게 내가 배운 의식성장 도구를 나눈다'로 바꿨습니다.

신기하게도 일은 똑같은데 목적을 바꾸자마자 느낌이 아예 달라졌습니다. 그 목적에 따라 저는 제 역할을 코치가 아닌 퍼실리테이터(조력자)로 바꿨습니다. 제가 제 가치를 나누는 게 아니라 사람들이 직접 가치를 만들도록 옆에서 도와주는 역할로 제 의도를 표명한 것이었죠. 이처럼 강박을 내려놓고 역량강화 쪽으로 진행하면서 그게 목적은 아니었지만 결국 더 많은 가치를 나누게 됐어요.

바로 이것이 진심의 모순입니다. 완벽해지고 싶은가요? 그러면 더 완벽해지려 노력하지 말고 진심 어린 목적에 집중하세요. 더 강해 보이고 싶어요? 그럼 자기 자신에게 몰두하지 말고 진심 어린 목적에 집중하세요. 더 가치 있는 사람이 되려고요? 자아확장 목적에 집중하면 저절로 가치가 생길 겁니다. 강박 없는 진심이라야 우리가 이루고 싶어 하는 것을 이룰 수 있습니다.

내겐 강박밖에 없는데?

워크숍 참가자들은 자아확장과 강박이 뭔지 깨닫고 이런 반응을 많이 보입니다.

"코치님, 정말 많이 관조했는데 제게는 강박밖에 없는 것 같아요. 어떻게 하죠?"

아무리 생각해도 자신의 전체 인생이 두려움에 따른 문제해결과 자아생존 욕구로 점철된 것처럼 보인다는 사람도 있습니다(그게 사실일 수도 있고요). 이것은 의식성장을 할 때 많이 나타나는 현상입니다. 특히 지금까지 계속 남의 기대와 이상에 따라 살아왔다면 더 심하게 나타날 겁니다.

이제부터 자신의 진심과 주인의식을 갖고 살아가는 법을 배워야 합니다. 먼저 직관적으로 더 많은 자기관찰과 가역성 실험을 위한 행동부터 시작하길 권합니다. 진정한 삶을 살기 위해서는 더 많은 시간, 연습, 시행착오, 조정이 필요합니다. 지금 내 강박이 눈에 보이면 빨리 벗어나고 싶은 마음이 일어나 강박의 덫에 걸린 자신을 보는 게 힘들 수도 있지만 빠져든 강박을 제대로 인정하고 이해해야 잘 빠져나올 수 있습니다. 강박에 빠지는 건 문제가 아닙니다. 평생 강박에서 나오지 못하는 것이 문제죠. 강박에서 나오게 해주는 것은 조바심이 아니라 인내와 오랜 기간의 의식과 포용입니다.

다시 한 번 호흡을 가다듬은 다음 '진정한 자아확장 기준을 완벽하게 세운 뒤에 시작할 거야!' 같은 태도는 잠시 내려놓고 우선 행동해보세요. 강박의 무게가 얼마나 무겁든, 얼마나 두려움이 밀려오든 중요한 것은 아는 만큼 해보는 것입니다. 아직 모르는 만큼 말고!

강박이든 진심 어린 목적이든 일단 시작하세요! 행동하면 할수록 내적 저항을 경험할 겁니다. 그래도 계속 진행하면서 그 아래 숨은 강박과 밑바닥 신념까지 깨닫고 극복하면 됩니다. 자아확장 기준은 나중에 언제든 조정하면 그만입니다. 먼저 극복하고 나서 행동하려고 하지 마세요. 행동이 없으면 강박을 아예 알아차리지 못하기 때문입니다.

자기 관찰 질문

1 직관적으로 눈에 띄는 별색 질문에 따라 자기 자신에 관한 깨달음을 내보세요.
2 나는 뭘 '해야 하는가'? 그 강박으로 증명하고 싶은 것은 무엇인가?
3 나는 사회에서 어떤 이상을 좇는가? 그 이상대로 얼마나 성공하고 있는가?
4 나 자신을 목적으로 삼았는가? (그렇다면) 잘되고 있는가? 증명하고 싶은 것이 무엇인가?
5 내가 진심으로 원하는 것은 무엇인가?
6 강박이 아닌 더 진심 어린 자아확장 기준을 세울 수 있으면 조정하세요.(없으면 그대로 진행합니다.)

장애물 2.
밑바닥 신념 – '나에 대한 사실'

"저항하면 유지된다."

카를 융

아직 강박을 내려놓는 것이 어려울 수 있습니다. 그런데 다행히 강박의 원인을 더 잘 이해하면 그 과정이 쉬워질 겁니다. 그래서 이제부터 강박의 원인인 내 밑바닥 신념, 즉 '나에 대한 사실', 자기 자신의 뿌리, 결점, 결핍을 파헤쳐봅시다.

내 안의 (못된) '파워레인저'

일곱 살 시절 저는 파워레인저를 무척 좋아했습니다. 솔직히 말해 지금도 파워레인저만 생각하면 향수를 느낍니다. 특히 마지막에 악

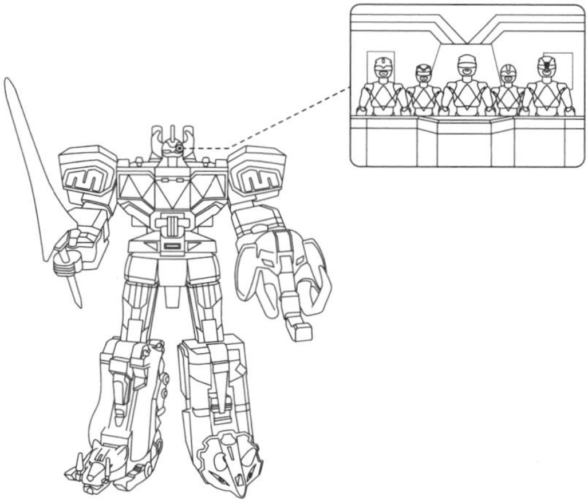

당이 대형 괴물로 변신할 때마다 각각의 파워레인저가 자신들의 공룡 다이노 조드Dino Zord를 불러 메가조드로 합체한 뒤 조종실에서 힘을 모아 괴물을 물리치는 장면이 굉장히 멋있었습니다. 비유하자면 파워레인저는 우리의 의식을 상징하며, 진정한 내가 마음이라는 조종실에서 몸을 조종하고 삶의 모든 도전을 이겨냅니다.

여기서 다른 시나리오를 상상해봅시다. 조종실에 의식적인 파워레인저가 아니라 불안과 분노에 사로잡힌 괴물이 몰래 들어간다면 어떨까요? 자신도 모르게 흑화한 무의식이 우리 몸과 마음을 조종하면서 통제 불능에 빠져 우리의 공룡 조드가 도시를 파괴하는 것을 무기력하게 바라봐야 한다면 어떨까요?

그 괴물은 우리의 밑바닥 신념을 상징합니다. 그런데 가까이 가보니 우리의 공룡 조드를 조종하는 그 침입자는 못생기고 징그러운 괴물이 아니라 울고 있는 작은 아이입니다. 과거에 상처받아 자신을 바보, 짐, 루저, 약골, 무가치하고 쓸모없는 사람이라고 생각하는 작은 아이가 자아라는 조종실에서 자신을 보호하기 위해 무의식적으로 강박, 가면, 두려움, 대응기제, 저항, 감정, 실패 패턴으로 우리 행동을 조종하고 있는 겁니다. 우리가 책임지고 의식적인 선택을 할 때 두려움에 떨고 있는 그 아이가 우리의 시도를 망가뜨립니다. 그 아이가 모든 시도와 행동을 막을 수 있는 이유는 우리가 내면에 그 아이가 있음을 모르기 때문입니다.

우리는 자신이 왜 그렇게 행동하는지 모르고 또 계속해서 갈등 중인 밑바닥 신념이 있다는 것도 모릅니다. 자아에 무지하고 이를 무시ignore-ance하는 우리는 깊은 무의식에 밑바닥 신념을 둔 채 평생 이것을 억누르고 부인하려 최선을 다합니다. 만약 '나에 대한 사실', 즉 밑바닥 신념의 결점이 수면 위로 살짝 올라오면 그때마다 격하게 저항하거나 그것과 싸우며 더 심한 강박으로 그것을 다시 묻어버리려고 애씁니다.

내가 바보라고? 내가 무능하다고? 내가 존재할 가치가 없다고?

이런 것을 인정하고 싶어 하는 사람은 거의 없습니다. 문제는 계속 억누르고 모르는 척하면 내 모든 의식적인 시도가 강박과 감정, 충동으로 무너진다는 점입니다.

조종하는 아이는 당연히 비유입니다. 실제로 그 아이는 우리가 과거에 거부한 **인간적 측면**human aspect입니다. 우리는 자아가 분열하는 순간 못되고 혐오스러운 부분을 우리 의식에서 제외합니다. 그렇다고 그 부분이 사라지는 것은 아닙니다. 내 바보스러움이든, 무능함이든, 초라함이든, 무례함이든, 취약성이든 어릴 때부터 억눌러온 밑바닥 신념은 막후에서 우리의 활동 범위를 제한합니다.

행동하지 못할 때 그건 의지의 문제가 아닙니다. 우리가 자아에 무지한 것이 문제입니다.

해결보다 포용

이 상처받은 아이, 조종하는 아이는 어떻게 다뤄야 할까요? 제 워크숍에서 자신의 밑바닥 신념을 처음 발견한 참가자들은 주로 패닉에 빠져 그것을 강박적으로 빨리 없애려 합니다. 내가 실제로 바보였다는 걸, 약골이었다는 걸 인정하고 싶지 않기 때문입니다. 우리 자아가 자기결핍을 바라보는 것에 익숙하지 않을 뿐더러 그것이 굉장히 불편한 일이라 곧바로 강박-실패 사이클로 다시 빠집니다. 밑바닥 신념을 다룰 때는 분명 다양한 저항과 방어기제가 일어납니다. 우리의 첫 반응이 언제나 밑바닥 신념과 싸우고, 거부하고, 억누르고, 가리고, 부인하고, 강하게 저항하는 것은 자연스러운 일입니다.

그런데 혹시 "저항하면 유지된다What you resist, persists"라는 말을 들어보았나요? 사실 우리가 저항할수록 결핍, 문제, 피하고 싶은 대상은 더 강해집니다. 분노를 억누르면 억누를수록 뭘 느낄까요? 더 많은 분노입니다. 두려움을 피하면 피할수록 무엇이 따라올까요? 더 많은 두려움입니다. 내 불안정을 강박적으로 가리면 가릴수록 나는 어떤 사람이 될까요? 강박과 결핍은 하나이므로 내가 죽도록 가리려고 하는 불안정이 결국 강해져 더욱더 혼동하게 됩니다. 나 자신의 사실과 싸우는 것은 늘 역효과를 불러옵니다.

우리는 계속 억누르고 우리 자신으로부터 도망치기보다 먼저 **사**

실을 있는 그대로 돌아봐야 합니다. 영웅이 어두운 동굴에 들어가듯 우리도 솔직하게 자신의 사실을 직면해야 합니다. 행동하기 어려울 때마다 그 저항을 내 밑바닥 신념을 관찰할 절호의 기회 혹은 신호로 사용하면 좋습니다.

왜 행동하지 못하는 것인가?
내 강박의 원인은 도대체 무엇인가?
내가 증명하고 있는 가짜 가면 밑에
나는 어떤 사람이라고 생각하는가?
강박 패턴으로 죽도록 숨기고 가리고 억누르려는 것은 무엇인가?
진실로 나 자신은 어떤 사람인가?
자기 자신에 대해 진짜로 생각하는 것은 무엇인가?

우리는 우리의 밑바닥 신념을 가능한 한 솔직히 확인한 뒤 **인정하고 사랑스럽게 포용해야 합니다.** 그 신념을, 즉 동일시하는 나를 '껴안아야 합니다'. '내가 무능하든 유능하든, 바보든 똑똑하든 그냥 있는 그대로 존재하고 원하는 삶을 살면 되잖아'라는 태도로 결핍과 함께 있어 보세요. 정말로 저항을 그만둔다면, 자아를 감추는 것을 그만둔다면, 자기 자신과 그만 싸운다면, 결핍 신념은 그대로 사라집니다.

현재의 밑바닥 신념은 그것과 함께 일어나는 강박과 저항으로만 유지됩니다. **저항을 그만두는 순간 개념적 결핍을 더 이상 이슈화하지 않기 때문에 개념적인 신념은 더는 존재할 바탕이 없어집니다.**

의식성장에는 하나의 법칙이 있습니다. 저항, 거부, 억누름, 부인, 싸움으로는 변화를 일으킬 수 없다는 것입니다. 힐링의 비결은 사실을 인정하고 '자신과 그만 싸우는' 데 있습니다. 내가 싸울수록 개념적 자아결핍은 강해지고 포용할수록 그대로 중립화해 사라집니다. 해결할 것이 없으면 문제도 없습니다. 먼저 내적으로 자유로워야 변화가 가능해집니다.

밑바닥 신념을 구체적으로 중립화하는 법

엥? 그럼 내 바보스러움, 무능함, 조악함, 초라함, 짐스러움을 받아들이라는 뜻인가요? 내가 그렇게 싫어하는 면을 인정하라는 거예요?

미안하지만 딱 그 뜻입니다. 처음에는 그것이 조금 어렵게 들릴 수도 있습니다. 그럼 여기서 밑바닥 신념을 단계적으로 있는 그대로 바라보는 방법, 즉 나를 중립화하는 여섯 가지 팁을 드리겠습니다.

1. 인정+포용

내 자아의 모든 차원을 바꾸고 싶으면 일단 현재 사실을 직시하고 인정해야 합니다. 내 결핍을 바라보는 것은 편하지 않지만 내가 얼마나 자아의 노예처럼 살고 있는지 꼭 봐야 합니다. 싸우기보다 자신의 부족함을 껴안고 위로해줘야 하는 아이처럼 다뤄보세요. 처음에는 조금 아프겠지만 보통 2주가 지나면 익숙해집니다.

저는 틱낫한 스님이 《화해》에서 제시한 비유를 아주 좋아합니다. 먼저 내 결점을 어린아이라고 상상해봅시다. 다음은 《화해》에 나오는 여러 가지 설명을 참조해 제가 만든 명상 멘트입니다.

과거에 상처받고 자기 자신에 관해 좋지 않은 결론을 내린 아이를 찾아봅니다. 특정 상황 속 아이를 찾을 수도 있고 장기간 상처받고 부적절하다는 느낌으로 산 아이를 찾아도 괜찮습니다. 다섯 살이든, 여덟 살이든, 열두 살이든 그동안 억눌러온 부족하고 부적절하고 나쁜 아이를 찾습니다.
그런데 가까이 가서 보니 그 아이는 나쁘기는커녕 순수하고 예쁩니다. 아이는 슬프게 울고 있습니다. 잘 보면 그 아이는 현재 깊은 지하에서 살고 있습니다. 내가 그 아이를 지하로 보냈으니까요.
아주 서서히 거실로 올라오게 해주세요.
잠깐 망설인 아이는 같이 거실로 올라옵니다. 그 아이를 안아주고 무릎에 앉힙니다. 아이와 함께 울어주고 위로해줍니다.
"사랑하는 아이야! 내가 네 곁에 있어.
너는 상처를 많이 받았지. 그래, 알아. 그동안 고통이 많았을 거야.
그 고통이 사실이라는 것도 알아. 내가 너였으니까. 지금 나는 어른이 된 너로 말하고 있는 거야.
오랫동안 너를 지하로 보내서 진심으로 미안해. 그때는 나도 나 자신을 보호하기 위해 그랬던 거야. 이제 그럴 필요가 없다는 걸 알아. 더 이상 그러지 않을게. 나랑 여기 거실에 있어줘. 네 모든 고통과 아픔을 들어주고 내가 보호해줄게. 이제야 우리에게 이런 힘이 생겼어. 우리 둘을 잘 지키고 충만한 삶을 살게 해주는 힘 말이야. 과거로 끌려가 그때의 고통을 지금의 현실인 것처럼 다시 살아내는 일은 하지 말자.

한 가족으로서 삶의 아름다움을 같이 누리자."

그 아이와 조금 더 앉아 있습니다. 그러는 동안 모든 사랑을 아이에게 보내주세요. 아이가 계속 거실에서 살게끔 허락해주고 같이 눈을 뜹니다.

더 자세한 정보가 필요하면 틱낫한 스님의 책을 참고하세요. 제가 배운 것은 스스로 억누른 결점은 더 이상의 무시와 부정을 필요로 하지 않는다는 점입니다. 내 힐링을 돕는 것은 인정, 위로, 통합, 포용이고 이것으로 나는 온전한 인간이 될 수 있습니다. 그 전까지는 울고 있는 불쌍한 아이가 내 모든 의식적인 시도를 무너뜨릴 겁니다. 그러기 전에 사랑을 주세요. 아이는 단지 사랑과 인정을 원할 뿐입니다. 우리는 이미 어른이고 그럴 수 있는 역량과 힘을 갖추고 있습니다.

이 부분에서 꼭 강조하고 싶은 것은 그 아이(밑바닥 신념, 결점 등)는 그저 여러분의 주관적 사실일 뿐이라는 점입니다. 자기 자신을 돌아본다고 해서 갑자기 바보가 되거나 무능해지거나 부족해지지는 않습니다. 이미 내 사실이던 것을 그대로 의식할 뿐입니다.

재밌게도 내 결점을 껴안고 인정하고 밑바닥 신념을 이슈화하지 않으면, 즉 내가 더 이상 불을 주지 않으면 결점은 한꺼번에 약해지면서 쓸쓸히 소멸합니다. 의식이라는 거실에 올라온 아이는 더 이상 무의식이라는 조종실에서 우리 행동을 방해하지 않습니다.

2. 밑바닥 신념을 목표에 포함하기

목적과 목표를 진심이 아닌 강박으로 추구한다면 목표 달성은 부족한 나 자신을 '고치려는' 시도일 뿐입니다. 지난 강박 챕터에서 설명했듯 내 에고 증명이 핵심 목적이 되면 강박–실패 사이클이 그대로 작용하면서 의미는커녕 목표 달성도 이루지 못합니다. 그 이유는 내 자아생존 패턴이 계속 방해하기 때문입니다.

따라서 우리가 목표를 효과적으로 실현하려면 내 자아의 방해 패턴을 창조 과정에서 제외해야 합니다. 즉, 자아가 아닌 진심, 직관, 진실, 진정한 나에 기반해 사랑으로 결과물을 창조해야 합니다.

언뜻 '그래, 강박과 밑바닥 신념 없이 창조해보자!' 하는 생각이 떠오를지도 모릅니다. 하지만 이것 역시 새로운 저항에 불과합니다. 우리가 간단한 의도로 자아의 힘을 없앨 수는 없습니다. 그 대신 우리가 할 수 있는 건 '부족한 나'를 창조 프로세스에 포함하는(!) 일입니다.

다음 예시를 한번 상상해보세요. 우리는 무거운 철구가 달린 족쇄를 찼습니다. 어딜 가도 무거운 철구가 우리의 시도를 막아버립니다. 어느 순간 강인한 의지를 내어 발을 차서 족쇄를 깨뜨리려 하고 철구를 끌면서 힘들게 움직여보기도 합니다. 그런데 그 모든 저항은 실패로 돌아갑니다. 이 싸움으로 오히려 족쇄가 더 조여져 걷는 것이 거의 불가능해집니다. 아무리 저항해도 족쇄는 끊을 수 없습니다. 가장 쉬운 방법은 철구를 들어올려 그것을 든 채로 **그럼에도 불구하고** 내 길을 가는 것입니다. 가면서 근육과 탄력이 생겨 어느 날 철구를 들고 있다는 것이 기억나지도 않습니다.

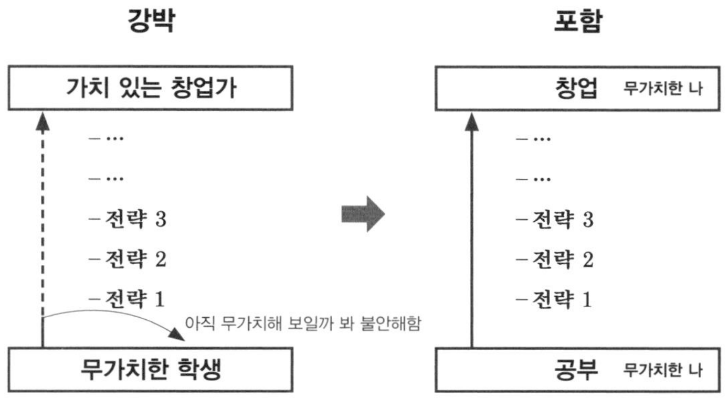

철구는 부족하다고 생각하는 내 모든 면을 의미합니다. 의지로 그것을 단절할 수 없다면 차라리 있는 그대로 받아들여 우리의 모든 시도에 포함해봅시다. 이 접근법을 위의 구조적 긴장 차트로 한번 살펴봅시다.

왼쪽 도표: 현재 내가 무가치하다는 신념을 해결하고 싶어서 창업가가 되면 가치 있는 사람이 될 거라는 강박으로 쳇바퀴를 돌고 있습니다. 창업이 내게 의미가 있어서가 아니라 부족한 나를 가리려고 자꾸 의지를 내며 '강박 – 실패' 사이클을 돕니다.

오른쪽 도표: 반대로 내 결점(밑바닥 신념)을 강박으로 해결하는 대신 내 현재 결점을 그대로 받아들여 목표에 통합합니다. 즉, 내가 현재 '무가치한 나'로 공부하는데 목표인 창업에 도달했어도 나는 '무가치한 나'입니다. '지금도 무가치하고 창업에 성공해도 무가치할 거야. 알 게 뭐야!'라는 태도로 자아를 있는 그대로 포용하고 그럼

에도 불구하고 진심을 다해 행동합니다.

출발하기 전에도 무가치하고 목표에 도달해도 여전히 무가치합니다. 그것을 포용함으로써 내 무가치함은 더 이상 신경 써야 하는 이슈가 아니며 무가치함을 고쳐야 한다는 강박은 이제 내 진정한 인생의 반대되는 목적이 아닙니다. **유일하게 중요한 것은 내 진정한 목적·목표입니다.**

가치가 있든 없든 내가 원하는 그 하나의 목표와 목적, 즉 내가 원하는 삶을 그대로 실현하면 됩니다. 그러면 내 의식을 나 자신이 아닌 진정한 목적·목표에만 두므로 강박-실패 사이클을 돌지 않습니다. 결국 나 자신이 걱정거리가 아니라서 그동안 방해하던 강박이 자동으로 중립화합니다. 그리고 신념을 강화하는 강박이 없으면 신념도 슬슬 사라집니다.

로버트 프리츠는 책《Identity》첫 문단에서 이 상황을 시원하게 설명하고 있습니다.

"영국 유명배우 알라스테어 심은 인생의 중요한 순간에 자신과 관련해 웃긴 결론을 하나 내렸다. 자신이 바보라는 결론을 내린 것이다. 미친 듯이 높은 자존감과 '스스로를 사랑하라'가 필수인 요즘 이 결정은 시대에 어긋나는 것처럼 보일지도 모른다. 그러나 심은 그 결정으로 새로운 자유를 경험했다. 그는 마치 어깨 위에 있던 무거운 짐이 떨어져 나간 것 같은 느낌이었다. 갑자기 에너지가 넘쳐흘렀고 무엇보다 자신에게 정말 중요한 일에만 집중할 수 있었다. 바로 자기 훈육과 연기의 예술 말이다. 그는 자신이 바보라는 것을 알아차린 순간 더 이상 똑똑해 보일 필요가 없음을 깨달았다. 그는 자신이 생각하는 사람, 즉 자신이 생각했던 바보가 될 수 있었다. 그 자유 덕분에 그는 계속해서 영국 극장과 영화에서 위대한 배우 중 한 명이 되었다."

결점을 목표에 포함하는 이 접근법이 워낙 비직관적이라 처음에는 이해하기가 어려울 수 있습니다. 그러나 일단 자기중심적인 강박관념에서 목적중심적인 삶으로 옮겨가면 옹졸한 자아의 '엄살'이 덜 들립니다. 자아확장은 가장 빠른 치유입니다. 주의를 자아가 아닌 목적·목표로 기울이기 위해 우리는 여기서 작은 '포함의 기교'를 사용했습니다. 진심으로 원하는 삶을 살 때 내가 '어떤 사람'인지는 중요하지 않습니다. 내가 어떤 사람이든 진정한 삶을 살고 있느냐 아니냐가 중요합니다.

여러분은 자기 훈육과 예술에 집중하고 있나요, 아니면 아직도 자기 자신의 정당화를 붙잡고 있나요? 이제라도 자유를 얻어 진심 어린 삶을 사는 게 어떨까요?

3. 밑바닥 신념의 실체 관조하기

밑바닥 신념을 받아들인 다음 적당히 해부하는 것도 좋은 방법입니다. 자기 결점의 모든 면을 분석해봅시다. 예를 들면 이렇습니다.

'나는 무가치하다'는 것은 정확히 무슨 의미일까?
가치는 어디서 비롯되는가?
가치란 무엇인가?
정말 맞을까, 아니면 개념적 망상일까?

오히려 바보 같은 생각이 아닐까?

난 진짜로 그런가? 나는 정말 '무가치'한가?

어떤 문화 안에서 이런 사람일 수 있는가?

다른 문화 맥락에서도 내가 '무가치'할까?

나는 어떤 생각과 나를 얼마만큼 동일시하는가?

여기서 '무가치함'을 당신에게 해당하는 신념으로 대체해보세요. 그리고 신념의 실체 역시 파악할 수 있습니다.

내 신념의 실체true nature는 무엇일까?

그것은 어디에 존재하는가?

그 생각은 어디서 비롯되는가?

'무가치함'은 정말 존재하는가? 단지 내 스토리에 불과하지 않을까?

객관적 메타인지로 혼동하고 있는 '나에 대한 사실'(밑바닥 신념)을 다양한 각도에서 해부해보기를 추천합니다. 제대로 해내면 '나에 대한 사실'이 그저 바탕 없는 신념일 뿐임을 깨달을지도 모릅니다. 신념에 아무런 실체도 없다는 것을 깨달으면 더 이상 그것을 믿지 않을 수 있습니다. 내가 부족하다는 것은 내 주관적 사실이지만 진실은 아닙니다. 의식이 올라가면, 즉 내가 믿던 나에 대한 부정적인 사실이 그저 어릴 적 망상에 불과하다는 것이 명확히 보이면 그 신념을 확실하게 내려놓을 가능성이 생깁니다.

하지만 그 진실은 책으로 배울 수 없고 많은 관조의 끝에 직접 깨달을 수밖에 없습니다.

4. 밑바닥 신념을 붙잡아 얻고자 하는 것은 무엇인가

강박과 마찬가지로 밑바닥 신념으로 얻는 게 무엇인지 관조하는 것이 좋습니다. 제 워크숍에서 결점을 내려놓을 때가 오면 사람들은 (저항대로) 다음과 같이 질문합니다.

"코치님, 제가 더 이상 부족하지 않으면 열심히 살 의지가 사라질 것 같아요."

평생 밑바닥 신념에 따른 강박으로 노력해온 탓에 그것을 내려놓는다는 상상만으로도 많은 두려움이 생깁니다. 그러나 이 현상을 조금만 객관적으로 바라보면 놀라운 사실을 하나 발견할 수 있습니다. 바로 내가 내 에고를 정당화하기 위해 무의식적으로 끊임없이 결점 신념을 붙잡고 있다는 점입니다. 우리가 이 결점 신념을 원합니다! 그 결점 덕분에 에고가 더 강해지고 그래야 잘 산다고 생각하기 때문입니다. 그렇게 더 강해진 에고를 진짜 '나'라고 여겨 더더욱 내려놓지 않습니다. 내 결점은 누가 주는 것도, 어디서 떨어지는 것도 아닙니다. 우리의 자아생존 원칙에 따라 우리 스스로 밑바닥 신념을 비롯해 모든 결핍과 결점을 계속 강화하고 생산할 뿐입니다. 비직관적으로 들리겠지만 강박이 있어야 잘 산다고 생각하다 보니 강박과 가면을 죽도록 내려놓기 싫어하고, 마찬가지로 그 강박과 가면을 불러일으키는 밑바닥 신념도 내려놓으려 하지 않습니다. 이것이 바로 앞서 설명한 동전의 양면입니다.

한 가지는 약속할 수 있습니다. 밑바닥 신념을 내려놓는다고 죽지는 않습니다. 우리 인생에 문제가 없고 행복하다고 해서 게을러지는 것도 아닙니다. 강박을 내려놓으면 처음에는 조금 어리둥절할 수 있지만 목적을 재정리하면 다른 삶이 펼쳐질 것입니다. 사랑과 아름다움, 탐구, 창조, 진리에 기반하는 삶 말입니다. 밑바닥 신념을 있는 그대로 발견하고 포용하면 모든 내적 쇠사슬을 끊을 수 있고 그것을 통해 어마어마한 자유가 생깁니다. 그것은 도피에 따른 자유가 아니라 진정 원하는 것을 실현할 수 있는 자유입니다. 자기 결점을 받아들이면 처음엔 조금 따갑겠지만 이후에는 나쁜 것이 하나도 따라오지 않습니다. 그저 집착 없이 원하는 삶을 살면 됩니다.

아쉽게도 제가 이 말을 수백 번 해주어도 많은 사람이 그저 의심의 눈길을 보내거나 아예 들으려고 하지 않습니다. 에고가 듣기 싫어하는 말이라 계속 마음의 저항이 올라오기 때문입니다. 심지어 드라마 대사 "나, 정말 행복한데 그래서 너무 불안해"처럼 행복의 가능성을 인정하려 하지 않습니다.

끊임없이 스스로를 비하하며 의심하는 행위보다 자기결핍을 인정할 때 얻는 인생의 아름다움과 자유에 더 집중해보세요. 진정 원하는 삶을 사는 게 효과적일까요, 아니면 계속 스스로를 의심하며 결핍만 강화하는 삶을 사는 것이 효과적일까요? 평생 당신 자신과 싸워왔는데 얼마나 성장했나요? 얼마나 잘됐나요? 이제 다른 방식을 살펴볼 필요가 있지 않을까요?

자기 결점을 있는 그대로 보고 인정하는 것이 어렵다면 왜 현재 밑바닥 신념에 집착하고 있는지 다음 질문으로 관조해보기 바랍니다.

이 밑바닥 신념으로 얻고자 하는 것은 무엇인가?
(이 신념이 어떻게 내가 더 잘 살게 할 수 있다고 생각하는가?)
왜 이 신념을 붙잡고 있는가?
내 부족함을 실제로 원하는(!) 이유는 무엇인가?

5. 대가 인식하기

신념에 따른 이익과 대가를 관조해 주인의식을 되살려봅시다. 만약 밑바닥 신념이 도움을 준다면 더 이상 싸울 필요가 없습니다. 반대로 밑바닥 신념이 내게 큰 고통을 안겨준다면 혹은 그 대가가 너무 크다면 그것에 더 이상 미끼를 주지 않을 수 있습니다. 의식적으로 말이죠.

밑바닥 신념을 계속 붙잡고 있으면 어떤 대가를 치를까?
다양한 강박 때문에 힘들고 성공하지도 못했는데
계속 붙잡고 있을 필요가 있는가?

6. 잠재력 인식하기

"아니, 그럼 회사 동료/학교 친구 앞에서 내 부족함을 드러내라는 거예요?"

강박적으로 '똑똑한 척'하지 않는다고 해서, 자신을 있는 그대로 받아들인다고 해서, 회사에 가서 방귀를 뀌라는 건 아닙니다. 자신을 있는 그대로 받아들이고 회사나 학교를 비롯한 모든 사회 상황에서 적절히 행동하면 됩니다. 더 이상 자기 자신과 싸우지 말고 자신이 맡은 역할에 따라 사회생활을 하세요. 결점을 인정한다고 이상한 사람이 되는 건 아닙니다. 오히려 모든 상황에서 강박이 아닌 의식적으로 행동할 수 있으니 더 적합하게 행동할 확률이 높습니다. 결국 자신의 밑바닥 신념을 받아들이는 것은 사회에서 생존하는 데 더 유용합니다.

또한 내 '좋지 않은 면'을 받아들이면 다양한 잠재력이 따라옵니다. 일종의 '통합 패키지'로 상상해도 좋습니다. 어린 시절 우리가 자신의 무능함, 멍청함, 무례함, 취약함 등을 억누를 때 동시에 장점도 억눌려졌습니다. 여러 가지 예시를 봅시다.

바보스러움: 내 '바보스러움'을 억누르면 그와 함께 유머, 장난기, 유희, 가벼움, 탐험 욕구, 즐거움도 거부하게 됩니다. 그 긍정적인 면을 드러내면 약간 바보 같을까 봐 이 모든 특성을 같은 '금지' 서랍에 넣습니다. 배우 알라스테어 심처럼 만약 자신의 바보스러움을 어느 정도 통합할 수 있으면 삶의 재미를 되찾을지도 모릅니다. 그렇다고 '바보'가 되는 건 아닙니다.

무례함: '나는 무례하다'라고 생각하는 사람은 주로 착한 아들 혹은 딸이 되려고 많이 노력합니다. 이들은 자신의 조악함과 무례함을 억누르느라 자기주장을 잘 못하고 남의 욕구를 위해 자기 욕구를 소홀히 합니다. 또 착해야 하므로 갈등을 꺼리고 관계에서 주로 '을'의 역할을 합니다. 주인의식이 없어 자신이 해야 하는 선택을 남들이 하도록 허용하며 착해 보여야 하므로 책임지는 것을 싫어합니다. 이런 사람은 겉으로는 늘 귀엽고 착해 보이지만 몰래

깊은 원망과 피해의식을 지니고 있습니다.

만약 자신의 무례함을 조금이라도 인정하면 자기주장도 하고 필요할 때마다 자기 권리도 보호할 수 있을 겁니다. 자신의 조악함을 인정한다고 해서 조악한 사람이 되는 것은 아닙니다! 적절한 상황에서 그런 면을 의식적으로 쓸 줄 아는 것뿐입니다. 내 인간적인 도구 창고만 확장하는 거죠.

취약성: '나는 작고 나약하다'는 신념도 꽤 인기가 있습니다. 이런 사람은 강해 보이려고 강박적으로 노력합니다. 이들 중에 약자를 얕보고 컨트롤 강박이 심하며 타인을 존중할 줄 모르는 가부장적인 사람이 많습니다. 이들은 언뜻 강해 보이지만 실제로 그 내면은 불안정하고 불안감이 넘칩니다. 보통 남과 친밀한 관계를 맺지 못하고 애정결핍이 심하며 공감, 의사소통, 자비, 연민, 이해심이 약해 외롭습니다. 그러다 보니 그 외로움을 채우려고 또 남을 컨트롤해야 한다고 생각합니다.

만약 자기 취약성을 어느 정도 인정한다면 강한 이미지에 따른 자기 고립이 줄어들고 모든 인간관계가 좋아질 것입니다. 물론 필요할 때는 강하게 행동해도 괜찮습니다. 동시에 부드러워야 할 때는 사랑스럽게 행동할 줄 압니다.

'온전한 인간'이란 자신의 모든 면을 잘 통합하는 사람을 말합니다. 구체적으로 말해 화내야 할 때 화를 내고, 슬퍼해야 할 때 슬퍼하고, 부드러워야 할 때 부드럽고, 웃겨야 할 때 웃기고, 냉철해야 할 때 냉철한 사람 말입니다. 이러한 통합성은 삶의 유효성을 높입니다.

온전한 인간은 자신의 자아에 한정되어 있지 않고 자신의 자아확장 기준대로 그때그때 유연하게 행동할 줄 압니다. 그래서 이 부분을 반드시 따로 관조할 것을 권합니다.

내 억누른 면 안에 어떤 잠재력이 숨어 있을까?
만약 내가 밑바닥 신념을 온전히 받아들인다면
나는 어떤 좋은 면을 같이 얻을까?

결핍을 쇼핑하지 마세요

앞선 세 챕터에서 저는 밑바닥 신념과 강박의 다양한 예를 제시했습니다. 바보, 무가치한 사람, 취약한 사람, 나쁜 사람, 무능한 사람, 초라한 사람, 사랑받을 가치가 없는 사람은 모두 자아결핍과 강박의 다이내믹한 면을 설명하기 위한 예시였습니다. 주의해야 할 점은 자신의 실패 패턴을 관조할 때 절대 리스트에서 결점을 쇼핑하듯 자기 결점을 관조하지 말라는 것입니다. 거의 모든 사람에게 어느 정도는 제가 말한 결점이 해당될 겁니다. “나한테 이것도 맞고 저것도 맞고 또 다른 것도 일리가 있네” 하는 식으로 결점을 쇼핑하지 마세요. 사람마다 강한 밑바닥 신념은 두세 개를 넘지 않습니다. 만약 열 개를 찾았다면 자기비하를 하고 있는 것일지도 모릅니다.

개개인의 내면이 다 다르고 각자가 인식하는 세계와 경험도 다르므로 제가 제시한 예시에는 한계가 있습니다. 그런 이유로 모든 예시는 추상적으로 들리게 마련입니다. 내 인생을 남과 똑같이 설계할 수 없듯 우리의 자아 구조가 어떻게 형성된 것인지는 스스로 깨달아야 합니다. '당신에 대한 사실'이 무엇인지 스스로 관조해보세요. 스스로 관조하기 위해 수많은 관조 질문을 드렸습니다. 그중 어떤 질문이 여러분에게 많은 깨달음을 주는지 직접 확인해보세요.

자기 관찰 질문

1 직관적으로 눈에 띄는 별색 질문에 따라 자기 자신에 관한 깨달음을 내보세요.

2 어떤 밑바닥 신념을 미친 듯이 가리고 있는가?

3 강박이 일어날 때마다 관조하세요. 나는 이 강박으로 내 어떤 부분을 해결 혹은 가리려고 하는가?

실천 과제

1 자신에 관한 사실을 하나 발견했으면 여섯 가지 방법으로 인정하고 포용해보세요.

장애물3.
게으름, 미루는 습관 – 두려움

의지만 가득한 창업자의 하루

사업 목표가 뚜렷하고 무엇을 해야 하는지 잘 아는 한 예비 창업자가 있습니다. 그는 실천 플랜과 전략을 세우고, 멘토를 만나고, 책도 무려 스물다섯 권이나 읽었습니다.

"드디어 일할 준비가 다 됐어!"

그런데 막상 컴퓨터 앞에 앉으니 무언가가 잘 맞지 않습니다. 갑자기 사용하는 모니터가 너무 작아 보입니다.

'이렇게 작은 모니터로 조만간 성공할 사업을 운영할 수는 없지!'

온라인 쇼핑몰에 들어가 새로운 모니터를 확인합니다. 3시간 동안 다양한 브랜드를 비교한 끝에 별 다섯 개짜리 평가를 받은 제품을 찜했지만 화질을 직접 보는 게 낫겠다 싶어 내일 가게에 가서 확인하기로 결정합니다. 휴, 힘든 하루였다!

다음 날 가게에 가서 모니터를 직접 보니 화질이 아주 좋습니다. 온라인 구매가 더 싸므로 온라인으로 주문하고 배송을 기다리기로 합니다. 그런데 집으로 돌아가는 길에 자동차 점검을 받는 게 좋겠다는 생각이 듭니다.

"늘 마음에 걸렸는데 사업을 제대로 시작하기 전에 지금 점검을 받는 게 좋겠다."

수리센터에 전화하니 내일만 예약이 가능하다고 합니다. 전화를 끊자마자 한동안 만나지 못한 고등학교 친구에게 저녁에 만나자는 카톡을 받습니다. 마음이 썩 내키지는 않지만 1년에 한 번 볼까 말까 한 친구라 '그래, 이따 보자!'라고 답을 보냅니다. 저녁에 친구를 만나 밤늦게까지 술을 마십니다. 어쩐지 오늘도 꽤 많은 일을 한 느낌이 듭니다.

다음 날 아침 우선 해장을 하고 수리센터에 갔다가 돌아와 두통을 핑계로 낮잠을 잡니다. 책상에 앉기 전에 어지러운 집도 청소합니다. 뭔가 찜찜하지만 '어쩔 수 없이' 오늘 하루를 단념합니다. 그다음 날 드디어 모니터가 도착합니다! 기쁜 마음에 새로 다운로드한 게임으로 화질을 확인합니다.

'뿌듯하다! 오늘도 참 힘든 하루였다.'

다음 날 늦게 일어나 명상을 하고, 일을 시작하기 전에 비즈니스와 관련된 책 한 챕터를 읽고, 유튜브 동기부여 영상도 하나 보고, 계획에 관해 자기관찰도 다시 하고 창업을 더욱더 확신합니다.

이렇게 3개월이 흘러갑니다.

일이 중요할수록 우리는 '의지만 가득한' 창업자가 되기 십상입니다. 의지는 아주 강하지만 항상 일을 시작하려면 뭔가가 맞지 않고 더 준비할 것이 보여서 거슬리는 부분을 미리 제거하느라 바쁩니다. 언젠가 저는 제 멘토에게 재밌는 얘기를 들었습니다. 한번은 제 멘토의 친구가 대규모 업체와 계약을 맺고 제품 디자인 쉰 개를 맡기로 했답니다. 한 달 후 멘토는 친구를 만나 물었습니다.

"디자인을 몇 개나 만들었어?"

그 친구의 대답은 이랬습니다.

"뭐, 하나 반? 실은 아직 와 닿는 게 없어서 많이 만들지 못했어."

멘토가 "그럼 냉동실에 붙은 얼음은 몇 번 제거했어?" 하고 묻자 친구는 민망한 듯 대답했습니다.

"헤헤, 일곱 번?"

인터넷을 훑어보면 미루는 습관과 관련된 밈을 끝없이 발견할 수 있습니다. 가령 'Nike-just do it! Tomorrow', '나는 일을 미루지 않는다. 다만 마감 공포가 주는 스릴을 즐길 뿐이다', '오늘 할 수 있는 일을 내일 두 번 할 수 있다' 같은 풍자가 우리를 위로해줍니다.

'성공을 위해 완벽한 환경'을 만들거나 시작하기 전에 동기를 부여받고 싶은 마음은 알겠지만 미루기로는 분명 원하는 삶을 살 수 없습니다. 이제 자기기만을 그만하고 지금 내 행동이 진짜 생산적인 일인지 단지 바쁜 척하는 것인지 돌아볼 필요가 있습니다. 이 챕터에서 게으름과 미루는 습관을 제대로 파헤쳐보고 의식성장으로 행동의 길을 열어봅시다.

행동을 촉진하는 빠른 속임수

먼저 게으름과 미루는 습관을 극복하는 대중적인 자기계발 도구부터 살펴봅시다. 비록 이 방법들은 원인 그 자체를 다룰 수 없지만 그때그때 빠르게 효과를 얻는 데는 도움을 줍니다.

1. 완벽보다 완성

많은 사람이 완벽해야 한다는 강박 때문에 시작조차 하지 못합니다. 머릿속에 완벽하고 아름다운 결과를 미리 그려놓고 그것을 이루지 못할까 봐 무의식적으로 아예 시작하지 않는 게 낫다고 생각하는 것입니다.

이 완벽주의를 쉽게 극복하기 위해 너무 완벽하려 하지 말고 '버릴 수도 있는', 즉 만족스럽지 않은 결과라도 만들어보라는 전략이 있습니다. 예를 들어 책을 내려면 하루에 버려질 글을 두 쪽 정도 씁니다. 많은 부분을 버려야 하지만 그래도 그중 한두 개 문장은 건질 희망이 있습니다. 더구나 끄적거리고 수정하는 과정을 거치다 보면 처음에는 마음에 들지 않던 문장이 좋아지기도 합니다. 이처럼 '완벽하기보다 완성하겠다'는 자세로 접근하면 심리적 압박을 다소 줄일 수 있습니다.

2. 매일 5분만 실천하라

저는 예전부터 "시작이 반이다"라는 속담이 마음에 들었습니다. 뭐든 시작은 항상 어려운 것이 사실입니다. 그러나 완벽하든 그렇지 않든 일단 첫 단계를 시도하는 게 좋습니다. 5분 동안 딱 한 문장만, 한 동작만, 한 통화만, 한 걸음만 해봅니다. 운이 좋으면 몰입 상태에 들어가 다음 5시간 동안 그 일에 파묻힐지도 모릅니다.

예를 들어 저녁에 (귀찮은) 치실질을 해야 한다면 10분 동안 모든 치아 사이를 깨끗이 하는 것을 목표로 삼지 말고 치아 하나만 하는 것을 의도합니다. 비록 하나로 시작했지만 그것으로 끝내는 건 말이 안 되는 것 같아 그냥 다 하게 됩니다. 다른 프로젝트도 마찬가지입니다. 이왕 시작했으니 끝까지 하지 뭐!

3. 마감 일자를 정하고 점검받기

사람들은 보통 자신의 평판이 위협을 받을까 봐 두려워 자아확장 기준을 혼자 몰래 실현하려 합니다. 그런 혼자만의 약속은 어기기 십상이고 결국 결과를 내기가 어렵습니다. 사실 우리는 타인 앞에서는 비교적 약속을 잘 지키지만 자기 자신과의 약속은 지키지 않는 경향이 있습니다.

그래서 많은 자기계발 전문가가 타인과 함께 서로 점검해주는 방식을 추천합니다. 책임을 혼자 지기보다 여럿이 떠안으면 더 많은 실적을 올릴 수 있습니다. 이를테면 지인, 멘토, 친구 여러 명이 점검 모임Mastermind group을 만들어 공식적인 마감 일자를 정해놓고 무조건(!) 그날까지 끝내기로 하는 것입니다. 그 약속을 지키지 못하면 통합성이 깨지고 남에게 존중받지 못합니다.

'벌'을 주는 것도 한 가지 방법입니다. 예를 들면 목표 달성을 축하하는 여행을 떠나지 않거나, 마감 일자를 지키지 못하면 50만 원을 기부하거나, 상대방이 나 대신 50만 원을 벌금으로 내는 등 다양한 강도의 벌로 행동할 가능성을 높일 수 있습니다.

마감 스트레스가 행동에 따르는 두려움과 저항보다 커지면 어쩔 수 없이 행동합니다. 처음에 행동하지 않을지라도 시간이 지나면 지날수록 마감이 주는 압박은 커집니다. 마감 압박이 행동에 따르는 저항을 넘기는 순간 심리가 확 뒤집히면서 벼락치기 모드가 활성화합니다.

4. 비전을 떠올려라!

마지막 방법은 잘 알려진 것으로 '비전 떠올리기'입니다. 이것은 강한 목적, 비전, 의미를 떠올리면 충분한 동기부여가 이뤄져 게으름이 사라진다는 논리입니다. 이 책의 절반 이상을 할애해 의미와 자아확장 기준을 세우는 내용을 다루고 있는 만큼 비전과 의미는 중요합니다.

그러나 비전이 강하면 오히려 '제대로 준비해야 한다!', '이건 놀이가 아니다!', '완벽히 해야 한다'는 압박이 생길 확률이 높습니다. 목적과 비전은 우리 삶의 본질적인 방향을 제시하지만 그것만으로 실천이 이뤄지는 것은 아닙니다. 실천하려면 나를 게으르게 만드는 두려움을 직접 마주 봐야 합니다.

위 네 가지 방법을 한 번씩 시도해보길 권합니다. 제가 여기서 어떤 것은 효과가 있고 또 어떤 것은 효과가 떨어지는지 판단할 생각은 없습니다. 그런데 모든 방법에는 다 한계가 있습니다. 바로 게으름의 근본 원인을 다루지 않고 매일 새롭게 자기 자신을 속인다는 것입니다. 그래서 깊은 변화가 이뤄지지 않습니다. 이러한 **자기조종** 도구에 의존하면 단기적인 효과는 나겠지만 근본 문제는 그대로 이어집니다. 증상만 달랠 뿐 뿌리까지 들어갈 수 있는 방법이 아닙니다. 다시 말해 두려움을 잠깐 모면하거나 다른 두려움으로 대체하는 것에 불과합니다. 더구나 그런 도구로 미루는 습관, 게으름, 불안이 사라지는 것도 아닙니다. 먼저 미루는 습관이 어디서 비롯되는지부터 이해해야 합니다.

게으름, 미루는 습관의 진짜 모습

흥미롭게도 게으름과 미루는 습관을 하늘에서 내려준 타고난 인간의 습성으로 여기는 경우가 많습니다. 그러다 보니 '내 근본적인 부족함'을 탓하기도 합니다.

"내가 '원래' 좀 게을러서 문제야."

"새해에는 미루는 습관 좀 고쳐야지!"

실은 미루는 습관과 게으름은 타고난 것 혹은 내재된 부족함이 아닙니다. 새로운 일에 도전하려 할 때마다 안전지대의 벽이 굉장히 높아 보여 자아는 차라리 주저앉아 편안하게 '딴짓'을 하기 일쑤입니다. **모든 미루기와 게으름은 우리가 인식하지 않는 두려움입니다.** 자아확장과 변화, 도전에 따른 두려움이나 불안은 우리를 게으르게 만듭니다.

게으름, 미루는 습관 = 두려움

오랫동안 이 두려움과 함께했다면 마치 지속적인 삶의 패턴처럼 보여 습관이나 성격이라 여길 수도 있지만 그 근본 원인은 여전히 자아생존의 두려움입니다. 미루는 습관에서 갑자기 두려움의 심리로 넘어가는 것이 조금 의아할 수도 있지만 원인을 알아야 미루는 습관을 이길 수 있습니다.

두려움은 뭘까요? 간단히 말해 두려움은 상상 속의 미래에 방지하고 싶은 것으로부터 만들어지며, 상상 속의 고통스러운 경험에 따른 자동 반사 신호입니다. 쉽게 말해 두려움의 목적은 무조건 자아의 보호입니다. 즉, 내가 내 밑바닥 신념, 에고와 동일시하는 것을 유지하려는 노력입니다. 몸, 편안한 환경, 인간관계, 에고, 밑바닥 신념 등 내가 붙잡고 있는 것을 유지하고 싶은 메커니즘입니다.

내 세상을 무너뜨릴지도 모를 미래 상황을 상상하는 것이 곧 두려움으로 나타납니다. 창업하고 싶은데 내 무능이 드러날까 봐 두렵고, 이성 친구에게 고백하고 싶은데 거절당해 초라해질까 봐 두렵습니다. 자기관찰, 가역성 실험, 학습까지 모든 것을 준비했지만 막상 본격적인 행동으로 자신이 노출되면 사람들에게 내 진짜 모습이 드러날까 봐 두려워합니다. 내 이미지를 위협하고 불편할 것 같은 미래를 피하고 싶은 겁니다. 이는 아직 일어나지 않은 일로부터 미리 도망치는 행위입니다.

우리가 어쩔 수 없이, 저항할 새도 없이 두려움에 사로잡힌다고 생각하겠지만 두려움도 우리가 자신을 보호하기 위해 매 순간 직접 만든 것뿐입니다. 비록 쉽지는 않지만 우리가 내면 패턴을 직시해 이해하면 다행히 그 두려움을 극복할 수 있습니다.

두려움을 극복하는 네 가지 방법

1. 두려움 직면하기

지금까지 불안과 두려움의 지배를 받았다면 이제 그 관계를 뒤집어 스스로 두려움을 컨트롤하는 입장이 돼야 합니다.

다행히 두려움도 내가 직접 만드는 것이므로 두려움과 싸울 필요는 없습니다. 그저 제대로 파악하고 이해하면 그만입니다. 꼼짝하기 싫은 날에는 강압적으로 '난 더 열심히 해야 해', '난 게으른 성격이야', '난 역시 부족해', '난 새로운 모니터를 사야 해' 같은 도피 충동에 따르기보다 게으름을 피우고 미루는 이유가 무엇인지 가만히 분석해보세요. 왜 중요한 일을 피하는지 정확히 관찰해보세요.

두려운 이유가 무엇인가?
왜 이러한 두려움을 직접 만들어내는가?
이 두려움의 역할은 무엇인가?
이 감정으로 보호하고 싶은 게 무엇인가?
게으름으로 얻고자 하는 것은 무엇인가?
(얻을 게 없으면 하지 않을 텐데)
왜 차라리 게으르고 싶은가?
미루는 습관으로 어떤 안전지대를 유지하려 하는가? 그럴 만한가?
행동하면 무언가를 잃을까 두려운가?

예를 들어, 남의 시선이 무서운가요? 바보처럼 보이느니 차라리 행동하지 않는 게 안전하다고 생각하나요? 무능해 보일까 봐 꺼려지나요? 부모님을 실망시킬까 봐 망설이고 있나요? 어떤 변화가 싫은가요?

이들 질문으로 현재 일어나고 있는 현상의 핵심을 꿰뚫어보세요. 관찰일기를 쓰며 질문을 던져 게으르다는 표면적인 설명을 넘어 상황의 진실을 하나하나 관찰해보세요.

2. 두려움을 예방하는 방법 만들기

스토아 학자들은 2,000년 전 프리메디타치오 말로룸Premeditatio Malorum(최악의 상황을 미리 사색함)이라는 연습을 우리에게 물려주었습니다. 세네카에 따르면 좋지 않은 일과 시기가 언제 우리를 찾아올지 모르니 우리는 미리 마음의 준비를 해야 합니다. 이를 무시하고 미리 인지하지 않으면 고비를 맞거나 몰락할 수 있기 때문입니다.

두려움을 무시하는 대신 하나하나 마주 보고 최악의 시나리오가 벌어지지 않도록 대비 전략을 준비하면 됩니다. 저자 팀 페리스는 테드 강의*에서 제시한 '왜 목표보다 두려움을 구체화해야 하는가Why you should define your fears instead of your goals'에서 두려움을 미리 직시하는 단순한 방법을 알려줍니다.

먼저 종이 한 장을 준비해 세 칸으로 나누세요. 첫 칸에는 **'내가 내 목표를 추구한다면/행동한다면 무엇이 가장 두려울까?'**에 여러 가지 답을 적어봅니다. 계속 막연한 생각에 휘둘리기보다 자신의 두

* https://youtu.be/5J6jAC6XxAI

려움 리스트를 구체적으로 적습니다.

두 번째 칸에는 첫 칸에 적은 각 두려움마다 **'그 시나리오가 일어나지 않게 하려면 어떤 예방 조치를 취해야 할까?'**에 대해 미리 어떤 행동 혹은 안전장치를 준비할 수 있는지 브레인스토밍을 합니다. 팀 페리스의 말대로 어떤 행동부터 시작해야 할지 모를 경우 예방 조치부터 하는 게 좋습니다.

세 번째 칸에는 각 두려움마다 **'그럼에도 불구하고 내가 가장 두려워하는 최악의 상황이 발생하면 그것을 어떻게 되돌릴 수 있을까?'**에 대한 답을 적습니다.

이 과정에 몇 시간이나 며칠이 걸려도 괜찮습니다. 이렇게 종이에 잘 정리하는 연습으로 내 저항을 불러일으키는 두려움을 더 이상 모호하고 피해야 하는 부정적인 것이 아니라 감당할 수 있는 대상으로 바꿉니다. 이처럼 예방과 구조 전략을 세워놓으면 내 불안까지 힘이 많이 줄어듭니다.

예를 들어 제가 유튜브 영상을 찍는 일을 계속 피한다고 해봅시다. 촬영을 피하기 위해 커피를 마시고 사색하고 또 커피를 마시고 인터넷을 서핑하고 이런저런 조사를 하다가 3일이 후딱 지납니다. 그럼 제 두려움을 미리 직시해봅시다.

두려움: 진짜 이유를 들여다보니 영상으로 어려운 주제를 재치 있으면서도 간략하고 명확하게 전달하지 못하면 사람들이 내용을 이해하지 못해 저를 몽상가로 생각할까 봐 두려워하고 있습니다. 특히 예전에 이미 좋은 영상을 많이 올려서 '실용적인 사람'이라는 이미지가 생겼기 때문에 약한 영상으로는 평판에 큰 타격을

행동한다면…

최악의 경우/두려움	예방 전략	구조 전략
1. …	1. …	1. …
2. …	2. …	2. …
3. …	3. …	3. …
⋮	⋮	⋮

입는다고 생각합니다.

예방 전략: 예방 방법으로 다양한 아이디어가 떠오릅니다. 일단 대략적인 대본을 미리 써서 아내에게 리뷰를 부탁합니다. 그다음으로 영상이 너무 길어지지 않도록 마지막 편집을 제 어시스턴트에게 넘깁니다. 어려운 주제라 기본 지식을 모르는 사람의 이해를 돕고 싶을 경우 영상 초반에 미리 참고 영상과 책을 언급합니다. 마지막으로 근본 문제까지 다룹니다. 계속 '실용적이고 잘난 사람' 이미지를 드러내야 할까? 그 가면을 내려놓고 영상을 재밌고 진정성 있으며 인간적으로 찍어도 여전히 두려울까?

구조 전략: 만약 영상을 올린 다음 악플이 줄지어 올라오면 설명 영상과 블로그에 글을 따로 올리고, 최악의 경우 영상을 내립니다. 그러나 구조 전략을 브레인스토밍하는 동안 예방 조치를 다 취하면 이 시나리오가 일어날 확률이 얼마나 낮은지 확연히 보입니다.

'저절로 일어난 것 같은' 두려운 느낌이 완전히 사라지는 것은 아니지만 그래도 이 단순한 연습으로 영상을 찍을 용기가 생깁니다. 더 중요한 것은 제가 앞으로 고쳐야 할 '실용적인 가면' 강박을 발견했다는 점입니다. 다음 몇 개월 동안 그 가면을 내려놓고 보다 인간적인 면을 드러낸다면 남아 있던 두려움이 일어나지 않을 겁니다.

3. 리얼리티 체크

누구의 말인지 알 수 없지만 "나는 인생에서 많은 고난을 겪었는데 그중 대부분은 결코 일어나지 않았다"는 말은 우리 상황을 잘 표현해줍니다. 과연 우리가 느끼는 두려움 중 현실이 되는 것은 얼마나 될까요?

두려움은 다 허상이라고 주장하고 싶은 마음은 없습니다. 어떠한 예방 조치도 소용없고 아예 구조해낼 가능성이 없다면 당연히 진행하지 않는 것이 가장 지혜로운 선택입니다. 모든 두려움을 조금의 자기관찰만으로 그냥 쉽게 넘어갈 수는 없습니다. 또 그렇게 할 필요도 없습니다. 어떤 상황에서든 우선 그 위험을 현실적으로 파악할 필요가 있습니다. 몸을 다치거나 파산해서 아이들의 교육비를 내지 못할 지경이면 목표 혹은 전략을 현실적으로 바꿔야 합니다.

그런데 대부분의 두려움은 자신이 상상하는 남의 시선, 이미지 불안, 자존감 걱정, 과거에 습득한 감정 패턴에서 비롯됩니다. 이는 조금씩 돌파해도 별일이 생기지 않습니다. 안타깝게도 우리는 원래 현실세계와 상상세계를 잘 구별하지 못합니다.

그래서 우리가 다시 직관으로 돌아와 다음 질문을 꾸준히 하는 것이 중요합니다.

이 반응은 무엇에 기반하는가?

이 두려움은 정말로 정당한가?

예방 조치를 취해도 최악의 상황이 발생할 가능성이
1퍼센트라도 있을까?

상상하는 시나리오가 현실성이 없다면 두려움을 내려놓고 진행하는 것이 맞습니다. 막상 해보면 일은 대부분 그리 나쁘지 않습니다. 저는 하이어셀프를 설립하기로 결정하고 사직서를 준비하던 때를 아직도 생생하게 기억합니다. 회사 사장님 앞에서 그만두겠다는 말을 꺼내는 순간을 오래 상상하며 계속 마음이 오락가락했습니다. 화를 낼까? 실망할까? 그만두지 말라고 설득할까? 1년만 더 다니라고 하지 않을까? 내가 실수하는 건 아닐까? 그만두지 않는 게 맞을까? 그야말로 온갖 시나리오가 머릿속을 맴돌았습니다. 단 한 가지 시나리오만 생각조차 못했는데 그건 바로 진짜로 일어난 시나리오입니다.

사장님을 찾아간 저는 손이 떨리고 목소리도 거의 나오지 않을 정도로 긴장한 채 겨우겨우 입술을 뗐습니다. 창업을 위해 3개월 내에 퇴사하겠다고 말하자 사장님은 신중하게 듣고는 활짝 미소를 지으며 말했습니다.

"우와, 정말 축하해요! 진짜 잘할 거예요! 만약 도움이 필요하면 언제든 연락해요. 가능한 한 도와줄게요!"

그다음 20분 동안 사장님은 제 사업 아이템을 물어보고 자신이 예전에 창업할 때의 경험을 나눠주었습니다. 우리는 지금도 가끔 연락을 주고받으며 좋은 관계를 유지하고 있습니다.

모든 회사 대표가 이런 반응을 보이는 것은 아니지만 여기서 제가 말하고 싶은 건 우리는 미래에 일어날 일을 미리 알 수 없다는 점입니다. 그 사실은 인생의 묘미이기도 합니다. 무엇이 가능하고 또 무엇이 불가능한지는 해봐야 알 수 있습니다. 우리는 성공도 많이 하고 실패도 많이 할 것입니다. 설령 실패해도 새로운 것을 배우고 조정해 다시 시도하면 됩니다.

4. 대가 인식하기

마지막으로 행동하지 않았을 때 치르는 기회비용을 반성하길 권합니다. '행동한다면'의 두려움을 다 분석했으면 반대로 **두려움에 굴복해 '행동하지 않으면' 어떤 대가를 치를지 생각해봐야 합니다.**

물론 다음 단계로 나아가는 것은 두렵습니다. 그렇다고 자아확장 기준의 가치와 목적, 목표, 전략을 포기하고 익숙하고 안락한 길만 따르면 삶이 어떻게 될까요? 행동하지 않아도 이미 삶이 만족스럽고 의미가 있다면 행동할 필요가 없습니다(이 책 역시 읽을 필요가 없습니다). 그렇지만 좀 더 모험을 즐기며 살고 싶다면 두려움 때문에 망설임으로써 동시에 무엇을 포기하는지 관찰할 필요가 있습니다.

A4 용지나 연습장 등 뭐든 좋으니 따로 시간을 내 다음 도표와 같이 적어보세요.

예를 들어 제가 영상을 찍지 않으면 통합성이 깨지고, 제 스스로 너무 나약한 사람 같고, 제가 가장 원하는 것(의식성장을 나누는 것)을 실현하지 못하고, 가족과 구독자를 실망시킵니다. 한마디로 행동

> **행동하지 않는다면…**
> **(두려움, 불안, 충동, 저항, 강박, 대응기제 등을 수용한다면…)**
>
> **어떤 대가를 치를 것인가?**
>
> 1. …
> 2. …
> 3. …
>
> ⋮

하지 않을 수 없습니다. 제가 그걸 꼭 해야 하기 때문이 아니라 하지 않으면 제가 추구하는 삶을 살지 못해서 그렇습니다.

주의할 점! 두려움의 자기합리화

두려움이 원하는 건 자신의 사회적 생존인데 관찰을 쉽게 허용할까요? 아쉽게도 그렇지 않습니다. 두려움은 생존을 위협받는 그 상황에서 **자기기만**과 **자기합리화**라는 다른 보호 패턴을 그 즉시 내보냅니다.

예전에 반도체 창업을 준비한 한 코칭 클라이언트가 회사를 그만두기 직전에 있었습니다. 그의 가치와 포부는 뚜렷했고 사업계획서, 투자금, 교육, 같이 일할 동료까지 모든 준비를 마쳤습니다. 안전하게 2년 이상 먹고살 돈까지 모아놨습니다. 그런데 그는 여전히 회사에 사직서를 내지 못했습니다. 처음에 그는 "아직 회사에서 배울 게 남았어요", "자격증을 하나 더 따야 해요", "내년 보너스를 받을 때까지 기다리려고요" 등 이런저런 변명을 했습니다.

그는 창업 준비를 위해 시간을 비워놓았지만 게으르게 그 시간에 아무것도 하지 않았습니다. 시간이 지날수록 자기혐오, 회사 동료를 향한 분노, 그밖에 다양한 외적 문제가 발생했습니다. 만날 때마다 그는 새로운 변명을 꺼냈지만 그러면 그럴수록 얼굴에 우울함이 더 묻어났습니다.

어느 날 그가 너무 힘들었는지 제게 코칭을 요청했습니다. 의지가 강한 사람이라 저는 흔쾌히 코칭을 해주었습니다. 몇 시간 동안 다양한 질문으로 내면에 깊이 들어가 보니 다음 사실이 밝혀졌습니다. 그 친구는 정말 회사를 그만두고 싶은데 동료 중에 사이가 아주 나빠 증오하는 사람이 한 명 있다고 했습니다.

그는 그 동료보다 먼저 회사를 그만두면 자신이 약해 보이고 "질 것 같은 느낌이 든다"고 진짜 이유를 고백했습니다. 여기에다 늘 남보다 우월하고 강해 보여야 한다는 강박관념도 있었습니다. 내가 싫어하는 혹은 나를 싫어하는 사람 앞에서 나약해 보일까 봐 그 두려움 때문에 회사를 그만두지 못하는 상황이었습니다.

이 짧은 사례가 보여주듯 무의식은 참으로 천재입니다. '의지가 약해서', '더 준비해야 해서', '보너스 때문에' 실천하지 못하는 게 아니라 자신이 (잠깐이라도) 나약한 사람처럼 보일까 봐, 더 우월한 사람처럼 보이지 않을까 봐 그 두려움 때문에 행동하지 못한 것입니다.

이처럼 동시에 두 가지 목표와 이상의 반대되는 신념이 있는 현상을 인지부조화라고 합니다. 한편으로는 회사를 그만두고 싶지만 다른 한편으로는 이미지 추락이 두려워 그러고 싶지 않습니다. 전자는 긍정적이고 후자는 부정적이지만 우리의 심리는 이러한 불일치를 인정하려 하지 않습니다.

지속성을 갈망하는 정체성은 이 이중 상태를 좋아하지 않아 그 부정적 속성을 인지하기 전에 곧바로 긍정적 모습으로 바꿔버립니다. 이 예시에서는 회사를 꼭 나가고 싶지만 그만두지 않는 것이 '좋은 것'이 됩니다. 이것은 자신의 진실과 거리가 먼 자기합리화입니다.

저도 1년 안에 마무리하고 싶던 책을 3년이 되어서야 마무리했습니다. 그 표면적 이유는 예상치 않은 이메일이 오거나, 글을 쓰기 위한 완벽한 음향 세팅에 2시간을 쓰거나, 영감을 얻기 위해 책을 한 권 더 읽어야 했기 때문입니다. 3년 동안 저는 매일 글을 쓰지 않기 위한 이유를 새로 발명했습니다!

하지만 진실을 들여다보면 제가 가장 두려워한 건 이것입니다. 글이 복잡하고 대중적이지 않아 사람들이 저를 몽상가라 부르고 제가 쓸모없는 인간이 될까 봐 두려워서입니다. 여기에는 모순이 있습니다. 넓게 쓸모 있는 사람이 되려면 모든 독자를 만족시켜야 하잖아요? 그래서 강하게 제 주장을 하고 뚜렷한 글을 쓰기보다 보편적이고 묽어진 글을 쓴 겁니다. 글의 파워를 떨어뜨려 제가 가장 두려워한 '쓸모없음'을 직접 만든 셈이지요! 그런 모습이 보기 싫고 제가 사람들 앞에 묽어진 글로 노출될까 봐 아예 글을 쓰지 않는 것이 제일 안전하다고 판단한 것입니다(저도 이런 명확성이 생길 때까지 2년 동안 끊임없이 자기관찰을 했습니다).

앞의 사례에 나오는 클라이언트가 자기 두려움을 직시하고 원하는 삶을 살려면 잠깐이라도 자신의 취약성을 드러낼 줄 알아야 합니다. 제 경우 책을 마무리하고 싶으면 모든 사람을 만족시킬 수 없다는 사실을 인정해야 합니다. 그럼 지금 여러분이 인정해야 하는 건 무엇인가요?

감정은 기회

앞으로 게으름과 두려움이 느껴지면 그 감정을 무조건 나쁘다고 생각하지 마세요. 그런 감정을 느끼는 데는 다 이유가 있습니다. 대개는 그 원인을 아직 의식하지 못하지만 체계적인 자기관찰로 자신의 게으름과 두려움을 우선 포용하고 파악하고 해부해 그 감정적 힘을 없애면 됩니다. 앞으로 두려움을 두려워하지 말고 이점으로 활용해 다음 단계를 위한 나침반으로 사용하세요.

자기 관찰 질문

1 게으름, 미루기, 나태함, 무기력으로 실제로 피하고 싶은 것은 무엇인가?

2 두려운 것은 무엇인가?(이 챕터의 질문을 모두 참고하세요.)

3 그 두려움으로 얻고자 하는 것은 무엇인가?(그 두려움을 왜 원하는가?)

4 A4 용지를 준비해 세 칸으로 나눕니다. 행동한다면, ①어떤 최악의 상황이 두려운가? ②그 상황을 어떻게 미리 예방할 수 있을까? ③정말 그런 상황이 발생한다면 어떻게 구조할 것인가?

5 행동하지 않을 경우 어떤 대가를 치를 것인가?

실천 과제

1 예방 조치부터 준비하세요.

2 리얼리티 체크를 해보세요.

장애물4.
자책, 자기비하, 채찍질

(지키지 못하는) 시간관리에 중독된 우리

이제 명확한 목표를 세우고 기분 좋게 프랭클린 플래너를 사서 다음 3개월 계획을 짜봅니다. 어느 평화롭고 의욕이 넘치는 밤, 다음 목표를 위한 To-Do를 월별, 주별, 일별로 나눕니다. 다음 주를 위해서는 배운 시간관리 방법대로 모닝루틴, 명상, 자기관찰, 이메일 확인, 이동, 통화, 회의, 휴식, 독서, 학원 수강, 헬스 그리고 가장 중요한 생산적인 창조 시간을 정합니다. 잠자기 전 열두 가지 아이템 체크 리스트를 한 번 더 보고 눕습니다.

다음 날 아침 알람 소리에 맞춰 일어나니 너무 피곤해요! 1시간 더 자고 모닝루틴을 반으로 줄입니다. 부랴부랴 집을 나서서 지하철에 올랐지만 피곤해서 읽기로 한 책은 그냥 두고 노래를 들으며 웹

툰을 봅니다. 이메일 확인에 생각보다 오랜 시간이 걸리고 쓸데없는 회의도 세 배 길어집니다. 다행히 늦은 오후에 가장 중요한 생산적인 시간이 아직 남았습니다. 그러나 기분도 좋지 않고 심리적 저항이 강해 대신 2시간 동안 휴대전화로 인터넷 쇼핑을 합니다. 지하철에서 멘붕이 오는 것 같아 학원 수강을 취소하고 집에 갑니다. 꿀꿀한 기분으로 저녁을 먹고 방에 들어가 2시간 동안 유튜브를 시청합니다. 잠자기 전 다시 프랭클린 플래너를 펼쳐 오늘의 열두 가지 아이템 중 세 개밖에 못 지켰음을 확인합니다.

그렇게 매일 새로 깊은 자괴감과 자책에 빠집니다. 비현실적인 이상에 부응하지 못해 내적으로 '내가 이것밖에 안 돼?', '난 부족해', '난 역겨워', '나한테 실망이야', '난 실패자야', '난 진짜 의지가 약해' 같은 자기비하를 합니다. 물론 이상과 강박대로 "계속 이렇게 살면 안 돼! 내일은 진짜 열심히 해야지!"라고 하면서 내일도 열두 가지 To-Do를 정합니다. 이번엔 진짜로 해낼 거야!

예전의 저처럼 자기계발 덕후들은 저녁의 '심판대 타임'을 무척 좋아합니다. 심지어 많은 이론이 심판대 타임을 적극 추천합니다. 그들은 매일 저녁마다 내가 오늘 뭘 잘못했는지, 아직 어떤 면이 부족한지, 내일 뭘 더 향상시킬 수 있는지 분석하면 다음 날을 새로운 성장 의지로 시작할 수 있다고 말합니다. 저도 예전에 매일 하루 동안 완성한 결과를 퍼센티지로 측정해 노트에 적었습니다. 해야 할 일 열두 개 중 세 개만 지키면 그 아래에 크게 '25퍼센트'라 적고 만족도에 따라 색연필로 밑줄을 그었습니다. 0~70퍼센트는 분명한 실패로 빨간색, 70~90퍼센트는 보통으로 주황색, 90~100퍼센트는 성공으로 녹색이었습니다. 일주일 중 많으면 하루만 녹색이고 대부분의 날은 빨간색이었지요.

이게 무슨 말이냐면 빨간색을 받은 날에는 제가 실패자였다는 겁니다! 따라서 그날 깊이 우울해야 했습니다.

'Part3 실행4. 조정' 챕터에서 설명한 것처럼 내 목적, 목표, 전략을 재분석하고 조정하는 것은 언제나 중요합니다. 그런데 To-Do 리스트는 내 행동 유무를 개인 가치에 적용하는 것으로, 이는 생산만 강요하는 자기계발의 전형적인 오류입니다. 엄격한 시간관리가 그 대표적인 사례입니다.

빡세고 '생산적인' 스케줄대로 살 수 있으면 나는 좋고 가치 있는 사람이고 그렇지 못하면 나는 무가치한 실패자입니다! 이 경우 성취 규모나 양을 자신의 개인 가치와 동일시합니다. 즉, 내 존재 가치가 스케줄에 달려 있다고 여깁니다.

저처럼 많은 사람이 하루에 얼마나 많은 일을 해냈는가에 따라 스스로를 평가합니다. 심지어 오늘 많은 일을 해냈으면 내게 살 가치가 있고 그렇지 않으면 살 가치가 없다고 생각합니다. 후자는 당연히 자신에게 적절한 벌을 줘야 한다고 여깁니다. 그 벌로 조금이라도 괜찮아지지 않을까 싶은 것이죠.

자책하는 이유

자책 역시 강박에 불과합니다. 자책은 충만한 인생을 사는 데 전혀 도움을 주지 않지만 우리는 그것에서 얻는 것이 있다고 여겨 계속 자기응징, 자기비하, 채찍질을 취하곤 합니다. 그렇다면 왜 우리는 자책하는 걸까요? 그 이유는 다음의 네 가지로 설명할 수 있습니다.

1. '착한' 모습

자책, 자기응징, 채찍질, 자기비하, 자기혐오는 문화적으로 '겸손'이라 통용되는 흔한 강박 형태입니다. 사회적으로 자기비하를 거의 조장할 정도입니다. '내가 완벽하지 않을' 경우 자기비하와 수치심을 적절한 반응으로 보는 겁니다. 겸손에 비유해 자기비하를 오히려 '덕'으로 여기는 사람도 많습니다. 남에게 나쁘거나 이기적인 사람으로 보이고 싶지 않아 겸손으로 무장한 채 '착하고 윤리적이고 올바르고 지혜로운 사람'으로 인정받길 원하기도 합니다.

"나는 겸손하니까 나를 착한 사람으로 인정해줘."

실제로 겸손은 자기비하와 많이 다릅니다. 사전의 정의에 따르면 겸손은 '남을 존중하고 자기를 내세우지 않는 태도가 있음'입니다. 이것이 자신을 깎아내리는 것과 무슨 상관이 있을까요? 오히려 생각이든 태도든 자기중심적이지 않을 때 겸손할 수 있습니다. 반대로 자기비하는 자신에게만 몰두하고 자신을 '착한 사람'으로 자처하기 위한 자기중심적 속임수입니다.

2. 상처받지 않기 위한 전략

우리가 스스로를 채찍질하는 이유는 흔히 상처받지 않기 위해서입니다. 남의 눈치를 보거나, 타인의 시선 혹은 평가를 두려워하거나, 밑바닥 신념을 들킬까 봐 주의하는 것은 여전히 우리의 '풀타임 직업'입니다. 그래서 사람들이 내 실수와 잘못, 문제를 밝혀내 비난하기 전에 차라리 스스로를 미리 비난하는 것이 안전하다고 생각합니다. 이 원리로 누군가가 내 실수를 지적하면 "걱정하지 마세요. 제가 실수했다는 거 이미 알아요!"라고 당당하게 말할 수 있습니다.

혹시 발표자가 발표하기 전에 "제가 준비를 제대로 못해서…" 또는 "제가 발표에 익숙지 않아서…(기대하지 마세요)" 같은 말로 청중의 기대를 낮추는 것을 본 적 있나요? 이것은 흔한 자기낮춤 패턴입니다. 사람들이 나를 좋지 않게 판단하기 전에 내가 미리 스스로를 깎아내리면 좋지 않은 결과를 내도 편하게 자존감을 유지할 수 있기 때문입니다.

3. 자기계발을 했다는 착각

힘들게 고생한 끝에 결과를 내는 것과 가볍게 즐기면서 결과를 내는 것 중 어느 쪽이 더 마음이 후련한가요? 우리는 대부분 힘들게 얻은 결과가 훨씬 더 가치 있다고 생각합니다. 만약 오늘 하려고 했던 행동을 하지 않고 하루를 보낸 뒤 기대하던 결과를 내지 못하면 '고생'이라는 과정을 거치지 않은 것입니다. 이럴 때는 보통 자기응징을 하며 깨진 통합성을 되살리기 위한 대가를 치른다고 생각합니다. 채찍질로 오늘 내가 겪지 않은 고생을 대신 치른다고 착각하는 것입니다. 이는 자기응징으로 깨진 통합성을 되살리려는 시도입니다.

저 또한 그랬습니다. 두려움에 따른 강한 저항에 떠밀려 의도하던 일을 뒤로 미룬 날 저녁이면 저를 심판대 위에 놓고 "이런 자세로는 진짜 안 돼! 내가 너무 역겨워! 내일부터 더 열심히 해야 해!” 하고 채찍질하는 대가를 치르고 나서야 마음이 편안해졌습니다. 그렇게 심판대 위에서 저를 깎아내린 뒤 죄책감이 많이 사라져 편안하게 드라마 시리즈를 봤습니다. 자책하고 나서 죄책감 없이 편하게 게으름을 피워도 됐기 때문입니다.

그러다 보니 자책은 제 가치를 정당화하는 전략이 되어버렸습니다. 문제해결 마인드셋대로 매일 저녁 “아, 오늘도 충분히 괴로웠으니 성공적인 하루였다”라며 제 자신을 위로했습니다. 위험한 것은 스스로를 심판대 위에 올리면 충분히 자기계발을 했다는 느낌이 든다는 점입니다. 사실 그날 변한 것은 하나도 없지만 이 대응기제로 자책하면서 무언가를 해냈다고 합리화하는 겁니다. 행동하지 않고 자책으로 편하게 넘어가는 기발한 방법인 거죠. 알아차리지 못하면 내일도 똑같이 ‘시원한’ 자책으로만 하루가 끝날지도 모릅니다. 다음 날 또 그다음 날도.

4. 자아 고정

우리가 자책하는 가장 중요한 이유는 나 자신을 항상 밑바닥 신념으로 떨어뜨리기 위해서입니다. 예를 들어 제 밑바닥 신념은 ‘나는 부담스러운 짐이다’였습니다. 그 밑바닥 신념에 따라 제게는 ‘사람들에게 좋은 영향을 미쳐야겠다’는 강박이 생겼고 늘 제가 얼마나 쓸모 있는 사람인지 증명하고 싶었습니다. 하루를 보낸 뒤 “오늘도 아무것도 하지 못했어. 난 아직 쓸모없는 인간이네”라고 생각한 저는 어떤 사람이 됐을까요? 진짜 쓸모없는 짐이 되어버렸습니다!

저는 끝없는 자기비하로 '부족한 나(밑바닥 신념대로 믿는 나)'를 그대로 강화했습니다.

강박 – 실패 사이클에서 자책은 우리의 모든 노력을 원점으로 되돌립니다. 변화가 두려워 행동하지 못하면 매일 자책으로 스스로를 원래의 자아로 끌어내립니다. 심판대 위에서 반성하며 성장을 위해 뭘 해냈다고 자기합리화를 하면서 계속 결핍을 고착화하는 것입니다.

매일 어떤 말로 나 자신을 끌어내리고 있는가?

어떻게 자책을 줄이는가

많은 사람이 자신에게 엄격하면 더 빨리 성장한다고 생각하지만 실은 그 반대입니다. 스스로를 깎아내릴수록 내 잠재력과 행동, 나아가 삶 전체를 제한할 뿐입니다. 다행히 지속적인 노력으로 자책하는 습관을 줄이고 행동 범위를 크게 넓힐 수 있습니다.

1. 심판대는 그만!

자신을 꾸준히 심판대 위에 올리는 것은 쓸데없는 고통만 불러일으킵니다. 그 심판대에서의 판결은 모두 내 시도와 자존감과 결과의 가능성을 무너뜨립니다.

심지어 좋은 결과를 내도 심판대, 자기분석, 자기평가로 내가 스스로를 조금이라도 부족하게 여기면 좋은 결과까지 다 부족해 보입니다. 저 역시 심판대 과정에서 드물지만 To-Do 리스트를 120퍼센트 달성해 녹색을 받은 적이 있습니다. 그렇게 녹색을 받았을 때 제가 기뻐했을까요? 아닙니다. 오히려 이런 생각이 들었습니다.

'아, 스케줄을 너무 낮게 잡았어! 내일 이 기준으로 140퍼센트 이상 해야겠다.'

강박이 부정적인 동기로 이뤄지다 보니 심지어 그날 좋은 결과가 나왔어도 심판대에서 내는 결론은 늘 '나는 역시 부족하다'입니다. 1,000퍼센트를 달성해도 여전히 자신이 부족하다고 여길 겁니다. 밑바닥 신념은 내게 진리이자 사실이라 우리는 그것과의 싸움에서 이길 수 없습니다. 그 싸움에서 이기는 방법은 자기비난이 아니라 오직 인정과 포용뿐입니다.

'아니, 어떻게 분석과 판단 없이 목표를 달성할 수 있어?'

당연히 목표와 전략은 꼭 분석해야 합니다. 다만 그 과정에서 스스로를 심판하는 것은 추천하고 싶지 않습니다. 대신 다음 질문으로 목표와 전략만 분석하기 바랍니다. 자신의 자아확장 기준을 반성하기 위해 '진실의 순간'을 보내길 권합니다.

오늘 행동은 효과적이었는가?
어떻게 조정하면 유효성을 높일 수 있을까?
내 다음 단계는 무엇인가?
현재 놓치고 있는 것은 무엇인가?

2. 우리는 존재 그 자체로 완벽하다

우리는 자신의 존재 가치를 많은 성취와 일로 정당화해야 한다고 생각하지만 사실 우리는 존재 그 자체만으로도 이미 그 정당성을 뛰어넘습니다. 우리는 우주, 지구, 국가, 사회에 그리고 부모에게 '갚을 것'이 아무것도 없습니다. 존재 그 자체로 충분합니다. 존재하는 것으로 완벽합니다.

한번은 피터 랄스턴이 제게 "왜 계속 자기 자신을 증명해야 한다고 생각해?"라고 물었습니다. 저는 "제 자신이 부담이라고 생각해서 제 존재를 세상에 갚아야 할 것 같아요"라고 대답했습니다. 그때 그가 제게 해준 말이 제 인생의 전환점이 되었습니다.

"원하든 원치 않든, 그런 자격이 있다고 생각하든 말든 넌 존재하고 있어. 그것만 알아차리면 돼."

저는 '나는 짐스럽고, 나는 부담이다'라는 신념을 오랫동안 지니고 있었습니다. 무언가 '좋은 일'을 해서 부모, 주변, 세상에 돌려주어야 부족한 제 존재를 정당화할 수 있다고 생각했습니다. 그런 망상으로 미친 듯이 달렸습니다. 물론 제가 '좋은 일'을 많이 했어도 그 결과는 늘 충분하지 않았습니다. 왜냐하면 저는 근본적으로 짐이었기 때문입니다. 피터의 말을 듣고 오랫동안 진실을 관조한 저는 제가 부담이 아니라는 것을 점차 깨닫기 시작했습니다. 특히 제가 세상에 아무것도 갚을 필요가 없다는 것을 깨달았습니다. 이것은 굉장히 큰 자유를 안겨줬습니다. 제가 무얼 '돌려줘야 해서' 사는 게 아니라 '돌려주고 싶으면 충분히 그래도 된다'는 것을 알았습니다.

자기 존재를 증명하는 것은 또 다른 가상 강박일 뿐입니다. 항암제를 개발하는 사람은 암환자보다 더 존재할 가치가 있나요? 하루에 열두 가지 일을 하는 사람은 하루 종일 넷플릭스를 보는 사람보다 더 존재할 가치가 있나요? 그 기준은 누가 정하나요?

그렇다고 하루 종일 게으름을 피우며 아무것도 하지 말라는 뜻은 아닙니다. 다만 진정 원한다면(!) 그래도 됩니다. 만약 그것을 원치 않으면 다른 것을 하면 됩니다. 자신을 성취에 따라 판단하지 말고 진심으로 원하는 것을 자유롭게 선택해 살아가세요. 사회에 기여하든, 아름다운 예술품을 만들든, 사람을 치유하든, 진리를 추구하든, 하루 종일 게임을 하며 뒹굴든 그것은 여러분의 선택입니다. 무얼 하든 강박이 아닌 진심 어린 의도라면 자기실현 가능성은 무한합니다.

당신을 포함해 모든 인간에게는 무얼 해도 기본적인 존엄성과 살 권리가 '무조건' 있습니다. 존재 가치는 성취에 달려 있지 않습니다. 잊지 마세요. 당신은 이미 존재 자체로 존재합니다. 여기에 증명해야 할 것은 없습니다.

3. 누가 자책하는가

그동안 저는 이런 내용의 메일과 댓글을 아주 많이 받았습니다.

"자책이 심해서 하루하루가 너무 힘들어요."

이럴 때마다 저는 똑같은 답변을 합니다.

"누가 자책하고 있나요? 하기 싫으면 하지 마세요."

자책이라는 고통 속에 있을 때 그 밖으로 나오는 게 쉽지 않을 수 있지만 결국 그 늪에서 빠져나오게 하는 건 우리 자신입니다. 자기 감정, 습관, 행위의 주인의식을 계발하고 한 발 한 발 실천해 가야 합니다.

자책은 거의 무의식적 과정 같지만 실은 여기서도 얻는 것이 있다고 생각해 '내가' 직접 그것을 취하는 것입니다. 우리가 자책으로 무얼 얻을까요? 바로 위로, 인정, 연민, 자기보호, 스트레스 해소, 후련함, 자기 존재 정당화, 변명, 자기계발한 느낌, 이미지 강화, 자아 고정 등입니다. 이제 비극적인 자기애는 그만하고 왜 스스로 자기학대를 하는지 직접 관찰해보세요. 가능한 한 솔직해지세요. 자아가 자책과 얼마나 얽혀 있는지 한번 확인해보세요.

혹시 매일 자신을 심판대 위에 놓고 '좋은 사람, 윤리적으로 우월한 사람, 바른 사람, 겸손한 사람'이라고 생각하나요? 만약 자신을 엄격하게 판단해 조금이라도 긍지나 자랑이 생기면 그것을 책임져야 합니다. 삶과 자신을 객관적으로 돌아보는 것은 좋은 습관이지만 자신을 낮추는 건 그냥 새로운 에고 강화입니다.

다른 챕터와 똑같이 자책을 원하는 이유를 관조했으면 그 대가도 되돌아볼 것을 추천합니다.

자책 때문에 못하는 것은 무엇인가?
자책으로 어떤 대가를 치르고 있는가?

관조 후 내 행위를 바라보는 의식이 조금 올라갔으면 마지막으로 주인의식을 되살려 의식적인 선택을 하면 됩니다.

계속 자기비하를 하고 싶은가,
아니면 충만한 삶에 집중하고 싶은가?

자책하고 싶으면 자책하되 자책 때문에 너무 힘들면 언제든 줄이면 그만입니다.

4. 자신과 그만 싸우기

자책을 근본적으로 줄이고 싶으면 자신의 부족함을 이슈화하지 마세요. 자책은 곧 자기 자신과 싸우려는(그리고 지는) 시도입니다. 저항을 그만두면 문제될 것이 없습니다. 'Part4 장애물2. 밑바닥 신념 – '나에 대한 사실''에서 설명한 중립화하는 여섯 가지 팁을 참고할 것을 권합니다.

주의: 자책에 대한 자책

이 과정에서 다음 함정에만 빠지지 마세요.

"아, 또 했어! 나 자책하면 안 되는데."

자책하지 않는 것을 새로운 자기 정당화 요소로 삼지 마세요. 그저 한 강박에서 다음 강박으로 넘어온 것뿐입니다. 결국 자책하든 하지 않든 상관없습니다. 선택은 늘 여러분에게 있습니다.

자기 관찰 질문

1 자신이 항상 충분히 노력하지 않는다고 생각하는가?

2 자신을 얼마나 자기 성취로 증명하거나 정당화하려고 하는가?

3 자책으로 얻고자 하는 것은 무엇인가? 반대로 어떤 대가를 치르고 있는가?

실천 과제

1 10분만 시간을 내 당신이 있는 그대로 '무조건' 존재하고 있다는 진실을 직시하세요.

장애물5.
피해의식

“내가 짐이라고 생각하므로 사람들을 부담스럽다고 하고, 내가 약하다고 생각하니까 사람들이 무섭다고 하고, 내가 이리저리 휘둘리며 원칙[가치] 없이 반응적으로 살면서 사람들이 나를 휘두른다고 한다. 그렇게 나를 불쌍한 피해자로 만들며 고통받고 삶의 주인 아닌 노예가 되기를 자처한다.”

“나는 스스로 피해자라는 걸 상대가 알아주길 바란 적이 많았다. 날 피해자로 만든 사람을 욕하며 상대에게 위로받길 원하고 공감을 받으면서 내가 피해자라는 사실을 확인해오곤 했다. 그리고 내가 약속을 못 지키거나 하고자 하는데 못하고 있는 것을 자책하며 스스로 최선을 다하고 있다고 합리화했다. 자책감과 피해의식을 스스로 인식하며 내려놓고 나니 이제는 못하는 이유로 합리화하기보단 목적에 맞는 실제 행동을 하게 되었고 스스로 자긍심이 올라가는 것을 발견했다. 또 피해자의 공감 욕구를 내려놓고 나니 상대의 눈치를 보며 소통하려 하는 것도 현저히 줄었다."

"내가 피해자라고 스스로 믿고 있었는데 사실은 내가 [나 자신을 피해자로] 자처하고 있었다는 것을 깨닫게 되었다. 나한테 익숙하고 편한 방식이라 취한 것도 있지만 그것을 허용했던 것은 내가 피해를 보는 것을 감수하며 상대를 죄책감으로 조종하려 하는 무의식이 있었던 것 같다."

"지금까지와는 다른 시선, 위치로 타인과 나 자신을 이해하게 되었다. 인간관계에서 피해자 역할을 자처하며 은근히 나 자신을 '보호받아야 할 사람, 착하고 배려 깊은 사람' 이미지로 굳히려고 해왔다는 걸 깨달았다. 그런 이미지를 벗어나 온전한 의사소통에 집중하니 추하고 치사한 내가 보였고, 다른 의도 없이 순수하게 진정한 나 자신도 있었다. 사람은 모든 과거 경험과 스스로 만든 가치관, 생각으로 이루어진 복합적인 존재다. 나 자신을 정의하는 건 다름 아닌 나다. 앞으로 더 넓고 큰 목적과 방향성을 찾아보고 싶어졌다."

"내 라이프 스토리로 나는 내가 약한 사람이라는 것을 증명하고 싶어 합니다. 어릴 적 친구와의 문제, 아버지와의 관계, 사건을 대하는 내 행동 방식을 보면 나는 약한 사람처럼 행동해왔습니다. 늘 피해자 입장에서 당하는, 을의 위치에 있는 사람이라고 스스로를 증명합니다. 이런 라이프 스토리는 현재의 나를 약한 사람으로 인식하게 만들고, 현재의 내가 강한 나를 외부에 드러내려 노력하게 만듭니다."

의식성장 워크숍에서 저는 참가자들에게 자기 강박과 대응기제 패턴을 관조하라는 과제를 내줍니다. 앞의 다섯 개 글은 참가자 각자가 기록한 깨달음입니다. 워크숍을 하기 전에는 저도 피해의식이 문화적으로 이토록 깊이 뿌리내린 대응 패턴인 줄 몰랐습니다.

왜 글이 써지지 않을까

앞서 살펴보았듯 우리는 인생을 무능한 사람, 초라한 사람, 약한 사람으로 살기 싫어서 머릿속으로 이상을 하나 세우고도 여전히 부족해 보일까 봐 행동하지 않습니다. 이때 자책으로 자신을 다시 원래 상태로 끌어내릴 수 있지만 반대로 바깥의 누군가 혹은 무언가를 탓하는 것도 스스로를 끌어내리는 효과적인 방법입니다.

'~만 아니었으면 난 진짜로 잘되었을 텐데'는 행동하지 않거나 강박 사이클을 돌면서 주로 하는 실패 스토리텔링입니다. 행동하지 않는 이유는 자아생존과 그것을 지키려는 강박, 두려움, 방어기제, 감정 때문입니다. 우리는 그 진짜 원인을 인지하지 않거나 인지해도 인정하고 싶어 하지 않습니다. 대신 우리 자아가 몇 밀리초 안에 온갖 종류의 변명과 자기합리화, 탓할 대상, 핑계거리, 구실, 착각을 만들어내 내적 통합성의 균열만 잘 달래주려고 합니다.

책을 내기로 결심한 저는 한 달 동안 제가 글을 쓰지 못하는 '이유'를 쭉 관찰했습니다.

1. **변명:** 일단 순간적인 변명부터 우리 아파트에 햇빛이 강하게 들어와 하필 집필하기 가장 좋은 낮 시간에 더워서 글을 쓰기가 힘들다, 윗집이 너무 시끄러워 화가 나고 집중하기 어렵다, 아침에 커피를 많이 마셔서 머리가 아프다, 아침에 본 좋지 않은 댓글 때문에 기분이 나쁘다까지 매우 다양합니다.
2. **남 탓:** 이어 탓할 누군가를 찾아봅니다. 하필이면 오늘(의지가 강한 날) 장인어른이 놀러오셨다, 오늘은 아내가 출근하지 않는 날이라 같이 시간을 보내야 한다(아이가 있었다면 분명 아이를 탓했을 것입니다), 어차피 사람들은 내가 무슨 말을 하는지 이해하지 못할 것이다, 엄격한 유튜브 알고리즘 때문에 영상을 찍어야 해서 글을 못 쓴다(그런데 다른 변명을 하며 영상도 찍지 않는다) 등 아주 많습니다.
3. **공감:** 여기에다 바깥에서 공감 요소를 찾습니다. 가령 내 코치가 그러는데 서두르는 것보다 천천히 퀄리티 높은 책을 내는 게 낫다고 한다, 내가 열심히 하지 않아도 내 친구가 이미 충분히 좋은 일을 하고 있다고 말한다, 톨스토이도 《전쟁과 평화》를 쓰는데 6년 이상이 걸렸으니 나도 천천히 쓰면 된다 등이 있습니다.
4. **과거 설명:** 마지막으로 행동하지 않기 위해 과거 기억을 더듬어 저를 피해자로 자처하는 아름다운 스토리라인을 만들어냅니

다. 예를 들면 부모님이 내가 당당하게 글을 쓰도록 나를 좀 더 용기 있게 키우지 않았다, 아빠가 내게 커다란 압박을 주어 내 '창의성'을 계발하지 못했다, 고등학교 선생님들이 무지해서 나를 반항아로 만들었다, 어릴 때부터 나는 원래 글 쓰는 체질이 아니었다, 열두 살 때 내가 쓴 글을 읽어주었는데 반 친구들이 비웃었고 이후 6개월 동안 나는 왕따로 지냈다 등 제가 글을 쓰지 못하는 온갖 구실을 댑니다.

행동하지 않는 이유 리스트는 깁니다. 우리는 다양한 차원, 사람, 상황, 시대를 뒤져 이런저런 '피해층'을 겹겹이 쌓아놓습니다. 그렇게 매일 다른 설명으로 자신이 행동하지 않는 것을 정당화하려 합니다. 피해의식은 자신을 타인 또는 외부 세상의 피해자로 자처하는 의식입니다. 핑계의 창의성은 무궁무진합니다. 부모부터 기후, 소음, 나쁜 기억, 교육 시스템까지 우리가 탓하는 외부의 모든 존재가 우리의 성장을 가로막고 있다는 논리를 폅니다.

피해의식은 천재적인 자아생존 전략입니다. 고생을 마다하지 않는 사람은 욕심껏 자신의 부족함과 힘들게 싸우는 평생의 여정에 참여하지만 피해자는 '약자의 가면' 뒤에 편하게 앉아 그저 손가락질만 합니다.

피해의식은 변화를 거부하고 삶에 적극 뛰어들지 않기 위한 완벽한 도피 전략입니다. 도전적이고 의미 있는 인생을 안정이나 안락과 맞바꾸는 거래를 하는 것입니다. 피해의식이 강할수록 삶의 주도권을 남과 외부 상황에 더 쉽게 넘깁니다. 그러나 책임의식이 사라지면 아쉽게도 삶의 의미 역시 점차 사라집니다. 이 계산은 아주 단순합니다. 임상심리학자 조던 피터슨은 이렇게 말했습니다.

"삶이 네게 제공하는 의미는 네가 맡겠다고 선택하는 책임에 비례한다."

자아생존과 안락을 추구하려면 혹은 행동하지 않으려면 우리는 말도 안 되는 온갖 변명을 찾아야 합니다. 물론 그 번거로움은 책임지지 않는 데 따른 적절한 대가입니다.

생존을 위해 자신을 피해자, 약자, 을로 자처했으면 일관성 있는 스토리가 필요합니다. 가령 피해자의 에고를 계속 유지하기 위해서는 어떤 상처, 원망, 트라우마를 꽉 붙잡아야 합니다. 저도 오랫동안 다음 스토리를 써먹었습니다.

"우리 아버지는 엔지니어였는데 자꾸만 내게 실용적인 일을 하라고 압박을 줘서 '어쩔 수 없이' 나는 반항아가 되었다. 그러니까 아버지가 나를 '쓸모없는 사람'으로 만들었다."

이와 비슷한 다른 스토리도 있습니다.

"우리 고등학교 선생님들이 너무 무지에 빠져 내 전체 교육을 망가뜨렸다."

"기업 문화가 내 잠재력을 억눌렀다."

제 문제는 거의 다 이 세 가지 스토리 때문이었습니다. 그런데 이 묘사를 객관적으로 해부하고 돌이켜보니 단 하나도 일리가 있지 않더군요.

제 아버지는 엔지니어링 전문가로 그저 외아들에게 가능한 한 그것을 알려주고 싶은 마음뿐이었습니다. 오히려 제가 까칠하게 반항한 것이 아버지에게 상처를 주었을 겁니다. 고등학교 선생님들은 국가 교안대로 진심을 다해 가르쳤는데 저는 어렵다는 이유로 그 교안과 선생님, 전체 교육제도를 '나쁘다'고 판단했습니다. 회사에서는 제가 얼마나 많은 지원을 받고 제 미래를 위해 얼마나 많은 것을 배웠는지는 제쳐두고 나쁜 것만 봤습니다. 이 모든 것은 제가 쓸모없고 약한 제 모습을 유지하기 위해 붙잡은 잘못된 스토리였습니다.

인생에 어려움, 고비, 외적 장애물이 없다는 말이 아닙니다. 당연히 우리는 단기나 장기적으로 좋지 않은 일을 당할 수 있습니다. 그 순간 화가 나기도 합니다. 이때 화를 장기 원망으로 바꿔 자신을 '피해자'로 자처할지, 아니면 그 상황을 극복하고 다시 당당하게 내 길을 갈지는 우리의 선택에 달렸습니다.

피해의식이 강할 경우 스스로에게 다음 질문을 해보세요.

'지금 이 순간' 그 사람, 그 상황이
내가 육체적으로 행동하지 못하게 하는가?
엄격한 부모, 냉정한 학교 선생님, 무례한 회사 상사,
멍청한 정치인, 혐오스러운 남의 시선, 무지에 빠진 사회가
내 행동을 가로막고 있는가,
아니면 이것은 내 머릿속의 스토리일 뿐인가?

정말 무언가가 우리의 행동을 가로막고 있다면 그 외적 장애물을 해결해야 합니다. 만약 그렇지 않다면 도대체 그 스토리를 왜 붙잡고 있나요?

피해의식의 특징

피해의식에는 다음 네 가지 특징이 있습니다. 그 특징을 이해하면 피해의식에 빠진 자신을 조금 더 빨리 알아차릴 수 있을 것입니다.

1. 인정욕구

앞의 제 변명을 보면 저는 자기합리화를 할 때마다 약한 척하거나 '을' 역할을 합니다. 불쌍한 피해자 입장에서 저와 타인에게 인정과 연민, 공감을 요구합니다. 남들에게 "불쌍한 알렉스. 그토록 힘든 상황에서 글을 쓰다니 정말 대단하다" 같은 반응을 이끌어내고 싶은 겁니다. 이럴 때 피해자, 약자, 을, 나약한 사람, 아픈 사람 역할은 내 유일한 자아생존이자 남을 조종하는 무기가 됩니다.

2. 수동성을 위한 공감

피해의식에 빠진 사람들은 남에게 행동하지 말라는 말을 듣는 것을 제일 좋아합니다. 자신이 얼마나 힘든지 타인에게 공감을 받고 "그럼 하지 마!"라는 말을 듣고 싶어 합니다. 예를 들면 먼저 "근데 하지 않는 게 좋지 않을까?"라고 물어본 뒤 "모임 친구들과 얘기했는데 전시회는 내년까지 기다리는 게 좋대", "현욱이도 유학을 가는 건 위험하다고 했어", "우리 엄마는 사업을 하면 많이 힘들 거래" 등의 말로 확인받길 갈망합니다.

그런데 그 모임 친구들이 직접 전시회를 개최한 적이 있나요? 현욱이에게 유학을 가본 경험이 있나요? 어머니가 사업을 해본 적이 있나요? 만약 경험자에게 조언을 받은 것이라면 그것을 충분히 객관적으로 고려해야 합니다. 그러나 피해의식에 빠진 사람에게 상대방이 얼마나 경험했는지는 중요하지 않습니다. 그들은 대개 하고자 하는 일과 거리가 먼 사람에게 조언을 구하고 그 말에 따라 인생을 삽니다.

3. 문제 만들기

피해의식을 내려놓기가 어려운 이유는 당사자에게 늘 문제가 있었고 지금도 문제가 많기 때문입니다. 사실 그들은 문제가 있어야 안전하게 자아생존을 할 수 있습니다. 문제가 있어야 내 약자 가면이 유지되므로 언제나 거의 무의식적으로 문제를 만들어냅니다. 자신을 피해자로 인식하다 보니 세상을 적대적인 곳으로 여기면서 늘 자신을 무너뜨리고 싶어 하는 대상이 있지 않은지 찾습니다.

'이번에는 진짜 나아지려고 했는데, 하필 이번 주에…' 가족 문제가 생기고, 누가 나를 욕하고, 청천벽력 같은 여러 가지 일이 벌어집니다. 불쌍한 나.

정말로 문제가 발생할 수도 있습니다. 하지만 왜 계속 같은 사람이 꾸준히 문제를 겪는지 생각해봤나요? 늘 자기연민에 빠져 불만과 불평을 늘어놓는 친구들을 보면 그 현상이 명확히 보입니다.

4. 오만

피해의식에 빠진 사람은 조금만 자기계발을 해도 가면이 자주 우월감으로 바뀝니다. '이제 과거에 나를 망친 무지한 애들보다 내가 훨씬 더 잘 산다!' 같은 태도입니다. 그동안 저는 이런 메일을 꽤 많이 받았습니다.

“지난 2년간 자기계발을 하다 보니 학벌, 경쟁, 회사 정책, 돈, 명성이 다 무의미하다는 것을 알았습니다. 이제 저는 정말 목적지향적인 삶을 살고 싶습니다. 문제는 제가 그렇게 변화할수록 주변과 멀어지는 듯한 느낌이 든다는 겁니다. 제 주변이 아직 의식이 너무 낮아서 제 성장에 집중하기가 힘들어요. 어떻게 하면 남을 설득할 수 있을까요?”

이처럼 피해의식의 형태만 조금 달라집니다. 과거에 다른 사람 때문에 억눌려 있었고, 현재는 책임지고 성장하려니까 또 다른 사람으로 인해 막혀 있다고 주장합니다. 자기계발을 좀 했다고 자신의 가면을 제멋대로 ‘우월한 피해자’로 여기는 경우가 흔합니다. 안타깝지만 이런 시도는 진정한 성장을 의미하지 않습니다. 에고의 형태만 미묘하게 살짝 바꿨을 뿐 자신을 아직도 불안하게 고립시키고 있기 때문입니다. 우월감은 언제나 숨겨진 열등감입니다. 나 자신을 있는 그대로 받아들이면 남과 비교하고 싶은 마음(내가 남보다 더 잘났다는 마음도)은 사라집니다.

피해의식 내려놓기

1. 피해자 역할 그만하기

만약 피해의식을 조금씩 내려놓고 싶다면 몇 주 동안 자기변명, 핑계, 설명, 스토리를 관찰하고 적어보세요. 각 변명과 스토리가 어떤 역할을 하는지 분석해보세요. 다른 강박과 마찬가지로 자신이 피해의식을 만들고 있음을 깨달아야 합니다.

불운은 누구나 겪을 수 있습니다. 그런데 평생 피해자가 되는 것은 자아생존을 위한 선택입니다. 피해자나 약자 역할은 중학교 때 인정을 받는 데는 효과적인 전략이었겠지만, 현재 그것 때문에 진심 어린 삶을 살지 못하고 있다면 이제는 철이 들어도 됩니다.

피해자는 계속 외부 세상으로부터 자신이 당하고 있다고 확신하지만 내가 피해자 역할을 그만두면 더 이상 피해자가 되지 않을 겁니다. 다만 더 이상 당하지 않으면 자기 삶을 스스로 책임져야 합니다. 준비됐나요?

약자의 역할로 얻는 게 뭘까?
인정, 타인 조종, 정당화된 게으름, 안정, 우월감?
그 가면으로 지키고 있는 것은 무엇인가?
어떤 밑바닥 신념을 가리고 있는가?

2. 원망 스토리 내려놓기

저는 부모·가족·선생님·주변 사람·친구에게 맞고, 왕따를 당하고, 성적이 나빠서 혼나고, 회사에서 욕먹던 순간을 또렷하게 기억하고 있습니다. 반면 제가 타인에게 사랑과 지원을 받고, 함께 호탕하게 웃고, 놀고, 성장하던 순간을 떠올리려면 한참 걸립니다.

우리의 의식 전경에는 늘 원망스러운 상황이 기다리고 있습니다. 왜 그럴까요? 바로 에고의 자아생존을 지속해야 하기 때문입니다.

자아생존을 보장하기 위해 좋은 기억을 붙잡을 필요는 없습니다. 내 가면을 정당화하는 데는 좋지 않은 기억만 중요합니다.

흔히 기억은 과거에 벌어진 진짜 사건을 그대로 반영한다고 생각하지만 실은 전혀 그렇지 않습니다. 그것이 기억의 역할도 아닙니다. 기억의 실제 역할은 현재 자아를 강화하는 것입니다. 그래서 내 밑바닥 신념을 더 많이 부인하고 억누르며 강한 에고를 구축하기 위해 그때그때 딱 맞는 기억을 사용합니다. 특히 피해를 본 순간을 지성적으로 택해 일관성 있는 스토리를 엮습니다. 왜 하필 그 스토리일까요? 왜 열두 살 때 아버지와 함께 목욕탕에 간 것은 기억나지 않을까요? 왜 열여섯 살의 어느 가을날 엄마와 함께 활짝 웃으며 시장에 간 것은 기억나지 않을까요? 왜 고등학교 선생님이 학생들에게 적분학을 더 잘 설명하기 위해 일부러 프로젝트를 준비해준 것은 기억나지 않을까요?

왜냐하면 그런 기억으로는 내가 '불쌍한 피해자'인 것을 증명할 수 없으니까요!

원망으로만 그런 이미지를 증명할 수 있어서 무엇보다 그 스토리에 집착합니다. 당연히 끊임없이 분노가 생기겠지만 그 원망으로 내 나태함과 게으름을 설명할 수 있으니 충분히 감당할 만한 대가입니다.

안타깝게도 이런 스토리들은 내가 나 자신을 묶는 새로운 쇠사슬입니다. 이론상으로는 행복하고 충만한 삶을 살고 싶은데 독선적으로 원망스러운 과거만 붙잡다 보니 결국 나만 힘듭니다. 만약 그 원망의 한계를 알아차리고 자유로워지고 싶다면 장기적인 노력을 기울여 내가 피해를 본 모든 라이프 스토리를 분석해 나 자신에게 다음 질문을 해봐야 합니다.

왜 이 스토리를 붙잡고 있는가?
이 기억이 내 전체 인생을 지배하고 있는데
앞으로도 그런 원망으로 살아가고 싶은가?
그 스토리로 증명하고 싶은 것은 무엇인가?
무엇을 정당화하기 위해 그 스토리를 계속 떠올리는가?
그 스토리의 역할은 무엇인가?
왜 하필 그 스토리를 사용하는 것인가?

좋지 않던 사건을 잊으라는 게 아닙니다. 다만 현재의 강박적인 자아 구조를 강화하기 위해 어떤 지어낸 스토리를 사용하고 있는지 분석하라는 것입니다. 만약 더 이상 유용하지 않으면 가면을 정당화하기 위해 쓰지 않아도 됩니다.

기억은 주로 과거가 아닌 현재의 자아를 반영합니다. 그 사실을 제대로 깨닫는 순간 과거의 상처, 원망, 한, 아픔, 피해의식을 한꺼번에 놓아버릴 수 있습니다.

3. 아무도 당신을 컨트롤할 수 없다

몇 개월 전 저는 조금 불안한 시기를 겪었습니다. 현명한 혹은 깨달은 제 이미지를 유지하려 하다 보니 글도 잘 써지지 않고, 영상을 찍기도 어려웠습니다. 이런저런 자아도취와 피해의식에 가로막혀 있었던 거지요. 제 콘텐츠를 의심하거나 비판하는 구독자들이 (제 현명한 이미지를 방어해야 할 것 같은) 댓글이나 이메일을 보낼까 봐 두려웠습니다.

그때 제 코치 크레이 그리몬트Kraye Grymonnt가 제게 물었습니다.

"그런 이메일이 오면 뭐가 두려운 거야?"

아직 무엇이 문제인지 제대로 모르던 저는 이렇게 대답했습니다.

"저는 진정한 콘텐츠를 올리고 싶은데 꼬치꼬치 따지는 사람들의 의구심이 제 자유를 빼앗아가는 것 같아요."

피해의식에 빠져 청중을 핑계로 삼은 대답이었지요. 그때 충격을 받은 표정으로 크레이가 말했습니다.

"엥? 말도 안 돼. 그건 '오오~ 사람들이 나를 닭으로 변신하게 만들어! 나는 닭이 되기 싫어'라고 말하는 거랑 똑같아. 근데 네가 원해도 닭이 될 수 없어. 사람들이 너를 닭으로 만들 수 없는 것처럼 사람들은 네 자유를 빼앗아갈 수 없어. 넌 이미 자유로운데."

크레이의 말이 맞습니다. 저는 이미 자유로웠고 단지 내적 강박이 저 자신을 억압한 것뿐이죠. 저 외에는 아무도 저를 가두지 않았습니다. 제가 스스로를 계속 불쌍한 피해자로 남겨두기 위해 남 탓만 하고 있었던 거죠.

다른 사람은 나를 컨트롤할 수 없습니다. 만약 남이 나를 컨트롤한다면 그건 내가 원해서, 즉 내가 그걸 선택해서 그런 겁니다.

그렇다고 남을 까칠하게 대하라는 말이 아닙니다. 'Part1 원칙5. (피해의식보다) 주인의식' 챕터에서 언급했듯 내가 진심으로 원하는 것이 무엇인지 알고 타인과 조화롭게 살면서 내 자아확장을 위해 여러 가지 조언과 충고, 지혜를 얻으면 됩니다. 물론 마지막 선택은 언제나 내가 합니다. 가끔은 타인이 선택해주는 것처럼 보이지만 결과적으로 내 선택은 내가 합니다. 다만 피해의식에 빠진 사람은 편안한 삶을 위해 그 사실을 부인할 뿐입니다.

그 깨달음 이후 저는 남을 두려워하거나 탓하는 일이 많이 줄어들었습니다. 당연히 누구에게나 자기 의견을 표현할 권리가 있습니다. 오히려 우리가 자유로운 자기표현 문화를 조장해야 한다고 생각합니다. 그렇다고 내가 남의 말에 따를 필요는 없습니다. 내 선택은 내가 하기 때문입니다. 닭이 될 위험은 아예 없습니다.

4. 책임지기

준비를 갖췄으면 책임지면 됩니다. 내가 내 삶의 원천임을 깨달아야 합니다.

자기 관찰 질문

1 행동하지 않기 위해 어떤 핑계를 대고 변명을 하는가?

2 약자, 피해자, 불쌍한 사람, 을, 아픈 사람 역할로 얻고자 하는 것은 무엇인가? 그것을 그만둘 의지가 있는가?(없어도 괜찮습니다. 그럼 그것을 책임지면 됩니다.)

3 어떤 원망 스토리를 붙잡고 있는가? 누구 혹은 무엇 때문에 원하는 삶을 살지 못하고 있는가? 그것은 얼마나 맞을까? 얼마나 내 주관적인 스토리인가?

4 책임이란 무엇인지 관조해보세요.

장애물6.
즉각적인 보상, 중독, 무기력

"스스로 자유롭다고 착각하는 사람만큼 노예화된 사람은 없다."

괴테

혹시 〈핀과 제이크의 어드벤처 타임〉이라는 애니메이션을 본 적 있나요? 이 애니메이션에서는 주인공 핀과 제이크가 캔디왕국에서 늘 순수하게 모험을 합니다. 그럼 우리의 여정을 캔디왕국 탐험에 비유해 상상을 펼쳐볼까요?

여러분은 영웅의 부름을 받아들여 매일 (살찌지 않는) 사탕만 먹고 모든 꿈이 이뤄지는 캔디왕국의 성에 가겠다는 진정한 목표를 세웁니다. 처음에는 남의 눈치(이미지 두려움) 때문에 머뭇거리지만 결국 마음을 먹고 기나긴 여정을 시작합니다. 가는 길에 예상했듯 다양한 사기꾼(자기합리화), 폭풍과 폭설(게으름), 도둑(자책), 야생동물(남의 시선), 괴물(피해의식), 악령(더 빨리 가야 한다는 강박)이 여정을 힘들게 만듭니다. 다행히 많은 준비를 갖춰 역경을 하나하나 당당하게 넘습니다.

그런데 준비하지 않은 게 있습니다. 괴물과 적은 잘 퇴치했지만 길가에서 (살찌는) 작은 설탕꽃을 발견하고는 '달콤한 설탕꽃을 맛보는 게 뭐가 문제야!'라고 생각하며 하나씩 따 혀 위에서 살살 녹인 것입니다.

"캔디왕국만큼은 아니지만… 음, 맛있다!"

5시간 후 설탕꽃을 먹고 배가 부르니 갑자기 졸립니다. 바로 그 자리에 누워 설탕꽃을 꿈꾸며 어수선한 잠을 잡니다. 다음 날 아침 일어날 때 심하게 두통을 앓습니다. 다행히 주변에 있는 설탕꽃을 몇 개 먹자 많이 좋아집니다. 그 순간 잠잘 때 나침반이 없어졌다는 것을 확인합니다.

"맙소사! 캔디왕국에 가고 싶었는데 하필 도둑이 내 나침반을 가져갔어. 나침반 없이 캔디왕국에 어떻게 가. 흑흑."

그 힘든 상황을 견디려고 설탕꽃을 조금 더 먹고 다시 잠이 듭니다. 다음 날 아침 누군가가 지갑을 훔쳐갔고 그다음 날에는 신발이 없어졌습니다. 그래도 설탕꽃이 불쌍한 내 존재를 위로해줍니다. 6개월 후 배가 볼록 나온 상태로 누더기를 걸치고 매일 숲에서 설탕꽃만 먹으며 살아갑니다. 가끔 한숨을 쉬며 말합니다.

"하아, 캔디왕국에 가고 싶었는데…."

기회 겸 저주

이것은 설탕꽃 이야기지만 오늘날 우리가 겪고 있는 현상과 아주 흡사합니다. 100년 전에는 아예 상상할 수 없던 기술 발달로 우리가 할 수 있는 일과 직업은 확대되었고 덕분에 인생의 의미와 목표, 목적을 실현할 가능성이 더 높아졌습니다. 그런데 이 풍부함과 동시에 설탕꽃의 다양성도 함께 늘어났습니다. 지금 우리 사회는 쾌락과 오락의 놀이터입니다. 만약 학교 교육으로 아직 내적 자유를 잃지 않았다면 스마트폰, 게임, SNS, 술, 담배, 음란물, 정크푸드, TV, 인터넷, 쇼핑, 독서, 여행, 유튜브 같은 오락이 즉각적인 만족감으로 우리 내면의 불을 끌 것입니다.

이러한 설탕꽃 발달은 자아에게 그야말로 천국입니다. 우리는 갈망하는 것을 얻기 위해 노력할 필요가 없고 그대로 자아수축하면서 원하는 것을 미리 신기루로 받을 수 있습니다. 과거에는 연결감과 인정을 원할 경우 밖에 나가 타인과 상호작용해야 했지만 지금은 인스타그램에서 그때그때 작은 명성을 즐길 수 있습니다. 호기심과 유희, 탐구 욕구를 충족하고 싶을 때 과거에는 직접 도전과 모험을 거쳐야 했으나 디지털 시대에는 매일 저녁 넷플릭스에서 수만 개 모험을 정주행할 수 있습니다. 성취감 역시 과거에는 많은 지성적 노력을 기울여 한 분야에서 직접 이뤄야 했지만 오늘날에는 가상세계에서 컴퓨터게임으로 포인트와 명예를 누리면 됩니다. 문제는 이 모든 것이 진정 가고 싶은 캔디왕국이 아니라 길가에 있는 설탕꽃이라는 사실을 자꾸 까먹는다는 데 있습니다.

그렇다고 현대의 설탕꽃이 나쁘다는 얘기는 아닙니다. 저는 오히려 머리를 식히기 위해 의식적으로 게임을 한 판 하고, 오랫동안 만나지 못한 친구와 SNS 메시지를 주고받고, 우아해 보이기 위해 멋진 옷을 쇼핑하고, 일주일에 한 번 맛있는 버거나 치맥을 먹고, 저녁에 영감을 받기 위해 시리즈 한두 편을 볼 수 있는 것에 감사하게 생각합니다. 다만 이 작은 오락에 중독되면 문제가 됩니다. 진짜 목표를 포기하고 대신 효과가 빠른 얕은 자극에 정착하는 것 말입니다. 이는 충만하고 진정한 삶을 살고 싶어 하면서도 그것이 힘들어 차라리 설탕꽃만 먹겠다는 자세입니다.

중독과 즉각적인 쾌락 역시 또 다른 자아생존 패턴입니다. '스스로를 돌아보며 변화하고 행동하는 것이 힘들다고요? 걱정하지 마세요. 똑같은 느낌을 노력 없이 미리 느낄 수 있습니다!' 같은 논리로 자아는 행동하지 않기 위한 도피 전략에 빠져듭니다.

중독과 두려움은 항상 함께 갑니다. 중독은 불안해서 진짜 삶을 사는 대신 가짜로 얕은 삶을 사는 것입니다. 당연히 진짜 목표가 훨씬 좋지만 노력 없이 즉각 비슷한 느낌이라도 얻는다면 바로 사인합니다!

다양한 작가와 연구자가 이 현상을 두고 폭넓게 글을 썼습니다. 현재 SNS와 스마트기기, 온라인 서비스는 우리를 중독자로 만들려는 목적으로 디자인됩니다. 실제로 다양한 알림, 팝업, 진동, 자극, 광고, 빨간 표시, 상호주의 압박reciprocity pressure, 인정, 혜택, 성취 기능은 우리가 그 서비스를 충동적으로 계속 쓰게 만듭니다. 이들 서비스는 높은 인간성을 깨우기보다 우리의 파충류 뇌를 건드려 우리를 생각 없는 중독자로 만듭니다. 만약 여러분이 저와 비슷하다면 하루에 스마트폰을 100번 이상 확인하고 평균 사용 시간이 2~5시간일 것입니다. 이 주제를 더 많이 알고 싶은 사람에게는 니콜라스 카의 《생각하지 않는 사람들》, 칼 뉴포트의 《디지털 미니멀리즘》을 추천합니다. 특히 개리 윌슨은 《포르노가 뇌에 미치는 영향Your brain on porn》에서 음란물이 우리 삶 전체를 어떻게 바꿔놓는지 잘 설명합니다.

즉각적인 보상의 단점

스마트기기가 안겨주는 즉각적인 보상의 장점은 넘쳐나지만 그와 똑같이 문제도 많이 일어납니다.

1. 산만함, 일의 효율성 감소

행동하고 구체적인 결과를 내려 할 때 몇 시간에 걸친 몰입 상태가 큰 도움을 줍니다. 그런데 아쉽게도 2분에 한 번씩 알림 소리가 들리면서 컴퓨터 데스크톱 구석에 계속 경고나 팝업이 뜨면 집중력이 끊깁니다. 이런 식으로는 결과는커녕 자아확장에 따른 성취감도 생기지 않습니다. 효과적인 결과는 몰입 시간에 따라 거의 기하급수적으로 늘어납니다. 반면 몰입이 끊기면 그때마다 새로 정리하고 몰입하느라 전체 효험이 대폭 떨어집니다.

3시간 동안 방해받지 않고 어떤 프로젝트를 효율적으로 마칠 수 있나요? 혹은 30분 동안 휴대전화나 브라우저를 확인하지 않고 계속 자기관찰을 할 수 있나요? 오늘날 많은 사람이 집중력이 산만해

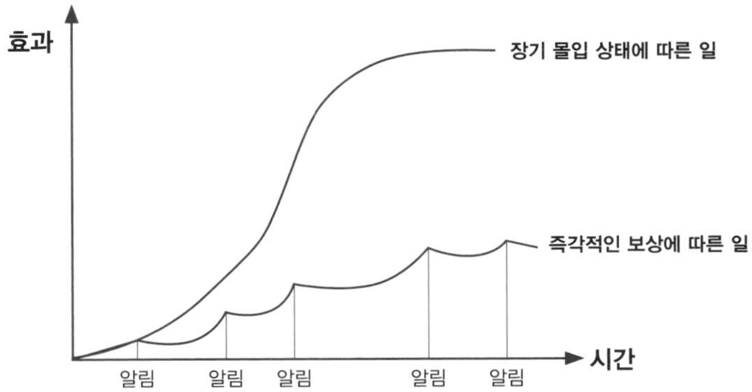

지면서 일의 효율성이 계속 감소하고 있습니다.

2. 불편함, 참을성 결핍

때로 자아확장은 자아생존과 반대로 나타납니다. 새로운 것에 도전할 때 강박적인 자아 유지보다 무의식적 저항 패턴이 일어나 약간 불편할 수 있습니다. 원하는 삶을 살기 위해 무조건 불편한 시련을 계속 겪을 필요는 없지만 가끔이라도 그렇게 하겠다는 각오를 해야 합니다.

즉각적인 보상은 공통적으로 의미를 추구하지 않고 모든 목적이 편안함에 있습니다. 편하게 게임을 하고, 편하게 소파에 앉아 넷플릭스를 보고, 편하게 소주로 머리를 식히는 식으로 편안함은 자아생존 그 자체입니다. 우리는 변하지만 않으면 편안하지요.

오늘날에는 조금만 불편하면 손이 곧바로 뉴미디어로 갑니다. 친구 앞에서 서먹하면 휴대전화를 보고, 집필 작업이 살짝 어려우면 친구에게 2주 동안 미뤄둔 이메일 답장을 쓰고, 과제를 위한 조사가 필요하면 뉴스가 딱 눈에 띄어 클릭합니다. 그러다가 1시간 후 조사는 전혀 하지 않았고 아직도 '올가을 FW 코트에 잘 어울리는 9가지 스타일'이라는 기사를 보고 있음을 알아차립니다. 이러한 쾌락 도구는 우리의 두려움과 친한 친구가 되어 함께 우리의 모든 의식을 무너뜨리려고 합니다. 알다시피 승리하는 쪽은 주로 이들입니다.

21세기 초가 가장 행복한 시기인지는 모르겠으나 가장 편리한 시기인 건 맞습니다. 하지만 생각 없이 편안함을 추구하기 전에 주의할 것이 하나 있습니다. 그것은 우리가 **안락과 편안함을 좇을수록 더 많은 불편함이 따라온다는 사실입니다.**

편안함에 헌신해 삶이 더 편안해지면 그 전에 편하다고 생각했던 것이 역겨워지고 불편해집니다. 이제 그것을 꺼리면서 강박적으로 편안함을 위해 더 많이 노력하고 그러면 편안함의 역치가 계속 올라갑니다. 결국 불안감이 높아지고 더욱더 불편해지는 악순환이 이어집니다. 모든 강박과 마찬가지로 이는 부정적인 동기부여라 편안

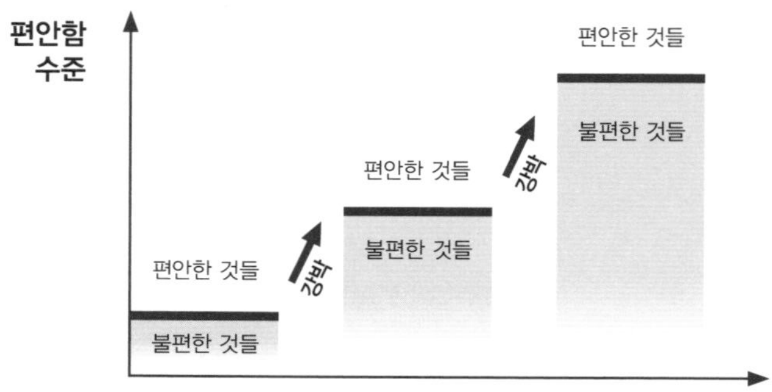

함 사냥에는 끝이 없습니다.

모든 즉각적인 보상은 우리를 잠깐 편하게 할 뿐 장기적으로는 더 불편한 삶을 안겨줍니다. 캔디왕국으로 가는 이야기처럼 설탕꽃 섭취는 쉬운 일이라 잠깐 동안 우리를 위로해줍니다. 대신 우리가 정말 중요한 것을 방치하게 만들어 장기적으로 우리 삶을 망치고 맙니다.

3. 무기력과 나태함

제 첫 워크북은 《에너지 업 워크북》인데 이것은 활력과 에너지를 늘리는 단순한 방법 열세 가지를 제시합니다. 처음 3개월 동안 저는 워크북의 인기에 많이 놀랐습니다. 얼마나 많은 사람이 무기력과 나태함, 집중력 결핍, 우울증을 극복하고 활력 넘치는 삶을 살고 싶어 하는지 알고는 감탄했습니다. 우리 주변에 널려 있는 즉각적인 보상이 그런 사회적 무기력 추세를 만들어냈을지도 모릅니다.

올더스 헉슬리는 《멋진 신세계》에서 모든 일차원적 욕구를 충족하는 사회를 묘사하고 있습니다. 만약 우리가 원하는 대로 음식, 섹스, 연결감, 성취감, 인정을 얻고 심지어 알약으로 모든 '불편한 감정'을 없앤 채 아무런 바람도 없이 살 수 있다면 어떨까요? 아마 열정이 사라지면서 활력은 떨어지고 피로는 넘쳐날 것입니다. 설령 진심 어린 목적이 있어도 "오늘은 피곤하니 내일 하자" 하고 넘겨버릴 것입니다. 중독된 쾌락은 바로 그 알약의 역할을 합니다. 우리가 창조적인 삶으로 바쁘면 무기력, 나태함, 우울증이 일어날 가능성은 확 줄어듭니다. 반대로 자기중심적인 위로에 집중할수록 그런 피로는 점점 퍼집니다.

즉각적인 보상과 중독에 '덜' 빠지는 법

"내일부터 유튜브를 끊을 거야!" 또는 "내일부터 정크푸드를 아예 먹지 않겠어!" 같은 선언은 대체로 오래가지 않습니다. 제 경험상 작심삼일로 끝나거나, 왜 오늘 중독에 따라야 하는지 합리화하거나("오늘은 스트레스를 많이 받았으니 딱 한 번만"), 대신 다른 도피 행위에 빠지는 경우(가령 유튜브에서 TV로, 모바일에서 PC로)가 대부분입니다.

중독과 습관을 다루는 방법을 알려주는 책은 매우 많습니다. 그래서 이 책에서는 그 주제에 깊이 들어가지 않겠습니다. 특히 제임스 클리어의 《아주 작은 습관의 힘》과 칼 뉴포트의 《디지털 미니멀리즘》은 큰 도움을 줍니다. 대신 저는 의식성장 입장에서 여러 가지 팁을 드리겠습니다.

즉각적인 보상은 아주 달콤하고 기업들이 그것을 매년 더 유혹적으로 만들기 때문에 저는 끊기가 거의 불가능하다고 봅니다. 오히려 검소하게 사는 것이 새로운 강박적 자기학대인 경우가 많아 그것을 추천하지 않습니다. **결국 비결은 모든 쾌락을 의식적으로 적당히 즐기고 다시 자아확장, 진정한 삶, 행동하기로 돌아오는 데 있습니다.**

1. 의식

모든 중독은 다른 장애물처럼 장기적으로 자아 구조 변화를 꺼리는 도피 메커니즘에 불과합니다. 간단히 이것도 두려움의 확대입니다. 따라서 즉각적인 보상은 두려움과 똑같이 다뤄야 합니다.

이것은 다른 함정과 마찬가지로 스스로 그런 도피 행위를 하고 있음을 알아채는 주인의식부터 시작해야 합니다. 아무도 게임, 술, 약, 야동, 쇼핑, 치맥을 강요하지 않습니다. 단지 우리가 그것을 하고 싶어서 할 뿐입니다. "오늘은 정말 취업 준비를 하려고 했는데 또 게임만 하고 말았어ㅜㅜ" 같은 연민은 자초한 것입니다. 이는 스스로 원해서 자꾸만 할 일을 미루는 시도임을 인정해야 합니다.

먼저 이 사실을 아무런 저항 없이 받아들인 다음 그 내적 원인을 파악해봅시다.

그 도피 행위로 어떤 상처를 숨기고 있는가?
지금 죽도록 마주하기 싫은 것은 무엇인가? 무엇이 두려운가?
어떤 밑바닥 신념을 들킬까 두려워 행동하지 않고
얕은 쾌락으로 도피하고 있는가?
그 쾌락으로 자신의 어떤 부분을 채우거나 위로하려 하는가?
그 쾌락으로 무엇을 경험하고자 하는가?
대신 실생활의 어떤 경험을 포기하는가?

원하면 중독과 관련해 두려움을 다루는 연습을 하는 것도 좋습니다. 중독을 끊으려면 **왜 그 중독을 원하는지** 깊이 의식하는 것이 가장 중요한 첫 단계입니다. 그렇지 않으면 무의식이 중독 욕구를 더 강하게 만들거나 다른 중독으로 대체하고 맙니다.

몇 주, 몇 개월 동안 자신을 꾸준히 관찰해 중독에 빠지는 진짜 이유가 명확해지면 그 행위로 무엇을 놓치고 있는지 돌아보는 것도 중요합니다. 집중력, 활력, 용기, 끈기가 사라지고 있다면 즉각적인 보상을 취하는 것이 내 웰빙에 정말로 큰 만족감을 주는지 재고해야 합니다. 그런 의식으로 중독의 노예가 되는 것이 아니라 중독을 컨트롤하는 힘을 되살릴 수 있습니다. 의식하면 그 행위를 지속할지 말지 선택할 자유가 생깁니다. 원하면 계속하고 싫으면 말고.

2. 대신 무엇을 할지 알기

우리는 중독을 극복하거나, 없애거나, 고치거나, 오직 '버리려고만' 합니다. 즉, 문제해결 지향대로 번거로운 것을 제거하려 합니다. 이때 대신 뭘 하고 싶은지 그 아이디어는 없습니다. 문제를 해결하면 여전히 같은 문제가 다시 일어나거나 새로운 문제가 발생하므로 중독을 없애고 그 빈틈을 채울 무언가가 필요합니다. 그렇지 않으면 새로운 도피 행위가 그 자리를 차지합니다.

예를 들어 앞으로 유튜브를 끊겠다고 결심하면서 갑자기 하루에 2시간이 공짜로(!) 생겼다고 칩시다. 불안한 자아는 그 2시간을 무조건 충동적인 행위로 채우려고 많이 노력할 것입니다. 스텐바이인 삶은 언제나 자아수축으로 돌아갑니다.

그러므로 우선 중독의 진짜 원인을 파악하고 그다음에 대신 무엇을 할지 명확하게 정하는 것이 중요합니다. 유튜브를 끊으면서 생긴 2시간 중 1시간은 아이들과 운동을 하고 다른 1시간은 재테크 준비에 쓸 수도 있습니다. 아니면 인스타그램을 확인하는 시간을 하루에 한 번, 6시로 정하고 나머지 시간에는 새로운 수출 프로젝트에 몰입합니다.

앞으로 자아확장 기준 전략 중 어떤 것을 취할 것인가?

중독을 자아확장으로 바꾸는 가장 빠른 방법은 환경 변화입니다. 사실 다른 삶을 살고 싶어도 익숙한 환경이 우리를 자꾸만 예전 방식으로 후퇴하게 만듭니다. 이를테면 이직, 이사, 이민은 내 전체 삶의 패턴을 처음부터 자아확장으로 재구축할 기회일 수 있습니다. 그 재구축은 꼭 의식적으로 해야 합니다. 그렇지 않으면 예전의 자아수축 패턴이 그대로 함께 이사를 갑니다. 이 주제는 반드시 자신의 직관을 따르세요.

결국 중독에 가장 좋은 무기는 의미 있게 자아확장을 하는 삶입니다. 단, 그 전에 먼저 그 삶의 모습을 의식적으로 정해야 합니다.

3. 몰입과 보상을 명확히 분리하기

집중력을 적당히 키우는 것이 좋습니다. 일할 땐 일하고, 자기관찰을 할 땐 자기관찰을 하고, 카톡할 땐 카톡을 하고, 쾌락을 누릴 땐 쾌락을 누리는 겁니다. 제가 이해하기로 이것은 '현재 순간을 산다'는 뜻입니다. 데스크톱 한구석에 네이버 쇼핑 창을 열어둔 채 다음 주에 치를 시험공부를 하는 동시에 모바일 메시지를 확인하고 틈틈이 생일파티 아이디어가 생각나 노트에 쓰면 단 하나도 제대로 해내기 어렵습니다. 저도 아직 이런 함정에 자주 빠지지만 이렇게 산만하면 모든 분야에서 효과가 뚝 떨어집니다.

특히 자아확장을 위해 한두 시간이나 서너 시간(원하는 만큼)을 내서 오로지 하나에만 집중하는 연습을 할 것을 권합니다. 스마트

폰은 잠깐 비행기 모드로 해두고 인터넷 브라우저는 가능한 한 아예 닫습니다. 온라인 접속이 꼭 필요하면 (앱을 설치하고) 브라우저 창을 최대 두 개로 제한합니다. 만약 지금껏 2분마다 스마트폰을 확인했다면 첫 한두 달은 이 변화가 큰 불편함과 저항, 합리화를 불러일으키겠지만 충분한 의식으로 몰입 시간을 지킬 경우 길어도 몇 달 안에 집중력이 조금이라도 높아질 것입니다.

만약 자아확장을 위해 예약한 시간이 끝나면 다시 마음대로 다양한 오락과 미디어로 돌아가도 좋습니다. 그 오락과 창조 시간을 섞지 않으면 됩니다. 그러면 쾌락도 무의식적인 자기방해 행위가 아닌 의식적인 즐거움으로 바뀝니다.

4. 편안함을 그만 좇기

편안함 추구와 진정한 삶을 사는 것은 별개의 문제입니다. 진정한 삶이 무조건 불편하다는 말은 아닙니다. 그러나 편안함에 헌신하면 모든 에너지를 그 목적에만 쏟고 결과도 그에 따를 것입니다. 자신에게 의미 있는 삶을 살려면 그것에 집중해야 합니다. 단기적으로 편하든 불편하든 말이죠.

자기 관찰 질문

1 어떤 즉각적인 보상으로 행동을 피하려고 하는가? 중독은 어떤 두려움의 연장인가?
2 그 중독을 왜 취하고 싶은가? 얻는 것은 무엇인가? 스스로를 어떻게 보호하고 있는가?
3 쾌락과 중독에 빠지면 어떤 비효율적인 결과가 일어나는가? 놓치는 것은 무엇인가?

실천 과제

1 자아확장을 위한 시간을 정하세요. 그 시간 동안 무관한 행위에 빠지지 마세요.(완벽할 필요는 없습니다.)

장애물7.
방법론에 대한 집착

"지도는 영토가 아니다."

관용어

성공한 사람을 보면 우리는 대개 그 성공 비결을 궁금해합니다.

"어떤 비결을 사용했을까?"

그 사람과 똑같은 과정을 따르면 자신도 그걸 이룰 수 있을 거라는 희망으로 다양한 방법을 찾으러 다닙니다. 이에 따라 다양한 책, 영상, 세미나, 워크숍, 강의가 우리의 관심을 끌기 위해 수많은 자기계발론, 방법론, 이론, 철학, 신념 체계, 운동 비법, 생산성 전략, 힐링 방법을 내세우며 치열하게 경쟁하고 있습니다. 우리는 큰 희망을 품고 '인생을 잘 살기 위한 10가지 법칙', '성공하는 사람의 7가지 마인드셋', '부자들의 5가지 습관' 같은 제목의 자기계발서를 읽고 철학과 종교를 공부하며 명상센터에 다녀오기도 합니다. 또한 유튜브나 온라인 클래스에서 올바른 '방법' 혹은 내 삶을 영원히 구원해줄 '정답'을 찾는다면 우리도 충만하고 행복하게 살 수 있을 거라고 믿습니다.

엄청난 정보의 홍수 속에서 방황하다 보면 어느 순간 평생 찾던 '딱 맞는 방법'처럼 보이는 것이 눈에 들어옵니다. 대개는 운동, 책임 원칙, 비전 개념, 인지행동 치료, 명상 기술, 신의 사랑 등에 꽂혀 "드디어 진리를 찾았다!" 하면서 후련하게 탐색을 그만두고 그 새로운 이론, 방법론, 철학대로 살기 시작합니다.

그런데 그 새로운 '진리'대로 꽤 평화롭게 지내다가 3개월쯤 지나면 슬슬 효과가 떨어지는 것을 느낍니다. 새로운 방법을 따라도 처음에 느끼던 자유를 더 이상 느끼지 못하거나, 조언자에게 실망하거나, 다른 책에서 갑자기 정반대의 말을 읽기도 합니다. 이럴 땐 혼란이 일어납니다.

"분명 이 방법, 원칙, 법칙, 규칙, 도구, 능력, 기술은 진짜인데 왜 안 되지? 내가 잘못하고 있는 걸까?"

다시 선생님을 찾아가거나 책 혹은 영상을 확인해보면 항상 듣는 설명은 "충분히 믿지 않아서 그래", "제대로 따르지 않아서 그래", "너무 인내하지 않아서 그래"입니다. 이때 재시도하면 그 효과를 잠시 올릴 수 있으나 결국 또 떨어집니다.

"아니, 도대체 왜 더 이상 안 될까?"

그 이유는 모든 방법, 이론, 원칙, 철학이 '진짜'가 아니기 때문입니다.

수단보다 삶

워크숍을 하면서 제가 자주 목격하는 모습은 사람들이 새로운 원칙, 방법, 도구를 배울 때 거기에 강하게 집착한다는 것입니다. 예를 들어 '문제해결 대 창조' 콘셉트를 배우면 그다음 주에 40명이 침울한 표정으로 의자에 앉아 한목소리로 말합니다.

"책임감 있게 뭘 창조하려 했는데 제대로 되지 않았어요. 창조는 아직도 많이 부족해요."

제가 매번 업로드하는 영상에서도 마찬가지입니다. 영상 아래에 달리는 댓글을 보면 항상 어렵다거나 제대로 하지 못한다는 내용이 넘쳐납니다. 논리는 늘 같습니다. 내가 명상·채식·모닝루틴·시간관리·비전 세우기·금욕·자기관찰만 잘하면 인생을 평화롭게, 활력 있게, 멋지게, 사랑스럽게, 자유롭게 살 텐데 현재 그 방법을 제대로 적용할 줄 몰라서 자신이 아직 부족하다는 것입니다. 오로지 그 하나의 방법을 잘하느냐 못하느냐에 의존해 자신의 가치와 삶의 행복을 판단하는 것입니다.

몇 년 전 저는 요가수업에서 네 가지 요가 수행 방법(라자, 갸나, 카르마, 박티 요가)을 배웠습니다. 선생님은 요가로 성장하려면 네 가지 모두 균형 있게 익혀야 한다고 말했습니다. 수행법으로 라자 요가는 심신의 에너지를 맞추는 길이었고, 갸나 요가는 관조와 이성적인 해부의 길이었고, 카르마 요가는 행동의 길이었고, 그리고 박티 요가는 정서와 사랑으로 영적 성장을 이루는 길이었습니다. 당시 저는 그 내용에 완전히 마음을 빼앗겼고 강박적으로 무조건 균형을 잡으려고 애썼습니다. 에너지와 관조, 행동의 길은 그럭저럭 잘 통합했다고 생각했기에 부족하다고 여긴 사랑의 길을 채우려고 많이 집중했습니다.

거의 2년 동안 미친 듯이 사랑을 다룬 소설을 읽고, 사랑을 일깨워주는 명상을 하고, 사랑에 대한 확언을 하고, '사랑이란 무엇인가'를 관조하고, 마음을 열어주는 시를 읽었습니다. 그럼 2년 후 저는 더 사랑을 계발했을까요? 당연히 아닙니다. 그저 강박-실패 사이클을 돌았을 뿐입니다. 저는 여전히 스스로를 이기적인 사기꾼이라고 여겼습니다. '사랑의 길을 걷는다'라는 콘셉트가 저를 구원해주지는 않았습니다.

지금은 그 이유가 명확히 보입니다. 제가 미시적인 집착 함정에 빠졌던 거죠. 당시 저는 그 네 가지 수행법을 진리로 생각했고 그 이론을 붙잡고 계발해야 하는 '올바른 기준'처럼 다뤘습니다. 제가 그때 놓친 사실은 이 네 가지 수행법은 그저 인간적인 발달을 상대적으로 설명하는 비유에 불과하다는 점입니다. **저는 모든 설명, 철학, 방법론은 다 상대적이라는 것을 배워야 했습니다.**

객관적으로 바라보니, 일단 '성장'이란 정확하게 무엇을 말할까요? 인간의 성장이 왜 하필 네 가지 수행법으로 나눠질까요? 그 분별은 누가 만들었나요? 그리고 그 네 가지가 정말로 나에게 맞는지 어떻게 알 수 있나요? 대신 열 가지 수행으로 나누면 어떨까요? 도대체 뭘 믿어야 할까요?

상대성을 설명하기 위해 인간의 심리를 한번 예시로 살펴봅시다. 마음, 심리, 정신이란 정확히 무엇일까요? 우리는 그것을 절대적으로 존재하는 대상처럼 다루지만 마음을 가까이 보면 그 개념이 얼마나 모호한지 딱 보입니다. 우리는 매일 생각, 감정, 강박, 충동을 경험하지만 '마음'이 무엇인지 확실하게 규정하는 것은 매우 어렵습니다.

만약 마음이란 무엇인지 말이 되게 설명하려면 우리는 생각, 감정, 느낌을 관찰해 그 중립적인 현상에 어떤 이론적 '설명틀'을 얹어놓아야 합니다. 현실은 상대적 개념 체계로만 설명할 수 있기 때문입니다.

우리는 인간의 마음과 그 발달을 묘사하기 위해 이제 다양한 이론, 철학, 모델을 만들 수 있습니다. 예를 들면 플라톤·아리스토텔레스의 철학, 공자의 논어, 불교의 유식학, 프로이트의 정신분석, 카를 융의 원형이론, 아들러의 개인심리학, 매슬로의 자아실현 욕구단계, 요가의 네 가지 수행법, 알렉스의 자아 설명 등.

우리는 마음과 '마음의 발달'을 이해하고 싶다면 다양한 이론을 확인할 수 있는데 그중에 도대체 무엇이 맞을까요?

그 답은 모든 이론이 맞지도 않고 틀리지도 않다는 것입니다. 온갖 이론은 마음이라는 분별을 설명하고 가이드해주기 위한 체계일 뿐입니다. 바로 현실에 얹어놓은 그 틀 말입니다. 이들은 그저 중립적인 현실을 조금 다르게 설명하는 것뿐입니다.

그중 무엇이 '맞는가'라는 질문은 적절하지 않습니다. 모든 설명이 그저 개념적 모델, 비유, 근사치approximation라면 우리는 그중 **'어떤 것이 현실과 삶을 가장 효과적으로 다루도록 도와주는가?'** 하고 물어봐야 합니다.

지금 이 순간 직접 확인해봅시다. 혹시 사람의 삶을 정확히 네 가지 길로 나눌 수 있나요? 우리 내면에서 열두 가지 유형을 찾을 수 있나요? 당연히 아닙니다. 모든 이론은 우리가 삶을 좀 더 편하게 살도록 하기 위한 개념적 발명품에 불과합니다. 모든 이론은 새로운 이해 가능성을 여는 동시에 그 이해의 한계도 만듭니다.

마찬가지로 모든 자기계발 도구도 상대적인 제시일 뿐입니다. 명상, 채식, 요가, 운동, 단전호흡, 습관 들이기, 새벽 기상, 관찰일기 쓰기, 잠재력 발휘, 인생원칙과 윤리 등의 수행, 성장과 자기계발 '비결'은 의미 있는 진정한 삶을 살도록 도와줄 수는 있지만 의미 있는 삶 그 자체는 아닙니다. 모든 아이디어, 방법, 원칙, 도구, 수행법은 그저 우리의 진심 어린 목적을 실현하기 위한 **수단**일 뿐입니다. 이 책의 내용을 포함해서 말입니다.

방법 그 자체가 목적이 되면 안 됩니다! 수단을 목적으로 헷갈리는 것 역시 아쉽게도 끊임없이 등장하는 새로운 강박의 함정입니다. 이때 방법만 잘 따르는 것일 뿐 우리의 진정한 삶은 놓치고 맙니다.

진심으로 의미 있는 인생을 살고 싶다면 방법에 얽매일 필요가 없습니다. 그것은 그리 중요하지 않습니다. 중요한 건 **얼마나 진심 어린 삶을 살고 있느냐**입니다. 수단은 단기적인 삶에는 도움을 줄지언정 우리에게 원하는 삶을 가져다주지는 않습니다. 그것은 오로지 우리 자신만이 가능합니다.

왜 우리는 방법론에 집착하는가

진정한 삶을 살려면 모든 방법론을 편하게 쥐었다 놓았다 할 줄 알아야 합니다. 그러기 위해 우선 방법이 우리를 지배할 때 어떤 내적 메커니즘이 작동하는지 확인해봅시다.

1. 목적이 없음

의식적인 자아확장 기준을 세우면 그것을 이루기 위해 다양한 방법을 유연하게 쓸 수 있습니다. 반대로 삶의 목적이 없으면 저절로 미시적인 방법과 가르침에 빠질 수밖에 없습니다. 가령 주변에서 영어공부가 좋다고 하면 영어를 잘하는 게 내 강박적인 목적이 됩니다. 혹은 요가원에서 채식과 단식이 좋다고 하면 그것을 따릅니다. 줏대가 없을 경우 우리는 반짝이는 '새로운 방법론'에 취합니다. 그것이 내 삶과 의미에 맞는지는 신경 쓰지 않습니다.

2. 에고 강화

에고는 언제나 우리의 밑바닥 신념을 가리기 위해 보다 수준 높은 모습을 추구합니다. 내게 어떤 자기계발 도구나 기술, 능력을 추가하면 자아생존을 더 보장받을 것 같아 맹목적으로 한 방법을 붙잡아 그것만 추구하는 경우가 흔합니다. 예를 들면 '명상을 잘하면 더 현명해질 거야', '스피드 리딩을 배워 매주 책 두 권씩 읽으면 멋지고 똑똑해 보일 거야', '전체적으로 자기계발만 잘하면 가치 있고 인정받을 만한 사람으로 보일 거야' 등이 있습니다. 이는 자아도취 패턴대로 진심 어린 삶을 포기하고 자기 에고만 다루는 자세입니다

(첫 번째 산의 자기계발 함정).

3. 구원자 찾기

책임의 중요성을 잘 알아도 여전히 주도권을 남에게 맡기는 것이 훨씬 쉽습니다. 실제로 우리는 책임의 무게를 스스로 짊어지기보다 고생스러운 삶을 '믿을 만한' 선생님, 단체, 철학, 자기계발 이론에 맡기고 싶어 합니다. 인생을 편하게 헤쳐 가도록 해주는 구원자의 가르침을 찾아내 완전히 기대고 싶은 것입니다. 내 삶을 직접 꾸려 가는 것은 불편합니다. 그래서 큰 희망을 품고 한 이론에서 다른 이론으로 점프하지만 원하는 결과를 얻지 못하면 실망해 다시 새로운 정답을 밖에서 찾는 일을 지속합니다.

모든 방법은 상대적이다

작가이자 전 신문기자인 다니엘 튜더는 《기적을 이룬 나라 기쁨을 잃은 나라Korea: The Impossible Country》에서 아주 신기한 말을 했습니다. 한국은 교육에서는 유교를 따르고, 사회생활에서는 극심한 자본주의와 개인주의 원칙대로 살고, 성장할 때는 불교적인 방법대로 행동하고, 마음의 위로와 사교성을 위해서는 그리스도를 찾고, 고민이 있으면 무속인을 찾아간다는 겁니다. 생각해보면 한국은 참으로 '유연한 나라'입니다. 제도와 철학은 다양할수록 좋지만 반면 자주 혼돈도 생깁니다. 그중 도대체 어떤 것이 맞을까요?

저는 또한 다음 질문을 굉장히 많이 받습니다.

"코치님, 한 자기계발서에서는 A 방법이 좋다고 하고 다른 책에서는 A 방법이 위험하다 하는데 도대체 뭘 믿어야 할지 모르겠어요."

이 질문에 답을 주려면 먼저 제가 하나 물어봐야 합니다.

"궁극적으로 원하는 게 뭔데요?"

앞서 설명했듯 모든 학파와 철학, 방법론은 상대적입니다. 따라서 모든 방법론은 맞는 동시에 틀렸습니다. 그것은 우리의 기대에 어긋난 것일 뿐 절대 절망에 빠질 이유가 아닙니다. 방법론이 절대적으로 맞지 않아도 그것이 우리가 삶을 효과적으로 살도록 도와주는 유용한 프레임이라면 충분히 이용해도 좋습니다. 반대로 효과가 없고 오히려 고통만 따르는 방법이라면 언제든 내려놓을 줄 알아야 합니다. 'Part1 원칙4. ('올바른 길'보다) 호기심'에서 이미 말했듯 아무것도 '믿을' 필요가 없습니다. 모든 것의 진실은 믿지 않고 경험으로 확인하면 됩니다. '믿는' 것이라면 그것이 정의상 틀릴 가능성이 있습니다. 맞으면 '알고' 있을 텐데 말이죠.

어떤 방법, 철학, 이론, 개념이 나에게 '맞는지'는 내 삶의 목적·나이·의식 단계·몸·취향·시대·환경에 달려 있습니다.

그래서 현재 나에게 어떤 방법이 맞는지 늘 직접 확인해야 합니다. 즉, 원하는 삶을 사는 데 어떤 수단 혹은 방법이 효과가 있는지 없는지 그 비평안을 스스로 계발해야 합니다. 어떤 책, 가르침, 철학이 내 삶을 대신 살아주지는 않습니다. 그것을 스스로 책임지고 어떤 수단이 원하는 결과를 내주는지 그때그때 직접 판단해야 합니다. 그 무엇도 맹신하지 말고 내 모든 방법과 원칙, 도구를 경험에 따라 내게 맞게 적절히 마련하는 것이 중요합니다. 왜냐하면 올바른

'하나의' 방법은 없기 때문입니다.

한번 해보고 효과가 나면 계속하면 됩니다. 효과가 떨어지면 그것을 자신의 뜻에 따라 조정할 수 있는지 고려하거나, 일부만 사용하거나, 아예 버릴 수 있습니다. 현재 상태에 따라 준비되어 있지 않으면 소음에 불과하고 그 방법을 이미 초월했으면 완전히 효과가 없는 것으로 보일 겁니다.

사람마다 단계와 목적이 다르기 때문에 효과가 나는 방법도 다릅니다. 이러한 다양성으로 인해 철학, 종교, 자기계발론이 서로 모순된 것처럼 보이는 것입니다. 이는 실수가 아니며 그 상대성은 현실에 이미 내재되어 있습니다. 그러므로 각자의 목적에 들어맞는 다른 이론이 있을 겁니다.

많은 사람과 선생이 효과적인 삶을 살려다가 자꾸만 전용專用에 따른 진리의 함정에 빠집니다. 가르치는 도구와 방법을 유효성에 따라 판단하기보다 효과와 상관없이 '이것만 옳다'고 선언하는 거죠. 이 경우 효과가 나지 않아도 결국에는 그것을 '믿을' 수밖에 없습니다. 그렇게 효과가 없는 수단에 붙잡히면 계속 막히고 맙니다.

무얼 믿는 것이 잘못되었다는 게 아닙니다. 다만 원하는 삶에 충분히 효과가 있으면 계속 믿고, 효과가 떨어지면 내려놓거나 다음 단계로 나아갈 줄도 알아야 합니다.

모든 방법은 일시적이다

우리가 구원을 갈망하다 보니 모노메소드(한 방법)의 집착에 빠지기 쉽지만 어떤 방법이나 가르침이든 잠깐은 효과가 있으나 장기적으로는 우리를 만족시킬 수 없다는 것을 꼭 알아야 합니다. 개인 성장은 하나의 방법으로 선형적으로 펼쳐지지 않습니다. 다음과 같이 정의하는 '수확체감의 법칙'이 이 현상을 잘 설명합니다.

> 경제학 용어로 일정 크기의 토지에 노동력을 추가로 투입할 때, 수확량 증가가 노동력 증가를 따라가지 못하는 현상을 말하며 일반화하여 수확체감의 법칙이라고 한다.

처음에 효과가 무척 좋았던 한 방법은 따르면 따를수록 더 이상 원하는 결과를 내지 못합니다. 심지어 삶에서는 오히려 첫 절정에 이르렀다가 다시 효과가 떨어질 때가 많습니다. 그다음에는 아무리 노력해도 효과가 늘어나지 않습니다. 피터 랄스턴은 이 단계를 '고원plateau'이라고 부릅니다. 지평선이 보이지 않는 건조한 사막을 상상해보세요.

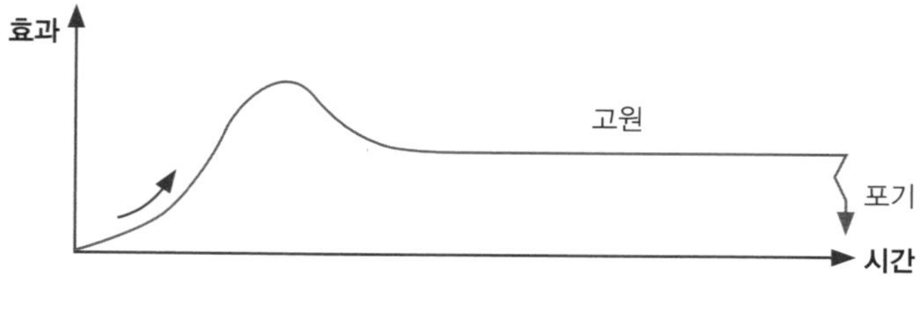

사람들은 대부분 고원을 조금 걷다가 지쳐서 포기합니다. 또 다른 사람들은 방법에 의문을 보이지 않고 맹목적으로 똑같이 시도했

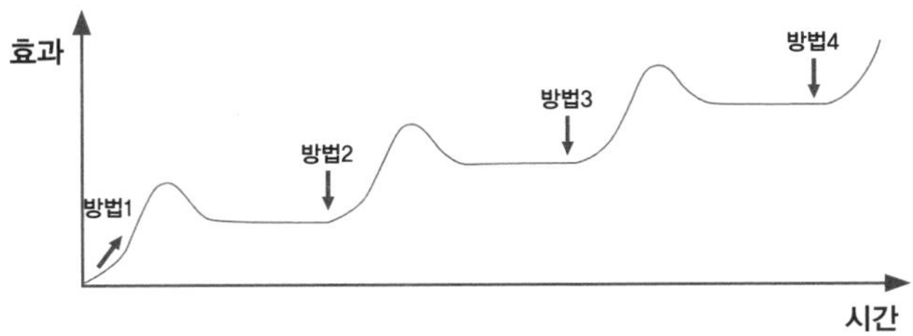

다가 반복해서 실패합니다.

하지만 이것 이외에 다른 시나리오도 있습니다. 이는 열린 마음으로 이전 방법을 뛰어넘어 다음 방법을 찾거나 발명하는 것입니다. 모든 방법에는 유효기간이 있습니다. 고원에서 많은 혼돈과 좌절을 느끼겠지만 그것은 다음 방법을 마련하기 위한 준비 과정입니다. 지성적으로 방법을 바꾸면서 그때그때 원하는 삶을 구축하면 효과는 더 좋습니다. 바로 이것이 마스터가 되는 과정입니다.

그동안 저는 개인적으로 명상 방법에 집착하는 사람을 많이 봤습니다. 마음챙김 명상의 경우 현실을 객관적으로 바라보고 외적 현상에 덜 휘둘리는 것을 연습합니다. 이것은 그야말로 황금 능력입니다! 하지만 1년 동안 열심히 명상을 훈련해 일어나는 현상에 주의를 잘 기울인다고 해서 원하는 삶을 살고 있을까요? 아마 아닐 겁니다. 이는 현실을 반응 없이 객관적으로 관찰하는 것일 뿐 의식이 높아지거나 행동하거나 삶을 바꾼 것은 아닙니다.

여기서 바로 다음 단계를 고려하는 것이 효과적입니다. 예를 들어 명상을 충분히 습득해 일상생활에서도 명상 상태를 꽤 잘 유지할 수 있으니, 다음 단계로 관찰일기가 도움이 될까요? 가역성 실험이 도움이 될까요? 어떤 프로젝트를 시작하는 것은 적절할까요?

마찬가지로 그다음 단계에도 계속 갇혀 있으면 안 됩니다. 모든 방법과 마찬가지로 곧 효과가 떨어지기 때문입니다. 모든 방법은 어느 정도 손에 익으면 다음 단계를 정하는 것이 좋습니다. 한 단계에 오래 갇혀 있지 마세요. 자신이 원하는 삶에 따라 그때그때 적절한 방법으로 바꿔보길 추천합니다.

그렇다고 그 전 단계를 아예 포기하는 게 아니라 우선순위만 낮추는 것입니다. 예를 들어 일상생활에서 명상을 하고, 필요할 때마다 조금씩 자기관찰을 하고, 한 달에 한 번 가역성 실험을 하고, 필요하면 두려움을 관조할 수 있습니다. 다만 마음속에서 그 방법들은 더 이상 1순위가 아닙니다. 1순위는 현재 가장 필요하고 적절하면서 효과가 나는 방법입니다. 방법을 물 흐르듯 자연스럽게 적용할 수 있을 때, 신경 쓰지 않을 때, 정말로 방법을 성공적으로 체화한 셈입니다.

어느 날 저는 제가 석 달 전부터 사랑의 길을 찾는 것에 관심이 사라진 것을 알아차렸습니다. 대신 저는 자연스럽게 워크숍을 하면서 참가자를 존중하고 책 집필에 집중하면서 아는 것을 모두 나눴습니다. 즉, 제 자아확장 목표에만 집중했습니다. 그렇게 사랑의 길을 걸어야 한다는 강박을 내려놓자 오히려 제 가족, 친구와 훨씬 더 온전하고 '사랑스러운' 시간을 보낼 수 있었습니다. 제가 사랑의 길을 걷겠다는 강박을 내려놓은 그때(!) 성공적으로 통합이 이뤄졌다는 것을 알았습니다. 제 자아확장 기준에 집중하면서 자연스럽게 계발이 이뤄진 거지요. 궁극적으로 네 가지 길이 있는지, 쉰 가지 길이 있는지, 길이 아예 없는지는 중요하지 않았습니다. 이론 자체는 단지 내가 그런 삶을 살기 위한 길잡이였을 뿐입니다.

수단은 수단일 뿐입니다. 그 이상도 이하도 아닙니다. 집중해야 하는 것은 내가 진정으로 원하는 확장적인 삶입니다. 어떤 방법을 잘하든 못하든 그것은 중요하지 않습니다. 수단은 그저 필요할 때 사용하면 그만입니다.

같은 맥락에서 여러분이 이 책의 단계를 잘 따르는지는 제게 중요하지 않습니다. 의미 있는 삶만 살면 됩니다. 만약 제가 제시하는 수단이 여러분에게 영감을 주거나 실용적이라면 많이 쓰고 그렇지 않으면 전부 버리세요! 한 방법만 고집하며 쓸데없이 갇혀 있지 않았으면 좋겠습니다. 그때그때 지성적, 의식적으로 상응하게 사용하면 됩니다. 수단과 진짜 목적을 헷갈리지 마세요.

방법에 얽매이지 않는 법

1. 직접 경험

올바른 '하나의 방법'은 없다는 것을 스스로 발견해야 합니다. 많은 단체, 책, 매체, 학교, 학원에서 배우는 방법을 편하게 쓰되 어떤 것이 효과가 있는지는 '해봐야' 알 수 있습니다. 무엇이든 맹신하지 마세요. 이 책을 포함해 모든 가르침과 자기계발 콘텐츠에 의문을 제기하는 한편 자신의 삶에 맞는지 직접 경험하고 판단하세요.

2. 민첩성

방법이 더 이상 내 자아확장 기준을 지원하지 않으면 방법을 수정하거나 다시 방법과 자아확장 기준을 일치시키는 것이 진행을 위한 필수 원칙입니다. 내 행동의 효과가 언제 떨어지는지 잘 알아차려 언제든 예전 방법을 내려놓고 더 강력한 행동을 적용하면 유효성을 많이 강화할 수 있습니다.

더 아름다운 삶을 살려면 고원은 피할 수 없습니다. 고원은 우리가 좌절에 빠지도록 하는 게 아니라 성장을 위한 신호이자 기회입니다. 고원에 있다면 다음 질문을 해보세요.

현재 내게 보이지 않는 것은 무엇인가?
내 다음 단계는 무엇인가?
내 방법을 어떻게 바꿔야 다음 단계로 넘어갈 수 있을까?

도구는 초보자를 위한 좋은 진입점이지만 어느 정도 경험이 생기면 '정해진 도구'를 슬슬 내려놓고 그 아래를 받치고 있는 원칙을 직접 발견해야 합니다. 피터 랄스턴은 1978년 비아시아인으로는 처음으로 풀 컨택트 세계무술선수권 대회에서 1등을 했습니다. 어떤 무도를 훈련해서 그랬을까요? 랄스턴은 유도를 비롯해 가라테, 쿵푸, 타이치, MMA, 킥복싱, 주짓수, 아이키도, 태극권까지 그야말로 모든 무도를 살펴봤습니다. 그의 목적은 '효과적인 싸움'에 있었고 절대 한 방법에 집착하지 않았습니다. 그는 그중 효과적인 것은 유지하고 약한 부분은 버리는 식으로 몇 년간 '싸움'에 도움을 주는 가장 핵심적인 원칙을 증류해 자신만의 무도 철학을 만들었습니다. 한 번은 랄스턴이 이렇게 말했습니다.

"나는 당신이 평생 훈련할 수 있는 것보다 더 많은 무술을 버렸다."

이것이 바로 마스터와 중급자의 차이입니다. 중급자는 평생 하나나 두세 개 방법론을 습득한 뒤 거기에 집착해서 멈춥니다. 반면 진짜 마스터는 모든 방법론을 수단으로만 사용하고 목적과 원칙, 직관 차원에서 유연하게 전진합니다. 저는 아직 마스터가 아니지만 자아실현과 의식성장 영역에서 한 이론을 따르기보다 수많은 자료, 이론, 세계관, 종교, 심리학, 과학, 존재론, 형이상학, 모델, 철학, 가르침을 직접 확인해 종합적이면서 거시적인 시야를 계발하는 데 초점을 두고 있습니다. 이 책으로는 여러분에게 모노메소드의 접근법보다 다양한 의미가 있는 삶을 위한 종합적인 접근법을 알려주고 싶었습니다. 그러나 그 효과는 스스로 모든 방법을 확인해서 판단해야 합니다.

3. 방법보다 목적

삶의 목적은 스스로 정해야 합니다. 그 부분은 저도 도와줄 수가 없습니다. 일단 정했다면 그 거시적 목적에만 집중하세요. 그 길에서 접하는 방법은 모두 이차적입니다. 방법을 잘 따르는 것이 좋지만 완벽할 필요는 없습니다. 결과를 탁월하게 내는 것이 좋지만 이것은 수단의 능숙도와 무관합니다.

더 사랑이 넘치는 삶을 살고 싶나요? 그렇다면 메타 명상Meta meditation, 사랑에 관한 확언, 로맨스 영화를 볼 수도 있으나 가장 빠른 방법은 자아확장으로 다양한 사람에게 기여하는 일일 겁니다. 더 생산적인 사람이 되고 싶나요? 앞으로 2년 동안 시간관리 세미나에 다녀오고, 집중 명상을 하고, 생산성과 미루는 습관을 이기는 법을 다룬 책을 열 권 읽을 수도 있습니다. 그러나 생산적으로 살려면 목적에 걸맞은 행동만 하면 그만입니다. 더 현명해지고 싶나요? 자기관찰을 하고, 영적 수행을 하고, 수많은 책을 읽을 수 있지만 자아확장 비전에 집중하면 지혜는 저절로 생깁니다. **어차피 자아확장 목적 안에 방법 습득이 내재되어 있으므로 방법을 핵심으로 잡을 필요는 없습니다.**

4. 자신을 능력과 동일시하지 마라

만약 자신을 정당화하기 위해 어떤 방법을 죽도록 '잘해야 한다'고 생각한다면 다음 말을 해주고 싶습니다.

여러분은 자신의 비전과 목표에 따라 원하는 모든 방법, 스펙, 지식, 능력, 실력, 도구, 이론을 습득할 수 있습니다. 하지만 그 모든 것은 내가 하는 행동이지 '나'가 아닙니다. 자기 자신을 자신의 능력이나 방법의 능숙함과 동일시하는 것도 많은 고통만 불러일으키는 강박 패턴입니다.

내가 테니스를 더 잘 친다고, 영어를 잘한다고, 자기관찰을 잘한다고 해서 '더 나은 사람'이 되는 것은 아닙니다. 그것은 나 자신에게 추가하는 스펙일 뿐입니다. 우리가 원하는 삶에 도움을 준다면 능력을 많이 기르라고 권하겠지만 우리의 에고는 늘 부족함으로 살기 때문에 자격증 500개를 취득하고 스펙을 쌓고 또 쌓아도 자신이 가치 있다는 느낌이 들지 않을 겁니다. 내 행동과 능력이 곧 '나'라고 착각하는 순간 노출에 따른 두려움이 강해져 오히려 행동하지 못합니다. 능력 자체에 얽매이지 말고 그것을 잘 사용해 원하는 삶을 살면 됩니다.

자기 관찰 질문

1. 현재 어떤 방법론에 갇혀 있는가? 어떤 능력, 방법, 도구를 '완벽하게' 습득해야 한다고 생각하는가?
2. 그 방법을 잘 키움으로써 무엇을 증명하고 싶은가?
3. 방법에만 주의를 기울이다 놓치는 것은 무엇인가?
4. 목적을 명확히 하고 나면 그다음 단계는 무엇인가?

장애물8.
허무주의, 회의주의, 공허함, 우울함*

"식자는 마음이 깃든 길을 골라서 그것을 따라가네. 식자는 주위를 바라보고 기뻐하며 웃음을 터뜨리다가 '보고' 아는 거야. 식자는 자기 삶이 너무 빨리 지나가리라는 사실을 아네. 식자는 자신이 다른 사람들과 마찬가지로 어디에도 가지 않는다는 걸 알고 있어. 식자는 '보고' 알기 때문에 다른 것보다 중요한 것 따윈 없다는 걸 알아."

카를로스 카스타네다, 《초인수업》, 5장

"… '나는 누구인가?'를 생각해보고 굳이 뭔가가 될 필요는 없다는 생각과 동시에 더 이상 공부하는 게 싫어지더라고요. 삶에 절대적 의미가 있는 것 같지도 않고요. 그동안 뭔가 더 나은 사람이 되려고 이것저것 해왔는데 그럴 필요가 없다고 생각하니 다 안 하게 되더라고요.ㅎㅎ 강박적으로 하던 것을 내려놓는 건 편한 일

* 주의사항: 이 챕터에서는 자기계발에 따른 허무주의, 공허함, 우울함을 다룹니다. 임상 우울증과 유전적 우울증은 다루지 않습니다. 증상이 심각하면 심리 상담을 받거나 정신과에 방문하길 권합니다.

이지만 동시에 인생에 별 의미가 없는 것 같더라고요. 허무함에 빠진 것 같기도 하고요. 아무것도 하지 않으려고 제가 새롭게 알게 된 사실을 이용하는 것은 아닌가 하는 생각도 들고요. 하여튼 제가 알고 있던 것들, 제가 하고 있던 것들을 다시 생각해보니 큰 의미가 없는 것 같았어요. '미래에 뭐가 되어야겠다, 뭔가 이뤄내야겠다.' 이런 것이 모두 지금의 내가 마음에 들지 않아 '나중에 이걸 하면 날 더 좋아해주겠지?' 하는 망상이나 바람인 것 같았습니다. 그래서 해오던 것들을 많이 내려놓고 지금 이 순간에 즐거울 수 있는 걸 하자 했더니 컴퓨터게임, 자위, 낮잠 이런 걸 하는 시간이 오히려 많이 늘더라고요. 많은 것을 스스로 재정립하는 과정에서 무의미해지는 게 많더라고요."

워크숍 참가자의 메일

허무주의, 공허함, 회의주의, 우울함은 자아의 마지막에 일어나는 매우 기발한 저항입니다. 이는 더 충만하고 의미 있게 살려고 많이 노력한 사람에게 자주 일어나는 현상입니다. 지금껏 강박적으로 살아온 삶이 모두 가짜였음을 깨달았지만 아직 진심에 접속이 잘 이뤄지지 않을 때 일어납니다.

"내가 평생 좇은 성공, 섹스, 권력, 인정, 부, 특별함, 독립, 반항, 수행, 안정은 다 에고와 강박에 불과하구나."

이제 막 첫 번째 산에서 내려왔는데 두 번째 자아확장 산은 아직 보이지 않아 "어차피 모든 게 의미가 없다"라고 선언하면서 정체성 위기가 일어나는 것입니다. 앞은 보이지 않는데 그렇다고 예전으로 돌아갈 수도 없기 때문입니다.

허무주의는 그저 자기 에고를 새롭게 분리하는 강박에 불과합니다. 이를테면 '잘나 보이고 강해 보여야 한다'는 예전의 강박이 비효율적이라는 것을 깨달은 뒤 '뭐, 어차피 다 의미가 없어'의 도피 행위로 옮겨간 것뿐입니다. 둘 다 내 밑바닥 신념을 여전히 지키고 있습니다. 또 둘 다 내가 직접 만들었고, 둘 다 내 행동 범위를 제한합니다. 둘 다 틀렸습니다.

허무주의와 우울함은 '행동하지 않기 위한 전략' 측면에서 피해의식보다 더 강력합니다. 어차피 다 의미가 없다고 스스로를 설득할 수 있으면 아무것도 하지 않아도 되잖아요. 그 대가는 꾸준한 니힐리즘, 우울한 감정, 자기연민이지만 변화하지 않는 데는 아주 효과적인 에고입니다. 우울함 안에서 안전하게 자아생존할 수 있으니까요. 언제 행복이 찾아올지는 모르겠지만 편안한 삶은 확실합니다.

또한 허무주의 안에는 작은 자랑이 숨어 있습니다. 예전에는 보이지 않았지만 진실을 깨달은 지금은 삶에 절대적 의미가 없음을 알고 자신이 학벌, 승진, 부, 명예를 추구하는 사회와 사람보다 훨씬 더 우월하다고 생각합니다.

우울한 감정을 느끼며 즉각적인 보상을 받는 동시에 남에게 "불쌍한 우리 알렉스"라고 인정도 받는다면 그야말로 대박인 거죠. 믿기 어렵겠지만 우울한 감정을 즐기는 경우가 훨씬 더 많습니다. 그럼 그 현상을 구체적으로 설명하겠습니다.

에고 반발

헬스장에 가서 근육을 키울 때 운동이 정말로 효과가 있는지 어떻게 측정하나요? 주로 다음 날 근육통 강도가 신호를 보내줍니다. 근육통이 아예 없거나 너무 심한 상태가 아닌 딱 적절한 통증이 근육이 '확장'했음을 알려줍니다. 근육을 늘리려고 헬스장을 꾸준히 이용하는 사람은 오히려 그 통증을 원합니다. 통증이 오면 충분한 회복 시간을 보낸 뒤 다시 근육 훈련에 들어갑니다.

자아도 마찬가지입니다. 현재의 자아를 확장하려 하면 똑같은 저항과 우울한 감정이 일어날 수 있습니다. 크레이 그리몬트 코치는 자아를 '상자' 모델로 설명합니다.

우리 자아가 상자 안에 들어가 있다고 해봅시다. 자아에게 상자 안은 안전하고 편한 반면 상자 바깥은 위험하고 적대적입니다. 예를 들어 수줍어하며 말하지 않는 것은 안전하고 편하지만 외향적으로 사람을 접하고 상호작용하는 것은 '위험한' 것으로 인지합니다(그 반대인 자아도 있습니다). 혹은 현재 아무것도 하지 않고 넷플릭스를 보는 것은 안전한 반면 내 목적을 위해 행동하는 것은 위험하다고 생각합니다.

우리가 진심 어린 자아확장 기준대로 행동하려면 익숙한 상자에서 자주 나와야 합니다. 낯선 곳으로 꾸준히 진입하면 슬슬 적응하면서 내 상자가 확장됩니다. 다른 말로 익숙한 강박 혹은 두려움 패턴에서 벗어나 새로운 의식적인 행동에 진입할수록 어느 날 그 새로운 행동이 편해집니다. 가령 유학을 간 적이 없으면 그런 이동이 많이 무서울 수 있습니다. 그러나 일단 유학을 떠나 해외에서 몇 년

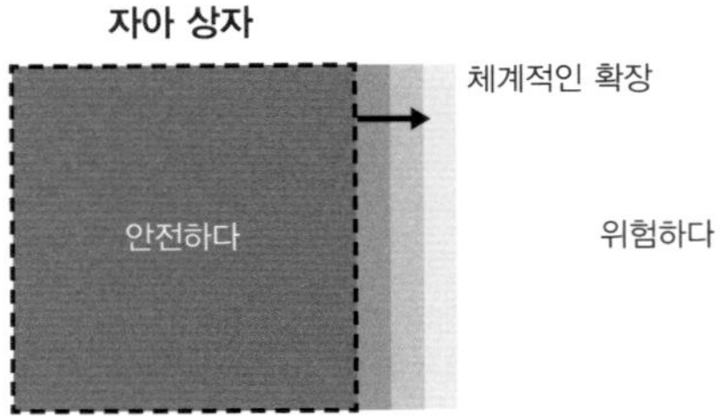

공부나 일을 해보면 다른 나라에 가는 것이 그렇게 '도전적'으로 느껴지지 않습니다.

이처럼 근육을 늘리듯 내 자아 상자를 체계적으로 확장할 수 있습니다. 물론 말은 쉬워도 당연히 행동은 어렵습니다. 혹시 진짜 채찍질을 해본 적 있나요? 제대로 하지 못하면 채찍이 찰싹하고 큰 소리만 낼 뿐 반대로 되돌아와 나를 때립니다. 이것을 백래시backlash라고 부릅니다. 이와 같은 현상으로 내가 자아의 모서리를 너무 많이 넘으면 '에고 반발ego backlash'이 일어납니다. 자아에 내재된 보호 메커니즘 때문에 내가 자아의 안전지대에서 벗어날 때마다 자아는 복수하듯 다시 익숙한 상자로 나를 끌어당깁니다.

그 반발은 곧 불편하고 우울한 감정으로 돌아옵니다. 왜냐하면

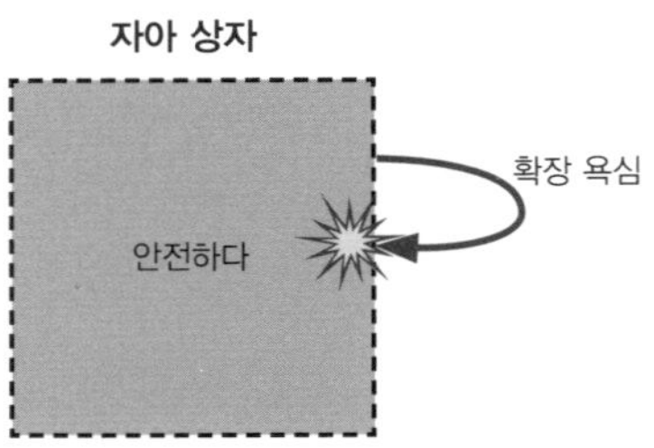

그 감정들이 나 자신을 확장적인 도전으로부터 지켜주기 때문입니다. 제가 이 현상을 얼마나 자주 경험했는지 모를 겁니다. 일주일 동안 매일 6시간씩 활기차게 집필하고 한 주를 마무리한 뒤 다음 주에는 더 잘 쓸 수 있겠다는 희망으로 그다음 주를 시작합니다. 그런데 월요일이 되자마자 나도 모르게 이유 없이 우울합니다! 어떤 투명한 힘이 나를 일하지 못하게 합니다. '누가 내 책을 읽겠어', '이게 다 무슨 소용이야', '도대체 내가 왜 이 일을 시작한 건지 기억나지도 않아' 등 온갖 생각이 내 손을 묶습니다.

그런 날 제가 할 수 있는 건 오로지 독서, 드라마 정주행, 자책일기 쓰기 그리고 설거지 같은 '가벼운' 일입니다. 혹시 여러분도 그런 날을 경험한 적이 있나요?

그러한 불편함과 우울함은 우리가 부족해서 생기는 게 아니라는 점을 꼭 이해해야 합니다. 그 느낌은 자아를 확장할 때마다 다소 느껴집니다. 그 감정은 성장하고 있다는 신호이며 그 불편함이 바로(!) **자아의 근육통**입니다. 그래서 그 감정을 회피하기보다 인생에서 새로운 경험을 하고 싶을 때마다 오히려 '적당히' 그것을 찾아야 합니다. 따로 충분히 회복 시간을 누리며 천천히 자아 상자를 확장하면 됩니다.

도전하면서 확장하는 삶을 살고 싶으면 우선 '확장통'을 다른 입장에서 바라보는 것을 배워야 합니다. 즉, 확장통을 도망쳐야 할 부정물로 보기보다 내 여정의 표지판으로 받아들여야 합니다. 가장 큰 실수는 '난 우울하면 안 되는데' 하는 강박입니다. 좀 불편하면 자신이 자아의 모서리에 있음을 알아차리기만 하면 됩니다. 그 불편한 현상과 싸울 필요가 없습니다. 그저 있는 그대로 바라보고 적당히 행동하면 그만입니다. 나아가 원하지 않는다면 내려놓고 쉬어도 됩니다. 시간이 지날수록 그 확장통을 피하기보다 오히려 찾기 시작할 것입니다. 그런 느낌이 들 때마다 '내 삶이 확장되기 직전이구나!'라는 사실을 알기 때문입니다. 아마도 헬스장에서 느끼는 근육통처럼 음미하기 시작할 겁니다. 의식적으로 인생을 춤추듯 즐기는 겁니다.

허무주의와 우울한 감정을 통과하는 팁

1. 저항하지 않기

자기 감정에 저항하지 않는 것은 중요한 단계입니다. 가끔 행복하고, 우울하고, 화나고, 슬프고, 희열에 빠지는 인간의 감정은 인생에 풍부함을 안겨줍니다. 우리가 배워야 하는 것은 감정에 저항하지 않는 동시에 의식적으로 사는 것입니다. 때때로 우울한 감정을 느껴도 괜찮습니다. 그렇다고 의미 있는 삶을 살지 못하는 건 아닙니다. 감정의 우선순위를 낮추고 자신의 자아확장 기준대로 살면 됩니다.

이를 위해 마음챙김 명상 연습을 추천합니다. 감정에 덜 휘둘리고 일어나는 모든 현상을 저항 없이 바라보는 능력은 내적 장애물에 얽매이지 않는 데 큰 도움을 줍니다. 장기적으로 어떤 감정이 너무 비효율적이다 싶으면 자기 강박과 두려움, 밑바닥 신념을 관조하고 기본 원인을 찾아 통합하면 됩니다.

2. 주인의식

이쯤에서 자신의 내적 메커니즘에 주인의식을 발휘해 허무주의, 공허함, 우울함 역시 직접 만들어내고 있다는 점을 들여다봐야 합니다.

그런 허무주의와 우울함으로 얻는 것은 무엇인가?
그 감정은 내가 행동하지 않는 것을 어떻게 도와주고 있는가?
진심으로 행동하고 싶은가, 아니면 우울하게 기다리고만 싶은가?
무엇을 지키느라 행동하기가 두려운가?

주인의식을 일깨우는 팁을 하나 알려드리겠습니다. 우울한 감정을 빨리 없애려 하지 말고 대신 자신이 그 감정을 얼마나 '즐기고 있는지' 관찰해보세요. 모순 같지만 사실 저항하지 않고 우울함을 느끼는 건 꽤 유쾌합니다. 우울함은 우리의 안정터죠! 저는 그런 공허한 날이 오면 따뜻하게 감싸 안긴 듯한 느낌을 받습니다. 기분이 울적해도 그날은 우울하다는 핑계로 행동하지 않고 빈둥거리거나 잠을 자는 등 모든 쾌락에 빠질 수 있습니다. 내가 스스로 우울한 감정을 선택한 거죠. 그 포용적인 태도로 하루나 이틀 정도 기분이 가라앉은 시간을 즐기고 다시 확장으로 돌아갑니다.

3. 조금씩 작은 행동하기

자아확장 기준에 따라 행동할 때 그 행동을 작은 단계로 나눌 것을 추천합니다. 한꺼번에 자아 상자를 완전히 벗어나려 하면 그만큼 에고의 반발도 큽니다. 먼저 모서리와 가까운, 그러니까 약간 도전적인 시도를 권합니다. 수줍어하는 성격인데 하룻밤 만에 외향적으로 행동하기보다 웨이터에게 반찬 한 번만 더 갖다줄 수 있는지 묻는 가벼운 것부터 시작합니다. 이어 스피치나 공연 모임에 나가 크게 말하는 것을 10분씩 연습하고, 채팅이나 댓글로 하고 싶은 말을 표현하고, 회사나 학교에서 점심시간에 먼저 메뉴를 제시해봅니다. 이런 경험이 누적되면 1년 안에 자기 자신을 표현하기가 훨씬 편해질 겁니다. 하루 만에 커다란 변화를 일으키려 하면 백래시가 너무 커서 오히려 다시 트라우마가 생기고 자신을 결핍에 강하게 내던지게 됩니다.

진정한 인생을 '빠르게' 살 필요는 없습니다. 빠른 변화를 원하는 것 자체가 강박입니다. 미국 군대에서 흔히 하는 말이 있습니다.

"Slow is smooth, and smooth is fast."(천천히는 부드럽고, 부드러움은 빠르다.)

천천히 신중하게 하면 더 안전하고 빠르다는 이 말의 의미처럼 앞으로 빠르게 하겠다는 강박을 느끼기보다 내게 맞는 도전 강도를 알아내는 센스를 계발하는 것에 집중해보세요. 그 강도는 각자 다르므로 시행착오를 거쳐 스스로 알아내야 합니다.

4. 자아확장 기준 재정리

'Part3 실행4. 조정'과 'Part4 장애물1. 강박과 이상' 챕터에서 충분히 언급했으므로 여기서는 짧게 설명하겠습니다. 만약 과거의 삶은 다 무의미했다고 결론을 내렸으면 그 무의미함에 머물지 마세요.

첫 번째 산에서 떨어지면 두 번째 산을 다시 정해야 합니다. 의미가 없으면 언제든 직관을 확인해 새로운 의미를 만드세요. 계속 게으름을 피우려고 "다 의미 없다"는 변명을 하지 맙시다.

5. 스포팅 파트너 찾기

웨이트 트레이닝을 최대한 활용하는 방법 중 하나는 현재 내가 들 수 없는 무게를 스포팅 파트너spotting partner와 함께 드는 것입니다. 내가 내 한계치까지 들어보려고 하는데 만약 마지막 10센티미터가 남은 상황에서 더 이상 들 힘이 없을 때 파트너가 손가락 두 개로 살짝 도와주기만 해도 내가 여태껏 들어보지 못한 무게를 들 수 있습니다. 마찬가지로 인생 파트너들이 내가 항상 내 모서리를 넘도록 도와줄 겁니다.

친구나 반려자에게 혹은 모임에 내 다음 단계를 알리고 그것을 통과하기 위한 지원을 받으면 됩니다. 내 도전을 객관적으로 지켜줄 동행자가 있으면 마음이 안정되고 용기가 납니다. 파트너가 내 연습을 냉철하게 바라보면서 격려하고 피드백도 주기 때문입니다.

인생은 무의미하지 않다

마지막으로 흔한 이의를 다루고 싶습니다.

'Part2 기둥2. 인생의미 세우기' 챕터에서 설명한 것처럼 모든 의미 부여는 각자가 어떤 사물과 상황, 사람, 목적에 개인적으로 얹어 놓는 것입니다. 우리는 가족, 단체, 사회 안에서 서로 어떤 의미를 공유하기도 하지만 의미를 직접 선택하고 상대적 또는 개념적으로 만듭니다. 우주에서 절대적인 '하나의 의미'는 없습니다. 내가 의미 있는 인생을 살려면 그것을 외부에서 습득하거나 직접 만들어야 합니다. 둘 다 내 선택입니다.

공허함을 핑계로 대는 사람들은 가끔 "어차피 절대적인 의미가 없는데 왜 내가 가짜로 의미를 만들어야 해?"라고 이의를 제기합니다.

그러한 논증으로 놓치는 게 있습니다. 그 입장이 왜 부적절한지 존재론적 관점에서 설명하겠습니다. '삶에 의미가 없다'는 것은 낮은 의식 차원의 이원적 해석입니다. '의미가 있다'에서 '의미가 없다'로 바꿨겠지만 아직도 의미 부여의 이원성에 갇혀 있습니다. '의미가 없다'는 선언의 전제조건은 바로 의미의 존재입니다. '절대적으로' 생각하면 의미는 있지도 않고 없지도 않습니다. 즉, 있는 동시에 없습니다. '절대적으로' 삶에 의미가 없는 게 아니라 **삶이 의미로부터 그리고 의미를 위해 자유롭습니다!**

영어로 설명하면 이해하기가 더 쉽습니다. 존재는 meaning-ful이 아니고, meaning-less도 아니고, meaning-FREE입니다. 우리에게는 의미를 만들 자유와 만들지 않을 자유가 있습니다.

니힐리즘 가면은 특별하게 느껴지겠지만 그것도 '절대적으로' 틀렸습니다. 인간 경험은 모두 이원적 개념으로 이뤄집니다(가령 테이블 개념을 모르면 테이블은 내 경험에서 존재하지 않습니다). 언어부터 사회, 에고까지 모든 것은 문명이 발달하면서 개념적으로 생긴 '가짜 발명품'에 불과합니다. 인간의 분별력 없이는 존재할 수 없는 것들입니다. 다 개념적 발명품이라고 해서 언어, 사회, 지식 없이 살 건가요?

절대적으로 삶은 의미 개념에서 자유롭지만 개념이 없으면 우리가 알고 있는 '삶'은 불가능합니다. 우리가 모든 이원성을 초월해도 인간의 '삶'이 개념으로, 혹은 상대적으로 이뤄지다 보니 우리는 의식적으로 상대적 이원성 안에서 살 수밖에 없습니다. 21세기 의식에는 의미가 내재되어 있습니다. 우리는 거기로부터 도망칠 수 없습니다.

그렇다면 차라리 그것을 포용해 아름답게 만드는 것이 더 좋지 않을까요? 이것은 의미에 극도로 집착하느냐, 아니면 그것을 가볍게 내 아름다운 삶을 창조하는 데 이용하느냐의 차이입니다.

꽤 많은 사람이 삶과 의미 부여가 상대적이고 개념적인 허상임을 깨달으면 우울해하는데, 오히려 지금까지 살아온 삶이 진짜면 그것이 우울해할 일이지요. 올바른 게 없고 의미에 무한한 가능성이 있음을 깨달으면 굉장한 안도와 자유가 생기지 않을까요? 삶은 가상으로 창조하는 허상이라야 마음껏 즐길 수 있습니다. 의미 창조를 받아들이면 삶을 아름답게 구축하고 반대로 의미 창조를 거절하면 우울함의 안전한 버블에 머물 수 있습니다. 그렇지만 살아가려면 여전히 의미 분별에서 벗어날 수 없습니다. 삶의 상대성은 실수가 아니라 신의 가장 기발한 창조입니다.

카를로스 카스타네다는 《초인수업》에서 이 상황을 명확히 설명합니다.

> "다른 것보다 중요한 것 따윈 없는데도 어떤 행위를 선택해서 마치 그것이 자신에게는 의미가 있는 것처럼 행동하는 거야. 통제된

우행은 식자로 하여금 자기가 하는 행동은 의미 있는 행동이라고 말하게 하고, 마치 의미가 있는 것처럼 행동하게 하지만, 정작 본인은 그게 사실이 아니라는 걸 알아. 그래서 그는 그런 행동을 끝마친 뒤에는 평온하게 물러서지. 자기가 한 행동이 선하든 선하지 않든, 성공했든 실패했든 본인은 전혀 관심을 가지지 않는다네."

삶이 바보짓인 것은 맞습니다. 그래서 차라리 저는 가능한 한 강력하고 아름다운 바보짓으로 살겠습니다.

자기 관찰 질문

1 우울한 감정으로 얻는 것은 무엇인가? 지키고자 하는 것은 무엇인가?

2 에고 반발을 주로 어떻게 경험하는가? 과거의 경험을 돌아보세요.

3 왜 의미를 만드는 것을 회피하는가? 그런 행위는 내 에고를 어떻게 강화하는가?

실천 과제

1 감정에 저항하지 말고 받아들인 다음 조금씩 행동을 시도해보세요.

2 앞으로 몇 개월 안에 시행착오를 거쳐 당신에게 적당한 강도의 도전을 알아내세요.

장애물9.
자신을 제한하는 고정관념

"어떤 결과를 창조하는 것이 가능한지 불가능한지 알 수 있는 때는 이미 해냈을 때다. 그 주제에 관한 다른 생각은 오직 추측일 뿐이다."

로버트 프리츠

제가 어릴 때 우리 외할머니는 큰 백화점의 창고에서 일했습니다. 외할머니에게는 퇴근하면 30분 동안 일이 얼마나 힘든지, 상사와 동료들이 얼마나 무례하게 일을 망가뜨리는지 불평하는 습관이 있었습니다. 아마 외할머니께는 그 자체로 위로가 되었을 겁니다.

제가 학교에 다닐 때 외할머니가 제게 자주 하신 말씀이 있습니다.

"알렉스, 공부를 아주 많이 해서 나중에 일하지 않고 살아라."

편찮았던 외증조할머니 때문에 교육을 못 받은 외할머니는 제게 "못 배운 사람은 혐오스러운 '일'을 해야 하고 배운 사람은 다리를 책상 위에 올려놓고 '일'하지 않아도 된다"는 가치관을 주입했습니다. 당시 저는 아직 미숙한 판단력으로 결론을 내렸습니다. 외할머니의 가치관을 스펀지처럼 흡수해 공부를 싫어하면서도 일은 무조건 꺼려야 한다는 생각을 완전히 내면화한 것입니다.

제가 10대와 20대 시절을 어떻게 보냈을지 맞혀보세요. 학생 아르바이트부터 정직까지 '일'을 가능한 한 피해야 하는 부정물로 다뤘습니다. 돈이나 경험이 필요할 때는 어쩔 수 없이 귀찮아도 일했지만 그것은 모두 제게 내키지 않는 일이었습니다. 그래서 어떻게 하면 일을 가장 적게, 가장 효율적으로, 가장 짧은 시간 내에 끝낼 수 있는지 탐구했고 20대 후반까지 크게 성공했습니다. 결국에는 출근한 9시간 동안 해야 할 일을 1시간 반 안에 끝내는 기술까지 마스터했습니다. 그 나머지 시간에는 당연히 일하는 척하면서 자기연민, 피해의식, 우월감, 우울함 그리고 이런저런 고통에 빠져 지냈습니다. 하루하루 불평불만을 늘어놓으며 퇴근을 위해서만 산 거죠. 이러한 자세의 커다란 부작용은 저를 위한 진정한 일까지도 '열심히' 하지 않게 했다는 점입니다. 저는 '대충 하는 전략가' 가면을 무엇보다 소중히 여긴 겁니다.

제 사례가 특별한 케이스는 아닙니다. 그럼 우리의 새로운 메타인지로 하나만 분석해봅시다. 그동안 제가 일에서 받은 수많은 고통과 역겨움은 진짜로 그 일 때문에 받은 걸까요, 아니면 일에 보인 제 신념 때문일까요? 만약 제가 어릴 때부터 '일은 진정한 잠재력을 실현하기 위한 기회'라고 배웠다면 똑같은 경험을 했을까요? '일은 적자생존이다' 혹은 '일은 오로지 돈만을 위한 희생이다'라고 믿었다면 또 어떤 경험을 했을까요?

30대 초반이 되자 저는 제 인생 전체를 지배하는 사실을 면밀히 분석했습니다. '일'은 정말로 혐오스러운 행위일까요? 사전의 정의부터 봅시다.

일

1. 무엇을 이루거나 적절한 대가를 받기 위하여 어떤 장소에서 일정한 시간 동안 몸을 움직이거나 머리를 쓰는 활동. 또는 그 활동의 대상.
2. 어떤 계획과 의도에 따라 이루려고 하는 대상.
3. 어떤 내용을 가진 상황이나 장면.

이 설명은 중립적입니다. 일이 좋은지 나쁜지, 힘든지 쉬운지, 즐거운지 괴로운지 등은 일의 개념과 그 행위로 결정되지 않습니다. 만약 제3자 입장이라면 일을 즐거운 자기표현 수단이나 진정한 창조 행동으로 볼 수도 있습니다. 일을 혐오스러운 의무로 보면 일은 혐오스러운 의무가 되고, 삶을 활동적으로 살기 위한 기회로 보면 바로 그 기회가 됩니다. 모든 것은 내가 해석하기 나름입니다. 일은 곧 내가 생각하는 그 '일'이었습니다!

현실은 현실이 아니다

제가 지금부터 충격적인 사실을 알려드릴게요. 사람의 성공, 행복, 보람의 큰 부분은 외적 환경에 달려 있지 않습니다. 각자의 심리적인 뼈대가 개인의 삶을 얼마나 왜곡하는지 우리는 추정조차 못합니다. 삶이 원하는 대로 펼쳐지지 않아 힘들 때 우리는 '현실에 당한다'고 생각하지만 그런 말을 하려면 실존적으로 '현실이란 무엇인가'도 파악해야 합니다.

스스로를 돌아보지 않는 한 우리는 자신이 매일 인지하는 현실을 그대로 '객관적인 현실'이라고 생각합니다. 이게 얼토당토않은 생각인데도 말이죠. 실은 대다수 경험이 객관적이지 않고 주관적인 가정, 신념, 고정관념, 세계관, 연상, 해석에 의존합니다. 우리는 세상을 있는 그대로 보는 게 아니라 우리의 내면, 즉 자아를 세상에 투사해 모든 상황과 현상을 왜곡해서 인지합니다.

고정관념은 어릴 때부터 주입당한 '현실에 관한 사실'입니다. 위험하게도 그 '사실'은 우리가 의식적으로 세심히 살피지 않고 놔둔 상태라 맞는지 틀린지와 상관없이 우리의 전체 인생 경험을 지배합니다. 밑바닥 신념과 마찬가지로 그것이 맞든 틀렸든 맞는다고 믿으니 그런 것'처럼' 사는 겁니다.

내 삶은 내가 나에 대해 무엇을 믿느냐에 따라 다르게 펼쳐집니다. 내가 나를 바보라고 생각하면 내 모든 노력이 바보짓 같고 내 무의식적 행위 때문에 주변이 나를 바보로 볼 것입니다. 그것은 사실이 아니지만 내가 그것을 확신하면 세상이 그렇게 되어버립니다.

그런데 현실은 자기 자신에 관한 신념에서 멈추지 않습니다. 우리는 세상, 인생, 생존, 일, 돈, 여자, 남자, 성공, 사랑, 회사, 비즈니스를 어떤 필터로 보나요? 그럼 소화하기 힘든 이 추상적인 주장을 다양한 예시로 구체화하겠습니다.

돈에 관해 믿는 것은 뭘까요? 돈은 벌기 힘들다? 돈은 나쁘다? 돈은 투자해야 한다? 돈은 아껴 써야 한다? 돈이 있어야 인정받는다? 열 명에게 이 질문을 하면 열 가지 다른 대답을 들을지도 모릅니다. 우리는 돈을 어떻게 보느냐에 따라 돈을 인지하고 그 의식대로 살아갑니다. 돈을 나쁘다고 생각하면 내가 나쁜 사람이 되면 안 되므로 무의식적으로 돈을 거부할 겁니다. 돈이 많은 사람에게 분노하거나 피해의식이 생길 수도 있습니다. 돈이 항상 부족하다고 믿으면 무의식적으로 돈이 항상 부족하게 느껴지고, 돈 벌기가 힘들다고 믿으면 추측하는 대로 돈 벌기가 많이 힘들 거예요. 반대로 돈 벌기가 쉽다고 생각하는 사람에게는 돈이 꽤 빨리 생깁니다. 내 세계관은 그대로 내 현실에 반영됩니다.

하이어셀프를 시작했을 때 제게는 '마케팅은 사기다'라는 고정관념이 있었습니다. 그래서 영상이나 블로그 끝부분에 의식성장 워크숍 프로그램을 홍보하는 것이 굉장히 쑥스럽고 힘들었습니다. 일단 저는 '홍보란 좋은 것과 좋지 않은 것을 둘 다 알릴 수 있는 수단'이라는 걸 배워야 했습니다. 사기를 홍보하면 사기이고, 진심 어린 내 상품과 서비스를 홍보하면 진심 어린 홍보입니다.

아주 흔한 예시로 혹시 주변에 "나는 항상 나쁜 남자/여자만 만나! 모든 남자/여자가 나빠!"라고 말하는 친구가 있나요? 모든 남자/여자는 나쁘다고 확신하면 자기충족 예언처럼 그런 사람밖에 보이지 않을 거예요. 착하고 잘 해주는 사람은 내가 볼 때 매력이 없고 '진짜 남자/여자'로 보이지도 않다 보니 당연히 잘 해주지 않는 사람만 만나는 것입니다.

이런 상황을 더 명확히 보여주기 위해 짧은 이야기 하나를 들려드리겠습니다.

안젤라 아빠는 많이 차갑고 자녀에게 별로 관심을 보이지 않았습니다. 자라면서 안젤라에게는 자신을 사랑하지 않는 아빠가 자신을 사랑하게 만드는 것이 미션이었습니다. 그녀는 어린 시절부터 굉장히 나쁜 혹은 색다른 행동을 해야 아빠의 관심을 끌 수 있다고 배웠습니다. 안젤라는 문제아 가면을 쓰기 시작했습니다. 그러나 그런 행위로는 늘 주의를 받았을 뿐 사랑을 받지는 못했습니다. 결국 어린 시절 안젤라에게 '남자는 사랑받는 것을 시도하는 대상'이었습니다. 성인이 된 후 안젤라는 폴과 연애를 했습니다. 폴은 아빠처럼 꽤 차갑고 무뚝뚝했지만 안젤라는 그것이 익숙하게 느껴져 결혼까지 했습니다. 그런데 폴의 사랑이 점차 커지면서 그는 안젤라에게 더 많은 친밀감과 사랑을 보여주기 시작했습니다. 이와 반대로 안젤라는 그 변화를 관찰하며 폴에게 거부감을 느꼈습니다. 안젤라의 무의식적 미션은 여전히 '나를 사랑하지 않는 남자에게 사랑받아야 한다'였습니다. 폴에게 사랑받는 것은 안젤라의 세계관과 더 이상 일치하지 않는 일이었습니다. 결국 안젤라는 이혼 소송을 제기했습니다.

안젤라와 세계관이 다른 사람들은 그 행동을 도저히 이해할 수 없습니다.

"드디어 사랑받게 되었는데 왜?"

아마도 대부분은 이런 반응을 보일 겁니다. 여기서 우리가 놓치는 것은 안젤라와 우리가 아예 다른 현실에서 산다는 사실입니다. 안젤라도 그 패러다임 때문에 많이 고통을 받겠지만 안젤라에게는 그것이 '현실'이라 다른 대안이 보이지 않습니다.

인생은 적자생존?

현대를 살아가는 우리에게는 '인생은 적자생존이다', '인생은 경쟁이다' 같은 흔한 고정관념이 있습니다. 또 학벌주의와 서열법, 입시 때문에 학생 때부터 경쟁심을 배웁니다. 그 결과 많은 학생이 생존 불안을 안고 자랍니다. 꼴등인 학생에게는 더 많이 반항해야 한다는 강박이 생기고, 중간 학생에게는 더 똑똑해져야 한다는 강박이 생기며, 1등인 학생에게는 죽어도 자기 포지션을 유지해야 한다는 강박이 생깁니다. 인생을 위해 뭘 배우는 것이 목적이 아닙니다. 직장에서도 조화로운 팀워크로 탁월한 상품이나 서비스를 제공하는 것보다 학교와 마찬가지로 내 지위를 지키는 것이 목적이 되어버립니다. 사회 구성원 모두가 인생을 경쟁으로 사는 겁니다.

하나만 고려해봅시다. '인생은 경쟁이다'라는 주장은 절대적으로 맞나요?

보드게임 모노폴리를 상상해보세요. 객관적으로 보면 모노폴리는 뻣뻣한 마분지, 쇠로 만든 말 그리고 여러 장의 인쇄한 종이에 불과합니다. 그것 자체로는 아무런 기능도, 의미나 쓸모도 없습니다. 이제 우리가 그것을 '보드게임'이라 부르고 싶으면 개념적 규칙을 추가해야 합니다. 그 추가로 활기가 없던 물건들은 갑자기 부동산, 재무, 음모, 흥미, 전략, 상호작용 세계를 펼쳐냅니다.

학교를 같은 관점으로 생각해봅시다. 정해진 시간에 젊은 또래들이 한 방에 모이고 앞에는 좀 더 나이 많은 사람이 섭니다. 우리가 여기에 어떤 규칙을 추가하느냐에 따라 학생들의 경험은 많이 달라질 것입니다. 한 반 학생이 서로 협조해 프로젝트를 해낼 수도 있고, 공연을 준비할 수도 있고, 각각의 학생이 잠재력을 발휘하도록 서로 돕는 목적을 추구할 수도 있고, 랜덤으로 지식을 외우는 경쟁을 할 수도 있습니다. 그런데(!) 어떤 행동 틀과 목적을 추가해도 **그 틀은 진실이 아닙니다.** 그냥 사람이 발명한 개념적 규칙에 불과합니다.

그 개념적 규칙이 효과가 있느냐 없느냐는 별개의 문제이며 이 상대적 틀을 '이것이 현실이다' 하고 보편화할 수는 없습니다. 학생 시절을 지식 외우기 경쟁 틀대로 보낸다고 해서 '인생은 경쟁이다'라고 선언하는 것은 너무 성급한 결론입니다. 반대로 진실로 인생이 창조라면? 인생이 사랑이라면? 인생이 온갖 경험이라면? 혹은 인생을 무한한 자유라고 믿는다면 어떻게 살 것 같아요?

개인의 고정관념이든 문화적으로 서로 공유하는 고정관념이든 모든 고정관념, 실존적 가정, 신념은 절대적으로 틀렸습니다. 일이 혐오스러운가요? 돈은 벌기가 힘든가요? 나는 바보인가요? 마케팅은 나쁜가요? 인생은 경쟁인가요?

아니지요! 하지만 '나' 혹은 우리가 그것을 그렇게 보면 당연히 그렇게 보입니다.

고정관념은 **자아의 토대**입니다. 정확히 말하면 **우리 자신이 살고 있는 맥락**입니다. 우리가 바라보는 경험의 내용과 형태는 그 맥락 안에서 일어납니다. 우리의 고정관념과 세계관은 곧 세상을 바라보는 필터입니다. 그런데 필터 자체는 보이지 않고 오직 그 필터로 보는 왜곡된 형태만 보입니다.

오늘날 많은 사람이 '나는 무가치하다'라는 밑바닥 신념 때문에 앓고 있습니다. 그것이 우리한테 보이는 형태입니다. 과연 어떤 맥락 안에서 내가 그런 사람이 될 수 있을까요? 가치를 많이 조장하는 경쟁주의와 자본주의 맥락에서만 무가치한 또는 가치 있는 인간이 될 수 있습니다. '무가치함'이라는 개인의 밑바닥 신념은 가치라는 개념 맥락 없이 존재할 수 없습니다. 내 전체 자아는 개념적으로 구성됐고 그 자아가 존재하는 바탕도 똑같은 개념 틀입니다. 한 허상은 다른 허상 위에 세워집니다.

이렇게 기본 가정을 알아차리는 것이 어려운 이유는 잘 보이지 않기 때문입니다. 표면에 쉽게 보이는 것은 그 맥락과 일관된 내용뿐입니다. 맥락 안에 갇혀 있으니 비교할 수 있는 또 다른 맥락이 없습니다. 따라서 현재 보이는 같은 색깔의 내용을 다 '맞다'고

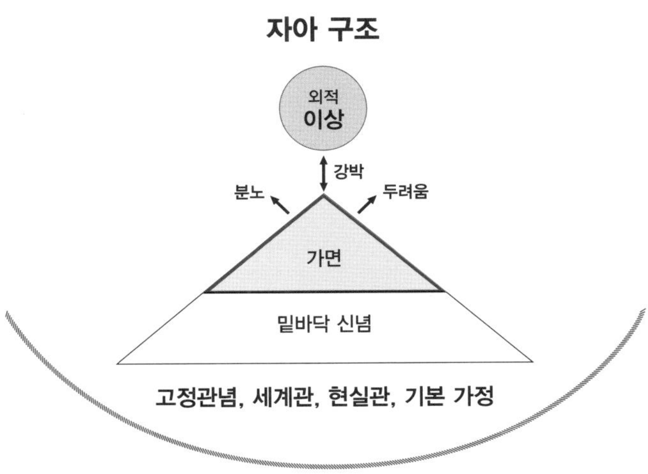

생각하게 마련이죠. 고정관념을 알아차리려면 의식 향상increase in consciousness이 필요합니다. 즉, 더 높은 맥락으로 올라가야 합니다. 그럼 고정관념을 어떻게 내려놓을 수 있는지 설명하기 전에 그 작용을 좀 더 살펴보겠습니다.

현실의 사이클

예를 들어 내게 '기업 문화corporate culture는 부패하고 형편없다'라는 고정관념이 있다고 칩시다. 돈이 필요해 내 의사와 반대로 면접도 보고 결국 어떤 회사에 취직합니다. 동료와 상사가 아무리 친절해도(아니, 어떤 행동을 해도) 나는 회사에 들어가자마자 내 고정관념대로 그들 앞에서 윤리적 우월감을 느끼고 상대방을 이기적인 나르시시스트로 인지합니다. 내가 내 고정관념을 환경에 투사하는 겁니다. 이에 따라 무의식적으로 스스로를 고립시키고 새로운 '회사' 동료 앞에서 조금씩 적대적인 태도를 보입니다. 여기에다 하루 종일 피해의식이 따라다닙니다.

"내가 누구인데 이런 곳에서 일을 해야 해?"

처음에는 내 마음을 잘 숨기지만 몇 주, 몇 개월이 지나면 동료들이 내 분개와 적대감을 느끼기 시작합니다. 따라서 그들은 거기에 반응해서 내게 어려운 일을 맡기거나 따돌리다가 결국 진짜 '을'처럼 대합니다. 그러면 나는 회사와 동료를 더 나쁘게 보고 계속 고정관념에 따른 내 행동을 고집합니다. 1년 후 더 이상 참지 못한 나는 "역시, 기업 문화가 험악해!"라며 고정관념이 커진 상태로 퇴사합니다.

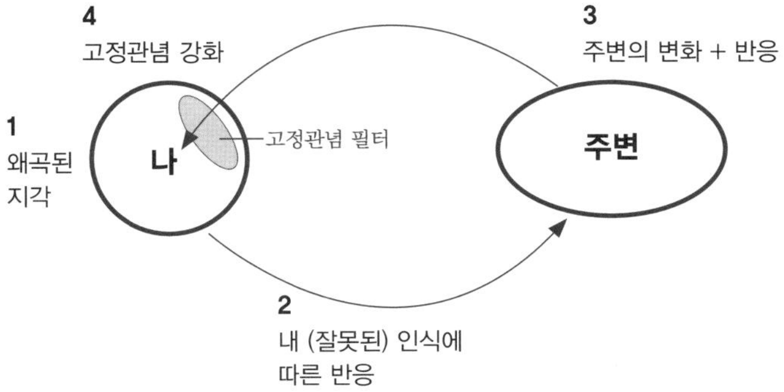

바로 이것이 고정관념 사이클입니다. 미리 알아차리지 않는 한 고정관념은 눈덩이처럼 굴러서 더 커집니다. 우선 내 고정관념을 인식에 반영하고(1) 그 잘못된 인지에 따라 반응합니다(2). 그 반응은 주변에 내 기대에 맞는 영향을 끼치고 주변은 서서히 진짜로 내 고정관념에 맞춰 변화하고 반응합니다. "얘 왜 이래?"(3). 이때 나는 변화하는 주변 모습을 또 필터로 인지하고 내 고정관념은 더욱 강화됩니다(4).

결국 몇 년 후 세상, 사람, 인생이 '왜 이런지' 자기 나름대로 수십 개 예시를 들 수 있습니다. 수십 번이나 그 상황을 직접 투사해 그것을 불러일으켰으니까요.

자기 세계관에 깊이 빠진 사람에게 "실제로 인생은 고생이 아닌데?"라고 설득하려 하면 주로 독선적인 말을 듣습니다. 여기서도 고생했고, 저기서도 고생했고, 그때도 당했고 등 자기가 믿는 현실이 어떤지 그 사례가 끝없이 나옵니다. 이건 밑바닥 신념과 다르지 않습니다. 다섯 살 때부터 자신은 '사랑받을 가치가 없다'고 믿어왔으면 50년 후 사랑받지 못한 사례가 많이 생각날 것입니다. 고정관념이 그토록 진짜처럼 느껴지는 이유가 여기에 있죠. 그처럼 우리는 평생 스스로를 강화하는 반향실echochamber에서 살고 있습니다.

고정관념을 초월하는 법

조심하세요. 저는 인생에서 일어나는 모든 사건이 다 고정관념으로부터 시작된다고 하지 않았습니다. 다만 심리적 토대가 우리의 전체 현실을 왜곡하고 고정관념에 맞는 사건을 더 자주 불러일으킬 수 있음을 제시했습니다. 우리는 객관적 외부 세상을 예측할 수 없습니다. 하지만 우리 시야가 주관적인 내면으로 인해 얼마나 많은 영향을 받는지는 알아차릴 수 있습니다.

'내가 피해자 입장이어야 사람들이 나를 돌봐준다, 인간관계는 힘들다, 지금은 모든 기회가 사라졌다'고 믿는 사람을 '인간은 근본적으로 선하다, 우리에게는 강한 잠재력이 있다, 모든 능력은 신중한 연습으로 기를 수 있다'고 믿는 사람과 비교하면 색다른 인생 경험을 발견할 것입니다. 둘 다 똑같은 어려움을 겪어도 희망과 적극성, 행동력, 회복력이 서로 많이 다를 것입니다.

내가 충만하고 진정한 인생을 살고 싶어 해도 비효율적인 고정관념이 내 현실을 왜곡해 쓸데없이 고통을 불러일으킵니다. 내가 얼마나 노력하든 신념 구조는 늘 나를 내 편향대로 몰아갑니다. 헨리 포드는 유명한 말로 그 상황을 완벽히 설명했습니다.

"당신이 할 수 있다고 생각하든 할 수 없다고 생각하든 당신이 옳다."

더 강력한 인생을 살고 싶으면 어릴 적에 세팅한 자신의 내적 프로그래밍을 객관적으로 바라보고 그것을 초월해야 합니다. 각자 세계관이 독특한 까닭에 제가 여기에 100개의 예시를 들어도 소용없습니다. 호기심과 열린 마음으로 스스로를 들여다보는 방법밖에 없습니다. 제가 제시할 수 있는 것은 그 탐구 방법뿐입니다. 제가 여러분의 손을 잡고 문까지 데려다줄 수는 있지만 내면의 방에는 혼자 들어가야 합니다.

누구에게나 자기 자신, 인생, 사람, 사회, 성공, 돈, 행동에 강한 고정관념이 있습니다. 보이지 않는 그 고정관념이 우리의 인생 전체를 지배하고 진심 어린 삶을 가로막을 수 있습니다. 특히 치명적인 관념으로부터 자유로워지려면 무의식적 관념을 의식화해 여러 측면에서 해부해야 합니다. 내가 세상을 보는 맥락을 초월해 그 맥락을 어떤 대상으로 바라봐야 합니다. 즉, 눈이 되돌아 스스로를 보는 것처럼like the eye looking at itself 자신이 **세상을 보는 맥락을 객관화해야 합니다.** 이건 쉽지 않지만 열린 마음과 체계적인 탐구로 접근하면 자신을 한정된 경험으로부터 '해방'시킬 수 있습니다.

1. 고정관념 쭉 내려쓰기

우선 현실에 관한 자신의 모든 관념을 체계적으로 기록하길 추천합니다.

______은 내게 무엇인가? ______에 대해 무엇을 생각하는가?
무엇 때문에 내가 원하는 삶을 살 수 없는가?
주제마다 길게 쓰세요.
'인생은 내게 이렇다 저렇다.'

비즈니스, 타인, 남녀, 나, 학교, 가치, 사회, 인간, 관계 등 원하는 주제를 칸에 채우고 그것에 대해 무엇을 믿는지 거침없이 써보세요. 그다음에 무엇이 원하는 인생을 살지 못하게 하는지 떠오르는 대로 적으면 됩니다. 글은 길수록 좋습니다.

2. 고정관념을 다방면에서 '공격'하기

다 적었으면 모든 관념을 하나하나 다방면에서 세심히 공격해보세요. 공격이란 그 관념의 정당성을 의심해보는 것을 말합니다. 계속 관점을 바꿔 '현실'을 다른 측면에서 바라보세요.

이것은 진짜로 맞을까?
내가 여기서 오해하고 있는 부분이 있을까?
제3자도 이 상황을 나와 똑같이 생각할까?
오히려 바보 같은 생각이 아닐까?
이 신념은 어디서 비롯됐을까?
이 고정관념과 반대되는 경험을 해본 적 있는가?
(예: '돈은 나쁘다' → 돈은 기회라는 경험)
이 고정관념을 그대로 내 아이들에게 가르치고 싶은가,
아니면 틀렸으니 버리는 것이 좋을까?

3. 진실 관찰하기

만약 틀린 관념을 몇 개 발견했으면 그 대신 무엇이 더 진실한지 바라보세요. 생각으로 새로운 결론을 내리려 하지 말고 정말로 무엇이 맞는지 직접 확인해보세요.

(이 주제에 관해) 진실은 무엇일까?

이 과정으로 깨닫는 것은 모든 게 이것도 아니고 저것도 아니라는 점입니다. 삶은 힘들지도 쉽지도 않습니다. 돈은 악하지도 선하지도 않습니다. 나는 수준 낮은 인간도 수준 높은 인간도 아닙니다. 일은 혐오스러운 것도 기회도 아닙니다. 모든 것은 내가 어떻게 만드느냐에 따라 형태가 바뀝니다. 원하지 않으면 어떤 형태로 고정하지 않아도 됩니다. 여기서 다시 한 번 상기해야 할 것은 제 말을 믿지 말고 모든 것을 직접 탐구해보라는 것입니다.

진실은 왕이다

사람들은 대부분 이런 연습에 익숙지 않습니다. 내가 알고 있는 현실이 정말 맞는지 돌아보는 데는 열린 마음과 용기가 필요합니다. 정말 맞는다고 생각해온 세상이 실제로는 많이 다를 수 있음을 깨달을지도 모릅니다. 그것을 인정하려면 용기가 필요합니다. 용기를 낼수록 그 관조 여정의 끝에는 어마어마한 자유가 기다리고 있습니다. 늘 고통을 안겨준 세계관으로부터 자유로워지고 예전에 나를 가둔 '학습된 쇠사슬'을 끊을 수 있습니다.

하나만 조심하세요. 특히 '진실 관찰하기'는 매우 중요합니다. 많은 사람이 부정적인 고정관념을 긍정적인 고정관념으로 바꾸려고 노력하겠지만 긍정적으로 생각하는 것 역시 현실을 왜곡합니다.

동전을 뒤집듯 그저 긍정적으로만 생각하려 하면 똑같이 현실과 진정한 삶을 놓치고 맙니다. 긍정도 새로운 자기기만이고 삶의 효험을 떨어뜨립니다. 효과적인 인생을 살려면 '진짜 현실'과 상호작용해야 합니다. 부정적인 또는 긍정적인 판타지 말고요.

실천 과제	1~3번 연습으로 고정관념에 관한 자신의 의식을 높여보세요.

장애물10.
우리 사회의 가장 위험한
두 가지 고정관념

실은 이 책의 개요를 만들 때 아홉 번째 장애물인 '자신을 제한하는 고정관념' 챕터를 쓸 생각이 없었습니다. 그러나 굉장히 중요한 이 마지막 두 가지 함정을 설명하려면 미리 단단한 기반을 만드는 것이 좋겠다는 결론을 내렸습니다. 오늘날 현대인에게는 인생 경험을 심하게 손상할 정도로 시야를 왜곡하는 두 가지 고정관념이 있습니다.

손상 고정관념 1

제 유튜브 알고리즘은 제 취향대로 주로 자기계발, 코미디, 남성패션 영상을 보여줍니다. 자주 추천을 받는 자기계발 영상 중에는 이런 것이 있습니다. '힘든 일을 해내기 위해 뇌를 조종하는 법How to trick your brain into doing hard things', '끝내 해내는 사람들이 제대로 알고 실천하는 것', '하기 싫은 일을 꼭 해내는 5가지 방법' 같은 주제가 그것입니다.

생산성의 아이콘 일론 머스크는 인터뷰에서 "[창업은] 유리를 씹고 심연을 들여다보는 것과 같다"라고 말했습니다. 동기부여가 게리 베이너척은 "머리를 숙이고 다음 10년 동안 열심히 일하기만work hard 하면 다 가질 거야"라고 말합니다.

'Work hard', 그러니까 어디서든 열심히 일하고, 이를 악물고 끈기 있게 견뎌내고, 책임지고, 의지를 내고, 밤낮 힘들게 최선을 다하면 우리도 성공할 거라는 얘기입니다. 그런데 어떤 영상 아래 한 시청자가 색다른 댓글을 남겼습니다.

"우리 아빠가 항상 말씀하는 게 있어요. 열심히 일한다고 부자가 된다면 세상에서 공사장 인부들이 제일 부유한 사람일 거라고요."

제가 왜 이 이야기를 하고 있을까요? 열심히 일하는 게 당연히 인생의 비결이지 않나요? 저는 '일하는work' 행동에는 확실히 동의합니다. 다만 마음에 걸리는 부분은 그 일을 '힘들게hard' 해야 한다는 점입니다. 열심히 힘들게 일해야 한다는 주장 말입니다.

가부장제 문화에는 여전히 다음 고정관념이 뿌리 깊게 자리 잡고 있습니다.

"일은 힘들고 고통스러워야 가치가 있다."

상상해봅시다. 쉽고 즐겁게 좋은 결과를 내면 하루를 마치고 어떤 느낌이 들 것 같나요? 아마도 '아, 좀 더 많이 할걸!' 하는 생각을 할 겁니다. 반대로 하루 종일 힘들게 겨우겨우 어떤 결과를 냈으면 "오늘은 정말 열심히 했어!"라고 자랑할 수 있습니다. 제대로 된 일은 무조건 힘들어야 한다고 여기기 때문입니다. 마치 고생의 분량이 그날 하루의 성공 여부를 결정하는 것 같습니다. 과연 힘들게 해야 진짜 '좋은 것'이고 가볍고 즐겁게 해내면 가치가 없는 것일까요?

그날 겪은 고생이 내 자존감이 되어버리면 하루를 보낸 뒤 아직 고생 계량기를 다 채우지 못했을 경우 문제 한두 개를 더 투사하고 마지막 수단으로 '자기 심판대'에 필요하다고 생각하는 고생을 스스로 얹으며 그 나름대로 만족스러워할 것입니다('Part4 장애물4. 자책, 자기비하, 채찍질' 챕터 참고).

자기계발 세미나나 워크숍을 조금 다녀보면 신기한 현상을 발견할 수 있습니다. '누가 감정적으로 워크숍을 얼마나 힘들게 마치는가'를 겨루는 대회에 참석한 듯한 현상 말입니다.

워크숍을 힘들게 마치면 뿌듯해하면서 뭘 배웠다고 생각하고 그렇지 않으면 다닐 가치가 없다고 여깁니다. 사실 워크숍을 얼마나 힘들게 다니느냐에 따라 워크숍에서 배우는 것이 변하는 건 아닙니다. 두 가지 매개변수는 서로 연관되지 않습니다. 배움은 그저 배움에 달려 있을 뿐입니다.

그러면 왜 일부러 힘들게 해야 한다고 생각할까요? 왜냐하면 **고생과 고통으로만 '나'라는 존재를 가치 있고, 특별하고, 살 권리가 있다고 정당화할 수 있기 때문입니다.** 이는 자신의 에고가 '힘들고 괴로운 노력'으로 위대해지려는 강박에 불과합니다. 만약 힘들게 노력하지 않으면 루저가 된다고 여깁니다. 대중의 미신은 바로 이것입니다. 힘들게 일하면 나는 존재해도 되지만 힘들게 뭘 해내지 않으면 내게는 존재할 권리가 없다!

이것은 이중의 혼동입니다. 먼저 나 자신과 하루 안에 생산하는 가치를 하나로 혼동하는 것이고 그다음으로 생산하는 가치와 고통을 하나로 혼동하는 것입니다. '나=생산한 가치=노동으로 인한 고통' 방정식 때문에 우리는 하루하루 벽에 부딪힙니다. 우리 모두 특별해지려고 많이 고생하지만 역설적으로 평생 고생할 수는 없으므로 자신이 여전히 부족하다고 생각하는 겁니다.

고생(고통) = 결과의 가치 = 나 자신의 가치

그동안 저는 이런 현상을 많이 경험했고 코칭과 상담에서도 계속해서 관찰하고 있습니다. 슬프게 들리겠지만 '노력 고통'은 거의 문화적인 중독입니다. 만약 여러분이 그 함정에 빠지지 않았다면 운이 좋았다고 생각해야 합니다. 설령 함정에 빠졌더라도 다행히 그 고정관념으로부터 자유로워지는 방법은 있습니다.

일을 스스로 힘들게 만드는 경향의 대가

'일은 힘들어야 가치가 있다'는 고정관념은 다음 제한을 만듭니다.

1. 목적보다 방법 위주

먼저 구조적 긴장 차트를 다시 떠올려봅시다. 원하는 목적이나 목표를 세운 다음 현실과의 간격을 적합하고 효과적인 전략으로 채워 그에 따라 행동하면 됩니다.

우리는 산꼭대기를 목적지로 정하고 현재 계곡에서 출발합니다. 이론상 가장 '빠른' 방법은 제일 높은 경사대로 올라가는 거겠지요. 이것은 힘들게 가장 가파른 곳으로 오르는 경로입니다. 과연 그 전략으로 잘 올라갈 수 있을까요? 한두 시간은 힘든 게 뿌듯하겠지만 길이 압도적이고 경사가 너무 심해서 결국 올라가지 못합니다.

반대로 가장 적합하고 효과적인 방법은 크고 위험한 바위를 넓게 피하고 옹달샘을 자주 찍고 가끔 사람들이 십 년 전부터 만들어둔 경로를 이용하는 겁니다. 비록 중간 중간 도전적인 구간은 있겠지만 '길의 힘듦'이 우리의 성취 측정 수단은 아닙니다.

2. 빠른 포기

등산할 때처럼 가장 힘든 경로를 따르면 처음에는 은근히 기분이 좋지만 장기적으로는 너무 힘들어서 끝까지 해내지 못합니다. 즉, 포기하고 맙니다. 그러면 '더 쉬운 길을 찾아야겠다'는 결론이 가장 논리적이지만 모순적이게도 고통 고정관념에 따라 '의지를 키우고 더 열심히 해야겠다'는 결론을 내리는 경우가 훨씬 더 흔합니다. 그렇게 자신을 채찍질하다가 결국 또 포기해버립니다!

3. 강박-실패 사이클 그대로

이 고정관념은 완벽한 강박-실패 사이클을 야기합니다. 힘들게 일하려 하는 이유는 당연히 가치 있는 사람이 되어 행복하게 살고 싶기 때문입니다. 하지만 그러려면 힘들게 고통을 받아야 합니다. 희생으로 고통을 겪으면서 행복해지겠다고 착각합니다. '고통으로 행복해지기', 그것이 얼마나 불가능한지 보이나요? 하루를 힘들게 노력하고, 다음 날 너무 힘들어서 못하고, 또 하루를 힘들게 노력하는 식으로 살다가 결국 망합니다.

불편함 ≠ 고통

'Part4 장애물8. 허무주의, 회의주의, 공허함, 우울함' 챕터에서 저는 자아확장을 하려면 근육통처럼 "오히려 불편함을 찾아야 한다"고 말했습니다. 그런데 갑자기 힘들게 살지 말라고 하니 일관성이 없어 보일지도 모릅니다.

고통suffering과 불편함discomfort에는 뚜렷한 차이가 있습니다. 불편함은 익숙지 않은 경험을 할 때, 즉 자아 상자에서 벗어날 때 자연스럽게 일어나는 현상입니다. 고통은 내가 그 중립적인 현상에 **저항할 때 덧붙이는 감정적 반응**입니다. 불편함 안에 고통이 내재된 것이 아닙니다. 불편함에 고통을 더할지 말지는 순전히 우리의 몫(자유의지)입니다. '가치 = 고통'의 고정관념에서는 우리가 가치 있는 사람이 되려고 일부러 고통을 만들지만 사실 그럴 필요가 없는 겁니다.

예를 들면 저는 이 책을 쓰면서 시행착오를 겪으며 꾸준히 글솜씨를 늘리고 있습니다. 한국어가 제 모국어가 아니고 또 첫 책이다 보니 가끔 좋은 문구가 떠오르지 않거나 글이 써지지 않을 때도 있습니다. 더러는 학습에 도전하며 어려움과 불편함을 겪을 때도 있습니다. 그렇다고 제가 고통스럽거나 괴로운 건 아닙니다. 그 불편함에 붙잡히려고 하지도 않습니다. 불편함이 느껴지면 그대로 알아차리고 지나가도록 내버려둡니다.

내 역량을 아직 뛰어넘는 어떤 새로운 도전을 마주볼 때 불편함을 감수해야 합니다. 몸과 마음이 새로운 벽에 부딪칠 때마다 어렵고, 도전적이고, 불편할 수 있습니다. 그렇다고 해서 가상의 '자기증명 고통 드라마'에 빠져야 되는 건 아닙니다. 그것은 내가 별개로 생성하는 반응일 뿐입니다. 그 불편함을 충분히 즐겁게 그저 통과하면 됩니다. 내가 진심으로 선택한 일이기에 자책, 자기의문, 허무주의, 좌절, 피해의식, 절망, 원망과 고통에 빠질 필요가 없습니다. 그것들은 단지 "내가 더 가치 있는 사람이 되기 위해서" 덧붙이는 감정일 뿐입니다. 그런 현상들은 나의 자아를 정당화하는 역할을 할 뿐이지 창조 과정에는 도움이 되지 않습니다.

저는 언제든 균형을 잘 잡고 무리하지 않으려고 합니다. 너무 오래 자아 상자 바깥에서 행동하면 그 단기적인 불편함이 고통으로 이어질 가능성이 크다는 것을 알기 때문입니다. 불편함이 클수록 고통이 생길 확률이 높아지므로 에고 반발이 너무 크지 않게 적절한 속도로 행동하는 것이 좋습니다. 그 역치를 조금씩 조정하면 됩니다. 때때로 느껴지는 단기적인 불편함이 고통일 필요는 없습니다. 적당한 불편함을 느끼면서도 얼마든지 의미 있게 살고 행복할 수 있습니다.

버리기

저는 이 고정관념을 우연히 발견했습니다. 실은 저도 늘 가치 있고 용감한 사람이 되려고 영상, 블로그, 책, 워크숍, 심지어 가족과의 휴가도 '힘들게 해내려고' 많이 노력해왔습니다. 일주일 동안 힘들게 고생(일)하고 그다음 2주 동안 녹초가 되다 보니 스스로 자책하면서 자아확장을 위한 행동을 하지 못했습니다. 다행히 많은 관조로 그 강박을 조금씩 내려놓았지만 그래도 가끔은 습관대로 힘들게 일하는 날이 있었습니다. 그러던 어느 날 크레이와 코칭 세션을 하던 중 어떻게 지냈느냐는 질문에 문득 이런 말이 나왔습니다.

"흠, 이상하게 요즘 정말 행복해요."

그 말을 들은 크레이가 눈살을 찌푸리며 말했습니다.

"그게 왜 이상한데?"

저는 한참이나 의자에 얼어붙은 채 대답하지 못했습니다. 맞아요! 행복한 게 왜 이상하죠? 저는 잘 먹고, 잘 살고, 훌륭한 아내와 사랑 넘치는 가족이 있고, 심지어 원하는 일을 하면서 다른 사람의 자아확장을 도와주고 있습니다. 무엇보다 저는 존재합니다! 도대체 괴로운 게 무엇이 있을까요? 갑자기 눈에 낀 안개가 한꺼번에 사라졌습니다. 제 고통은 실재하는 외부 상황에 따라 만들어진 게 아니라 제가 스스로 제 삶과 일에 덧붙인 것임을 깨달았던 것입니다!

진실은 이것입니다. 어떤 결과물을 창조할 때 그 질은 생산하는 과정 동안 느낀 고통에 달려 있지 않습니다. **어떤 일을 힘들게 하든 수월하게 하든 결과는 결과입니다.** 내가 만든 결과물은 내가 그것을 괴롭게 만들었든, 즐겁게 만들었든 신경 쓰지 않습니다. 마찬가지로 그 결과를 확인하거나 사용하는 사람에게 그것은 무관한 요소입니다. 내가 힘들게 일했다고 고객과 상사가 더 만족하는 것은 아닙니다. 내가 고통스럽게 산다고 타인이 나를 더 가치 있다고 생각하지는 않을 거예요. 오로지 나만이 내 개인 가치에 미쳐서 그렇게 생각할 뿐입니다. 그 대가는 바로 '행복 포기'입니다.

저는 가끔 이런 질문을 받습니다.

"코치님, 한 책에서는 훈육을 통해 열심히 일하라고 하고, 다른 책에서는 수용해서 흐름대로 살라고 하는데 도대체 어떤 게 더 도움이 될까요?"

둘 중 어느 것도 도움이 되지 않습니다! **오직 우리의 목적만이 올바른 행동을 알려줄 겁니다.** 우리 목적이 그 행동을 결정합니다. 그것은 힘들게 해낼 필요도, 수월하게 해낼 필요도 없습니다. 둘 다 무관합니다. 진정한 삶의 목적을 실현하는 데는 목적에 상응하는 행동만 중요합니다. 여기서 부처님의 '중도'가 생각날지도 모릅니다. 깨닫는 데 사치, 검소, 편안함, 불편함, 기아, 포화, 마음의 평화, 마음의 분노 따윈 필요 없습니다. 필요한 건 단지 진실을 깨닫겠다는 의도뿐입니다.

크레이는 제게 뜻깊은 말을 들려주었습니다.

"가장 힘든 것은 모든 것을 힘들게 하지 않는 것입니다.

가장 힘든 것은 쉬는 것입니다.

가장 힘든 것은 자신을 미워하지 않는 것입니다.

가장 힘든 것은 힘들게 일하지 않는 것입니다.

가장 힘든 것은 취약한 모습도 드러내는 것입니다.

가장 힘든 것은 그만 고생하는 것입니다.

가장 힘든 것은 쉬운 것을 하는 것입니다."

오늘날 많은 사람이 실제로 삶이 단순하고 즐겁다는 사실을 이해하는 데 어려움을 겪습니다. 에고가 복잡한 세계를 쌓아 올리다 보니 우리는 단순함에 깊은 두려움을 보입니다. 아닌 척하지 맙시다. 자아확장 지도대로 의미 있는 인생을 사는 것보다 단순한 것은 없습니다. 체계적으로 단계마다 원하는 삶을 직접 만들면 됩니다. 물론 다양한 신념과 터무니없는 관념으로 이뤄진 자아생존이 끼어들기 시작하면 전체 이야기가 바뀌죠.

앤소니 드 멜로Anthony de Mello 신부는 단순함과 관련된 두려움을 재밌는 이야기로 설명했습니다.

한 남자가 평생 딱 코 아래까지 차오른 오수 구덩이, 즉 똥물에 서 있습니다. 어느 날 그 남자가 심리 상담 선생님에게 말합니다.

"선생님, 사람들이 파도를 일으키지 않게 도와주실 수 있나요?"

그 남자는 똥물에서 나오고 싶어 하지 않습니다. 선생님이 몇 번이나 나오라고 해도 "아닙니다. 파도만 일으키지 않게 도와주세요"라며 자기 입장을 고수합니다.

제가 이 챕터에서 하고 싶은 말은 이것입니다. **여러분, 행복해도 됩니다!** 똥물에서 나와도 괜찮아요. 불행하다고 여기며 더 의미 있는 사람이 되어야겠다고 생각할지도 모르지만 그렇지 않습니다. 당신이 원하면 인생을 실제로 축제처럼 살면서 듬뿍 즐겨도 됩니다.

자아확장과 행동은 힘들게 거쳐야 하는 부정물이 아닙니다. 그것을 '해야 해서' 하는 게 아니라 여러분이 그걸 진심으로 원해서 하는 것입니다. 하기 싫으면 하지 마세요. 진정 하고 싶은 것을 고통받으며 할 필요가 없습니다. 인생과 인생에 속한 모든 일, 행동, 인간관계, 학습, 환경, 실험, 자기 자신까지 다 큰 사랑으로 만끽하면 됩니다. 심지어 불편함 안에서도 최고의 기쁨을 느끼세요.

손상 고정관념 2

"지금 행복하세요!"

이 책에서 여러 번 언급했지만 마지막으로 한 번 더 강조하고 싶습니다. 다음 고정관념 역시 우리의 진정한 실현을 제한합니다.

"인생의 의미는 행복 추구에 있다."

'행복 추구는 우리의 기본 권리이자 의무다'라는 말은 우리가 어릴 때부터 주입당하는 스토리입니다. 언뜻 좋은 말처럼 들리지만 여기에는 눈앞에 보이지 않는 문제가 있습니다.

행복이 무엇인지 알고 있나요? 어떻게 행복해질 수 있는지 누가 알려준 적 있나요? 평생 직업, 방법, 가족, 자기계발, 영적 수행을 취하느라 방황하면서 그 모호한 행복을 추구하는 데 성공했나요?

우리는 어떤 문제를 단기적으로 해결하거나 자신의 가면을 강화할 때마다 안도감을 느끼며 미숙한 결론을 내립니다. 내 모든 욕구를 충족하고 모든 문제를 해결하면 영원한 안도감 속에서 행복하게 쉴 수 있지 않을까? 이 문제만 없으면, 이 시험에만 붙으면, 통장에

이 정도 돈만 있으면 난 행복할 거야!

그러나 이 논리는 이치에 맞지 않습니다. 왜 그럴까요?

우선 (아쉽게도) 비영구적 자연법 때문에 현실은 계속 변하므로 내 완벽한 생존 버블에 생긴 구멍을 막으려 끊임없이 펄쩍펄쩍 뛰어다녀야 합니다(=평생 불안해하고 고생함). 여기서 생존 버블을 정의하는 것은 내 진심이 아닌 강박적 자아입니다. 설령 위대한 에고를 키웠어도 자아는 나를 강박-실패 사이클대로 원래 신념으로 떨어뜨릴 것입니다. 바로 이것이 인생의 순환적 실체입니다. 결국 어떠한 부, 지식, 성취, 지위, 인정, 안정이든 우리를 장기적으로 만족시킬 수 없습니다. 이것은 행복 추구가 아니라 안락, 자아생존, 자아수축, 문제해결 추구니까요. 주제에서 벗어난 거죠.

행복 추구 가정에는 기발한 함정이 하나 더 있습니다. 내가 행복을 '추구'하려면 현재 불행하다는 것을 전제해야 합니다. 즉 행복 추구라는 미신을 믿는다면 현재 불행하고 미래에 행복해지겠다는 생각을 붙잡아야 합니다. 이것은 바로 이 챕터의 첫 번째 고정관념과 맞물립니다. 미래에 행복하려면 이를 악물고 현재 고통을 받아야 합니다. 고통이 많을수록 좋죠.

그렇지만 우리는 **미래에 행복할 수 없습니다.** 우리는 '지금' 존재하므로 바로 지금 행복하거나, 아니면 고생하거나, 매 순간 둘 중 하나를 선택해야 합니다.

우리는 마음껏 얻고 싶은 것을 다 얻고, 성취하고 싶은 것을 다 성취하면 되는데 정말로 행복하려면 내적으로 자유로워야 합니다. 피터 랄스턴은 행복을 누구보다 명확히 설명합니다.

"행복이 우리의 성공적인 목표 실현에 달려 있다면 궁극적으로 만족할 수 없다. 반면 당신의 목표를 향하면서 행복하다면 행복은 그 성취를 위해 예약된 것이 아니다. 당신이 무엇을 경험하든 행복하면 당신은 행복한 것이다."

나 자신의 부족함을 해결하면 행복한 게 아니라 가짜 나를 내려놓고 내 삶을 살면 행복한 것입니다. 당신은 **지금** 삶을 살면서 행복해도 됩니다. 상상하는 어떤 업적을 세우거나 상을 받을 때만 행복한 게 아닙니다. 행복은 현재 이 순간 삶에 절대적으로 내재되어 있으므로 그것을 따로 '추구'할 필요는 없습니다. 단지 개념적 자아생존과 미래 생각에만 살다 보니 그것을 경험하지 못할 뿐입니다. 자아생존, 자아수축, 문제해결, 강박 사이클, 이상, 고정관념, 미래나 과거에 집착하는 것으로부터 적당히 자유로우면 당신은 저절로 행복할 것입니다. 간단히 말해 **고생하지 않아야 행복합니다.**

의식적으로 통합성 있게 진심으로 사는 현재 순간이 이미 완벽한 삶입니다. 지금껏 저는 그 현재 순간을 더 '체계적으로' 살도록 자아확장 수단을 제시하고 다양한 자아의 함정도 경고했습니다. 다음 10년 동안 고생하면서 '혹시라도' 있을 미래의 행복을 찾으라는 말이 절대 아닙니다. No! 제가 이 책을 쓴 이유는 당신이 오늘부터 행복하고 전체 인생 여정을 즐기도록 하기 위해서입니다.

자기 관찰 질문

1 얼마나 고통과 고생으로 나의 존재를 정당화하는가? 왜 그 고통을 계속 붙잡고 있는가?

2 어떤 방식으로 행복을 미래로 미루고 있는가?

3 나 자신에게 행복하기를 허용하는가, 아니면 계속 고생해야 한다고 생각하는가?

(정답은 없습니다. 아주 솔직하게 관조하세요.)

자유와 자아창조

표주박을 귀중한 단검에 건다면?

13세기 페르시아 학자이자 시인인 루미는 이런 담론을 썼습니다.

> 이 세상에는 절대 잊지 말아야 할 것이 하나 있다. 다른 모든 것을 잊더라도 그 하나만 잊지 않으면 걱정할 이유가 없을 것이다. 다른 모든 것을 수행하고 기억해도 그 한 가지를 잊었다면 아무것도 하지 않은 것과 마찬가지다.
>
> 이는 마치 왕이 특정 임무를 수행하라고 당신을 지방으로 보낸 것과 같다. 다른 100개의 일을 수행해도 그 하나의 특정 작업을 수행하지 않으면 마치 아무것도 수행하지 않은 것과 매한가지다. 이처럼 모든 사람은 특정 일을 실현하기 위해 이 세상에 온다. 그 일은 바로 그들의 목적purpose이다. 그것을 수행하지 않으면 그들

은 아무것도 하지 않은 것이나 다름없다.

루미는 계속 말합니다.

당신은 말한다.

"내가 그 일을 하지 않는 대신 다른 일을 얼마나 많이 하는지 보세요."

하지만 당신은 바로 그 '다른 일'을 하기 위해 창조된 게 아니다!

이것은 마치 왕의 보물창고에서만 발견할 수 있는 귀중한 인도 강철 검을 받아 썩은 고기를 써는 푸줏간 칼로 사용하면서 "이 검을 헛되지 않게 많은 유용한 방법으로 쓰고 있다"라고 말하는 것과 같다. 혹은 순금 그릇을 사용해 순무를 요리하는 것이나 마찬가지다. 그 순금 한 알갱이면 100개의 냄비를 살 수 있을 텐데 말이다. 아니면 무늬가 새겨진 최고급 단검을 깨진 표주박을 거는 데 사용하면서 "나는 단검에 표주박을 걸어 잘 활용하고 있다. 이 단검을 헛되이 낭비하지 않겠다"라고 말하는 것과 같다.

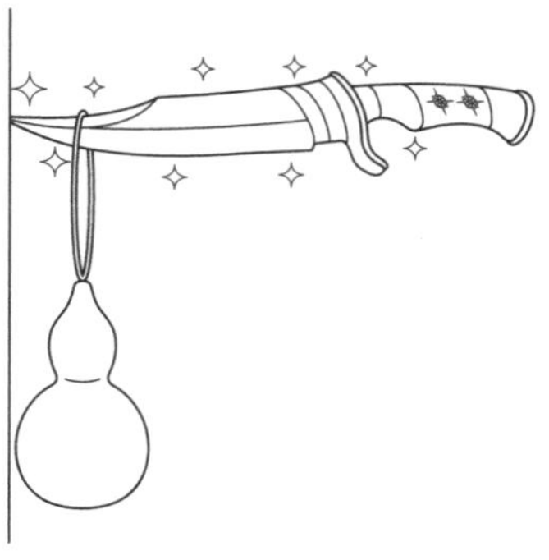

이 얼마나 어리석은 일인가!

표주박은 동전 한 푼어치의 가치에 불과한 나무못이나 철못에 완벽하게 걸 수 있는데 왜 100파운드에 달하는 단검을 사용하는가?

우리 대부분은 이처럼 살아가고 있습니다. 바쁘게 수많은 이런저런 일을 하면서 "이것 봐, 나 완전 열심히 살고 있는데?"라고 말합니다. 문제는 그 바쁜 일상 안에서 하필 그 '한 가지 일'을, 즉 우리 목적을 놓치고 있다는 점입니다.

사실 의미 있는 삶은 꽤 단순합니다. 진심 어린 결과를 설계한 뒤 그것을 체계적인 행동으로 막힘없이 실현하면 됩니다. 그리고 그 전체 과정을 춤추듯이 마음껏 즐기면 됩니다. 그 외에 다른 것은 없습니다. 이 단순한 사실은 의식이 올라가면 올라갈수록 더 명확하게 보이기 시작합니다.

이 단순함을 깨뜨려 우리 삶을 자꾸만 다른 100개의 일로 우회시키는 인생 드라마, 장애물과 역경은 바로 우리 자신 때문에 일어납니다. 더 정확하게 말하면 고정관념과 그 고정관념 위에서 만들어진 우리의 불안한 자아 때문입니다. 끝없는 인생 드라마의 역할은 단지 자아를 그때그때 고정하는 데 있습니다.

더 슬픈 사실은 우리가 이런 고정 행위로 스스로를 늘 새롭게 고립시키고 언제나 그 마찰과 갈등 안에서 자기 자아의 정의를 찾아낸다는 것입니다. 외부 세상이 아니라 우리가(!) 그 마찰과 어려움을 만들어내고 있습니다. 놀라울 것도 없이 이 과정에는 다양한 고생, 고통, 에너지가 들어갑니다. 아마 현대사회에서 우리가 겪는 고통의 대부분이 그저 가상의 고정 행위로 만들어진 고통일 겁니다.

우리는 한정된 삶의 에너지를 진심, 의미, 세상을 위한 경외, 타인과의 나눔, 인간성 발휘, 사랑과 자아확장에 활용할 수 있지만 결국, 표주박을 귀중한 단검에 거는 것처럼, 그걸 낭비해 자꾸 강박에만 투자하고 맙니다.

다행인 건 그럴 필요가 없다는 점입니다. 우리가 약간의 의식성장으로 그 고통을 직접 알아차려 내려놓을 수 있다는 것, 그리고 대신 늘 의식적으로 살아갈 수 있다는 것을 직접 깨달을 수 있습니다.

저 역시 다소 고정된 자아의 인생 드라마로 살고 있습니다. 하지만 지난 4년 동안 이 다이내믹을 관찰하면 할수록 스스로 그런 고통을 덜 생성하는 자유가 주어졌고 점차 내적 방해 없이 의식적인 삶을 살아가는 능력이 많이 올라갔습니다.

이 책의 목적은 여러분도 그런 자유 또는 그런 자유의 첫 느낌이라도 경험하게 하는 데 있습니다. 조금이나마 이 책을 통해 여러분이 내적 방해 패턴을 발견하고, 그것을 의식성장으로 넘어 (그리고 외적 방해를 적절한 전략으로 넘어) 그런 인생을 충분히 살아도 된다는 것을 깨달았으면 좋겠습니다. 자유가 언제나 바로 우리 눈앞에 있습니다. 우리는 그것을 잡기만 하면 돼요.

자아창조

'Part4 장애물 극복 단계'를 다 읽고 나면 이런 생각이 들 수 있습니다.

"자아는 나쁘구나. 내 자아로부터 자유로워질수록 좋겠구나."

이것은 절반은 맞고 절반은 틀렸습니다. 우리가 세상 속에서 살아가려면 자아가 꼭 필요합니다. 자아만이 우리가 세상을 해석하고 사회적 상호작용을 하게 해줍니다.

여기서 중요한 것은 자아의 '나쁨'을 아는 게 아니라 자아의 위치를 의식적으로 어디에 둘 것인가 하는 점입니다. 이것은 나를 작고 자기중심적인 자아와 동일시해 그 자아를 강박과 고통으로 계속 유지할지, 아니면 불필요한 자아 구조를 통합하고 의식적으로 선택해 유연하게 상황에 맞는 이미지를 드러낼지의 차이입니다.

만약 '자아로부터의 자유'를 찾는다면 이는 여전히 자기 자신과 싸우는 강박과 문제해결 지향형에 갇혀 있음을 의미합니다. 저는 이 책에서 다른 대안을 제시했습니다. 그것은 의식과 포용을 통한 **'자아와'의 자유**freedom with 그리고 **의식적인 자아확장**입니다.

어린 시절에는 부모, 교육, 문화, 사회 같은 주변이 우리의 자아를 구성합니다. 그러나 어른이 되면 내가 계속 내 자아의 노예가 아님을 깨달을 수 있습니다. 의식으로 어린 시절의 불필요한 패턴을 명확히 인식한 뒤 그것이 마음에 들지 않으면 많은 관찰과 실천으로 바꿀 수 있습니다. 이 책은 여러분에게 자아의 상대성과 실체 없음을 보여주고 과거 자아를 훨씬 더 건강하고 강력한 자아로 대체할 수 있다는 것을 알려줍니다.

궁극적으로 자아확장은 작고 옹졸하며 불안한 자기중심적인 '아이의 자아'를 의식적이고 외적 의미에 헌신하는 '어른의 자아'로 대체하는 원칙입니다. 자아확장 기준의 역할은 시간이 지날수록 (물론 행동해야만) 새롭고 업그레이드된 **분열 없는 자아를 창조**하는 데 있습니다.

자아확장은 곧 의식적인 **'자아창조'**입니다. 다시 말해 내 헌신과 행동으로 나 자신이 누구인지 결정하는 것입니다. 나는 더 이상 내 부족함으로 사는 게 아니라 내적 '흑백' 갈등 없이 온전한 하나로 살아갑니다. 이때 자아는 더는 목적이 아닌 삶을 살아가는 수단에 불과합니다.

어린 시절에 계발한, 아프고 원망, 상처와 불안에 얽매인 자아로 살고 싶은가요, 아니면 꾸준히 확장하면서 자비롭고 사랑이 넘치는, 진정하게 형성한 어른의 자아로 살고 싶은가요?

《해리 포터와 비밀의 방》에 나오는 덤블도어 교수의 말을 다시 빌리자면 이렇습니다.

"우리의 진정한 모습을 보여주는 건 우리의 능력이 아니라 우리의 선택이란다."

덤블도어의 말처럼 우리의 능력, 성격, 강박, 감정, 밑바닥 신념, 고정관념, 즉 자아는 우리의 진정한 모습이 아닙니다. 우리 영혼의 모습은 우리의 의식적인 선택으로만 반사됩니다. '내가 어떤 사람인지' 물어볼 필요는 없습니다. 자신이 진짜 누구인지는 행동하는 삶에 그대로 드러납니다.

여정 출발

인생이라는 배에 있는 강력한 돛대와 돛을 다룬다는 건 '어른의 자아' 모습을 의식적으로 정하기 위한 비유입니다. 그리고 닻을 올린다는 것은 비효율적인 '아이의 자아'를 슬슬 통합하고 그 영향력을 완화하기 위한 비유입니다. 건강한 인간 발달에는 바로 그 두 가지 과정이 모두 필요합니다. 의식의 창조와 무의식의 소멸 말입니다.

그 '창조와 소멸' 과정은 당연히 행동보다 말이 더 쉽습니다. 특히 우리 안의 저항들이 여전히 그 어른으로의 성장을 무너뜨리려고 할 것입니다.

저는 이 책에서 제가 (현재까지) 직접 경험한 가장 높은 진실을 나눴습니다. 어쩌면 그 전체 과정을 제가 완전히 해낸 것처럼 보일지 모르겠지만 전혀 그렇지 않습니다. 저 역시 제 길을 당당하게 걷다가 어느 순간 이기적이고 취약하고 게으르고 우울한 자멸적 괴물과 맞닥뜨립니다.

하지만 저는 그동안 한 가지를 배웠습니다. 바로 성장은, 즉 내적으로 자유로워지는 과정은 선형적으로 이어지지 않는다는 것입니다. 제가 거의 날아갈 정도로 굉장히 잘되는 날도 있고 또다시 저항이 넘쳐나는 날도 있습니다. 그렇지만 이젠 둘 다 경험해도 괜찮다는 걸 압니다.

자아의 저항을 느끼는 건 죄가 아니라 삶을 온전히 경험하는 여정의 일부입니다. 장애물이 없으면 새로운 경험, 즉 성장도 없습니다. 저항은 나 자신을 그때그때 받아들일 수 있는 기회입니다. 자기 자신과의 싸움을 그만두고 자기중심을 떠날수록 외부 세상, 사람, 환경, 자연에 접속하는 능력이 생깁니다. 다시 말해 나 자신과 싸우지 않으면 진짜 삶에 접속할 수 있습니다. 따라서 연결감과 유효성도 높아집니다. 한번 자아를 확장해 외적 세상과 제대로 연결되면 다시는 좁은 자아의 적대적 감옥으로 돌아갈 수 없습니다. 그러나 그 단계에 오르려면 일단 저항부터 받아들여야 합니다.

이 여정은 '무조건 해야 하는 부정한 것'이 아니라 커다란 의미와 즐거움의 근원이 될 수 있습니다. 자아확장은 때로 무섭고 압도적이고 불편하지만 그 과정에서 마주치는 도전과 발견(내적 패턴을 포함해)은 내 인간성을 깨우칩니다. 그래서 저는 이 과정을 무엇보다 사랑합니다. 이 책으로 그 전체 과정에 보이는 제 열정과 사랑이 여러분에게 잘 전달되었으면 좋겠습니다.

우리 여정은 이제야 평생 시작됩니다. 이 시작점에서 삶에는 '올바른 형태'가 없음을 배웠으면 좋겠습니다. 순종해야 하는 자아조차 없다는 것도 느꼈으면 좋겠습니다. 원한다면 언제나 자신에게 최대한 솔직해지고 의식으로, 사랑으로 원하는 삶을 살아도 됩니다. 비록 완전하진 않지만 저는 이 책에서 자유를 얻고 진짜 인간이 되는 길을 가능한 한 명확히 제시했습니다. 이제부터 그 길의 형태와 색깔을 입히는 것은 당신의 차례입니다.

잊지 마세요. 여정을 출발한다면 '완벽'하지 않겠지만 여정의 전체가 당신의 진실일 것입니다. 거짓과 달리 진실은 결코 죽지 않습니다.

"늘 3보 앞으로, 2보 뒤로."

알렉스 룽구

감사의 말

"내가 만약 다른 이들보다 더 멀리 볼 수 있었다면 그것은 바로 거인들의 어깨에 올라섰기 때문이다."

아이작 뉴턴

많은 분들의 도움과 지원, 우정과 사랑, 지도 없이는 제가 이 여정을 출발해 책을 완성해내지 못했을 것입니다. 그분들께 이 자리를 빌어서 제 깊은 감사의 마음을 표현하고자 합니다.

끝까지 절대적인 사랑으로 지지해주고, 모든 모험과 탐험을 함께 해준, 사랑하는 뮤즈이자 동반자 이유나에게 감사 인사 드립니다. 모든 신뢰와 지원, 연결감을 주신 장인어른 이강준과 장모님 김옥녀께도 인사 올립니다. 그리고 항상 아낌없는 응원을 해준 처형 이진주, 처남 이제룡에게 감사를 전합니다.

제가 집필을 하는 동안 글을 꼼꼼히 봐주신 수오서재의 황은희,

최민화 편집자, 디자인팀에게 감사합니다. 제 잠재력을 보고 한국에서의 시작을 도와주신 박세진과 혜민 스님, 하이어셀프의 성장을 단단하게 만들어준 충실한 친구 안현태, 모든 워크숍을 탁월하게 지지해준 친구 송호영, 나의 건강을 깨우쳐준 친구 고민철, 박준섭과 Do Huynh Khanh Duy에게 감사합니다. 마지막으로 제가 나눈 것보다 오히려 저에게 더 많은 가르침을 안겨준 모든 클라이언트와 워크숍 참가자, 유튜브 구독자에게도 깊은 감사 인사 전합니다.

Ich danke meinen Eltern Rita und Stelian Lungu sowie meinen Großeltern Anna und Sever Brandmayer, Paraschiva und Grigore Lungu, die in mir eine immerwährende Neugierde weckten und mir stets die Sicherheit und Freiheit gaben, dieser nachzugehen, ich selbst zu sein und meine eigenen Entdeckungen zu machen.

Special thanks to...

— my teachers Peter Ralston, Robert Fritz and Kraye Grymonnt who have opened up a new, before-unimaginable world to me,

— my friends and warriors of light Christoph Riemer, Brendan Lea, Maxim Wegner, John Arnold, Travis Connor, Corentin Grillet and Samuel Mühlberger who kept me safe and grounded in my pursuit of beauty, love, discovery, humanity and consciousness,

— my friends Richard Burrows, Scott Cianciosi, James Franzonia, 곽민준, Kornel Stiegeler and Peer Stitzing who brought, and still bring laughter and a strong sense of belonging into my life,

— (although I have never met them) the teachers, channels and authors Leo Gura (actualized.org), Jaggi Vasudev (Sadhguru), John Butler (Spiritual Unfoldment with John Butler), the boys from Yes Theory, Ryan Holiday and the Daily Stoic, Tim Ferriss and Stewart Emery who accompanied and motivated my journey from the start.

의미 있는 삶을 위하여

1판 1쇄 발행 2021년 4월 5일 **1판 11쇄 발행** 2024년 3월 9일

지은이 알렉스 룽구
발행처 (주)수오서재 **발행인** 황은희, 장건태
책임편집 황은희 **편집** 최민화, 마선영, 박세연 **마케팅** 황혜란, 안혜인
디자인 행복한물고기 **제작** 제이오
주소 경기도 파주시 돌곶이길 170-2 (10883)
등록 2018년 10월 4일(제406-2018-000114호)
전화 031)955-9790 **팩스** 031)946-9796 **전자우편** info@suobooks.com
홈페이지 www.suobooks.com
ISBN 979-11-90382-36-6 03190 책값은 뒤표지에 있습니다.

도서출판 수오서재守吾書齋는 내 마음의 중심을 지키는 책을 펴냅니다.